동아출판이 만든 완벽한 문제집

특급기출

기말고사

중학 영어 2-1

How to Study

이 책의 구성과 특징

STEP A 영역별로 교과서 핵심 내용을 학습하고, 연습 문제로 실력을 다집니다. 실전 TEST로 학교 시험에 대비합니다.

Words 만점 노트
교과서 흐름대로 핵심 어휘와 표현을 학습합니다.

Words Plus 만점 노트
대표 어휘의 영영풀이 및 다의어, 반의어 등을
학습하며 어휘를 완벽히 이해합니다.

Words 연습 문제 &
Words Plus 연습 문제
다양한 유형의 연습 문제를 통해 어휘 실력을
다집니다.

Words 실전 TEST
학교 시험 유형의 어휘 문제를 풀며
실전에 대비합니다.

Listen and Talk 핵심 노트
교과서 속 핵심 의사소통 기능을
학습하고, 시험 포인트를 확인합니다.

Listen and Talk 만점 노트
교과서 속 모든 대화문의 심층 분석을
통해 대화문을 철저히 학습합니다.

Listen and Talk 연습 문제
빈칸 채우기와 대화 순서 배열하기를
통해 교과서 속 모든 대화문을 완벽히
이해합니다.

Listen and Talk 실전 TEST
학교 시험 유형의 Listen and Talk 문제를
풀며 실전에 대비합니다. 서술형 실전 문항으로
서술형 문제까지 대비합니다.

Grammar 핵심 노트
교과서 속 핵심 문법을 명쾌한 설명과
시험 포인트로 이해하고, Quick Check로
명확히 이해했는지 점검합니다.

Grammar 연습 문제
핵심 문법별로 연습 문제를 풀며
문법의 기본을 다집니다.

Grammar 실전 TEST
학교 시험 유형의 문법 문제를 풀며
실전에 대비합니다. 서술형 실전 문항으로
서술형 문제까지 대비합니다.

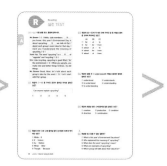

Reading 만점 노트
교과서 속 읽기 지문을
심층 분석하여 시험에
나올 내용을 완벽히
이해하도록 합니다.

Reading 연습 문제
빈칸 채우기, 바른 어휘·어법 고르기, 틀린 문장
고치기, 배열로 문장 완성하기 등 다양한 형태의
연습 문제를 풀며 읽기 지문을 완벽히 이해하고,
시험에 나올 내용에 완벽히 대비합니다.

Reading 실전 TEST
학교 시험 유형의 읽기 문제를
풀며 실전에 대비합니다. 서술형
실전 문항으로 서술형 문제까지
대비합니다.

기타 지문 만점 노트 &
기타 지문 실전 TEST
학교 시험에 나올 만한 각 영역의
기타 지문들까지 학습하고 실전
문항까지 풀어 보면 빈틈없는 내신
대비가 가능합니다.

STEP B 내신 만점을 위한 고득점 TEST 구간으로, 다양한 유형과 난이도의 학교 시험에 완벽히 대비합니다.

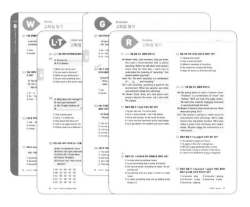

고득점을 위한 연습 문제
• Listen and Talk 영작하기
• Reading 영작하기
영작 완성 연습 문제를 통해, 대화문과
읽기 지문을 완벽히 이해하면서 암기합니다.

고득점 맞기 TEST
• Words 고득점 맞기   • Listen and Talk 고득점 맞기
• Grammar 고득점 맞기   • Reading 고득점 맞기
고난도 문제를 각 영역별로 풀며 실전에 대비합니다.
수준 높은 서술형 실전 문항으로 서·논술형 문제까지
영역별로 완벽 대비합니다.

서술형 100% TEST
다양한 유형의 서술형 문제를
통해 학교 시험에서 비중이
확대되고 있는 서술형 평가에
철저히 대비합니다.

내신 적중 모의고사 학교 시험과 유사한 모의고사로 실전 감각을 기르며, 내신에 최종적으로 대비합니다.

[1~3회] 대표 기출로 내신 적중 모의고사
학교 시험에 자주 출제되는 대표적인 기출 유형의
모의고사를 풀며 실전에 최종적으로 대비합니다.

[4회] 고난도로 내신 적중 모의고사
학교 시험에서 변별력을 높이기 위해 출제되는
고난도 문제 유형의 모의고사를 풀며 실전에
최종적으로 대비합니다.

오답 공략
모의고사에서 틀린 문제를 표시한 후, 부족한
영역과 학습 내용을 점검하여 내신 대비를
완벽히 마무리합니다.

Contents 차례

Lesson 05   Living Healthily and Safely

정답 및 해설

If you can dream it, you can do it.

- Walt Disney -

Lesson 3

Ideas for Saving the Earth

주요 학습 내용	의사소통 기능	물건 사기 1	**A:** How much is this soccer ball? (이 축구공은 얼마입니까?) **B:** It's 6 dollars. (6달러예요.)
		물건 사기 2	**A:** Can I get a discount? (할인을 받을 수 있나요?) **B:** OK. I'll take 1 dollar off. (네. 1달러를 깎아 드릴게요.)
	언어 형식	수동태	This **was made by** Hajun. (이것은 하준이에 의해 만들어졌다.)
		want+목적어+ to부정사	I **want you to understand** the meaning of "upcycling." (여러분이 '업사이클링'의 의미를 이해하기를 바랍니다.)

학습 단계 PREVIEW	STEP **A**	Words	Listen and Talk	Grammar	Reading	기타 지문
	STEP **B**	Words	Listen and Talk	Grammar	Reading	서술형 100% Test
	내신 적중 모의고사	제 **1** 회	제 **2** 회	제 **3** 회	제 **4** 회	

 **Words**

만점 노트

Listen and Talk

*완벽히 외운 단어는 □ 안에 √표 해 봅시다.

□□ almost	🔵 거의 (= nearly)	□□ round	🔵 둥근, 원형의
□□ clock	🔵 시계	□□ sell	🔵 팔다 (-sold-sold)
□□ expensive☆	🔵 비싼 (↔ cheap)	□□ used	🔵 중고의 (= second-hand)
□□ number	🔵 숫자, 수	□□ be in good condition	상태가 좋다, 이상이 없다
□□ price☆	🔵 가격, 값	□□ get a discount☆	할인을 받다

Talk and Play

□□ item	🔵 물품, 품목	□□ signature	🔵 서명, 사인
□□ list	🔵 목록	□□ total	🔵 합계, 총액 (= sum)

Reading

□□ bottom	🔵 맨 아래 (↔ top)	□□ nursing home	양로원
□□ bucket	🔵 양동이	□□ recycling☆	🔵 재활용
□□ creative☆	🔵 창의적인	□□ rubber band	고무줄
□□ decorate	🔵 장식하다	□□ scissors	🔵 가위
□□ environment☆	🔵 환경	□□ strap	🔵 끈
□□ event	🔵 (중요한) 행사	□□ through	🔵 ~을 통해, ~ 사이로
□□ explain	🔵 설명하다	□□ trash	🔵 쓰레기
□□ hold	🔵 열다, 개최하다 (-held-held)	□□ understand	🔵 이해하다 (-understood-understood)
□□ instrument	🔵 악기, 도구	□□ upgrade☆	🔵 개선하다, 승급시키다
□□ kit	🔵 도구 세트	□□ be good for	~에 좋다
□□ meaning	🔵 의미	□□ become interested in	~에 관심(흥미)을 갖게 되다
□□ musical	🔵 음악의, 음악적인	□□ cut off	~을 잘라 내다

Language in Use

□□ bridge	🔵 다리	□□ wrong	🔵 틀린, 잘못된
□□ invent	🔵 발명하다	□□ take out	치우다, 없애다
□□ report	🔵 보고서	□□ tell the truth	사실대로 말하다

Think and Write & Team Project

□□ direction	🔵 지시 사항	□□ lastly	🔵 마지막으로 (= finally)
□□ flower pot	🔵 화분	□□ be made from	~으로 만들어지다

Review

□□ bake	🔵 (빵 등을) 굽다	□□ join	🔵 가입하다, 함께하다
□□ doll	🔵 인형	□□ pay	🔵 (비용을) 지불하다

연습 문제

A 다음 단어의 우리말 뜻을 쓰시오.

01 item _____

02 round _____

03 kit _____

04 strap _____

05 hold _____

06 instrument _____

07 lastly _____

08 rubber band _____

09 through _____

10 price _____

11 almost _____

12 meaning _____

13 bridge _____

14 environment _____

15 report _____

16 nursing home _____

17 upgrade _____

18 signature _____

19 wrong _____

20 bake _____

B 다음 우리말 뜻에 알맞은 영어 단어를 쓰시오.

01 중고의 _____

02 (중요한) 행사 _____

03 비싼 _____

04 합계, 총액 _____

05 맨 아래 _____

06 음악의, 음악적인 _____

07 양동이 _____

08 쓰레기 _____

09 가위 _____

10 설명하다 _____

11 이해하다 _____

12 목록 _____

13 가입하다, 함께하다 _____

14 화분 _____

15 (비용을) 지불하다 _____

16 지시 사항 _____

17 장식하다 _____

18 창의적인 _____

19 재활용 _____

20 팔다 _____

C 다음 영어 표현의 우리말 뜻을 쓰시오.

01 be good for _____

02 cut off _____

03 take out _____

04 get a discount _____

05 be made from _____

06 tell the truth _____

07 become interested in _____

08 be in good condition _____

D 다음 우리말 뜻에 알맞은 영어 표현을 쓰시오.

01 치우다, 없애다 _____

02 할인을 받다 _____

03 ~으로 만들어지다 _____

04 ~을 잘라 내다 _____

05 사실대로 말하다 _____

06 상태가 좋다 _____

07 ~에 관심을 갖게 되다 _____

08 ~에 좋다 _____

영영풀이

□□	**bottom**	맨 아래	the lowest part of something
□□	**bucket**	양동이	a deep round container with a handle over the top
□□	**condition**	상태	the state of something
□□	**creative**	창의적인	inventing and making new kinds of things
□□	**decorate**	장식하다	to make something look nice by adding pretty things to it
□□	**discount**	할인	an amount of money that is taken off the usual cost of something
□□	**environment**	환경	the natural world, including the water, the air, and the soil
□□	**expensive**	비싼	costing a lot of money
□□	**explain**	설명하다	to tell someone about something so that he or she can understand it
□□	**instrument**	악기, 도구	something that you play in order to make music
□□	**invent**	발명하다	to create something completely new, for example, a new machine or game
□□	**kit**	도구 세트	a set of tools or equipment that you use to do something
□□	**meaning**	의미	the idea that someone wants to say, when using a word or sentence
□□	**musical**	음악의, 음악적인	related to music
□□	**pay**	지불하다	to give money to someone when you buy something or when someone has done work for you
□□	**price**	가격, 값	the amount of money that you have to pay in order to buy something
□□	**sell**	팔다	to give something to someone when they give you money for it
□□	**signature**	서명	a way of writing your name, for example, at the end of a letter
□□	**strap**	끈	a band of cloth or leather
□□	**understand**	이해하다	to know what something means
□□	**upgrade**	개선하다, 승급시키다	to get something that is newer and better

단어의 의미 관계

● 유의어
almost (거의) = nearly
lastly (마지막으로) = finally
used (중고의) = second-hand

● 반의어
top (맨 위, 꼭대기) ↔ bottom (맨 아래)
cheap (값이 싼) ↔ expensive (비싼)
buy (사다) ↔ sell (팔다)

● 동사 – 명사 (행위자)
bake ((빵 등을) 굽다) – baker (제빵사)
invent (발명하다) – inventor (발명가)

● 동사 – 명사
decorate (장식하다) – decoration (장식)
sign (서명하다) – signature (서명, 사인)

다의어

● **hold**　1. ⑧ (회의, 시합 등을) 열다, 개최하다
　　　　　2. ⑧ 잡고(들고/안고) 있다
1. The meeting will be **held** next month.
(회의는 다음 달에 열릴 것이다.)
2. Could you **hold** my bag for me?
(내 가방 좀 들어 줄래?)

● **musical**　1. ⑱ 음악의, 음악적인　2. ⑲ 뮤지컬
1. Can you play a **musical** instrument?
(너는 악기를 연주할 수 있니?)
2. The **musical** starts in ten minutes.
(뮤지컬이 10분 후에 시작한다.)

● **when**　1. ㉒ ~할 때　2. ⑨ 언제
1. I was very tired **when** I got home.
(집에 도착했을 때 나는 매우 피곤했다.)
2. **When** is the school festival? (학교 축제는 언제니?)

Words Plus
연습 문제

A 다음 영영풀이에 해당하는 단어를 [보기]에서 찾아 쓴 후, 우리말 뜻을 쓰시오.

> [보기]　bottom　upgrade　condition　sell　expensive　instrument　understand　bucket

1 _____ : the state of something : _____
2 _____ : costing a lot of money : _____
3 _____ : the lowest part of something : _____
4 _____ : to know what something means : _____
5 _____ : to get something that is newer and better : _____
6 _____ : something that you play in order to make music : _____
7 _____ : a deep round container with a handle over the top : _____
8 _____ : to give something to someone when they give you money for it : _____

B 다음 빈칸에 알맞은 단어를 [보기]에서 찾아 쓰시오.

> [보기]　recycling　through　signature　meaning　round

1 They walked slowly _____ the woods.
2 Tennis balls and oranges are both _____.
3 Was there a hidden _____ behind his words?
4 I wrote my _____ at the bottom of the page.
5 _____ is important to protect our environment.

C 우리말과 의미가 같도록 빈칸에 알맞은 말을 쓰시오.

1 버터는 우유로 만들어진다.　　→ Butter is _____ _____ milk.
2 고기에서 지방을 잘라 내라.　　→ _____ the fat _____ the meat.
3 그 집은 상태가 매우 좋다.　　→ The house is _____ very _____ _____.
4 이 샴푸는 머리카락에 매우 좋다.　　→ This shampoo is very _____ _____ your hair.
5 연말 전에 목도리를 구입하시면 10% 할인을 받으실 수 있습니다.
　 → If you buy the scarf before the end of the year, you can _____ _____ 10% _____.

D 다음 짝지어진 단어의 관계가 같도록 빈칸에 알맞은 단어를 쓰시오.

1 sell : buy = cheap : _____
2 right : wrong = top : _____
3 bake : baker = invent : _____
4 almost : nearly = lastly : _____
5 sign : signature = decorate : _____

W Words

실전 TEST

STEP A

01 다음 빈칸에 들어갈 말로 알맞은 것은?

The city will _____ a music festival next month.

① win　　② hold　　③ sell
④ invent　　⑤ understand

02 다음 중 짝지어진 단어의 관계가 [보기]와 같은 것은?

[보기] used – second-hand

① buy – sell　　② top – bottom
③ right – wrong　　④ lastly – finally
⑤ cheap – expensive

03 다음 밑줄 친 단어와 바꿔 쓸 수 있는 것은?

It was almost six o'clock when he left.

① nearly　　② enough　　③ usually
④ carefully　　⑤ sometimes

04 다음 영영풀이에 해당하는 단어로 알맞은 것은?

an amount of money that is taken off the usual cost of something

① price　　② meaning　　③ instrument
④ discount　　⑤ signature

05 다음 중 밑줄 친 부분의 우리말 뜻이 바르지 <u>않은</u> 것은?

① The piano is in good condition.
(상태가 좋다)
② Don't forget to take out the garbage.
(치우다)
③ I do volunteer work at a nursing home.
(유치원)
④ She put a rubber band around the box.
(고무줄)
⑤ He cut off a meter of cloth from the roll.
(~을 잘라 냈다)

06 주어진 우리말과 의미가 같도록 빈칸에 알맞은 말을 쓰시오.

그 젊은 남자는 원예에 흥미를 갖게 되었다.

→ The young man became _____ _____ gardening.

07 다음 중 밑줄 친 단어의 쓰임이 <u>어색한</u> 것은?

① You don't look well. Is anything creative?
② Planting trees is good for the environment.
③ We decided to upgrade our old computer.
④ The teacher will explain the rules to the students.
⑤ They decorated the wedding car with ribbons and flowers.

1 물건 사기 1 – 가격 묻고 답하기

A: How much is this soccer ball?

B: It's 6 dollars.

이 축구공은 얼마인가요?

6달러예요.

물건의 가격을 물을 때는 How much is/are ~? 또는 What's the price of ~?라고 말한다. 이에 대한 답으로 물건의 가격을 말할 때는 「It's/They're+(물건의) 가격.」으로 말한다.

> 시험 포인트 **point**
>
> 사려는 물건과 그 물건의 가격을 고르는 문제가 자주 출제되므로, 물건의 특징과 가격을 나타내는 표현을 익혀 두도록 한다.

- 가격 묻기

  How much are those blue pants? (저 청바지는 얼마인가요?)

  What is the price of these shoes? (이 신발의 가격은 얼마예요?)

  How much does it cost? (얼마입니까?)

  How much do I have to pay for it? (얼마를 드려야 하나요?)

  How much is the total cost? (전부 얼마인가요? – 여러 물품을 구입할 경우)

- 가격 말하기

  It's 1 dollar. (1달러입니다.)

  They're 15 dollars. (15달러예요.)

  It's 5,000 won. (5,000원입니다.)

2 물건 사기 2 – 할인 받기

A: Can I get a discount?

B: OK. I'll take 1 dollar **off**.

할인을 받을 수 있나요?

네. 1달러를 깎아 드릴게요.

물건을 할인 받을 수 있을지 물을 때 Can I get a discount? / Can(Could) you give me a discount? / Please give me a discount. 등으로 말한다. 이에 대한 답으로 할인해 준다고 말할 때는 「I'll take+할인 금액/할인율+off.」 또는 「You can get a(n)+할인율+discount.」 등으로 말한다.

> 시험 포인트 **point**
>
> 사려는 물건의 할인된 최종 가격을 고르는 문제가 자주 출제되므로, 할인과 관련된 표현을 알아두도록 한다.

- 할인 받을 수 있는지 묻기

  Can I get a discount? (할인을 받을 수 있을까요?)

  Could you give me a discount? (할인을 해 주실 수 있나요?)

  Please give me a discount. (할인해 주세요.)

  Can you come down a little? (조금만 가격을 내려 주실 수 있나요?)

- 할인해 주는 대답하기

  I can give you 5% off. (5% 할인해 드릴 수 있어요.)

  I'll take 5% off. (5% 깎아 드릴게요.)

  You can get a 5% discount. (5% 할인해 드릴게요.)

Listen and Talk
만점 노트

Listen and Talk A-1

교과서 48쪽

G: Excuse me. ❶How much are the round glasses?
M: ❷They're 18 dollars.
G: Hmm. ❸Can I get a discount?
M: ❹No, I'm afraid not. Sorry.
G: That's OK. ❺I'll take them.

❶ How much is/are ~?는 물건의 가격을 묻는 표현으로 the round glasses가 복수이므로 are를 썼다.
❷ 「It's/They're+(물건의) 가격.」은 물건의 가격을 말하는 표현으로, They는 the round glasses를 가리킨다.
❸ 물건의 가격을 할인 받을 수 있는지 묻는 표현으로 discount는 '할인'이라는 의미로 쓰였다.
❹ 물건을 할인해 줄 수 없다고 거절하는 표현이다.
❺ I'll take it/them.은 앞서 언급한 물건을 사겠다는 표현이다.

Q1 여학생은 안경 값으로 얼마를 지불해야 하나요?

_____

Listen and Talk A-2

교과서 48쪽

M: Hello. ❶May I help you?
G: Yes. ❷I'm looking for a backpack for school.
M: ❸What about this red one? It's 12 dollars.
G: Can I get a discount?
M: OK. ❹I'll take 2 dollars off.
G: ❺That sounds good. I'll take it.

❶ 가게에서 점원이 손님에게 하는 인사말이다.
❷ 「I'm looking for+물건 이름.」은 손님이 가게에서 원하는 물건을 말할 때 사용하는 표현이다.
❸ What about ~?은 제안하는 말로, How about ~?으로 바꿔 쓸 수 있다.
❹ 「I'll take+할인 금액/할인율+off.」는 가격을 할인해 주겠다고 말할 때 사용하는 표현이다.
❺ 상대방의 제안에 동의를 나타내는 표현이다.

Q2 여학생이 사려는 배낭의 원래 가격은 얼마인가요?

_____

Listen and Talk A-3

교과서 48쪽

G: Excuse me. How much is this purple T-shirt?
M: ❶It's 10 dollars.
G: That's ❷expensive. Can I get a discount?
M: OK. I'll take 1 dollar off. ❸That'll be 9 dollars.
G: ❹I'll take it, then. Thank you!

❶ 물건의 가격을 말하는 표현으로, It은 this purple T-shirt를 가리킨다.
❷ 비싼 (↔ cheap)
❸ 1달러를 할인한 최종 가격을 표현하는 말이다.
❹ it은 앞에서 언급한 보라색 티셔츠를 가리키며, take는 '사다'라는 뜻으로 쓰였다.

Q3 How much discount did the girl get? (　　　) 　　ⓐ 1 dollar　ⓑ 9 dollars

Listen and Talk A-4

교과서 48쪽

M: Hello. May I help you?
G: I'm looking for a ❶baseball glove.
M: This one is 15 dollars and ❷it's in good condition.
G: ❸Can I get a discount?
M: OK. I'll take 2 dollars off.
G: ❹Then it's 13 dollars. I'll take it.

❶ 야구 글러브
❷ be in good condition: 상태가 좋다, 이상이 없다
(↔ be in bad(poor) condition)
❸ 물건 가격을 할인 받을 수 있는지 묻는 말로 get a discount는 '할인을 받다'라는 뜻이다. (= Can(Could) you give me a discount?)
❹ 할인된 가격을 뺀 물건의 최종 가격을 가리킨다.

Q4 The girl will pay 15 dollars for the baseball glove. 　　(T / F)

Listen and Talk C

B: Wow! ❶There are so many interesting things here.
W: Everything here is ❷old or used. What are you looking for?
B: I'm looking for a ❸clock.
W: ❹How about this red clock?
B: ❺How much is it?
W: It's 15 dollars.
B: That's ❻too expensive for me. Can I get a discount?
W: No, I'm afraid not. It's only ❼one year old. It's almost new.
B: Then, how much is this blue clock ❽with the large numbers?
W: It's 10 dollars.
B: Then, I'll take the blue ❾one. Thank you.

❶ 「There is/are+명사(주어) ~.」는 '~이 있다.'라는 의미의 표현이다. 명사가 단수이면 is를, 복수이면 are를 쓴다.
❷ old or used: 오래되거나 중고의
❸ 시계 (cf. watch: 손목시계)
❹ How about ~?은 '~은 어때요?'라는 의미로 물건을 보여 주며 권유할 때 사용하는 말이다. (= What about ~?)
❺ 물건의 가격을 묻는 말로, it은 this red clock을 가리킨다.
❻ 너무 비싼
❼ 「숫자+year(s) old」는 나이나 햇수를 나타내는 표현이다.
❽ '숫자가 큰'이라는 의미로 앞의 blue clock을 수식해 준다.
❾ one은 앞서 언급한 불특정한 명사의 반복을 피하기 위해 쓰는 부정대명사이다. 여기서는 clock을 가리킨다.

Q5 What is the boy going to buy? (   )
Q6 The boy will pay _____ dollars for the clock.

ⓐ the red clock   ⓑ the blue clock

Talk and Play

A: May I help you?
B: Yes. ❶How much is this T-shirt?
A: It's 20 dollars.
B: ❷Can I get a discount?
A: OK. I'll take 3 dollars off.
B: Great. ❸I'll take it.

❶ 가격을 묻는 표현으로, How much does this T-shirt cost?로 바꿔 쓸 수 있다.
❷ 할인을 받을 수 있나요? (= Can I have a discount? / Can you give me a discount?)
❸ 앞서 언급한 물건을 사겠다고 말하는 표현으로 it은 앞에서 언급한 티셔츠를 가리킨다.

Q7 손님은 티셔츠의 값으로 얼마를 지불할까요?

Review-1

G: ❶Excuse me. How much is this yellow backpack?
M: It's 18 dollars.
G: Hmm. That's expensive for me. ❷How about this red one?
M: It's 15 dollars.
G: ❸That's a good price. I'll take it.

❶ 실례합니다.
❷ '~은 어때요?'라는 의미로, 여기에서는 손님이 다른 물건을 가리키며 그것의 가격은 어떤지 묻는 말로 사용되었다.
❸ '좋은 가격이네요.'라는 의미로 물건의 가격이 마음에 들 때 사용하는 표현이다.

Q8 여학생이 구입할 물건은 무엇인가요? (   )

ⓐ 노란색 배낭   ⓑ 빨간색 배낭

Review-2

W: ❶May I help you?
B: Yes. ❷How much is this blue T-shirt?
W: It's 10 dollars.
B: Can I get a discount?
W: OK. ❸I'll take 2 dollars off.
B: That sounds good. I'll take it.

❶ '도와드릴까요?'라는 의미로 가게에서 점원이 손님에게 하는 인사말이다. (= (How) Can I help you?)
❷ = What is the price of this blue T-shirt?
❸ 2달러를 할인해 준다는 의미이다.

Q9 The woman will give the boy _____ dollars off.

L&T Listen and Talk
빈칸 채우기

• 주어진 우리말과 일치하도록 교과서 대화문을 완성하시오.

Listen and Talk A-1

G: Excuse me. _____ _____ _____ the round glasses?

M: They're 18 dollars.

G: Hmm. Can I get a _____?

M: No, I'm _____ _____. Sorry.

G: That's OK. I'll take them.

 해석   교과서 48쪽

G: 실례합니다. 저 동그란 안경은 얼마인가요?

M: 18달러입니다.

G: 음. 할인을 받을 수 있나요?

M: 죄송하지만 안 돼요. 죄송합니다.

G: 괜찮아요. 그것을 살게요.

Listen and Talk A-2

M: Hello. May I _____ _____?

G: Yes. I'm _____ _____ a backpack for school.

M: What about this red one? It's 12 dollars.

G: Can I _____ _____ _____?

M: OK. I'll take 2 dollars off.

G: That sounds good. I'll _____ _____.

교과서 48쪽

M: 안녕하세요. 도와드릴까요?

G: 네. 저는 학교 갈 때 멜 배낭을 찾고 있어요.

M: 이 빨간색 배낭은 어때요? 12달러예요.

G: 할인을 받을 수 있나요?

M: 네. 2달러를 깎아 드릴게요.

G: 좋아요. 그것을 살게요.

Listen and Talk A-3

G: Excuse me. _____ _____ is this purple T-shirt?

M: It's 10 dollars.

G: That's expensive. Can I _____ a discount?

M: OK. I'll _____ 1 dollar _____. That'll be 9 dollars.

G: I'll take it, then. Thank you!

교과서 48쪽

G: 실례합니다. 이 보라색 티셔츠는 얼마인가요?

M: 10달러예요.

G: 비싸네요. 할인을 받을 수 있나요?

M: 네. 1달러를 깎아 드릴게요. 9달러예요.

G: 그러면 그것을 살게요. 고맙습니다!

Listen and Talk A-4

M: Hello. May I help you?

G: I'm looking for a baseball glove.

M: This one is 15 dollars and it's _____ _____ _____.

G: _____ _____ _____ a discount?

M: OK. I'll take 2 dollars _____.

G: Then it's 13 dollars. I'll _____ _____.

교과서 48쪽

M: 안녕하세요. 도와드릴까요?

G: 저는 야구 글러브를 찾고 있어요.

M: 이 글러브는 15달러이고 상태가 좋아요.

G: 할인을 받을 수 있나요?

M: 네. 2달러를 깎아 드릴게요.

G: 그러면 13달러네요. 그것을 살게요.

Listen and Talk C

B: Wow! There are so many interesting things here.

W: Everything here is _____ _____ _____. What are you looking for?

B: I'm looking for a clock.

W: How _____ this red clock?

B: _____ _____ _____ _____?

W: It's 15 dollars.

B: That's _____ _____ for me. Can I get a discount?

W: No, I'm _____ not. It's only one year old. It's _____ new.

B: Then, how much is this blue clock with the large numbers?

W: It's 10 dollars.

B: Then, I'll _____ the blue one. Thank you.

Talk and Play

A: _____ _____ _____ you?

B: Yes. _____ _____ _____ this T-shirt?

A: It's 20 dollars.

B: Can I _____ _____ _____?

A: OK. I'll take 3 dollars _____.

B: Great. I'll take it.

Review-1

G: Excuse me. _____ _____ _____ this yellow backpack?

M: It's 18 dollars.

G: Hmm. That's _____ _____ me. How about this red one?

M: It's 15 dollars.

G: That's a _____ _____. I'll take it.

Review-2

W: _____ _____ _____ you?

B: Yes. How _____ is this blue T-shirt?

W: It's 10 dollars.

B: _____ _____ _____ a discount?

W: OK. I'll _____ 2 dollars _____.

B: That sounds good. I'll take it.

교과서 49쪽

B: 우와! 여기에는 흥미로운 것들이 정말 많이 있네요.

W: 여기 있는 모든 물건들은 오래됐거나 이미 사용한 것들입니다. 무엇을 찾으시나요?

B: 저는 시계를 찾고 있어요.

W: 이 빨간색 시계는 어때요?

B: 얼마인가요?

W: 15달러예요.

B: 제게는 너무 비싸네요. 할인을 받을 수 있나요?

W: 죄송하지만 안 돼요. 그것은 사용한 지 일년밖에 안 됐어요. 거의 새것입니다.

B: 그러면, 숫자가 큰 이 파란색 시계는 얼마인가요?

W: 그것은 10달러예요.

B: 그러면, 이 파란색 시계를 살게요. 고맙습니다.

교과서 50쪽

A: 도와드릴까요?

B: 네. 이 티셔츠는 얼마인가요?

A: 20달러예요.

B: 할인을 받을 수 있나요?

A: 네. 3달러를 깎아 드릴게요.

B: 좋아요. 그것을 살게요.

교과서 62쪽

G: 실례합니다. 이 노란색 배낭은 얼마인가요?

M: 18달러입니다.

G: 음. 제게는 비싸네요. 이 빨간색 배낭은 어떤가요?

M: 15달러입니다.

G: 좋은 가격이네요. 그걸로 살게요.

교과서 62쪽

W: 도와드릴까요?

B: 네. 이 파란색 티셔츠는 얼마인가요?

W: 10달러입니다.

B: 할인을 받을 수 있나요?

W: 네. 2달러를 깎아 드릴게요.

B: 좋아요. 그것을 살게요.

대화 순서 배열하기

1 Listen and Talk A-1

교과서 48쪽

ⓐ No, I'm afraid not. Sorry.
ⓑ Hmm. Can I get a discount?
ⓒ They're 18 dollars.
ⓓ That's OK. I'll take them.
ⓔ Excuse me. How much are the round glasses?

(　　) – (　　) – (　　) – (　　) – ⓓ

2 Listen and Talk A-2

교과서 48쪽

ⓐ What about this red one? It's 12 dollars.
ⓑ OK. I'll take 2 dollars off.
ⓒ Yes. I'm looking for a backpack for school.
ⓓ That sounds good. I'll take it.
ⓔ Hello. May I help you?
ⓕ Can I get a discount?

(　　) – (　　) – ⓐ – (　　) – (　　) – (　　)

3 Listen and Talk A-3

교과서 48쪽

ⓐ I'll take it, then. Thank you!
ⓑ That's expensive. Can I get a discount?
ⓒ Excuse me. How much is this purple T-shirt?
ⓓ OK. I'll take 1 dollar off. That'll be 9 dollars.
ⓔ It's 10 dollars.

(　　) – (　　) – (　　) – ⓓ – (　　)

4 Listen and Talk A-4

교과서 48쪽

ⓐ This one is 15 dollars and it's in good condition.
ⓑ Can I get a discount?
ⓒ I'm looking for a baseball glove.
ⓓ OK. I'll take 2 dollars off.
ⓔ Hello. May I help you?
ⓕ Then it's 13 dollars. I'll take it.

(　　) – (　　) – ⓐ – (　　) – (　　) – ⓕ

5 Listen and Talk C

A: Wow! There are so many interesting things here.

ⓐ How much is it?
ⓑ I'm looking for a clock.
ⓒ How about this red clock?
ⓓ Everything here is old or used. What are you looking for?
ⓔ It's 10 dollars.
ⓕ It's 15 dollars.
ⓖ That's too expensive for me. Can I get a discount?
ⓗ Then, how much is this blue clock with the large numbers?
ⓘ No, I'm afraid not. It's only one year old. It's almost new.

A: Then, I'll take the blue one. Thank you.

A – (　　) – (　　) – (　　) – (　　) – ⓕ – (　　) – (　　) – (　　) – (　　) – A

6 Talk and Play

ⓐ OK. I'll take 3 dollars off.
ⓑ Yes. How much is this T-shirt?
ⓒ Can I get a discount?
ⓓ It's 20 dollars.
ⓔ May I help you?
ⓕ Great. I'll take it.

(　　) – (　　) – ⓓ – (　　) – (　　) – ⓕ

7 Review-1

ⓐ Hmm. That's expensive for me. How about this red one?
ⓑ Excuse me. How much is this yellow backpack?
ⓒ It's 15 dollars.
ⓓ That's a good price. I'll take it.
ⓔ It's 18 dollars.

(　　) – (　　) – (　　) – (　　) – ⓓ

8 Review-2

ⓐ It's 10 dollars.
ⓑ Yes. How much is this blue T-shirt?
ⓒ Can I get a discount?
ⓓ May I help you?
ⓔ That sounds good. I'll take it.
ⓕ OK. I'll take 2 dollars off.

(　　) – (　　) – (　　) – ⓒ – (　　) – (　　)

[01~02] 다음 대화의 빈칸에 들어갈 말로 알맞은 것을 고르시오.

01

A: _____
B: They are 30 dollars.

① What's your shoe size?
② What are you looking for?
③ How much are these sneakers?
④ What do the glasses look like?
⑤ Could you lend me some money?

02

A: _____
B: OK. I'll take 3 dollars off.

① May I help you?
② Can I get a discount?
③ Can I try on this shirt?
④ Do you have this in a bigger size?
⑤ Can you show me another one?

03 다음 중 짝지어진 대화가 <u>어색한</u> 것은?

① A: Hello. May I help you?
   B: I'm looking for a scarf.
② A: How much are those sunglasses?
   B: They're 17 dollars.
③ A: Can I get a discount?
   B: OK. I'll take 1 dollar off.
④ A: What's the price of this backpack?
   B: Please give me a discount.
⑤ A: I'm afraid you can't get a discount.
   B: That's OK. I'll take it.

04 다음 대화의 빈칸에 들어갈 말로 알맞지 <u>않은</u> 것은?

A: How about this red hat? It's 20 dollars.
B: Hmm. Can I get a discount?
A: _____

① Sorry, but you can't.
② That's a good idea.
③ No, I'm afraid not. Sorry.
④ OK. I'll take 2 dollars off.
⑤ You can get a 10% discount.

05 자연스러운 대화가 되도록 (A)~(E)를 바르게 배열한 것은?

(A) I'll take it, then. Thank you!
(B) Excuse me. How much is this purple T-shirt?
(C) OK. I'll take 1 dollar off. That'll be 9 dollars.
(D) It's 10 dollars.
(E) That's expensive. Can I get a discount?

① (B) – (A) – (D) – (E) – (C)
② (B) – (D) – (E) – (C) – (A)
③ (C) – (B) – (A) – (E) – (D)
④ (C) – (D) – (A) – (B) – (E)
⑤ (D) – (E) – (A) – (C) – (B)

[06~07] 다음 대화를 읽고, 물음에 답하시오.

A: May I help you?
B: Yes. ⓐ<u>How much is that green skirt?</u>
A: It's 12 dollars.
B: Can I get a discount?
A: OK. I'll take 2 dollars ___ⓑ___.
B: Then that'll be 10 dollars. I'll take it.

06 위 대화의 밑줄 친 ⓐ와 바꿔 쓸 수 있는 것은?

① Is that green skirt on sale?
② How about that green skirt?
③ How do you like that green skirt?
④ What's the size of that green skirt?
⑤ What's the price of that green skirt?

07 위 대화의 빈칸 ⓑ에 들어갈 말로 알맞은 것은?

① to   ② on   ③ off

④ over   ⑤ down

[08~09] 다음 대화를 읽고, 물음에 답하시오.

A: Wow! There are so many interesting things here. (①)

B: Everything here is old or used. What are you looking for? (②)

A: I'm looking for a clock.

B: How about this red clock?

A: (③) How much is it?

B: It's 15 dollars.

A: (④) Can I get a discount?

B: No, I'm afraid not. It's only one year old. It's almost new.

A: Then, how much is this blue clock with the large numbers?

B: It's 10 dollars.

A: (⑤) Then, I'll take the blue one. Thank you.

08 위 대화의 ①~⑤ 중 주어진 문장이 들어갈 위치로 알맞은 것은?

That's too expensive for me.

①   ②   ③   ④   ⑤

고
난도
09 위 대화의 내용과 일치하지 <u>않는</u> 것은?

① There aren't new things in the store.

② The customer wants to buy a clock.

③ The red clock is one year old.

④ The clerk will take five dollars off.

⑤ The customer will pay ten dollars.

서술형

10 다음 그림을 보고, 물건을 사고파는 대화를 완성하시오.

A: How much _____ _____ _____?

B: It's 10 dollars.

A: Please give me a discount.

B: OK. I'll _____ 2 dollars _____.

11 다음 대화의 밑줄 친 우리말과 같도록 [보기]에 주어진 표현을 사용하여 괄호 안의 단어 수에 맞게 문장을 쓰시오.

A: Excuse me. (1) <u>이 신발은 얼마인가요?</u>

B: They're 13 dollars.

A: Hmm. (2) <u>할인을 받을 수 있나요?</u>

B: No, I'm afraid not. Sorry.

A: That's OK. (3) <u>그것을 살게요.</u>

[보기]   discount   these shoes   take

(1) _____ (5단어)

(2) _____ (5단어)

(3) _____ (3단어)

고
난도
12 다음 대화의 밑줄 친 ⓐ~ⓔ 중 흐름상 어색한 문장을 찾아 기호를 쓰고 바르게 고쳐 쓰시오.

A: ⓐHow much is this soccer ball?

B: It's 6 dollars.

A: ⓑThat's a good price. ⓒCan you give me a discount?

B: OK. ⓓI'll take 1 dollar off. That'll be 5 dollars.

A: ⓔI'll take it, then. Thank you!

(   ) → _____

1 수동태

읽기 본문	This **was made by** Hajun. be동사 과거분사 by 행위자	이것은 하준이에 의해 만들어졌다.
대표 예문	Hangeul **was made by** King Sejong.	한글은 세종대왕에 의해 만들어졌다.
	The report **was written by** Mary.	그 보고서는 Mary에 의해 쓰였다.
	The Walk **was painted by** Marc Chagall.	'The Walk'는 Marc Chagall에 의해 그려졌다.
	The bridge **was built** in 1990.	그 다리는 1990년에 지어졌다.

(1) 형태: be동사+과거분사+by+행위자(목적격)

(2) 수동태 문장 만들기: 주어가 동작을 하는 것이 아니라 당할 때, 즉 동작의 대상일 때 수동태로 나타낸다.

① 능동태의 목적어 → 수동태의 주어

② 동사 → be동사+과거분사 (*cf.* be동사는 수동태의 주어에 인칭·수 일치)

③ 능동태의 주어 → by+행위자 (*cf.* 중요하지 않거나 일반인일 경우 생략 가능)

〈능동태〉 Mina took this picture. (미나가 이 사진을 찍었다.)

〈수동태〉 This picture **was taken** by Mina. (이 사진은 미나에 의해 찍혔다.)

(3) 수동태의 부정문과 의문문: 부정문은 be동사와 과거분사 사이에 not을 써서 나타내고, 의문문은 be동사를 주어 앞으로 보낸다.

His car **was not washed** by me. (그의 차는 나에 의해 세차되지 않았다.)

Were the cookies **made** by Tom? (그 쿠키들은 Tom에 의해 만들어졌니?)

> **시험 포인트 ❶** point
> 능동태 문장을 수동태로 바꾸는 문제가 많이 출제되므로, 능동태를 수동태로 바꾸는 연습을 충분히 한다.

> **시험 포인트 ❷** point
> 주어에 맞는 동사의 형태가 능동태인지 수동태인지 묻는 문제가 자주 출제되므로, 주어가 동사의 행위의 주체인지(능동태), 행위의 대상인지(수동태) 잘 구분할 수 있도록 한다.

한 단계 더!

조동사가 있는 문장의 수동태는 「조동사+be동사+과거분사」의 형태로 쓴다.

The smartphone **can be used** by you. (그 스마트폰은 너에 의해 사용될 수 있다.)

QUICK CHECK

1 다음 괄호 안에서 알맞은 것을 고르시오.

(1) (Was / Did) the wall painted by Mr. Davis?

(2) The spaghetti (ate / was eaten) by Jenny.

(3) The bottles (are used / were used) by Mark yesterday.

2 다음 밑줄 친 부분을 어법에 맞게 고쳐 쓰시오.

(1) This tree <u>planted</u> by Dad last year.　→ _____

(2) The glass <u>was broken not</u> by Eric.　→ _____

(3) The living room <u>must clean</u> by Tom.　→ _____

2 want+목적어+to부정사

읽기 본문 **I want you to understand** the meaning of "upcycling."
　　　　동사　목적어　목적격 보어(to부정사)

나는 여러분이 '업사이클링'의 의미를 이해하기를 원해요.

대표 예문 **I want you to wash** the dishes.

나는 네가 설거지하기를 원해.

She **wants Steve to come** home early.

그녀는 Steve가 집에 일찍 오기를 원한다.

We **want you to join** our club.

우리는 네가 우리 동아리에 가입하기를 원해.

Tim **wanted them to bring** their books.

Tim은 그들이 자신들의 책을 가지고 오기를 원했다.

(1) 형태: want+목적어+to부정사

(2) 의미와 쓰임: '(목적어)가 ~하기를 원하다'라는 뜻으로, to부정사는 목적어의 상태나 행동을 설명하는 목적격 보어로 쓰인다.

The boy **wanted his dog to catch** the ball. (그 소년은 개가 공을 잡기를 원했다.)

Kate **wanted me to come** to the party. (Kate는 내가 파티에 오기를 원했다.)

Do you **want me to wash** your clothes? (내가 네 옷들을 세탁하기를 원하니?)

to부정사 앞에 not을 쓰면 '(목적어)가 ~하지 않기를 원하다'라는 뜻을 나타낸다.

I **want him not to be** late for the meeting. (나는 그가 모임에 늦지 않기를 원한다.)

Jake **wants his brother not to stay** in his house.

(Jake는 형이 그의 집에 머물지 않기를 원한다.)

> **point**
>
> 시험 포인트 ❶
>
> 동사 want 뒤에 오는 목적격 보어의 형태를 묻는 문제가 주로 출제되므로, want의 목적격 보어로 to부정사를 쓰는 것에 유의한다.
>
> want는 목적격 보어뿐만 아니라 목적어로도 to부정사를 쓸 수 있다.
>
> She wants **to bake** cookies.
> *cf.* She wants me **to bake** cookies.
> ▶ 중 1 교과서 6과

한 단계 더!

ask, tell, allow, advise, order 등은 want처럼 목적격 보어로 to부정사를 쓴다.

Susan **asked her husband to help** her.

(Susan은 남편에게 자신을 도와달라고 부탁했다.)

My mom **tells me to save** water. (엄마는 내게 물을 절약하라고 하신다.)

The doctor **advised me to lose** weight. (의사는 내게 몸무게를 줄이라고 조언했다.)

> **point**
>
> 시험 포인트 ❷
>
> 목적격 보어로 to부정사가 쓰인 문장의 동사를 묻는 문제가 자주 출제되므로, 목적격 보어로 to부정사를 쓰는 동사를 충분히 익히도록 한다.

QUICK CHECK

1 다음 괄호 안에서 알맞은 것을 고르시오.

(1) John wanted (her to be / to be her) a doctor.

(2) The teacher wants me (studying / to study) for the exam.

(3) She wanted (not me to / me not to) go shopping with her.

2 다음 밑줄 친 부분을 어법에 맞게 고쳐 쓰시오.

(1) I wanted him <u>show</u> me his house.　　→ _____

(2) He wants <u>not her to meet</u> his parents.　→ _____

(3) Our teacher asked us <u>thinking</u> of our future.　→ _____

G ▶ Grammar
연습 문제

STEP
A

1 수동태

A 다음 괄호 안에 주어진 단어를 어법상 알맞은 형태로 바꿔 문장을 완성하시오.

1 My bike _____ a few days ago. (steal)

2 The book _____ a lot these days. (not, read)

3 These cookies _____ by my sister yesterday. (bake)

4 The telephone _____ by Alexander Graham Bell. (invent)

B 다음 문장에서 어법상 <u>틀린</u> 부분을 찾아 바르게 고쳐 쓰시오.

1 English is not speak in this country.   _____ → _____

2 I guess the juice was drank by Mary.   _____ → _____

3 The beautiful building built 30 years ago.   _____ → _____

4 These books was returned to the library.   _____ → _____

C 다음 문장을 수동태로 바꿔 쓴 문장을 완성하시오.

1 Jason didn't invite us to the party.
→ We _____ .

2 Leonardo da Vinci painted the *Mona Lisa*.
→ The *Mona Lisa* _____ .

3 Mary feeds the dog all the time.
→ The dog _____ all the time.

4 She will sing a famous song in the contest.
→ A famous song _____ in the contest.

D 주어진 우리말과 의미가 같도록 괄호 안의 단어들을 사용하여 문장을 쓰시오. (단, 필요시 형태를 바꿀 것)

1 그 단추는 Sally에 의해 떨어졌다. (button, drop)
→ _____

2 그 다리는 1990년에 지어졌다. (bridge, build)
→ _____

3 이 탁자는 우리 아버지에 의해 만들어지지 않았다. (my father, make)
→ _____

2 want+목적어+to부정사

A 다음 괄호 안에서 알맞은 것을 고르시오.

1 I want you (know / to know) the truth.

2 He (makes / wants) me to keep the secret.

3 Ms. Brown wanted us (clean / to clean) the classroom.

4 Do you want Jake (to do not / not to do) the work now?

B 다음 괄호 안에 주어진 단어를 어법상 알맞은 형태로 바꿔 문장을 완성하시오.

1 The doctor told the patient _____ in bed. (stay)

2 She wanted her father _____ more. (exercise)

3 I asked him _____ a bicycle with his brother. (ride)

4 Tom's mom advised Tom _____ his homework first. (do)

C 주어진 우리말과 의미가 같도록 괄호 안의 단어들을 사용하여 문장을 완성하시오.

1 나는 Jim에게 Kate를 도와주라고 부탁했다. (help)

 → I asked _____ _____ _____ _____.

2 우리는 네가 우리 동아리에 가입하기를 원한다. (join, club)

 → We want _____ _____ _____ _____ _____.

3 그녀는 Tom이 식물에 물을 주기를 원한다. (want, water, the plants)

 → She wants _____ _____ _____ _____ _____.

4 그는 내게 오늘 수영하러 가지 말라고 말했다. (not, go swimming)

 → He told _____ _____ _____ _____ _____ today.

D 주어진 우리말과 의미가 같도록 괄호 안의 단어들을 바르게 배열하여 문장을 쓰시오.

1 나는 그가 당장 방에서 나가기를 원했다. (leave, I, right now, wanted, the room, to, him)

 → _____

2 그들은 Linda가 이것에 대해 듣지 않기를 원한다. (want, about this, Linda, they, hear, not, to)

 → _____

3 나는 언니에게 내일 아침에 나를 일찍 깨워달라고 부탁했다.

 (tomorrow morning, I, me, up, early, my sister, to, asked, wake)

 → _____

[01~02] 다음 빈칸에 들어갈 말로 알맞은 것을 고르시오.

01
My favorite artist is Edgar Degas. *The Dance Class* _____ by him in 1874.

① paints   ② painted   ③ is painting
④ is painted   ⑤ was painted

02
My little sister is sleeping. Mom _____ me to keep quiet.

① has   ② says   ③ wants
④ makes   ⑤ watches

03 다음 밑줄 친 동사의 형태로 알맞은 것은?

I want my brother <u>play</u> soccer with me.

① play   ② plays
③ played   ④ playing
⑤ to play

04 다음 문장을 수동태로 바꿔 쓸 때, 빈칸에 들어갈 말로 알맞은 것은?

Jason didn't clean the windows.
→ The windows _____ by Jason.

① not be cleaned   ② wasn't cleaned
③ didn't be cleaned   ④ weren't cleaned
⑤ were cleaned not

05 다음 우리말과 의미가 같도록 할 때, 빈칸에 들어갈 말로 알맞은 것은?

선생님은 우리가 많은 책을 읽기를 원하셨다.
→ The teacher wanted _____ many books.

① we read   ② us read
③ we to read   ④ to us read
⑤ us to read

06 다음 빈칸에 들어갈 말이 순서대로 바르게 짝지어진 것은?

• This temple _____ in 1785.
• Mia _____ the Christmas card to me.
• French _____ in many African countries.

① built – sent – is spoken
② built – was sent – speaks
③ was built – sent – speaks
④ was built – sent – is spoken
⑤ was built – was sent – speaks

07 다음 문장의 ①~⑤ 중 **not**이 들어갈 위치로 알맞은 것은?

My parents (①) want (②) me (③) to (④) fight (⑤) with my sister.

[08~09] 다음 우리말을 영어로 바르게 옮긴 것을 고르시오.

08 내 가방은 어제 도난당했다.

① My bag stole yesterday.
② I stole my bag yesterday.
③ My bag was stolen yesterday.
④ My bag was stealing yesterday.
⑤ I was stolen my bag yesterday.

09 그는 Emily가 떠나지 않기를 바란다.

① He wants Emily not leave.
② He wants Emily don't leave.
③ He wants Emily not leaving.
④ He wants Emily not to leave.
⑤ He wants Emily to not leaving.

10 다음 밑줄 친 ①~⑤ 중 어법상 **틀린** 것은?

Susan <u>often uses</u> <u>Kate's smartphone</u>. <u>But</u>
     ①   ②   ③
Kate <u>wants</u> Susan <u>to use not</u> her smartphone.
    ④   ⑤

한 단계 더!

11 다음 우리말과 의미가 같도록 주어진 단어들을 배열할 때, 4번째로 오는 단어는?

이 숙제는 월요일까지 끝마쳐져야 한다.
(must, Monday, this, by, finished, homework, be)

① by   ② be
③ must   ④ finished
⑤ homework

12 다음 문장을 수동태 문장으로 바르게 바꾼 것은?

She cooks breakfast every day.

① Breakfast cooks by her every day.
② Breakfast is cooked by she every day.
③ Breakfast is cooked by her every day.
④ Breakfast is cooking by she every day.
⑤ Breakfast is cooking by her every day.

13 다음 문장에서 어법상 **틀린** 부분을 찾아 바르게 고쳐 쓴 것은?

These sandwiches was made by my mom this morning.

① These → This
② was → were
③ made → making
④ by → from
⑤ this morning → in this morning

한 단계 더!

14 다음 중 능동태를 수동태로 **잘못** 바꾼 것은?

① Mike wrote this report.
   → This report was written by Mike.
② I didn't lock the door.
   → The door didn't be locked by me.
③ My uncle repaired the bike.
   → The bike was repaired by my uncle.
④ He can solve the math problem.
   → The math problem can be solved by him.
⑤ Did Mark break the vase yesterday?
   → Was the vase broken by Mark yesterday?

15 다음 중 빈칸에 **want**를 쓸 수 <u>없는</u> 문장은?

① I _____ you to do this work.

② They don't _____ him to hurt himself.

③ We _____ them singing on the stage.

④ Do you _____ me to come home early?

⑤ She doesn't _____ her parents to worry.

16 다음 중 밑줄 친 부분이 어법상 틀린 것은?

① Was Hangeul <u>made</u> by King Sejong?

② Mr. Yoon <u>is respected</u> by many students.

③ The thief <u>didn't be caught</u> by the police.

④ A lot of people <u>were hurt</u> in the accident.

⑤ Different kinds of vegetables <u>are sold</u> at the market.

곰/삽도 한 단계 더!

17 다음 중 어법상 올바른 문장끼리 짝지어진 것은?

ⓐ The key was found by my sister.

ⓑ Was the cookies eaten by Scott?

ⓒ Dad told us not to go out at night.

ⓓ The doctor wants to exercise him regularly.

ⓔ Ann will be made sandwiches for the picnic.

① ⓐ, ⓒ   ② ⓑ, ⓓ   ③ ⓐ, ⓓ, ⓔ

④ ⓑ, ⓒ, ⓓ   ⑤ ⓑ, ⓓ, ⓔ

서술형

[18~19] 다음 문장을 수동태로 바꿔 쓸 때 빈칸에 알맞은 말을 쓰시오.

18

Many teenagers love the boy band.

→ The boy band _____ many teenagers.

19

Hemingway wrote *The Old Man and the Sea* in 1952.

→ *The Old Man and the Sea* _____ _____ Hemingway in 1952.

20 주어진 우리말과 의미가 같도록 괄호 안의 단어들을 사용하여 문장을 완성하시오.

그들은 내가 춤 동아리에 가입하기를 원한다.
(want, the dance club, join)

→ They _____.

21 다음 괄호 안의 단어를 어법에 맞게 사용하여 문장을 완성하시오.

(1) This bridge _____ in 2010.
                (build)

(2) English _____ in Australia.
          (speak)

(3) The plate _____ by Bob yesterday.
         (break)

(4) The floor _____ by Dad every day.
       (clean)

한 단계 더!

22 다음 문장을 [예시]와 같이 주어진 단어로 시작하여 바꿔 쓰시오.

> [예시] My sister built the snowman.
> → The snowman was built by my sister.

(1) Julia wrote this poem.
→ This poem _____
_____ .

(2) The students collected empty bottles.
→ Empty bottles _____
_____ .

(3) We will paint the fence tomorrow.
→ The fence _____
_____ .

(4) Did the famous designer make this dress?
→ Was _____
_____ ?

23 다음 학급 규칙을 보고, **want**를 사용하여 [예시]와 같이 문장을 완성하시오.

> **Classroom Rules**
> [예시] Be quiet in class.
> (1) Clean the classroom.
> (2) Be kind to others.
> (3) Don't be late for school.
> (4) Don't use smartphones in class.

[예시] My teacher wants us to be quiet in class.

(1) _____

(2) _____

(3) _____

(4) _____

24 다음 사진과 주어진 정보를 보고, [보기]에서 알맞은 말을 골라 [예시]와 같이 문장을 완성하시오.

(1)
Sunflowers,
Vincent van Gogh

(2)
the light bulb,
Thomas Edison

(3)
the Eiffel Tower,
Gustave Eiffel

> [보기]   invent   design   paint

[예시] *Romeo and Juliet* was written by William Shakespeare.

(1) _____

(2) _____

(3) _____

한 단계 더!

25 다음 메모를 보고, [예시]와 같이 문장을 완성하시오.

> [예시] Mina, walk the dog.
> - Jinho

> (1) Suji, bring my book.
> - Kate

> (2) Ted, call me after dinner.
> - Brad

> (3) Eric, don't use my bike.
> - Jerry

[예시] Jinho wants Mina to walk the dog.

(1) Kate asks _____ .

(2) Brad wants _____ .

(3) Jerry tells _____ .

R Reading 만점 노트

업사이클링에 대해 이야기해 봅시다

Brown 선생님:

01 동아리 회원 여러분, 안녕하세요.

02 여러분도 알다시피, 올해 환경의 날은 업사이클링에 관한 것입니다.

03 각 그룹이 그날에 할 행사 아이디어를 이야기하기 전에, 나는 여러분이 '업사이클링'의 의미를 이해하기를 바랍니다.

04 누가 업사이클링을 설명해 줄 수 있나요?

수미:

05 네. 'upcycling'이라는 단어는 'upgrade'와 'recycling'이 결합한 것입니다.

Eric:

06 재활용과 마찬가지로, 업사이클링도 환경에 좋습니다.

07 업사이클링을 하면 낡은 것으로 새롭고 더 좋은 것을 만들죠.

Brown 선생님:

08 좋아요. 이제 각 그룹의 행사 아이디어에 대해 이야기해 봅시다.

09 Pei의 그룹부터 시작하죠.

Pei:

10 저희 그룹은 트래션 쇼를 열고 싶습니다.

11 'trashion'은 'trash'와 'fashion'이 결합한 말입니다.

12 저희는 옷을 만들기 위해 쓰레기를 사용할 겁니다.

13 저희는 이 쇼를 통해서 다른 학생들이 업사이클링에 관심을 갖게 되기를 바랍니다.

Brown 선생님:

14 트래션 쇼라니 재미있겠네요! Eric, 너희 그룹은 어떠니?

Let's Talk about Upcycling

Mr. Brown:

01 Hello, club members.
　　　　　동아리

02 As you know, this year's Environment Day is about upcycling.
　　접 ~하듯이, ~다시피　　　　환경의 날

03 Before we talk about each group's event idea for that day, I want you to
　　접 ~하기 전에　　　「each+단수명사」 각각의 ~　　　「want+목적어+to부정사」
　　understand the meaning of "upcycling."　　　　(목적어)가 ~하기를 원하다

= (this year's) Environment Day

04 Can anyone explain upcycling?
　　　누군가, 누가 (의문문에서 사용)

Sumi:

~의 결합, 조합

05 Yes. The word "upcycling" is a combination of "upgrade" and "recycling."
　　　　　　　　　　　　　(합성어 예시) • breakfast+lunch → brunch
　　　　　　　　　　　　　　　　　　　　• smoke+fog → smog
Eric:　　　　　　　　　　　　　　• emotion+icon → emoticon

06 Like recycling, upcycling is good for the environment.
　　접 ~처럼, ~와 같이　　　　　　~에 좋다 ↔ be bad for (~에 좋지 않다, 해롭다)

07 When you upcycle, you make new and better things from old things.
　　접 ~할 때　　　　　make A from B: B로(를 원료로 하여) A를 만들다

Mr. Brown:

08 Good. Now, let's talk about each group's idea for the event.
　　　　　　let's+동사원형: ~하자

09 Let's start with Pei's group.
　　　~로 시작하자, ~부터 시작하자

Pei:

열다, 개최하다(-held-held)

10 My group wants to hold a trashion show.
　　　　　　　　명사적 용법의 to부정사 (wants의 목적어)

11 "Trashion" is a combination of "trash" and "fashion."
　　　　　　　　　　　　　　　쓰레기　　　　패션

12 We'll use trash to make clothes.
　　　　　　부사적 용법의 to부정사 (목적)

전치사 뒤에는 명사(구)나 동명사(구)가 옴

13 We want other students to become interested in upcycling through the
　　「want+목적어+to부정사」 (목적어)가 ~하기를 원하다　　　　　전 ~을 통해서
　　show.

Mr. Brown:

cf. 「sound+형용사」 ~하게 들리다

14 A trashion show sounds like fun! What about your group, Eric?
　　「sound like+명사(구)」 = How about
　　~처럼 들리다

Eric:

15 My group is going to make musical instruments from old things.
악기
「be going to+동사원형」 ~할 것이다 (미래에 예정된 일)

16 We'll make drums from old plastic buckets.
플라스틱(으로 만들어진) 양동이

17 We'll also make a guitar from old boxes and rubber bands.
고무줄

18 We plan to play the instruments in a mini-concert.
┌ 연주하다
「plan+to부정사」 ~할 계획이다   작은, 소규모의

Mr. Brown:

19 Thank you, Eric. Now, let's hear from Sumi's group.

Sumi:

20 My group will make bags from old clothes.
옷

21 For example, we'll use blue jeans.
예를 들면 (= For instance)   청바지

22 Look at this bag.

23 This was made by Hajun, one of our group members.
────(=) 동격────
수동태 (be동사+과거분사+by+행위자)
→ Hajun, one of our group members, made this. (능동태)

24 Isn't it nice?
자신의 말을 강조하기 위해 사용하는 수사적 질문
(= It's very nice.)   = more bags

25 We'll make more bags and sell them on Environment Day.
└───and로 연결된 병렬구조───┘   「on+특정한 날」

26 We're going to give all the money to a nursing home.
give A to B: A를 B에게 주다
= give a nursing home all the money (4형식 문장)

Mr. Brown:

27 That's a great idea.

28 Your ideas are all so creative.
창의적인

29 I want everyone to work hard for Environment Day.
「want+목적어+to부정사」   ㉑ 열심히

Blue Jeans Bag

30 **You need:** old blue jeans, sewing kit, scissors, pins and buttons
도구 세트   단추

Step

31 ❶ Cut off the legs of the blue jeans.
┌ ~을 잘라 내다
(이어동사) 목적어가 명사일 때는 동사와 부사 사이 또는 부사 뒤에 쓸 수 있지만, 목적어
가 대명사일 때는 동사와 부사 사이에만 씀

32 ❷ Sew the bottom together.
맨 아래 (↔ top 맨 위)

33 ❸ Make shoulder straps from one of the legs.
청바지의 맨 윗부분에

34 ❹ Sew the straps to the top of the jeans.
↔ bottom

35 ❺ Decorate the bag with pins and buttons.
㉑ ~을 사용하여, ~으로

Eric:

15 저희 그룹은 낡은 물건으로 악기를 만들려고 합니다.

16 저희는 낡은 플라스틱 양동이로 드럼을 만들 겁니다.

17 저희는 또한 낡은 상자와 고무줄로 기타를 만들 겁니다.

18 저희는 소규모 음악회에서 그 악기들을 연주할 계획입니다.

Brown 선생님:

19 고마워요, Eric. 그럼 이제 수미의 그룹의 아이디어를 들어 보죠.

수미:

20 저희 그룹은 낡은 옷으로 가방을 만들 거예요.

21 예를 들면, 저희는 청바지를 사용할 거예요.

22 이 가방을 보세요.

23 이것은 저희 모둠원 중 한 명인 하준이가 만들었어요.

24 멋지지 않나요?

25 저희는 가방을 더 많이 만들어서 환경의 날에 팔 거예요.

26 저희는 번 돈을 모두 양로원에 드릴 예정이에요.

Brown 선생님:

27 훌륭한 생각이군요.

28 여러분의 아이디어는 모두 무척 창의적이에요.

29 여러분 모두 환경의 날을 위해 열심히 노력하길 바랍니다.

청바지 가방

30 준비물: 낡은 청바지, 바느질 도구, 가위, 핀과 단추

단계

31 ❶ 청바지의 다리 부분을 잘라 내세요.

32 ❷ 맨 아랫부분을 바느질하여 붙이세요.

33 ❸ 다리 중 한 쪽으로 어깨끈들을 만드세요.

34 ❹ 청바지의 맨 윗부분에 끈들을 바느질하여 붙이세요.

35 ❺ 핀과 단추로 가방을 장식하세요.

• 주어진 우리말과 일치하도록 교과서 본문의 문장을 완성하시오.

STEP A

01 Hello, _____ members.

01 동아리 회원 여러분, 안녕하세요.

02 _____ _____ _____, this year's Environment Day is _____ upcycling.

02 여러분도 알다시피, 올해 환경의 날은 업사이클링에 관한 것입니다.

03 Before we talk about each group's event idea for that day, I _____ _____ _____ _____ the meaning of "upcycling."

03 각 그룹이 그날에 할 행사 아이디어를 이야기하기 전에, 나는 여러분이 '업사이클링'의 의미를 이해하기를 바랍니다.

04 Can anyone _____ upcycling?

04 누가 업사이클링을 설명해 줄 수 있나요?

05 Yes. The word "upcycling" is _____ _____ _____ "upgrade" and "recycling."

05 네. 'upcycling'이라는 단어는 'upgrade'와 'recycling'이 결합한 것입니다.

06 _____ _____, upcycling is good for the environment.

06 재활용과 마찬가지로, 업사이클링도 환경에 좋습니다.

07 When you upcycle, you make new and _____ _____ from old things.

07 업사이클링을 하면 낡은 것으로 새롭고 더 좋은 것을 만들죠.

08 Good. Now, let's talk about _____ group's idea for the event.

08 좋아요. 이제 각 그룹의 행사 아이디어에 대해 이야기해 봅시다.

09 Let's _____ _____ Pei's group.

09 Pei의 그룹부터 시작하죠.

10 My group wants _____ _____ a trashion show.

10 저희 그룹은 트래션 쇼를 열고 싶습니다.

11 "Trashion" is a _____ of "trash" _____ "fashion."

11 'trashion'은 'trash'와 'fashion'이 결합한 말입니다.

12 We'll use trash _____ _____ clothes.

12 저희는 옷을 만들기 위해 쓰레기를 사용할 겁니다.

13 We want other students to _____ _____ _____ upcycling through the show.

13 저희는 이 쇼를 통해서 다른 학생들이 업사이클링에 관심을 갖게 되기를 바랍니다.

14 A trashion show _____ _____ fun! What _____ your group, Eric?

14 트래션 쇼라니 재미있겠네요! Eric, 너희 그룹은 어떠니?

15 My group is going to make _____ _____ from old things.

15 저희 그룹은 낡은 물건으로 악기를 만들려고 합니다.

16 We'll _____ drums _____ old plastic buckets.

16 저희는 낡은 플라스틱 양동이로 드럼을 만들 겁니다.

17 We'll also make a guitar _____ old boxes and _____ _____.

17 저희는 또한 낡은 상자와 고무줄로 기타를 만들 겁니다.

18 We _____ _____ _____ the instruments in a mini-concert.

18 저희는 소규모 음악회에서 그 악기들을 연주할 계획입니다.

19 Thank you, Eric. Now, let's _____ _____ Sumi's group.

19 고마워요. Eric. 그럼 이제 수미의 그룹의 아이디어를 들어 보죠.

20 My group _____ _____ bags from old clothes.

20 저희 그룹은 낡은 옷으로 가방을 만들 거예요.

21 _____ _____, we'll use blue jeans.

21 예를 들면, 저희는 청바지를 사용할 거예요.

22 _____ _____ this bag.

22 이 가방을 보세요.

23 This _____ _____ _____ Hajun, one of our group members.

23 이것은 저희 모둠원 중 한 명인 하준이에 의해 만들어졌어요.

24 _____ it nice?

24 멋지지 않나요?

25 We'll make more bags and sell them _____ Environment Day.

25 저희는 가방을 더 많이 만들어서 환경의 날에 팔 거예요.

26 We're going to give all the money _____ _____ _____ _____.

26 저희는 번 돈을 모두 양로원에 드릴 예정이에요.

27 That's _____ _____ _____.

27 훌륭한 생각이군요.

28 Your ideas are all so _____.

28 여러분의 아이디어는 모두 무척 창의적이에요.

29 I _____ everyone _____ _____ _____ for Environment Day.

29 여러분 모두 환경의 날을 위해 열심히 노력하길 바랍니다.

30 **You need:** old blue jeans, _____ _____, scissors, pins and _____

30 준비물: 낡은 청바지, 바느질 도구, 가위, 핀과 단추

31 ❶ _____ _____ the legs of the blue jeans.

31 ❶ 청바지의 다리 부분을 잘라 내세요.

32 ❷ _____ the bottom together.

32 ❷ 맨 아랫부분을 바느질하여 붙이세요.

33 ❸ Make shoulder straps _____ _____ _____ the legs.

33 ❸ 다리 중 한 쪽으로 어깨끈들을 만드세요.

34 ❹ Sew the straps to the _____ _____ the jeans.

34 ❹ 청바지의 맨 윗부분에 끈들을 바느질하여 붙이세요.

35 ❺ _____ the bag _____ pins and buttons.

35 ❺ 핀과 단추로 가방을 장식하세요.

STEP
A

01 Hello, (club of members / club members).

02 (As / When) you know, this year's Environment Day is about upcycling.

03 Before we talk about each group's event idea for that day, I want you (to understand / understanding) the meaning of "upcycling."

04 Can anyone (explains / explain) upcycling?

05 Yes. The word "upcycling" is a combination (for / of) "upgrade" and "recycling."

06 (Like / By) recycling, upcycling is good for the environment.

07 When you upcycle, you make new and better things (for / from) old things.

08 Good. Now, let's (talk / to talk) about each group's idea for the event.

09 Let's start (of / with) Pei's group.

10 My group wants (hold / to hold) a trashion show.

11 "Trashion" is a combination of "trash" (or / and) "fashion."

12 We'll use trash (making / to make) clothes.

13 We want other students to become interested (on / in) upcycling through the show.

14 A trashion show sounds like (fun / funny)! What about your group, Eric?

15 My group is going (to make / to making) musical instruments from old things.

16 We'll (make / making) drums from old plastic buckets.

17   We'll also make a guitar (from / to) old boxes and rubber bands.

18   We plan (play / to play) the instruments in a mini-concert.

19   Thank you, Eric. Now, (let's / don't) hear from Sumi's group.

20   My group will (be made / make) bags from old clothes.

21   (For example / Instead), we'll use blue jeans.

22   (Look / Looks) at this bag.

23   This (made / was made) by Hajun, one of our group members.

24   Isn't it (nice / nicely)?

25   We'll make more bags and (sell / selling) them on Environment Day.

26   We're going to give all the money (of / to) a nursing home.

27   That's a great (idea / ideas).

28   Your ideas are all so (creative / creativity).

29   I want everyone to work (hard / hardly) for Environment Day.

30   **You need:** old blue jeans, sewing kit, (scissor / scissors), pins and buttons

31   ❶ Cut (off / down) the legs of the blue jeans.

32   ❷ (To sew / Sew) the bottom together.

33   ❸ Make shoulder straps (to / from) one of the legs.

34   ❹ Sew the straps to the top (up / of) the jeans.

35   ❺ Decorate the bag (through / with) pins and buttons.

Reading

틀린 문장 고치기

• 밑줄 친 부분이 내용이나 어법상 바르면 ○, 틀리면 ×에 동그라미하고 틀린 부분을 바르게 고쳐 쓰시오.

01 Hello, <u>club members</u>.　　　　　　　　　　　　　○ ×

02 <u>As you know</u>, this year's Environment Day is about upcycling.　　○ ×

03 Before we talk about each group's event idea for that day, I want you <u>understand</u> the meaning of "upcycling."　　○ ×

04 Can <u>anyone</u> explain upcycling?　　　　　　　　　○ ×

05 Yes. The word "upcycling" is <u>a combination to</u> "upgrade" and "recycling."　　○ ×

06 Like recycling, upcycling <u>is good of</u> the environment.　　○ ×

07 When you upcycle, you make new and better things <u>about</u> old things.　　○ ×

08 Good. Now, let's talk about <u>each group's idea</u> for the event.　　○ ×

09 Let's <u>start with</u> Pei's group.　　　　　　　　　　○ ×

10 My group wants <u>to held</u> a trashion show.　　　　　○ ×

11 "Trashion" is a combination of <u>"trash" and "fashion."</u>　　○ ×

12 We'll use trash <u>to make</u> clothes.　　　　　　　　○ ×

13 We want other students to <u>become interested at</u> upcycling through the show.　　○ ×

14 A trashion show <u>sounds for</u> fun! What about your group, Eric?　　○ ×

15 My group is going <u>make</u> musical instruments from old things.　　○ ×

16 We'll make drums <u>from</u> old plastic buckets.　　　○ ×

17 We'll <u>also make</u> a guitar from old boxes and rubber bands.　　○ ×

18 We plan <u>playing</u> the instruments in a mini-concert.　　○ ×

19   Thank you, Eric. Now, let's hearing from Sumi's group.   ○ | ✕

20   My group will make bags from old clothes.   ○ | ✕

21   With example, we'll use blue jeans.   ○ | ✕

22   Look at this bag.   ○ | ✕

23   This was made of Hajun, one of our group members.   ○ | ✕

24   Isn't it nice?   ○ | ✕

25   We'll make more bags and to sell them on Environment Day.   ○ | ✕

26   We're going to give all the money for a nursing home.   ○ | ✕

27   That's a great idea.   ○ | ✕

28   Your ideas are all so creatively.   ○ | ✕

29   I want everyone to working hard for Environment Day.   ○ | ✕

30   **You need:** old blue jeans, sewing kit, scissors, pins and buttons   ○ | ✕

31   ❶ Cut on the legs of the blue jeans.   ○ | ✕

32   ❷ Sew the bottom together.   ○ | ✕

33   ❸ Make shoulder straps from one of the leg.   ○ | ✕

34   ❹ Sew the straps to the top of the jeans.   ○ | ✕

35   ❺ Decorate the bag with pins and buttons.   ○ | ✕

배열로 문장 완성하기

STEP A

01 동아리 회원 여러분, 안녕하세요. (club members / hello)
>

02 여러분도 알다시피, 올해 환경의 날은 업사이클링에 관한 것입니다.
(is / upcycling / about / this year's / as you know / Environment Day)
>

03 각 그룹이 그날에 할 행사 아이디어를 이야기하기 전에, 나는 여러분이 '업사이클링'의 의미를 이해하기를 바랍니다. (each group's / you / we talk about / the meaning of "upcycling" / for that day / I want / before / event idea / to understand)
>

04 누가 업사이클링을 설명해 줄 수 있나요? (anyone / can / upcycling / explain)
>

05 'upcycling'이라는 단어는 'upgrade'와 'recycling'이 결합한 것입니다.
("upgrade" / "recycling" / a combination of / and / "upcycling" / the word / is)
>

06 재활용과 마찬가지로, 업사이클링도 환경에 좋습니다. (good for / recycling / is / like / the environment / upcycling)
>

07 업사이클링을 하면 낡은 것으로 새롭고 더 좋은 것을 만들죠.
(when / new and better / from / upcycle / things / you / old things / make / you)
>

08 이제 각 그룹의 행사 아이디어에 대해 이야기해 봅시다.
(each group's idea / let's / for the event / now / talk about)
>

09 Pei의 그룹부터 시작하죠. (with / start / Pei's group / let's)
>

10 저희 그룹은 트래션 쇼를 열고 싶습니다. (to hold / wants / a trashion show / my group)
>

11 'trashion'은 'trash'와 'fashion'이 결합한 말입니다. (a combination of / "trash" / "trashion" / is / and / "fashion")
>

12 저희는 옷을 만들기 위해 쓰레기를 사용할 겁니다. (trash / use / clothes / we'll / to make)
>

13 저희는 이 쇼를 통해서 다른 학생들이 업사이클링에 관심을 갖게 되기를 바랍니다.
(other students / want / interested in / through / to become / the show / we / upcycling)
>

14 트래션 쇼라니 재미있겠네요! Eric, 너희 그룹은 어떠니?
(about / fun / your group. Eric / sounds / a trashion show / like / what)
>

15 저희 그룹은 낡은 물건으로 악기를 만들려고 합니다.
(is going to / my group / old things / musical instruments / from / make)
>

16 저희는 낡은 플라스틱 양동이로 드럼을 만들 겁니다. (from / old plastic buckets / we'll / drums / make)
>

17 저희는 또한 낡은 상자와 고무줄로 기타를 만들 겁니다.
(old boxes / make / and / we'll / rubber bands / from / also / a guitar)
>

18 저희는 소규모 음악회에서 그 악기들을 연주할 계획입니다. (to play / we / a mini-concert / plan / the instruments / in)
>

19 고마워요, Eric. 그럼 이제 수미의 그룹의 아이디어를 들어 보죠. (thank you, Eric / let's / now / from / Sumi's group / hear)
>

20 저희 그룹은 낡은 옷으로 가방을 만들 거예요. (bags / will / from / my group / old clothes / make)
>

21 예를 들면, 저희는 청바지를 사용할 거예요. (we'll / blue jeans / for example / use)
>

22 이 가방을 보세요. (this bag / at / look)
>

23 이것은 저희 모둠원 중 한 명인 하준이에 의해 만들어졌어요. (made / this / was / one of / by Hajun / our group members)
>

24 멋지지 않나요? (nice / it / isn't)
>

25 저희는 가방을 더 많이 만들어서 환경의 날에 팔 거예요.
(more bags / on Environment Day / sell / and / we'll / them / make)
>

26 저희는 번 돈을 모두 양로원에 드릴 예정이에요. (all the money / to give / going / to / we're / a nursing home)
>

27 훌륭한 생각이군요. (great / a / that's / idea)
>

28 여러분의 아이디어는 모두 무척 창의적이에요. (ideas / are / your / so creative / all)
>

29 여러분 모두 환경의 날을 위해 열심히 노력하길 바랍니다. (hard / Environment Day / everyone / for / want / to work / I)
>

30 청바지의 다리 부분을 잘라 내세요. (the blue jeans / the legs / cut off / of)
>

31 맨 아랫부분을 바느질하여 붙이세요. (together / the bottom / sew)
>

32 다리 중 한 쪽으로 어깨끈들을 만드세요. (one of / make / the legs / shoulder straps / from)
>

33 청바지의 맨 윗부분에 끈들을 바느질하여 붙이세요. (the top / the jeans / to / the straps / of / sew)
>

34 핀과 단추로 가방을 장식하세요. (with / decorate / pins and buttons / the bag)
>

[01~06] 다음 글을 읽고, 물음에 답하시오.

Mr. Brown: (①) Hello, club members. ___ⓐ___ you know, this year's Environment Day is about upcycling. ___ⓑ___ we talk (A) for / about each group's event idea for that day, I want you ©understand the meaning of upcycling. (②)

Sumi: Yes. The word "upcycling" is a ___ⓓ___ of "upgrade" and "recycling." (③)

Eric: Like recycling, upcycling is good (B) at / for the environment. (④) When you upcycle, you make new and better things (C) from / to old things.

Mr. Brown: Good. Now, let's talk about each group's idea for the event. (⑤) Let's start with Pei's group.

01 윗글의 ①~⑤ 중 주어진 문장이 들어갈 위치로 알맞은 것은?

> Can anyone explain upcycling?

①　　　　②　　　　③　　　　④　　　　⑤

03 윗글의 (A)~(C)의 각 네모 안에 주어진 말 중 어법상 올바른 것끼리 짝지어진 것은?

	(A)	(B)	(C)
①	for	… at …	to
②	for	… for …	from
③	about	… at …	to
④	about	… for …	from
⑤	about	… at …	from

04 윗글의 밑줄 친 ©understand의 어법상 올바른 형태로 알맞은 것은?

① understood　　② understands
③ to understand　④ understanding
⑤ to understanding

05 윗글의 흐름상 빈칸 ⓓ에 들어갈 말로 알맞은 것은?

① creation　② production　③ condition
④ direction　⑤ combination

02 윗글의 빈칸 ⓐ와 ⓑ에 들어갈 말이 순서대로 바르게 짝지어진 것은?

① While – If
② If – Unless
③ As – Before
④ When – After
⑤ Though – Because

06 윗글을 읽고 답할 수 없는 질문은?

① What is this year's Environment Day about?
② Who explained the meaning of "upcycling?"
③ What does the word "upcycling" mean?
④ What are examples of upcycling?
⑤ Which group will talk about their idea first?

[07~11] 다음 글을 읽고, 물음에 답하시오.

> **Pei:** My group wants to ⓐ<u>hold</u> a trashion show. "Trashion" is a combination of "trash" and "fashion." We'll use trash to make _____ⓑ_____. We want other students ⓒ<u>become</u> interested in upcycling through the show.
>
> **Mr. Brown:** A trashion show sounds like fun! What about your group, Eric?
>
> **Eric:** ① <u>My group is going to make musical instruments from old things.</u> ② <u>We'll make drums from old plastic buckets.</u> ③ <u>We'll also make a guitar from old boxes and rubber bands.</u> ④ <u>We'll make a toy car from old bottles and cartons.</u> ⑤ <u>We plan to play the instruments in a mini-concert.</u>
>
> **Mr. Brown:** Thank you, Eric. Now, let's hear from Sumi's group.

07 윗글의 밑줄 친 ⓐ**hold**와 의미가 같은 것은?

① <u>Hold</u> your hands together.
② Mike is <u>holding</u> some flowers.
③ The hall <u>holds</u> two hundred people.
④ Can you <u>hold</u> my coat for a minute?
⑤ They will <u>hold</u> a meeting next Thursday.

08 윗글의 흐름상 빈칸 ⓑ에 들어갈 말로 알맞은 것은?

① clothes   ② robots
③ flower pots   ④ toy vehicles
⑤ food containers

09 윗글의 밑줄 친 ⓒ**become**의 형태로 알맞은 것은?

① become   ② becomes
③ became   ④ becoming
⑤ to become

10 윗글의 밑줄 친 ①~⑤ 중 글의 흐름과 관계 <u>없는</u> 문장은?

①   ②   ③   ④   ⑤

고
난도
11 윗글의 내용과 일치하지 <u>않는</u> 것은?

① Pei knows the meaning of the word "trashion."
② Pei's group will go see a fashion show.
③ Mr. Brown thinks a trashion show sounds interesting.
④ Eric's group will use old things to make musical instruments.
⑤ Eric's group will play music in a mini-concert.

[12~15] 다음 글을 읽고, 물음에 답하시오.

> **Sumi:** My group ⓐ<u>will make</u> bags from old clothes. _____(A)_____, we'll use blue jeans. Look at (B) <u>this bag</u>. This ⓑ<u>made</u> by Hajun, one of our group members. Isn't it nice? We'll make more bags and ⓒ<u>sell</u> them _____(C)_____ Environment Day. We're going to give ⓓ<u>all the money</u> to a nursing home.
>
> **Mr. Brown:** That's a great idea. Your ideas are all so creative. I want everyone ⓔ<u>to work</u> hard for Environment Day.

12 윗글의 밑줄 친 ⓐ~ⓔ 중 어법상 <u>틀린</u> 것은?

① ⓐ   ② ⓑ   ③ ⓒ   ④ ⓓ   ⑤ ⓔ

13 윗글의 빈칸 (A)에 들어갈 말로 알맞은 것은?

① In short   ② At last
③ However   ④ In contrast
⑤ For example

14 윗글의 밑줄 친 (B) this bag에 대한 설명으로 알맞은 것은?

① 하준이가 만들었다.
② 새 청바지로 만들었다.
③ 양로원에서 판매할 것이다.
④ 장바구니로 사용할 수 있다.
⑤ 지난 환경의 날에 수미가 구입했다.

15 윗글의 빈칸 (C)에 들어갈 말로 알맞은 것은?

① in   ② at   ③ on
④ to   ⑤ with

[16~17] 다음 글을 읽고, 물음에 답하시오.

Blue Jeans Bag

You need: _____ ⓐ _____
Step
1. Cut off the legs of the blue jeans.
2. Sew the bottom together.
3. Make shoulder straps from one of the legs.
4. Sew the straps to the top of the jeans.
5. Decorate the bag with pins and buttons.

16 윗글의 빈칸 ⓐ에 들어갈 준비물로 알맞지 <u>않은</u> 것은?

① scissors   ② sewing kit
③ pieces of cloth   ④ old blue jeans
⑤ pins and buttons

17 윗글의 청바지 가방을 만들기 위해 세 번째로 해야 할 일은?

① 핀과 단추로 장식하기
② 윗부분에 어깨끈 붙이기
③ 청바지의 다리 부분 자르기
④ 다리 중 한 쪽으로 어깨끈 만들기
⑤ 아랫부분을 바느질하여 붙이기

서술형

[18~20] 다음 글을 읽고, 물음에 답하시오.

Mr. Brown: Hello, club members. As you know, this year's Environment Day is about upcycling. Before we talk about each group's event idea for ⓐthat day, I want you to understand the meaning of "upcycling." Can anyone explain upcycling?
Sumi: Yes. The word "upcycling" is a combination of "upgrade" and "recycling."
Eric: Like recycling, upcycling is good for the environment. When you upcycle, you make new and better things from old things.
Mr. Brown: Good. Now, let's talk about each group's idea for the event. Let's start with Pei's group.

18 윗글의 밑줄 친 ⓐthat day가 가리키는 것을 본문에서 찾아 4단어로 쓰시오.

_____

고
난도
19 윗글의 내용과 일치하도록 질문에 완전한 영어 문장으로 답하시오.

(1) What is this year's Environment Day about?
→ _____

(2) What does Mr. Brown want the students to understand?
→ _____

20 윗글의 upcycling에 대해 설명하는 세 문장을 완성하시오.

(1) It is _____
_____.

(2) It is _____
_____.

(3) It is to make _____
_____.

[21~22] 다음 글을 읽고, 물음에 답하시오.

> **Pei:** My group wants @<u>to hold</u> a trashion show. "Trashion" is a combination of "trash" and "fashion." (A) <u>우리는 옷을 만들기 위해 쓰레기를 사용할 것입니다.</u> We want ⓑ<u>other</u> students to become interested in ©<u>upcycling</u> through the show.
>
> **Mr. Brown:** A trashion show sounds like ⓓ<u>funny</u>! ⓔ<u>What about</u> your group, Eric?

21 윗글의 밑줄 친 우리말 **(A)**와 의미가 같도록 괄호 안의 단어들을 사용하여 문장을 완성하시오.

→ We'll _____.

(use, clothes)

22 윗글의 밑줄 친 @~ⓔ 중 어법상 **틀린** 것을 골라 기호를 쓰고 바르게 고쳐 쓰시오.

(   ) → _____

[23~24] 다음 글을 읽고, 물음에 답하시오.

> **Eric:** My group is going to make musical instruments from old things. We'll make drums from old plastic buckets. We'll also make a guitar from old boxes and rubber bands. We plan to play the instruments in a mini-concert.

23 What will Eric's group use to make a guitar? Complete the answer.

→ They will use _____ to make a guitar.

24 윗글의 내용과 일치하도록 빈칸에 알맞은 말을 쓰시오.

> Eric's group's idea for the event is to _____ _____ _____ from old things and _____ _____ _____ in a mini-concert.

25 다음 글의 내용과 일치하도록 주어진 문장에서 **틀린** 부분을 찾아 바르게 고쳐 쓰시오.

> **Sumi:** My group will make bags from old clothes. For example, we'll use blue jeans. Look at this bag. This was made by Hajun, one of our group members. Isn't it nice? We'll make more bags and sell them on Environment Day. We're going to give all the money to a nursing home.
>
> **Mr. Brown:** That's a great idea. Your ideas are all so creative. I want everyone to work hard for Environment Day.

(1) Sumi's group will use trash to make bags.

_____ → _____

(2) Hajun bought the blue jeans bag for Environment Day.

_____ → _____

(3) Sumi's group is going to donate all the bags to a nursing home.

_____ → _____

만점 노트

Listen and Talk D

교과서 49쪽

Are you looking for a T-shirt? ❶How about this one? I bought it in Jeju-do last year. It's almost new. ❷It's only 2 dollars.

티셔츠를 찾고 있나요? 이것은 어떤가요? 저는 이것을 작년에 제주도에서 샀어요. 거의 새것이지요. 2달러밖에 안 해요.

❶ How about ~?은 '~은 어때요?'라는 의미로 물건을 보여 주며 권유할 때 사용하는 표현으로 What about ~?과 바꿔 쓸 수 있다.
❷ It은 앞에서 언급한 티셔츠를 가리키며, only는 부사로 '겨우, ~밖에'라는 의미로 쓰였다.

Around the World

교과서 57쪽

Teacher: Kids, I want to ❶give music lessons to you.
Student: But we don't have any musical instruments.
Man: I can help you. I have a good idea.
Teacher: Oh, thank you!
Man: I can ❷make musical instruments from trash.
Man: ❸The world sends us trash. We send back music. This is the power of upcycling.

선생님: 얘들아, 나는 너희들에게 음악 수업을 해 주고 싶어.
학생: 그렇지만 우리는 악기가 없어요.
남자: 제가 도와드릴 수 있어요. 저에게 아이디어가 있어요.
선생님: 아, 고맙습니다!
남자: 저는 쓰레기로 악기를 만들 수 있어요.
남자: 세상은 우리에게 쓰레기를 보내죠. 우리는 음악을 돌려보내요. 이것이 업사이클링의 힘이에요.

❶ give A to B: A를 B에게 주다
❷ make A from B: B로(를 원료로 하여) A를 만들다
❸ 「수여동사(send)+간접목적어+직접목적어」 (~에게 …을 보내다) = 「수여동사(send)+직접목적어+to+간접목적어」
   = The world sends trash to us.

Think and Write

교과서 60쪽

Creative Upcycling Idea: Blue Jeans Basket

There are many great upcycling ideas. Here is one example. I made a basket from my old blue jeans. Do you want to make ❶one, too? Then I ❷want you to follow these directions.

You need old blue jeans, a sewing kit, scissors, and pins and buttons.

❸First, cut off a leg of the old blue jeans.
❹Second, cut out a piece to make the bottom of the basket.
Third, sew the bottom to the leg.
Lastly, decorate with pins and buttons.
Upcycling ❺is good for the environment. I want you to ❻become interested in upcycling.

창의적인 업사이클링 아이디어: 청바지 바구니

멋진 업사이클링 아이디어들이 많이 있습니다. 여기 한 예가 있습니다. 저는 제 낡은 청바지로 바구니를 만들었습니다. 여러분도 하나 만들고 싶나요? 그러면 저는 여러분이 이 방법을 따라 하기를 바랍니다.
여러분은 낡은 청바지, 바느질 도구, 가위, 그리고 핀과 단추가 필요합니다.
첫 번째, 낡은 청바지의 다리 부분을 잘라 내세요.
두 번째, 바구니의 바닥을 만들기 위해 한 조각을 오려 내세요.
세 번째, 다리 부분에 바닥을 바느질하여 붙이세요.
마지막으로, 핀과 단추로 장식하세요.
업사이클링은 환경에 좋습니다. 저는 여러분이 업사이클링에 관심을 갖게 되기를 바랍니다.

❶ one은 앞에서 언급한 불특정한 대상을 가리키며, 여기에서는 a basket을 가리킨다.
❷ 「want+목적어+목적격 보어(to부정사)」 (목적어)가 ~하기를 원하다
❸ 청바지 바구니 만드는 방법을 설명하기 위해 First, Second, Third, Lastly의 순서를 나타내는 말을 사용했다. / cut off: 잘라 내다
❹ cut out: 오려 내다 / to make는 목적을 나타내는 부사적 용법의 to부정사구이다.
❺ be good for: ~에 좋다
❻ become interested in은 '~에 관심을 갖게 되다'라는 의미이며, 전치사 in 뒤에는 명사(구)나 동명사(구)가 온다.

실전 TEST

01 다음 글을 쓴 목적으로 알맞은 것은?

> Are you looking for a T-shirt? How about this one? I bought it in Jeju-do last year. It's almost new. It's only 2 dollars.

① to buy   ② to sell
③ to show   ④ to make
⑤ to report

[02~03] 다음 글을 읽고, 물음에 답하시오.

> **Teacher:** Kids, I want to give music lessons ___ⓐ___ you.
> **Student:** But we don't have any musical instruments.
> **Man:** I can help you. I have a good idea.
> **Teacher:** Oh, thank you!
> **Man:** ⓑ<u>I can make musical instruments from trash.</u>
> **Man:** The world sends trash ___ⓒ___ us. We send back music. This is the power of upcycling.

02 윗글의 빈칸 ⓐ와 ⓒ에 공통으로 들어갈 말로 알맞은 것은?

① in   ② at   ③ on
④ to   ⑤ for

03 윗글의 밑줄 친 ⓑ를 다음과 같이 바꿔 쓸 때, 빈칸에 알맞은 말을 쓰시오.

→ Musical instruments can _____ _____
_____ _____.

[04~06] 다음 글을 읽고, 물음에 답하시오.

> There are many great upcycling ideas. Here is one example. I made a basket from my old blue jeans. Do you want to make one, too? Then ⓐ<u>저는 여러분이 이 방법을 따라 하기를 바랍니다.</u>
> You need old blue jeans, a sewing kit, scissors, and pins and buttons.
> First, cut off a leg of the old blue jeans.
> Second, cut out a piece to make the bottom of the basket.
> Third, sew the bottom to the leg.
> Lastly, decorate with pins and buttons.
> ___ⓑ___ is good for the environment. I want you to become interested in upcycling.

04 윗글의 밑줄 친 우리말 ⓐ와 의미가 같도록 괄호 안의 단어들을 사용하여 영어로 쓰시오. (7단어)

→ _____

(want, follow, these directions)

05 윗글의 빈칸 ⓑ에 알맞은 말을 본문에서 찾아 한 단어로 쓰시오.

_____

06 윗글의 순서에 맞게 그림을 바르게 배열하시오.

(A)    (B)

(C)    (D)

(   ) – (   ) – (   ) – (   )

W **Words**

고득점 맞기

01 다음 영영풀이에 해당하는 단어로 알맞은 것은?

> a set of tools or equipment that you use to do something

① item   ② kit   ③ strap
④ bucket   ⑤ instrument

02 다음 대화의 빈칸에 들어갈 말이 순서대로 바르게 짝지어진 것은?

> A: This doll was made _____ old socks.
> B: Let's make one. First, cut _____ the tops of the socks.

① of – in   ② of – by
③ for – from   ④ from – off
⑤ from – for

03 다음 중 짝지어진 단어의 관계가 나머지와 <u>다른</u> 하나는?

① sell – buy   ② top – bottom
③ wrong – right   ④ total – sum
⑤ cheap – expensive

04 Which word shows the relationship of the words?

> sign : signature = decorate : _____

① decorates   ② decorated
③ decoration   ④ decorative
⑤ decoratively

05 다음 ⓐ～ⓓ의 빈칸 중 어느 곳에도 들어갈 수 <u>없는</u> 것은?

> ⓐ Most tires are made of _____.
> ⓑ Use these _____ to cut the cloth.
> ⓒ We're going to buy a _____ car.
> ⓓ Using paper cups is bad for the _____.

① used   ② rubber   ③ bottom
④ scissors   ⑤ environment

[06~07] 다음 우리말과 의미가 같도록 빈칸에 알맞은 말을 쓰시오.

06

> 이 배낭은 새것은 아니지만 상태가 좋다.
>
> → This backpack isn't new, but it's _____ _____ _____.

07

> 그 재활용 전시회 이후, 나는 환경 보호에 관심을 갖게 되었다.
>
> → After the recycling exhibition, I _____ _____ _____ protecting environment.

08 다음 중 단어와 영영풀이가 바르게 연결되지 <u>않은</u> 것은?

① strap: a band of cloth or leather
② condition: the state of something
③ bottom: the lowest part of something
④ understand: to know what something means
⑤ bucket: something that you play in order to make music

[09~10] 다음 빈칸에 들어갈 말로 알맞은 것을 고르시오.

09

> Susan is very _____. I think she will become a great inventor.

① shy   ② kind   ③ creative
④ honest   ⑤ humorous

10

> I went to the store to buy a shirt. I picked a shirt, but it was a little expensive. I asked the clerk to give me a(n) _____.

① list   ② total   ③ report
④ discount   ⑤ example

11 다음 중 밑줄 친 부분의 우리말 의미가 알맞지 <u>않은</u> 것은?

① Regular exercise <u>is good for</u> your health.
                     (~에 좋다)
② The man <u>invented</u> a small cleaning robot.
                     (발견했다)
③ They help old people in a <u>nursing home</u>.
                     (양로원)
④ He likes to express his thoughts <u>through</u> fashion.
                     (~을 통해)
⑤ The school is going to <u>upgrade</u> its computer system.
                     (개선하다)

12 다음 중 밑줄 친 부분의 뜻이 [보기]와 같은 것은?

> [보기] The boy is <u>holding</u> a large box.

① How often does he <u>hold</u> a meeting?
② Can you <u>hold</u> these books for a second?
③ They <u>hold</u> an international fair every year.
④ Where do you want to <u>hold</u> your wedding?
⑤ We <u>hold</u> a free event at the park every Sunday.

고
난도
13 다음 영영풀이에 해당하는 단어가 <u>아닌</u> 것은?

> ⓐ to give money to someone when you buy something
> ⓑ the natural world, including the water, the air, and the soil
> ⓒ to make something look nice by adding pretty things to it
> ⓓ to tell someone about something so that he or she can understand it

① pay   ② explain   ③ decorate
④ discount   ⑤ environment

고
난도
14 다음 중 밑줄 친 부분과 바꿔 쓸 수 있는 단어로 알맞지 <u>않</u>은 것은?

① I love this watch with a leather <u>strap</u>.
                     (= band)
② Her opinion is <u>almost</u> the same as mine.
                     (= nearly)
③ They bought <u>used</u> books at the bookstore.
                     (= second-hand)
④ <u>Lastly</u>, I wrote a birthday card to Jessica.
    (= Finally)
⑤ For <u>example</u>, I made a clock from an old pan.
                     (= reason)

15 다음 중 밑줄 친 단어의 의미가 나머지와 <u>다른</u> 하나는?

① You should develop basic <u>musical</u> skills.
② The cello is my favorite <u>musical</u> instrument.
③ Andrew's <u>musical</u> style always seems quite unique.
④ I look forward to seeing the <u>musical</u> next week.
⑤ The program shows kids with amazing <u>musical</u> talent.

Listen and Talk
영작하기

• 주어진 우리말 뜻과 일치하도록 교과서 대화문을 완성하시오.

교과서 48쪽

Listen and Talk A-1

G: _____

M: _____

G: _____

M: _____

G: _____

해석

G: 실례합니다. 저 동그란 안경은 얼마인가요?

M: 18달러입니다.

G: 음. 할인을 받을 수 있나요?

M: 죄송하지만 안 돼요. 죄송합니다.

G: 괜찮아요. 그것을 살게요.

Listen and Talk A-2

M: _____

G: _____

M: _____

G: _____

M: _____

G: _____

교과서 48쪽

M: 안녕하세요. 도와드릴까요?

G: 네. 저는 학교 갈 때 멜 배낭을 찾고 있어요.

M: 이 빨간색 배낭은 어때요? 12달러예요.

G: 할인을 받을 수 있나요?

M: 네. 2달러를 깎아 드릴게요.

G: 좋아요. 그것을 살게요.

Listen and Talk A-3

G: _____

M: _____

G: _____

M: _____

G: _____

교과서 48쪽

G: 실례합니다. 이 보라색 티셔츠는 얼마인가요?

M: 10달러예요.

G: 비싸네요. 할인을 받을 수 있나요?

M: 네. 1달러를 깎아 드릴게요. 9달러예요.

G: 그러면 그것을 살게요. 고맙습니다!

Listen and Talk A-4

M: _____

G: _____

M: _____

G: _____

M: _____

G: _____

교과서 48쪽

M: 안녕하세요. 도와드릴까요?

G: 저는 야구 글러브를 찾고 있어요.

M: 이 글러브는 15달러이고 상태가 좋아요.

G: 할인을 받을 수 있나요?

M: 네. 2달러를 깎아 드릴게요.

G: 그러면 13달러네요. 그것을 살게요.

Listen and Talk C

B: _____

W: _____

B: _____

W: _____

B: _____

W: _____

B: _____

W: _____

B: _____

W: _____

B: _____

Talk and Play

A: _____

B: _____

A: _____

B: _____

A: _____

B: _____

Review-1

G: _____

M: _____

G: _____

M: _____

G: _____

Review-2

W: _____

B: _____

W: _____

B: _____

W: _____

B: _____

해석

교과서 49쪽

B: 우와! 여기에는 흥미로운 것들이 정말 많이 있네요.

W: 여기 있는 모든 물건들은 오래됐거나 이미 사용한 것들입니다. 무엇을 찾으시나요?

B: 저는 시계를 찾고 있어요.

W: 이 빨간색 시계는 어때요?

B: 얼마인가요?

W: 15달러예요.

B: 제게는 너무 비싸네요. 할인을 받을 수 있나요?

W: 죄송하지만 안 돼요. 그것은 사용한 지 일 년밖에 안 됐어요. 거의 새것입니다.

B: 그러면, 숫자가 큰 이 파란색 시계는 얼마인가요?

W: 그것은 10달러예요.

B: 그러면, 이 파란색 시계를 살게요. 고맙습니다.

교과서 50쪽

A: 도와드릴까요?

B: 네. 이 티셔츠는 얼마인가요?

A: 20달러예요.

B: 할인을 받을 수 있나요?

A: 네. 3달러 깎아 드릴게요.

B: 좋아요. 그것을 살게요.

교과서 62쪽

G: 실례합니다. 이 노란색 배낭은 얼마인가요?

M: 18달러입니다.

G: 음. 제게는 비싸네요. 이 빨간색 배낭은 어떤가요?

M: 15달러입니다.

G: 좋은 가격이네요. 그걸로 살게요.

교과서 62쪽

W: 도와드릴까요?

B: 네. 이 파란색 티셔츠는 얼마인가요?

W: 10달러입니다.

B: 할인을 받을 수 있나요?

W: 네. 2달러를 깎아 드릴게요.

B: 좋아요. 그것을 살게요.

[01~02] 다음 대화의 빈칸에 들어갈 말로 알맞은 것을 고르시오.

01

A: Excuse me. _____
B: It's 5 dollars.

① What can I do for you?
② Do you want a discount?
③ What are you looking for?
④ Do you need anything else?
⑤ How much is this pencil case?

02

A: What about this red bag? It's 12 dollars.
B: Can I get a discount?
A: OK. I'll take 2 dollars off.
B: _____ I'll take it.

① That sounds good.
② Sorry, I'm afraid not.
③ How about that blue one?
④ That's too expensive for me.
⑤ Please show me a different color.

03 자연스러운 대화가 되도록 (A)~(E)를 바르게 배열한 것은?

(A) No, I'm afraid not. Sorry.
(B) Hmm. Can I get a discount?
(C) That's OK. I'll take them.
(D) They're 18 dollars.
(E) Excuse me. How much are the round glasses?

① (A) – (C) – (B) – (D) – (E)
② (B) – (A) – (E) – (C) – (D)
③ (C) – (B) – (E) – (D) – (A)
④ (E) – (C) – (B) – (D) – (A)
⑤ (E) – (D) – (B) – (A) – (C)

[04~05] 다음 대화를 읽고, 물음에 답하시오.

Man: Hello. May I help you?
Girl: I'm looking for a clock.
Man: This one is 15 dollars and it's in good condition.
Girl: That's expensive for me. Can I get a discount?
Man: OK. I'll take 2 dollars off.
Girl: Then it's 13 dollars. I'll take it.

04 What is the relationship between the man and the girl?

① friend – friend   ② mother – child
③ doctor – patient   ④ clerk – customer
⑤ teacher – student

05 위 대화의 내용과 일치하는 것은?

① The girl wanted to buy a watch at first.
② The man thinks the clock is in poor condition.
③ The girl thinks the original price of the clock is cheap.
④ The man gave the girl a discount for the clock.
⑤ The girl is going to pay 15 dollars for the clock.

06 다음과 같은 상황에서 Alice가 점원에게 할 말로 가장 알맞은 것은?

Alice is in a clothing store now. She finds a pink blouse that she wants to buy in the store, but Alice doesn't have enough money to buy it.

① What can I do for you?
② I'm looking for a blouse.
③ Could you give me a discount?
④ That's a good price. I'll take it.
⑤ Can you show me another color?

서술형

[07~10] 다음 대화를 읽고, 물음에 답하시오.

> **Boy:** Wow! There are so many interesting things here.
> **Woman:** Everything here is old or used. What are you looking for?
> **Boy:** I'm looking for a clock.
> **Woman:** How about this red clock?
> **Boy:** How much is it?
> **Woman:** It's 15 dollars.
> **Boy:** That's too expensive for me. Can I get a discount?
> **Woman:** _____(A)_____ It's only one year old. It's almost new.
> **Boy:** Then, how much is this blue clock with the large numbers?
> **Woman:** It's 10 dollars.
> **Boy:** Then, I'll take the blue one. Thank you.

07 다음 ⓐ~ⓒ 중 위 대화의 내용과 일치하지 <u>않는</u> 것을 찾아 기호를 쓰고, 바르게 고쳐 쓰시오.

> ⓐ The boy wants to buy a used clock.
> ⓑ The boy thinks that the red clock is cheap.
> ⓒ The red clock is one year old.

(   ) _____ → _____

08 위 대화의 흐름상 빈칸 (A)에 들어갈 말을 쓰시오.

→ _____

09 According to the dialog, how much does the red clock cost more than the blue one?

→ The red clock costs _____ dollars more than the blue one.

10 위 대화의 내용과 일치하도록 빈칸에 알맞은 말을 쓰시오.

> The boy will buy the _____ _____ with the _____ _____ at the price of _____ _____.

[11~12] 다음 대화를 읽고, 물음에 답하시오.

> **Man:** Hello. May I help you?
> **Girl:** Yes. I'm looking for a backpack for school.
> **Man:** What about this red one? It's 12 dollars.
> **Girl:** Can you give me a discount?
> **Man:** OK. _____ⓐ_____ That'll be 10 dollars.
> **Girl:** That sounds good. I'll take it.

11 위 대화의 흐름상 빈칸 ⓐ에 알맞은 말을 완성하시오.

→ I'll _____ _____ _____ _____.

12 According to the dialog, answer the questions in complete English sentences.

(1) What does the girl want to buy?

→ _____

(2) How much will the girl pay?

→ _____

01 다음 빈칸에 들어갈 말이 순서대로 바르게 짝지어진 것은?

> • Do you want _____ to eat dinner now?
> • Mr. Jackson wanted me _____ the truth.

① we – tell   ② we – to tell
③ us – tell   ④ us – telling
⑤ us – to tell

한 단계 더!

02 다음 두 문장을 의미가 통하도록 한 문장으로 바꿔 쓸 때, 빈칸에 알맞은 말을 쓰시오.

> I joined the school band. Mom allowed it.
> → Mom allowed me _____ the school band.

① join   ② to join   ③ joining
④ joined   ⑤ to joining

03 다음 우리말과 의미가 같도록 할 때, 빈칸에 들어갈 말로 알맞은 것은?

> 나의 부모님은 내가 밤늦게 혼자 나가지 않기를 바라신다.
> → My parents want _____ late at night.

① I go out alone
② me not go out alone
③ I not to go out alone
④ me not to go out alone
⑤ me not going out alone

04 다음 중 어법상 틀린 문장은?

① The dish was broken by Thomas.
② I want you listen to my new song.
③ Dad wants me to go to bed early.
④ Jim's bike was repaired by my sister.
⑤ They wanted me to take care of their dog.

05 다음 문장에서 어법상 틀린 부분을 찾아 바르게 고친 것은?

> Many of the trees in our garden are planted by my grandpa in 1990.

① Many → Much   ② trees → tree
③ are → were   ④ planted → plant
⑤ in → for

고난도 신유형 한 단계 더!

06 다음 빈칸에 들어갈 동사 **paint**의 형태가 같은 것끼리 짝지어진 것은?

> ⓐ The fence will _____ by Jane.
> ⓑ Yesterday I _____ the room by myself.
> ⓒ The wall _____ blue by my brother last weekend.
> ⓓ The *Mona Lisa* _____ by Leonardo da Vinci in 1503.

① ⓐ, ⓑ   ② ⓐ, ⓒ   ③ ⓐ, ⓓ
④ ⓑ, ⓒ   ⑤ ⓒ, ⓓ

한 단계 더!

07 주어진 우리말을 영어로 옮긴 것 중 어법상 틀린 것은?

① 왜 너는 소미가 집에 가기를 바라니?
→ Why do you want Somi going home?
② 삼촌은 내게 세차를 해 달라고 부탁하셨다.
→ My uncle asked me to wash his car.
③ 나는 그에게 수업에 늦지 말라고 말했다.
→ I told him not to be late for the class.
④ 그 도둑들은 경찰에 의해 잡혔니?
→ Were the thieves caught by the police?
⑤ 무거운 상자는 Harry에 의해 옮겨질 것이다.
→ The heavy box will be carried by Harry.

한 단계 │ 더!

08 다음 중 어법상 올바른 문장은?

① He wanted me join the reading club.
② The patient was taken to the hospital.
③ The doctor advised me exercised regularly.
④ The TV show was watched from many people.
⑤ The telephone was invent by Alexander Graham Bell.

고난도 한 단계 │ 더!

09 다음 중 어법상 <u>틀린</u> 문장끼리 바르게 짝지어진 것은?

ⓐ I asked John to close the window.
ⓑ The house is built by my father last year.
ⓒ The teacher told us clean the classroom.
ⓓ The pictures were taken by a photographer.
ⓔ Do you want him to become an animal doctor?

① ⓐ, ⓑ ② ⓑ, ⓒ
③ ⓑ, ⓔ ④ ⓒ, ⓔ
⑤ ⓒ, ⓓ, ⓔ

10 다음 중 능동태를 수동태로 <u>잘못</u> 바꾼 것은?

① King Sejong made Hangeul.
 → Hangeul was made by King Sejong.
② Mary wrote the science report.
 → The science report was written by Mary.
③ Did Antonio Gaudi build Casa Mila?
 → Was Casa Mila built by Antonio Gaudi?
④ My sons drew the wall paintings.
 → The wall paintings was drawn by my sons.
⑤ Mom didn't bake the chocolate cookies.
 → The chocolate cookies weren't baked by Mom.

고난도 신유형

11 다음 중 두 문장에 대한 설명으로 올바른 것은?

(A) English is spoken in New Zealand.
(B) I want you to bring your digital camera.

① (A)는 능동태 문장이다.
② (A)에서 in을 by로 바꿔야 한다.
③ (A)에는 「by+행위자」가 생략되었다.
④ (B)에서 to bring의 주체는 I이다.
⑤ (B)에서 to bring을 bringing으로 바꿔 쓸 수 있다.

한 단계 │ 더!

12 다음 중 밑줄 친 부분을 어법상 바르게 고친 것은?

ⓐ A new road <u>will built</u> next year.
ⓑ Your package <u>sent</u> by him yesterday.
ⓒ The lights <u>didn't be turned</u> off by Mom.
ⓓ The difficult problem <u>was solve</u> by Jessica.
ⓔ Fish <u>can raised</u> in large numbers in a small place.

① ⓐ → will be build ② ⓑ → was sent
③ ⓒ → wasn't turned ④ ⓓ → were solve
⑤ ⓔ → can raise

13 다음 대화의 밑줄 친 ①~⑤ 중 어법상 <u>틀린</u> 것은?

A: I want you ① to read this book. It's great.
B: *The Happy Prince*? Who ② wrote it?
A: Oscar Wilde ③ was written it.
B: Oh, I see. Did he also ④ write *The Little Prince*?
A: No, he didn't. It was written ⑤ by Antoine de Saint-Exupéry.

14 다음 문자 메시지를 읽고, 아빠와 Jane이 서로에게 원하는 것을 나타내는 문장을 완성하시오.

(1) Dad wants _____.

(2) Jane wants _____.

**고
난도**

15 다음 그림을 보고, 주어진 [조건]에 맞게 대화를 완성하시오.

Ms. Jones

[조건] 1. 수동태 문장으로 쓸 것
2. teach를 사용하여 7단어로 쓸 것
3. 필요시 단어의 형태를 바꿀 것

A: Who was your English teacher last year?
B: English _____.

16 다음 능동태 문장은 수동태로, 수동태 문장은 능동태로 바꿔 쓰시오.

(1) The vase on the table was broken by Henry.
→ _____

(2) Some students didn't follow the rules.
→ _____

(3) The song is loved by a lot of young people.
→ _____

(4) Jessy borrowed some science magazines.
→ _____

**신
유형**

17 괄호 안의 지시에 맞게 주어진 질문에 대한 답을 쓰시오.

Q: Who invented the airplane?

(1) (The Wright brothers를 주어로)
→ _____

(2) (The airplane을 주어로)
→ _____

18 다음 표를 보고, Williams 선생님이 학교 축제에서 학생들에게 원하는 것을 [예시]와 같이 쓰시오.

Name	What to do
[예시] Kevin	sing and dance
(1) Eric	play the drums
(2) Amy	draw cartoons
(3) Mary	do a magic trick

[예시] Mr. Williams wants Kevin to sing and dance.

(1) Mr. Williams _____.

(2) Mr. Williams _____.

(3) Mr. Williams _____.

• 주어진 우리말 뜻과 일치하도록 교과서 본문의 문장을 쓰시오.

01 _____

동아리 회원 여러분, 안녕하세요.

02 _____

여러분도 알다시피, 올해 환경의 날은 업사이클링에 관한 것입니다.

03 _____

각 그룹이 그날에 할 행사 아이디어를 이야기하기 전에, 나는 여러분이 '업사이클링'의 의미를 이해하기를 바랍니다. ☆

04 _____

누가 업사이클링을 설명해 줄 수 있나요?

05 _____

네. 'upcycling'이라는 단어는 'upgrade'와 'recycling'이 결합한 것입니다.

06 _____

재활용과 마찬가지로, 업사이클링도 환경에 좋습니다.

07 _____

업사이클링을 하면 낡은 것으로 새롭고 더 좋은 것을 만들죠.

08 _____

좋아요. 이제 각 그룹의 행사 아이디어에 대해 이야기해 봅시다.

09 _____

Pei의 그룹부터 시작하죠.

10 _____

저희 그룹은 트래션 쇼를 열고 싶습니다.

11 _____

'trashion'은 'trash'와 'fashion'이 결합한 말입니다.

12 _____

저희는 옷을 만들기 위해 쓰레기를 사용할 겁니다.

13 _____

저희는 이 쇼를 통해서 다른 학생들이 업사이클링에 관심을 갖게 되기를 바랍니다. ☆

14 _____

트래션 쇼라니 재미있겠네요! Eric, 너희 그룹은 어떠니?

15 _____

저희 그룹은 낡은 물건으로 악기를 만들려고 합니다.

16 _____

저희는 낡은 플라스틱 양동이로 드럼을 만들 겁니다.

17 _____

저희는 또한 낡은 상자와 고무줄로 기타를 만들 겁니다.

18 _____

저희는 소규모 음악회에서 그 악기들을 연주할 계획입니다.

19 _____

고마워요, Eric. 그럼 이제 수미의 그룹의 아이디어를 들어 보죠.

20 _____

저희 그룹은 낡은 옷으로 가방을 만들 거예요.

21 _____

예를 들면, 저희는 청바지를 사용할 거예요.

22 _____

이 가방을 보세요.

23 _____

이것은 저희 모둠원 중 한 명인 하준이에 의해 만들어졌어요. ☆

24 _____

멋지지 않나요?

25 _____

저희는 가방을 더 많이 만들어서 환경의 날에 팔 거예요.

26 _____

저희는 번 돈을 모두 양로원에 드릴 예정이에요.

27 _____

훌륭한 생각이군요

28 _____

여러분의 아이디어들은 모두 무척 창의적이에요.

29 _____

여러분 모두 환경의 날을 위해 열심히 노력하길 바랍니다. ☆

30 _____

준비물: 낡은 청바지, 바느질 도구, 가위, 핀과 단추들

31 _____

청바지의 다리 부분을 잘라 내세요.

32 _____

맨 아랫부분을 바느질하여 붙이세요.

33 _____

다리 중 한 쪽으로 어깨끈들을 만드세요.

34 _____

청바지의 맨 윗부분에 끈들을 바느질하여 붙이세요.

35 _____

핀과 단추들로 가방을 장식하세요.

고득점 맞기

[01~03] 다음 글을 읽고, 물음에 답하시오.

> **Mr. Brown:** Hello, club members. ⓐAs you know, this year's Environment Day is about upcycling. Before we talk about each group's event idea for that day, I want you to understand the meaning of "upcycling." Can anyone explain upcycling?
>
> **Sumi:** Yes. The word "upcycling" is a combination of "___ⓑ___" and "recycling."
>
> **Eric:** Like recycling, upcycling is good for the environment. When you upcycle, you make new and better things from old things.
>
> **Mr. Brown:** Good. Now, let's talk about each group's idea for the event. Let's start with Pei's group.

01 윗글의 밑줄 친 ⓐAs와 쓰임이 같은 것은?

① As you can see, I'm not so busy.
② As it is noisy outside, I can't fall asleep.
③ As he was hungry, he ate up all the pizza.
④ I came into the classroom as the class began.
⑤ As it got darker, the weather got much colder.

02 윗글의 빈칸 ⓑ에 들어갈 말의 영영풀이로 알맞은 것은?

① to know what something means
② to get something that is newer and better
③ the natural world, including the water, the air, and the soil
④ something that you play in order to make music
⑤ to make something look nice by adding pretty things to it

03 윗글 바로 뒤에 이어질 내용으로 알맞은 것은?

① making new words
② how to save the Earth
③ different examples of recycling
④ the reason for reusing old things
⑤ ideas for events on Environment Day

[04~06] 다음 글을 읽고, 물음에 답하시오.

> **Pei:** My group wants to hold a trashion show. "Trashion" is a combination of "trash" and "fashion." We'll use trash ⓐto make clothes. We want other students ⓑbecome interested in upcycling through the show.
>
> **Mr. Brown:** A trashion show sounds like fun! What about your group, Eric?
>
> **Eric:** My group is going to make musical instruments from old things. We'll make drums from old plastic buckets. We'll also make a guitar from old boxes and rubber bands. We plan ⓒplay the instruments in a mini-concert.

04 윗글의 밑줄 친 ⓐto make와 쓰임이 같은 것은?

① He wanted to return to France.
② To swim in this river is dangerous.
③ We like to play basketball after school.
④ My dream is to be a scientist in the future.
⑤ I went to the bookstore to buy a magazine.

05 윗글의 밑줄 친 ⓑbecome과 ⓒplay의 어법상 올바른 형태가 순서대로 바르게 짝지어진 것은?

① to become – play　　② to become – playing
③ to become – to play　④ becoming – to play
⑤ becoming – playing

06 윗글을 읽고 답할 수 없는 질문은?

① What is "trashion" a combination of?
② What will Eric's group make a guitar from?
③ Why does Pei's group want to hold a trashion show?
④ How many people will participate in the trashion show?
⑤ What is Eric's group going to do with the musical instruments?

09 What is the purpose of Sumi's group's event?

① to make clothes from trash
② to sell old and used things
③ to display the upcycled bags
④ to show the group members' talent
⑤ to donate the money from selling the bags

[07~09] 다음 글을 읽고, 물음에 답하시오.

> **Sumi:** My group ___(A)___ bags from old clothes. For example, we'll use blue jeans. Look ___ⓐ___ this bag. This ___(B)___ by Hajun, one of our group members. Isn't it nice? We'll make more bags and sell them ___ⓑ___ Environment Day. We're going to give all the money ___ⓒ___ a nursing home.
> **Mr. Brown:** That's a great idea. Your ideas are all so creative. I want everyone to work hard ___ⓓ___ Environment Day.

07 윗글의 빈칸 (A)와 (B)에 들어갈 make의 어법상 올바른 형태가 순서대로 바르게 짝지어진 것은?

① will make – made
② will make – was made
③ will make – were made
④ will be made – was made
⑤ will be made – were made

08 윗글에서 ⓐ~ⓓ의 빈칸 중 어느 곳에도 들어갈 수 없는 것은?

① to   ② at   ③ in
④ on   ⑤ for

[10~11] 다음 글을 읽고, 물음에 답하시오.

> **Blue Jeans Bag**
> **You need:** old blue jeans, sewing kit, scissors, pins and buttons
>
> **Step**
> 1. ___ⓐ___ off the legs of the blue jeans.
> 2. ___ⓑ___ the bottom together.
> 3. Make shoulder straps from one of the legs.
> 4. (A) Sew the straps to the top of the jeans.
> 5. ___ⓒ___ the bag with pins and buttons.

10 윗글의 빈칸 ⓐ~ⓒ에 들어갈 말이 순서대로 바르게 짝지어진 것은?

① Cut – Make – Sew
② Make – Cut – Decorate
③ Make – Cut – Sew
④ Make – Sew – Cut
⑤ Cut – Sew – Decorate

11 윗글의 밑줄 친 문장 (A)에 해당하는 그림은?

①  ②   ③

④  ⑤

[12~14] 다음 글을 읽고, 물음에 답하시오.

> **Mr. Brown:** Hello, club members. As you know, this year's Environment Day is about upcycling. Before we talk about each group's event idea for that day, ⓐ나는 여러분이 '업사이클링'의 의미를 이해하기 바랍니다. Can anyone explain upcycling?
>
> **Sumi:** Yes. The word "upcycling" is a combination of "upgrade" and "recycling."
>
> **Eric:** ⓑLike recycling, upcycling is good for the environment. When you upcycle, you make new and better things from old things.
>
> **Mr. Brown:** Good. Now, let's talk about each group's idea for the event. Let's start with Pei's group.

12 윗글의 밑줄 친 우리말 ⓐ와 의미가 같도록 [조건]에 맞게 문장을 쓰시오.

> [조건] 1. 9단어의 완전한 문장으로 쓸 것
> 2. 괄호 안의 단어들을 사용할 것

→ _____

(want, understand)

13 윗글의 밑줄 친 ⓑLike와 쓰임이 같은 문장을 고르고, 그 의미를 쓰시오.

> (A) What do you like to do on weekends?
> (B) The woman is dressed like a princess.
> (C) I like to read webtoons on my smartphone.

(   ) _____

14 What are Mr. Brown and his students going to talk about?

→ _____

15 Pei의 글을 읽고, Brown 선생님과 Pei의 대화를 완성하시오.

> My group wants to hold a trashion show. "Trashion" is a combination of "trash" and "fashion." We'll use trash to make clothes. We want other students to become interested in upcycling through the show.

↓

> **Mr. Brown:** What is your group planning to do?
> **Pei:** My group will (1) _____.
> **Mr. Brown:** Trashion? What does it mean?
> **Pei:** (2) _____
> **Mr. Brown:** Oh, I see. Why would you do the show?
> **Pei:** Because (3) _____
> _____.

[16~17] 다음 글을 읽고, 물음에 답하시오.

> First, cut off the legs of the blue jeans. Second, sew the bottom together. Third, (A)다리 중 한 쪽으로 어깨끈들을 만드세요. Fourth, sew the straps to the top of the jeans. Fifth, decorate the bag with pins and buttons.

16 윗글의 제목을 다음 [A]와 [B]에서 각각 알맞은 단어를 골라 완성하시오.

A	What
	How
	Where

B	Cut
	Use
	Make

→ _____ to _____ a Blue Jeans Bag

17 윗글의 밑줄 친 우리말 (A)와 일치하도록 주어진 단어들을 배열하시오.

> of, make, the legs, one, shoulder straps, from

→ _____

서술형 100% TEST

01 다음 영영풀이에 해당하는 단어를 빈칸에 쓰시오.

(1)
> *v.* to know what something means

→ I couldn't _____ what she was saying.

(2)
> *n.* something that you play in order to make music

→ Most students learn to play a musical _____.

02 다음 우리말과 의미가 같도록 빈칸에 알맞은 말을 쓰시오.

(1) 우리는 종이로 인형들을 만들 것이다.
→ We will _____ dolls _____ paper.

(2) 채소를 먹는 것은 네 건강에 좋다.
→ Eating vegetables _____ _____ _____ your health.

(3) 우리 가족은 지난 주말에 양로원을 방문했다.
→ My family visited a(n) _____ _____ last weekend.

[03~04] 다음을 보고, 물건을 사고파는 대화를 완성하시오.

 $25 $19 $30

03
A: Excuse me. _____ _____ are these pants?
B: They're _____ dollars.
A: Can I _____ _____ _____?
B: OK. I'll take 5 dollars off.
A: Then that'll be _____ dollars. I'll take them.

04
A: Hello. May I help you?
B: Yes, I'm looking for a _____ for school.
A: This one is 25 dollars and it's in good condition.
B: Can I get a discount?
A: OK. I'll _____ 2 dollars _____.
B: Then it's _____ dollars. I'll take it.

05 다음 대화의 흐름상 빈칸에 알맞은 말을 쓰시오.

A: Excuse me. How much is this pencil case?
B: _____
A: That's expensive. Can I get a discount?
B: OK. I'll take 1 dollar off. That'll be 9 dollars.
A: I'll take it, then. Thank you!

06 다음 글의 내용과 일치하도록 대화를 완성하시오.

Luna wants to buy a T-shirt. The clerk shows one to Luna. It's 20 dollars, and it's in good condition. She likes it, but she thinks it's too expensive. She asks the clerk if she can get a discount. The clerk takes 5 dollars off, and she buys it.

↓

Clerk: Hello. May I help you?
Luna: Yes, I'm (1) _____.
Clerk: This one is 20 dollars, and it's in good condition.
Luna: Can I get a discount?
Clerk: OK. (2) _____
Luna: Then it's (3) _____. I'll take it.

07 다음 대화를 읽고, 질문에 대한 답을 완전한 영어 문장으로 쓰시오.

> Boy: Wow! There are so many interesting things here.
> Woman: Everything here is old or used. What are you looking for?
> Boy: I'm looking for a clock.
> Woman: How about this red clock?
> Boy: How much is it?
> Woman: It's 15 dollars.
> Boy: That's too expensive for me. Can I get a discount?
> Woman: No, I'm afraid not. It's only one year old. It's almost new.
> Boy: Then, how much is this blue clock with the large numbers?
> Woman: It's 10 dollars.
> Boy: Then, I'll take the blue one. Thank you.

(1) Why didn't the boy buy the red clock?

  → _____

(2) How much does the blue clock cost?

  → _____

08 다음 대화의 내용과 일치하도록 빈칸에 알맞은 말을 쓰시오.

> Girl: Excuse me. How much are the round glasses?
> Man: They're 15 dollars.
> Girl: Hmm. Can I get a discount?
> Man: OK. I'll take 3 dollars off.
> Girl: That sounds good. I'll take them.

↓

> The girl is going to buy the _____ _____. She will pay _____ _____ for them.

09 괄호 안에 주어진 단어를 사용하여 문장을 완성하시오. (단, 필요시 형태를 바꿀 것)

(1) The tower _____ by a famous architect in 1990. (build)

(2) English _____ all around the world. (speak)

(3) The Harry Potter series _____ by J. K. Rowling. (write)

(4) The pictures _____ by unknown artists. (paint)

(5) The Olympic Games _____ every four years. (hold)

10 다음 그림을 보고, [보기]에 주어진 표현을 사용하여 Jane이 친구들에게 원하는 것을 [예시]와 같이 쓰시오.

> [보기] • ~~feed the dog~~
> • water the plants
> • eat breakfast every day
> • not play the piano at night

[예시] Jane wants Mina to feed the dog.

(1) _____

(2) _____

(3) _____

11 다음 ⓐ~ⓔ 중 어법상 **틀린** 문장을 2개 찾아 기호를 쓰고 바르게 고쳐 문장을 다시 쓰시오.

> ⓐ Were your new glasses broken?
> ⓑ This letter was not written by Mike.
> ⓒ My parents want me get good grades.
> ⓓ This car is washes by him every weekend.
> ⓔ He wanted me to win a gold medal in the Olympics.

(1) ( ) → _____

(2) ( ) → _____

한 단계 더!

12 다음 선생님이 어제 쓰신 쪽지 내용을 괄호 안의 단어를 사용하여 [예시]와 같이 쓰시오.

> **To-Do List**
> [예시] Yuna – Please clean your desk.
> (1) Jiho – You should exercise more often.
> (2) Ben and Ann – You have to write your essays.

[예시] Ms. Lee wanted Yuna to clean her desk. (want)

(1) _____ (advise)

(2) _____ (tell)

[13~15] 다음 글을 읽고, 물음에 답하시오.

> **Mr. Brown:** Hello, club members. As you know, this year's Environment Day is about upcycling. Before we talk about each group's event idea for that day, (A)I want you understanding the meaning of "upcycling." Can anyone explain upcycling?
> **Sumi:** Yes. The word "upcycling" is a combination of "upgrade" and "recycling."
> **Eric:** Like recycling, upcycling is good for the environment. When you upcycle, you make new and better things from old things.

13 윗글의 밑줄 친 문장 (A)에서 어법상 **틀린** 부분을 찾아 바르게 고쳐 쓰시오.

_____ → _____

14 다음 영영풀이에 해당하는 단어를 윗글에서 찾아 쓰시오.

> the natural world, including the water, the air, and the soil

_____

15 윗글의 upcycling에 대해 **잘못** 설명한 것을 찾아 기호를 쓰고 바르게 고쳐 쓰시오.

> ⓐ It is the theme of this year's Environment Day.
> ⓑ It is a mix of the words "upside" and "recycling."
> ⓒ People can make new things from used things through it.

( ) → _____

[16~17] 다음 글을 읽고, 물음에 답하시오.

> **Pei:** My group wants to hold a trashion show. "Trashion" is a combination of "trash" and "fashion." We'll use trash to make clothes. (A)우리는 이 쇼를 통해서 다른 학생들이 업사이클링에 관심을 갖게 되길 바랍니다.
> **Mr. Brown:** A trashion show sounds like fun! What about your group, Eric?
> **Eric:** My group is going to make musical instruments from old things. We'll make drums from old plastic buckets. We'll also make a guitar from old boxes and rubber bands. We plan to play the instruments in a mini-concert.

16 윗글의 밑줄 친 우리말 (A)와 의미가 같도록 주어진 표현들을 사용하여 문장을 완성하시오.

> want, become interested in, other students, upcycling

→ _____

through the show.

17 윗글의 내용과 일치하도록 환경의 날 행사에 관해 정리한 다음 표를 완성하시오.

	They plan to ...	They will make ...
Pei's Group	hold a (1) _____	clothes from (2) _____
Eric's Group	play music in a mini-concert	(3) _____ from old things

[18~19] 다음 글을 읽고, 물음에 답하시오.

> **Sumi:** My group will make bags from old clothes. For example, we'll use blue jeans. Look at this bag. <u>Hajun, one of our group members made this.</u> Isn't it nice? We'll make more bags and sell them on Environment Day. We're going to give all the money to a nursing home.
>
> **Mr. Brown:** That's a great idea. Your ideas are all so creative. I want everyone to work hard for Environment Day.

18 윗글의 밑줄 친 문장을 [조건]에 맞게 바꿔 쓰시오.

> [조건] 1. 수동태 문장으로 쓸 것
>   2. 10단어의 완전한 문장으로 쓸 것

→ _____

19 윗글의 내용과 일치하도록 질문에 완전한 영어 문장으로 답하시오.

(1) What will Sumi's group do for Environment Day?

→ _____

(2) How will Sumi's group use the money after they sell the bags?

→ _____

20 낡은 청바지로 가방을 만드는 방법을 나타낸 다음 그림을 보고, 빈칸에 알맞은 말을 [보기]에서 골라 쓰시오.

> [보기]   sew   decorate   cut off

Blue Jeans Bag

Step

1. _____ the legs of the blue jeans.
2. _____ the bottom together.
3. Make shoulder straps from one of the legs.
4. Sew the straps to the top of the jeans.
5. _____ the bag with pins and buttons.

01 다음 대화의 빈칸에 들어갈 말로 알맞은 것은? 3점

> A: Mr. Brown's new storybook is full of his imagination.
> B: Yes. He is a very _____ writer.

① musical   ② creative   ③ decorative
④ interested   ⑤ honest

서술형1

02 다음 빈칸에 공통으로 들어갈 단어를 쓰시오. 3점

> • Can you _____ my bag for a minute?
> • The city is going to _____ the ice festival this winter.

03 다음 중 밑줄 친 부분의 우리말 의미가 알맞지 않은 것은? 3점

① Cheese is made from milk.
　(~로 만들어지다)
② I tied my hair with a rubber band.
　(고무줄)
③ The man cut off the top of the carrot.
　(잘라 냈다)
④ The second-hand bag is in good condition.
　(유용하다)
⑤ Bring your own cup to protect the environment.
　(환경)

04 다음 대화의 빈칸에 들어갈 말로 알맞은 것은? 3점

> A: How much is this purple T-shirt?
> B: It's 10 dollars.
> A: That's expensive. Can I get a discount?
> B: _____ That'll be 9 dollars.
> A: I'll take it, then. Thank you!

① I'm afraid, but I can't.
② OK. I'll take 1 dollar off.
③ No, it's not that expensive.
④ I'll give you a 30% discount.
⑤ I'm sorry, but that's the final price.

서술형2

05 자연스러운 대화가 되도록 (A)~(D)를 바르게 배열하시오. 4점

> A: Excuse me. How much are these shoes?
> (A) Can I get a discount?
> (B) They're 13 dollars.
> (C) Then that'll be 11 dollars. I'll take them.
> (D) OK. I'll take 2 dollars off.

(　　) – (　　) – (　　) – (　　)

06 다음 짝지어진 대화 중 어색한 것은? 3점

① A: How much is the coat?
　B: I'll take 5 dollars off.
② A: This T-shirt is 10 dollars.
　B: That's too expensive for me.
③ A: I'll give you a 10% discount.
　B: That sounds good. I'll take it, then.
④ A: Hello. May I help you?
　B: Yes. I'm looking for a baseball glove.
⑤ A: Could you give me a discount?
　B: No, I'm afraid not. Sorry.

07 다음 대화의 밑줄 친 ①~⑤를 잘못 바꿔 쓴 것은? 4점

> A: Hello. ①May I help you?
> B: Yes. ②I'm looking for a backpack for school.
> A: What about this red one? It's 12 dollars.
> B: ③Can I get a discount?
> A: OK. ④I'll take 2 dollars off.
> B: That sounds good. ⑤I'll take it.

① Do you need some help?
② I want to buy a backpack for school.
③ Please give me a discount.
④ It costs just 2 dollars.
⑤ I'll buy it.

[08~10] 다음 대화를 읽고, 물음에 답하시오.

> **Boy:** Wow! There are so many interesting things here.
> **Woman:** Everything here is old or used. _____ⓐ_____
> **Boy:** I'm looking for a clock.
> **Woman:** _____ⓑ_____
> **Boy:** How much is it?
> **Woman:** _____ⓒ_____
> **Boy:** That's too expensive for me. (A) Can I give you a discount?
> **Woman:** No, I'm afraid not. _____ⓓ_____
> **Boy:** Then, how much is this blue clock with the large numbers?
> **Woman:** It's 10 dollars.
> **Boy:** _____ⓔ_____ Thank you.

08 위 대화의 빈칸 ⓐ~ⓔ에 들어갈 말로 알맞지 <u>않은</u> 것은?

4점

① ⓐ: What are you going to sell?
② ⓑ: How about this red clock?
③ ⓒ: It's 15 dollars.
④ ⓓ: It's only one year old. It's almost new.
⑤ ⓔ: Then, I'll take the blue one.

[서술형3]

09 위 대화의 밑줄 친 문장 (A)에서 흐름상 어색한 부분을 고쳐 다시 쓰시오.

5점

→ _____

10 위 대화를 읽고 답할 수 있는 질문은?

4점

① Why is the boy trying to buy a clock?
② How much money does the boy have now?
③ How old is the blue clock?
④ How many clocks does the woman have?
⑤ What is the price of the blue clock?

[서술형4]

11 다음 문장을 수동태로 바꿔 쓸 때 빈칸에 알맞은 말을 쓰시오.

4점

> Tom broke the glasses.
> → The glasses _____ by Tom.

12 다음 빈칸에 들어갈 말로 알맞지 <u>않은</u> 것은?

3점

> My sister wants _____.

① a new smartphone
② us call her this evening
③ me to bring her raincoat
④ to go camping this weekend
⑤ them not to talk in a loud voice

[서술형5] 신유형

13 다음 대화를 읽고, Ben이 Amy에게 바라는 것을 나타내는 문장을 완성하시오.

5점

> **Ben:** Amy, can you do me a favor?
> **Amy:** Sure. What is it?
> **Ben:** Can you walk my dog?
> **Amy:** OK, I will.

→ Ben wants _____.

한 단계 더!

14 다음 중 어법상 <u>틀린</u> 문장은?

4점

① Laura wants her children to go to bed early.
② _Hamlet_ was written by William Shakespeare.
③ This package will delivered by Jim tomorrow.
④ Did Mike want me to help him with his project?
⑤ The house was built by my grandfather ten years ago.

한 단계 더!

15 다음 빈칸에 들어갈 말이 순서대로 바르게 짝지어진 것은?

4점

> • Sujin asked me _____ the window.
> • Eddie's laptop will _____ by his uncle tomorrow.
> • The book _____ to the young children by the teacher.

① close – fixed – read
② closing – is fixed – read
③ to close – being fixed – reads
④ closing – be fixed – was read
⑤ to close – be fixed – was read

[16~19] 다음 글을 읽고, 물음에 답하시오.

> **Mr. Brown:** Hello, club members. As you know, this year's Environment Day is about upcycling. ①Before we talk about each group's event idea for that day, I want you ②understand the meaning of "upcycling." Can anyone explain upcycling?
> **Sumi:** Yes. The word "upcycling" is a combination of "upgrade" and "recycling."
> **Eric:** ③Like recycling, upcycling is good ___ⓐ___ the environment. ④When you upcycle, you make new and better things ___ⓑ___ old things.
> **Mr. Brown:** Good. Now, let's ⑤talk about each group's idea for the event. Let's start with Pei's group.

16 윗글의 밑줄 친 ①~⑤ 중 어법상 틀린 것은?

4점

①   ②   ③   ④   ⑤

서술형6

17 윗글의 빈칸 ⓐ와 ⓑ에 들어갈 전치사를 각각 쓰시오. 각 3점

ⓐ _____

ⓑ _____

18 윗글의 내용과 일치하도록 할 때, 빈칸에 들어갈 말로 가장 알맞은 것은?

4점

> Mr. Brown is going to talk about _____ with the club members.

① examples of upcycling
② how to recycle used things
③ event ideas for Environment Day
④ what we should do to save the Earth
⑤ differences between recycling and upcycling

고난도 신유형

19 윗글의 내용에 따라 업사이클링을 올바르게 실천한 사람은?

5점

① 민수: I grow vegetables in my garden instead of buying them in a market.
② 수진: I sometimes don't take an elevator. I just walk up the stairs.
③ 진호: I turn off all the lights in my house when I go out.
④ 호준: I don't use paper cups. I always carry my own cup.
⑤ 혜미: I planted some flowers in an empty plastic bottle.

[20~22] 다음 글을 읽고, 물음에 답하시오.

> **Pei:** My group wants ⓐ to hold a trashion show. "Trashion" is a combination of "trash" and "fashion." We'll use trash ⓑ make clothes. We want other students ⓒ to become interested in upcycling through the show.
>
> **Mr. Brown:** A trashion show ⓓ sounds like fun! What about your group, Eric?
>
> **Eric:** My group is going to _____ (A) _____. We'll make drums from old plastic buckets. We'll also make a guitar from old boxes and rubber bands. We plan ⓔ to play the instruments in a mini-concert.
>
> **Mr. Brown:** Thank you, Eric. Now, let's hear from Sumi's group.

서술형 **7**

20 윗글의 밑줄 친 ⓐ~ⓔ 중, 어법상 틀린 것을 찾아 바르게 고쳐 쓰시오. **5점**

(   ) → _____

21 윗글의 빈칸 (A)에 들어갈 말로 알맞은 것은? **4점**

① learn to play musical instruments
② go to our favorite singer's concert
③ buy new instruments for the concert
④ collect old and used musical instruments
⑤ make musical instruments from old things

22 윗글의 내용과 일치하지 <u>않는</u> 것은? **4점**

① Pei's group will have a trashion show on Environment Day.
② Pei's group will make clothes by using trash.
③ Mr. Brown thinks a trashion show will be fun.
④ Eric's group will use an old plastic bucket to make drums.
⑤ Eric's group will play music at a trashion show.

[23~24] 다음 글을 읽고, 물음에 답하시오.

> **Sumi:** My group will make bags from old clothes. For example, we'll use blue jeans. Look at this bag. This ⓐmake by Hajun, one of our group members. Isn't it nice? We'll make more bags and ⓑsell them on Environment Day. (A) 우리는 돈을 모두 양로원에 드릴 거예요.
>
> **Mr. Brown:** That's a great idea. Your ideas are all so creative. I want everyone to work hard for Environment Day.

23 윗글의 밑줄 친 ⓐmake와 ⓑsell의 어법상 올바른 형태가 순서대로 바르게 짝지어진 것은? **4점**

① made – sell
② made – to sell
③ was made – sell
④ was made – to sell
⑤ was made – be sold

서술형 **8**

24 윗글의 밑줄 친 우리말 (A)와 의미가 같도록 주어진 표현들을 바르게 배열하여 문장을 쓰시오. **5점**

> all the money, to, give, are going to, we, a nursing home

→ _____

25 다음 글의 밑줄 친 (A)에 해당하는 그림으로 알맞은 것은? **3점**

> **Blue Jeans Bag**
> 1. Cut off the legs of the blue jeans.
> 2. (A)Sew the bottom together.
> 3. Make shoulder straps from one of the legs.
> 4. Sew the straps to the top of the jeans.
> 5. Decorate the bag with pins and buttons.

①   ②   ③   ④   ⑤

01 다음 빈칸에 들어갈 말로 알맞은 것은? 3점

> Can you _____ a button on my coat, please?

① sew   ② sell   ③ invent
④ hold   ⑤ understand

02 다음 중 짝지어진 단어의 관계가 [보기]와 같은 것은? 3점

> [보기] almost – nearly

① bake – baker   ② top – bottom
③ first – lastly   ④ used – second-hand
⑤ decorate – decoration

03 다음 중 밑줄 친 단어의 의미가 나머지와 <u>다른</u> 하나는? 4점

① <u>When</u> did you finish your homework?
② Turn off the lights <u>when</u> you leave the house.
③ Where did you visit <u>when</u> you were in London?
④ <u>When</u> you were younger, what did you want to be?
⑤ <u>When</u> Tom came home, his parents were not home.

[04~05] 다음 대화의 빈칸에 들어갈 말로 알맞은 것을 고르시오.

각 3점

04
> A: _____
> B: It's 18 dollars.

① How much is this bag?
② How can I find this bag?
③ How about these red shoes?
④ What is the price of these shoes?
⑤ What do you think about this bag?

05
> A: _____
> B: OK. I'll give you a 10% discount.

① Can I get a discount?
② What can I do for you?
③ Do you have a discount coupon?
④ How much does this dress cost?
⑤ Can I try on these blue jeans, please?

서술형1

06 다음 대화의 밑줄 친 우리말과 의미가 같도록 빈칸에 알맞은 말을 쓰시오. 4점

> A: How much is this soccer ball?
> B: It's 6 dollars.
> A: Could you give me a discount?
> B: OK. <u>1달러를 깎아 드릴게요.</u>

→ I'll _____ 1 dollar _____.

[07~09] 다음 대화를 읽고, 물음에 답하시오.

> Boy: Wow! There are so many interesting things here.
> Woman: Everything here is old or used. What are you looking for?
> Boy: I'm looking for a clock.
> (A) How much is it?
> (B) It's 15 dollars.
> (C) How about this red clock?
> (D) That's too expensive for me. Can I get a discount?
> Woman: No, I'm afraid not. It's only one year old. It's almost new.
> Boy: Then, how much is this blue clock with the large numbers?
> Woman: It's 10 dollars.
> Boy: Then, I'll take the blue one. Thank you.

07 위 대화의 흐름에 맞게 (A)~(D)를 바르게 배열한 것은? 3점

① (A) – (B) – (D) – (C)　　② (B) – (A) – (D) – (C)
③ (B) – (C) – (A) – (D)　　④ (C) – (A) – (B) – (D)
⑤ (C) – (D) – (A) – (B)

08 위 대화의 내용과 일치하는 것은? 4점

① The boy is asking the woman to fix his old clock.
② The woman sells old or used things.
③ The boy can get a discount for all the items here.
④ The blue clock is almost new.
⑤ The red clock has large numbers, so it is popular.

서술형 2

09 위 대화의 내용과 일치하도록 질문에 대한 답을 완성하시오. 각 3점

(1) What is the boy going to buy?
　　→ He's going to _____.

(2) How much will the boy pay for the item?
　　→ He will _____.

10 다음을 수동태 문장으로 바르게 바꾼 것은? 3점

> Cathy didn't draw the cartoon.

① The cartoon isn't drew by Cathy.
② The cartoon didn't draw by Cathy.
③ The cartoon weren't drew by Cathy.
④ The cartoon wasn't drawn by Cathy.
⑤ The cartoon didn't be drawn by Cathy.

11 다음 우리말을 영어로 바르게 옮긴 것은? 3점

> 내 여동생은 내가 우산을 가져다 주기를 원한다.

① I want my sister bring her umbrella.
② I want my sister to bring her umbrella.
③ My sister wants I bringing her umbrella.
④ My sister wants me bring her umbrella.
⑤ My sister wants me to bring her umbrella.

서술형 3

12 다음 대화의 빈칸에 알맞은 말을 쓰시오. 4점

> A: Who cooked the spaghetti? It's so delicious.
> B: It _____ my dad.

13 다음 중 어법상 올바른 문장의 개수는? 5점

> ⓐ The pizza was eaten by the kids.
> ⓑ This old computer cannot fixed.
> ⓒ Thomas wanted you to call Juila.
> ⓓ Do you want we to understand you?
> ⓔ Can anyone be solved this math problem?

① 1개　② 2개　③ 3개　④ 4개　⑤ 5개

서술형 **4** 고난도 한 단계 더!

14 다음 @~@ 중 어법상 **틀린** 문장 2개를 찾아 기호를 쓰고, 틀린 곳을 바르게 고쳐 쓰시오. 각 **4**점

> @ The dish was broke by my brother.
> ⓑ My parents told me to get up early.
> ⓒ Will all the people here invite to the party?
> @ What do you want me to do at the school festival?

(1) ( ) _____ → _____

(2) ( ) _____ → _____

[15~17] 다음 글을 읽고, 물음에 답하시오.

> **Mr. Brown:** Hello, club members. As you know, this year's Environment Day is about upcycling. Before we talk about each group's event idea for that day, I want you to understand the @ problem of "upcycling." Can anyone explain upcycling?
> **Sumi:** Yes. The word "upcycling" is a ⓑ combination of "upgrade" and "recycling."
> **Eric:** (A) Like recycling, upcycling is good for the ⓒ environment. When you @ upcycle, you make new and ⓔ better things from old things.
> **Mr. Brown:** Good. Now, let's talk about each group's idea for the event. Let's start with Pei's group.

15 윗글의 밑줄 친 @~ⓔ 중 흐름상 어색한 것은? **3**점

① @ ② ⓑ ③ ⓒ ④ @ ⑤ ⓔ

16 윗글의 밑줄 친 (A)Like와 의미가 같은 것은? **4**점

① We like to jog in the morning.
② Jenny is very kind, so I like her.
③ They like to go out on weekends.
④ The man started to cry like a baby.
⑤ Both my brother and I like swimming.

고난도

17 윗글의 내용과 일치하는 것은? **5**점

① The students are preparing for a test.
② Mr. Brown is introducing many event ideas about upcycling to the students.
③ "Upcycling" is a word which is made by combining "upgrade" and "recycling."
④ Eric doesn't know anything about upcycling.
⑤ No one in the class can explain the meaning of upcycling.

[18~20] 다음 글을 읽고, 물음에 답하시오.

> **Pei:** My group wants to hold a trashion show. "Trashion" is a combination of "trash" and "fashion." We'll use trash to make ____@____. (A)We want other students become interested in upcycling through the show.
> **Mr. Brown:** A trashion show sounds ____ⓑ____ fun! What about your group, Eric?
> **Eric:** My group is going to make ____ⓒ____ from old things. We'll make drums from old plastic buckets. We'll also make a guitar from old boxes and rubber bands. We plan to play the instruments in a mini-concert.
> **Mr. Brown:** Thank you, Eric. Now, let's hear ____@____ Sumi's group.

서술형 **5**

18 윗글의 흐름상 빈칸 @와 ⓒ에 들어갈 말을 주어진 철자로 시작하여 쓰시오. 각 **3**점

@ c_____

ⓒ m_____

서술형 **6**

19 윗글의 밑줄 친 문장 (A)에서 어법상 **틀린** 부분을 찾아 바르게 고쳐 쓰시오. **5**점

_____ → _____

20 윗글의 빈칸 ⓑ와 ⓓ에 들어갈 말이 순서대로 바르게 짝지어진 것은? **3점**

① like – at
② at – of
③ with – of
④ with – from
⑤ like – from

[21~23] 다음 글을 읽고, 물음에 답하시오.

> **Sumi:** My group will make bags ___ⓐ___ old clothes. For example, we'll use blue jeans. Look ___ⓑ___ this bag. This was made ___ⓒ___ Hajun, one of our group members. Isn't it nice? We'll make more bags and sell (A)them on Environment Day. We're going to give all the money ___ⓓ___ a nursing home.
>
> **Mr. Brown:** That's a great idea. Your ideas are all so creative. I want everyone to work hard ___ⓔ___ Environment Day.

21 윗글의 빈칸 ⓐ~ⓔ에 들어갈 말로 알맞지 <u>않은</u> 것은? 3점

① ⓐ: from
② ⓑ: at
③ ⓒ: of
④ ⓓ: to
⑤ ⓔ: for

22 윗글을 읽고 답할 수 <u>없는</u> 질문은? **4점**

① What will Sumi's group use to make bags?
② How will Sumi's group make money?
③ Where did Hajun get the old blue jeans?
④ How will Sumi's group use the money that they make?
⑤ What does Mr. Brown think of the students' ideas?

서술형 **7**
23 윗글의 밑줄 친 (A)them이 가리키는 것을 우리말로 쓰시오. **4점**

→ _____

[24~25] 다음 글을 읽고, 물음에 답하시오.

> **You Need:** old blue jeans, sewing kit, scissors, pins and buttons
>
> **Step**
> 1. Cut off the legs of the blue jeans.
> 2. Sew the bottom together.
> 3. Make shoulder straps from one of the legs.
> 4. Sew the straps to the top of the jeans.
> 5. Decorate the bag with pins and buttons.

24 윗글의 제목으로 알맞은 것은? **3점**

① How to Decorate Blue Jeans
② How to Be a Fashion Designer
③ How to Use a Sewing Machine
④ How to Choose Good Blue Jeans
⑤ How to Make a Bag with Old Blue Jeans

서술형 **8**
25 윗글의 내용과 일치하도록 다음 그림을 순서대로 바르게 배열하시오. **4점**

(A)　　　　　　　　　　(B)

(C)　　　　　　　　　　(D)

(E)

(　　) – (　　) – (　　) – (　　) – (　　)

01 다음 빈칸에 들어갈 말로 알맞은 것은? 3점

> If you use something old or used again, you are _____ it.

① holding ② recycling ③ explaining
④ upgrading ⑤ combining

02 다음 빈칸에 들어갈 말이 순서대로 바르게 짝지어진 것은?
3점

> • My sister cut _____ the ribbon on the box.
> • We became interested _____ playing the drums.

① of – in ② off – on ③ off – in
④ out – at ⑤ out – off

03 다음 중 밑줄 친 부분의 의미가 나머지와 다른 하나는? 4점

① Let's hold a meeting this afternoon.
② She was holding the baby in her arm.
③ They hold a festival to celebrate the harvest.
④ The Art Museum will hold a special exhibition.
⑤ The singer is going to hold a concert next month.

04 다음 대화의 빈칸에 들어갈 말로 알맞은 것은? 3점

> A: How much is this blue T-shirt?
> B: It's 10 dollars.
> A: That's expensive. _____
> B: OK. I'll take 1 dollar off.

① Can I get a discount?
② Do you need some help?
③ Can I pay by credit card?
④ Can you show me another color?
⑤ Do you have one in a bigger size?

05 다음 중 짝지어진 대화가 어색한 것은? 4점

① A: May I help you?
 B: Yes. I want to buy a bag.
② A: Can I get a discount?
 B: No, I'm afraid not. Sorry.
③ A: How much are these sneakers?
 B: They're 17 dollars.
④ A: Excuse me. I'm looking for a T-shirt.
 B: Oh, it looks really good on you.
⑤ A: The hat over there is only 10 dollars.
 B: That sounds good. I'll take it.

신
유형

06 다음 대화의 빈칸 ⓐ~ⓔ에 들어갈 말로 알맞지 않은 것은?
4점

> A: Hello. _____ⓐ_____
> B: Yes. _____ⓑ_____
> A: They're 18 dollars.
> B: Hmm. _____ⓒ_____ Can I get a discount?
> A: _____ⓓ_____ Sorry.
> B: That's OK. _____ⓔ_____

① ⓐ: Can I help you?
② ⓑ: How much are the round glasses?
③ ⓒ: That's a good price.
④ ⓓ: No, I'm afraid not.
⑤ ⓔ: I'll take them.

서술형 **1**

07 자연스러운 대화가 되도록 (A)~(D)를 바르게 배열하시오.
4점

> A: Hello. May I help you?
> (A) I'm looking for a baseball glove.
> (B) OK. I'll take 2 dollars off.
> (C) Can I get a discount?
> (D) This one is 15 dollars and it's in good condition.
> B: Then it's 13 dollars. I'll take it.

(　) – (　) – (　) – (　)

[08~10] 다음 대화를 읽고, 물음에 답하시오.

> Boy: Wow! There are so many interesting things here.
> Woman: Everything here is old or used. ___ⓐ___ are you looking for?
> Boy: I'm looking for a clock.
> Woman: ___ⓑ___ about this red clock?
> Boy: How much is it?
> Woman: It's 15 dollars.
> Boy: That's too expensive for me. Can I get a discount?
> Woman: No, I'm afraid not. It's only one year old. It's almost new.
> Boy: Then, how much is this blue clock with the large numbers?
> Woman: It's 10 dollars.
> Boy: Then, I'll take the blue one. Thank you.

08 위 대화의 빈칸 ⓐ와 ⓑ에 들어갈 말이 순서대로 바르게 짝지어진 것은? 3점

① What – How
② How – What
③ How – How
④ Where – What
⑤ What – Where

09 위 대화의 내용과 일치하지 <u>않는</u> 것을 <u>모두</u> 고르시오. 4점

① 손님과 점원 사이의 대화이다.
② 소년은 중고 시계를 사려고 한다.
③ 빨간색 시계는 15달러인데 거의 새것이다.
④ 소년은 빨간색 시계의 큰 숫자가 마음에 든다.
⑤ 빨간색 시계가 파란색 시계보다 더 싸다.

서술형 **2**

10 위 대화의 내용과 일치하도록 다음 문장에서 틀린 부분을 찾아 바르게 고쳐 쓰시오. 4점

> The boy is going to pay 10 dollars for the red clock.

_____ → _____

11 다음 두 문장의 뜻이 같도록 할 때 빈칸에 들어갈 말로 알맞은 것은? 3점

> The article was written by Minho.
> = Minho _____ the article.

① write
② wrote
③ written
④ was written
⑤ were writing

12 다음 우리말과 의미가 같도록 할 때 빈칸에 들어갈 말로 알맞은 것은? 3점

> 나의 부모님은 내가 아프리카로 여행을 가지 않기를 원하신다.
> → My parents want _____ on a trip to Africa.

① me not go
② I not to go
③ me going not
④ me to go not
⑤ me not to go

서술형 **3**

13 다음 문장을 수동태로 바꿔 쓸 때 빈칸에 알맞은 말을 쓰시오. 4점

> Hojin cut the apple into two pieces.
> → _____ into two pieces by Hojin.

한 단계 더!

14 다음 중 어법상 <u>틀린</u> 문장은? 4점

① Was this juice drank by Minho?
② The librarian told them to be quiet.
③ The movie was directed by Steven Spielberg.
④ My science report can be finished by next Monday.
⑤ Before you start cleaning, your desks should be moved outside.

서술형 4

15 다음 메모를 보고, 엄마와 아빠가 내게 원하는 것을 나타내는 문장을 완성하시오. 각 **4**점

(1) Why don't you eat more vegetables?
– Mom

(2) Don't be late for school.
– Dad

(1) Mom wants me _____.

(2) Dad wants me _____.

[16~18] 다음 글을 읽고, 물음에 답하시오.

Mr. Brown: Hello, club members. As you know, this year's Environment Day is ⓐ about upcycling. Before we talk about each group's event idea ⓑ for that day, (A) 나는 여러분이 '업사이클링'의 의미를 이해하기 바랍니다. Can anyone explain upcycling?

Sumi: Yes. The word "upcycling" is a combination of "upgrade" and "recycling."

Eric: ⓒ Like recycling, upcycling is good ⓓ at the environment. When you upcycle, you make new and better things ⓔ from old things.

16 윗글의 밑줄 친 ⓐ~ⓔ 중 쓰임이 잘못된 것은? 3점

① ⓐ ② ⓑ ③ ⓒ ④ ⓓ ⑤ ⓔ

서술형 5

17 윗글의 밑줄 친 우리말 (A)와 의미가 같도록 괄호 안의 단어들을 사용하여 문장을 완성하시오. 5점

→ _____ the meaning of "upcycling." (want, understand)

18 윗글의 내용을 잘못 이해한 사람끼리 짝지어진 것은? 4점

• 소윤: 올해 환경의 날 주제는 업사이클링이야.
• 민호: 업사이클링은 두 단어가 결합되어 새롭게 만들어진 단어야.
• 지수: 업사이클링은 환경에 해로운 영향을 끼쳐.
• 성우: 낡은 것을 버리고 새것을 만드는 일을 업사이클링이라고 해.

① 소윤, 민호 ② 소윤, 지수 ③ 민호, 지수
④ 지수, 성우 ⑤ 민호, 지수, 성우

[19~22] 다음 글을 읽고, 물음에 답하시오.

Mr. Brown: Good. ⓐ Now, let's talk about each group's idea for the event. Let's start with Pei's group.

Pei: ⓑ My group wants to hold a trashion show. "Trashion" is a combination of "trash" and "fashion." We'll _____ (A) _____. ⓒ We want other students become interested in upcycling through the show.

Mr. Brown: A trashion show sounds like fun! What about your group, Eric?

Eric: My group is going to make musical instruments from old things. ⓓ We'll make drums from old plastic buckets. We'll also make a guitar from old boxes and rubber bands. ⓔ We plan to play the instruments in a mini-concert.

Mr. Brown: Thank you, Eric. Now, let's hear from Sumi's group.

19 윗글의 밑줄 친 ⓐ~ⓔ 중 어법상 틀린 것은? 4점

① ⓐ ② ⓑ ③ ⓒ ④ ⓓ ⑤ ⓔ

20 윗글의 빈칸 (A)에 들어갈 말로 알맞은 것은? 3점

① buy new clothes
② take out the old clothes
③ use trash to make clothes
④ go to a popular fashion show
⑤ meet famous fashion designers

서술형 6

21 다음 영영풀이에 해당하는 단어를 윗글에서 찾아 쓰시오.

3점

> something that you play in order to make
> music

_____

고/산도

22 윗글의 내용과 일치하는 문장의 개수는? 5점

> ⓐ Pei's group's event for Environment Day is
> a trashion show.
> ⓑ Pei hopes that other students will become
> interested in fashion.
> ⓒ Eric's group will make instruments from
> old things.
> ⓓ Eric's group will use boxes and rubber
> bands to make a guitar.
> ⓔ Eric's group is going to sell musical
> instruments on Environment Day.

① 1개 ② 2개 ③ 3개 ④ 4개 ⑤ 5개

[23~24] 다음 글을 읽고, 물음에 답하시오.

Sumi: My group will make bags from old clothes.
(①) For example, we'll use blue jeans. Look
at this bag. (②) Isn't it nice? We'll make
more bags and sell them on Environment Day.
(③) We are going to give all the money to a
nursing home. (④)
Mr. Brown: That's a great idea. Your ideas are all
so creative. (⑤) I want everyone to work hard
for Environment Day.

23 윗글의 ①~⑤ 중 주어진 문장이 들어갈 위치로 알맞은 것은?

3점

> This was made by Hajun, one of our group
> members.

①   ②   ③   ④   ⑤

서술형 7

24 윗글의 내용과 일치하도록 빈칸에 알맞은 말을 쓰시오. 6점

> Sumi's group is going to use old _____
> to make _____. They will sell them on
> Environment Day, and all the money from the
> event will be given to a(n) _____ _____.

서술형 8

25 다음 그림의 내용과 일치하지 않는 부분을 두 군데 찾아 번호를 쓰고 바르게 고쳐 쓰시오. 각 3점

> **Blue Jeans Bag**
>
> **Step**
> ① Glue the legs of the blue jeans.
> ② Sew the bottom together.
> ③ Make shoulder straps from one of the legs.
> ④ Cut the straps to the top of the jeans.
> ⑤ Decorate the bag with pins and buttons.

(   ) _____ → _____

(   ) _____ → _____

01 다음 중 단어와 영영풀이가 바르게 연결되지 <u>않은</u> 것은? 3점

① strap: a band of cloth or leather
② bottom: the lowest part of something
③ upgrade: to get something that is old and used
④ environment: the natural world, including the water, the air, and the soil
⑤ explain: to tell someone about something so that he or she can understand it

02 다음 중 빈칸 ⓐ~ⓔ에 들어갈 말이 <u>잘못된</u> 것은? 4점

- Mom and I ___ⓐ___ the Christmas tree.
- We will ___ⓑ___ a fashion show tomorrow.
- The Wright brothers ___ⓒ___ the airplane.
- You need a needle and thread to ___ⓓ___ the button.
- Can you teach me how to play the ___ⓔ___?

① ⓐ: decorated　　　② ⓑ: hold
③ ⓒ: invented　　　④ ⓓ: cut
⑤ ⓔ: instrument

03 다음 대화의 빈칸 (A)~(C)에 들어갈 말로 알맞은 것을 [보기]에서 골라 순서대로 바르게 짝지은 것은? 4점

A: Hello. _____(A)_____
B: Yes. I'm looking for a backpack for school.
A: _____(B)_____ It's 12 dollars.
B: _____(C)_____
A: OK. I'll take 2 dollars off.

[보기] ⓐ Can I get a discount?
　　　 ⓑ May I help you?
　　　 ⓒ What about this red one?

① ⓐ - ⓒ - ⓑ　　　② ⓑ - ⓐ - ⓒ
③ ⓑ - ⓒ - ⓐ　　　④ ⓒ - ⓐ - ⓑ
⑤ ⓒ - ⓑ - ⓐ

서술형1

04 다음 그림을 보고, [조건]에 맞게 대화를 완성하시오. 4점

[조건] 1. 색깔을 나타내는 말과 backpack을 사용할 것
　　　 2. 6단어의 의문문으로 쓸 것

A: _____
B: It's 15 dollars.

05 다음 대화의 밑줄 친 ⓐ~ⓔ 중 흐름상 <u>어색한</u> 것은? 3점

A: ⓐ May I help you?
B: Yes. ⓑ How much are those sunglasses?
A: They're 17 dollars.
B: ⓒ Can I get a discount?
A: ⓓ Sorry, I'm afraid not. I'll take 5 dollars off.
B: Then that'll be 12 dollars. ⓔ I'll take them.

① ⓐ　　② ⓑ　　③ ⓒ　　④ ⓓ　　⑤ ⓔ

고난도 서술형2

06 다음 상황에서 Mason이 점원에게 할 알맞은 말을 괄호 안의 단어들을 사용하여 쓰시오. 5점

Mason is in a shoe store now. He wants to buy a pair of sneakers. He really likes the white ones, but he thinks they're too expensive for him. He wants to get 10% off.

→ _____?
　　　　　　　　(can, get)

[07~09] 다음 대화를 읽고, 물음에 답하시오.

> Boy: Wow! There are so many interesting things here.
> Woman: Everything here is old or ____ⓐ____ . What are you looking for?
> Boy: ①I'm looking for a clock.
> Woman: How about this red clock?
> Boy: ②How much is it?
> Woman: It's 15 dollars.
> Boy: That's too ____ⓑ____ for me. ③Can I get a discount?
> Woman: ④No, I'm afraid not. It's only one year old. It's almost new.
> Boy: Then, how much is this blue clock with the large numbers?
> Woman: It's 10 dollars.
> Boy: ⑤Then, I'll take the blue one. Thank you.

07 위 대화의 흐름상 빈칸 ⓐ와 ⓑ에 들어갈 말이 순서대로 바르게 짝지어진 것은? 3점

① new – cute
② new – short
③ used – cheap
④ used – difficult
⑤ used – expensive

08 위 대화의 밑줄 친 ①~⑤를 바꿔 쓴 말로 알맞지 않은 것은? 4점

① I want to buy a clock.
② What's the price of it?
③ Please give me a discount.
④ Sorry, you can't get a discount.
⑤ Then, I'll take 5 dollars off.

서술형3
09 위 대화의 내용과 일치하도록 빈칸에 알맞은 말을 쓰시오. 6점

> The woman says she can't cut the price of the _____ _____ because it is _____ _____. So, the boy decides to buy the _____ _____.

10 다음 우리말과 의미가 같도록 주어진 단어들을 배열할 때, 5번째로 오는 단어는? 4점

> 그녀는 자신의 아이들이 뛰어다니지 않기를 바란다.
> (wants, around, not, run, her, she, kids, to)

① to
② her
③ not
④ run
⑤ around

한 단계 더!
11 다음 중 밑줄 친 부분을 어법상 바르게 고치지 않은 것은? 4점

① The stadium is built in 2000.
    (→ was built)
② Did your bike stolen yesterday?
    (→ Was)
③ His new album released last week.
    (→ was released)
④ The flower pot didn't break by Jim.
    (→ didn't be broken)
⑤ The research is finished next month.
    (→ will be finished)

서술형4
12 다음 문장을 주어진 말로 시작하여 바꿔 쓰시오. 4점

> Emily baked these cookies this morning.
> → These cookies _____
> _____ .

고난도 신유형 한 단계 더!
13 How many sentences are grammatically correct? 5점

> ⓐ The police was caught the thief.
> ⓑ Everyone will be invited to the party.
> ⓒ The dentist advised me not to eat sweets.
> ⓓ Ms. Lee allowed us staying here for a week.
> ⓔ She told her son to wash his hands before eating.

① 1개 ② 2개 ③ 3개 ④ 4개 ⑤ 5개

한 단계 더!

14 주어진 문장을 수동태로 바르게 바꾼 것은? 4점

> The mechanic must repair the car.

① The car must repaired by the mechanic.
② The car must repaired from the mechanic.
③ The car must be repaired by the mechanic.
④ The car must been repair by the mechanic.
⑤ The car must be repaired from the mechanic.

서술형5 고난도

15 다음 대화의 밑줄 친 ⓐ~ⓓ 중 어법상 틀린 것을 찾아 바르게 고쳐 쓰시오. 5점

> A: Mark, what are you doing?
> B: ⓐ I'm fixing the clock. It ⓑ broke by my dog yesterday.
> A: Can you ⓒ fix it by yourself?
> B: Sure. I'm good at ⓓ fixing things.

( ) → _____

16 윗글의 ①~⑤ 중 주어진 문장이 들어갈 위치로 알맞은 것은? 3점

> As you know, this year's Environment Day is about upcycling.

①　　②　　③　　④　　⑤

17 윗글의 빈칸 ⓐ~ⓔ에 들어갈 말로 알맞지 <u>않은</u> 것은? 3점

① ⓐ: understand
② ⓑ: create
③ ⓒ: combination
④ ⓓ: environment
⑤ ⓔ: old

서술형6 고난도

18 다음 중 윗글을 읽고 답할 수 있는 질문을 골라 완전한 영어 문장으로 답하시오. 5점

> ⓐ What is Mr. Brown's idea for Environment Day?
> ⓑ What word was formed from "upgrade" and "recycling?"
> ⓒ What are common examples of upcycling?

( ) → _____

_____

[16~18] 다음 글을 읽고, 물음에 답하시오.

> Mr. Brown: Hello, club members. (①) Before we talk about each group's event idea for that day, I want you to ___ⓐ___ the meaning of "upcycling." (②) Can anyone ___ⓑ___ upcycling? (③)
> Sumi: Yes. (④) The word "upcycling" is a ___ⓒ___ of "upgrade" and "recycling."
> Eric: Like recycling, upcycling is good for the ___ⓓ___. (⑤) When you upcycle, you make new and better things from ___ⓔ___ things.
> Mr. Brown: Good. Now, let's talk about each group's idea for the event. Let's start with Pei's group.

[19~22] 다음 글을 읽고, 물음에 답하시오.

> Pei: My group wants ⓐ holding a trashion show. "(A) Trashion" is a combination of "trash" and "fashion." We'll use trash ⓑ made clothes. We want other students ⓒ become interested in upcycling through the show.
> Mr. Brown: A trashion show sounds like ⓓ funny! What about your group, Eric?
> Eric: My group is going to make musical instruments from old things. We'll make drums from old plastic buckets. We'll also make a guitar from old boxes and rubber bands. We plan ⓔ playing the ___(B)___ in a mini-concert.

19 윗글의 밑줄 친 (A)Trashion과 성격이 같은 단어는? 3점

① peaceful   ② plastic

③ upcycling   ④ tradition

⑤ understand

20 윗글의 밑줄 친 ⓐ~ⓔ를 어법상 바르게 고치지 <u>않은</u> 것을 <u>모두</u> 고르시오. 5점

① ⓐ → to hold   ② ⓑ → make

③ ⓒ → becoming   ④ ⓓ → fun

⑤ ⓔ → to play

서술형7

21 윗글의 빈칸 (B)에 들어갈 말을 윗글에서 찾아 한 단어로 쓰시오. 3점

→ _____

22 다음 질문과 응답 중 윗글의 내용과 일치하지 <u>않는</u> 것은? 5점

① Q: What's the meaning of "trashion?"
   A: It's a combination of "trash" and "fashion."

② Q: What will Pei's group use to make clothes?
   A: They will use trash to make them.

③ Q: What does Mr. Brown think about the idea of Pei's group?
   A: He thinks it's a little boring.

④ Q: What is Eric's group going to do?
   A: They're going to make musical instruments from old things.

⑤ Q: What will Eric's group make with rubber bands?
   A: They will make a guitar.

[23~25] 다음 글을 읽고, 물음에 답하시오.

Sumi: My group will make bags from old clothes. For example, we'll use blue jeans. Look at this bag. (A)이것은 하준이에 의해 만들어졌어요, one of our group members. Isn't ⓐ<u>it</u> nice? We'll make more bags and sell ⓑ<u>them</u> on Environment Day. We're going to give all the money to a nursing home.

Blue Jeans Bag

Step

1. ① <u>Cut off</u> the legs of the blue jeans.
2. ② <u>Sew</u> the bottom together.
3. ③ <u>Make</u> shoulder straps from one of the legs.
4. ④ <u>Remove</u> the straps to the top of the jeans.
5. ⑤ <u>Decorate</u> the bag with pins and buttons.

서술형8 고난도

23 윗글의 밑줄 친 우리말 (A)를 영어로 옮길 때 3번째로 오는 단어를 쓰시오. 5점

→ _____

24 윗글의 밑줄 친 ⓐit과 ⓑthem이 가리키는 것이 순서대로 바르게 짝지어진 것은? 3점

① my group – blue jeans

② this bag – more bags

③ my group – old clothes

④ this bag – blue jeans

⑤ my group – more bags

25 윗글의 밑줄 친 ①~⑤ 중 그림의 내용과 일치하지 <u>않는</u> 것은? 3점

①   ②   ③   ④   ⑤

○ 틀린 문항을 표시해 보세요.

○ 부족한 영역을 점검하고 어떻게 더 학습할지 계획을 적어 보세요.

〈제1회〉 대표 기출로 내신 적중 모의고사   총점 _____ / 100

문항	영역	문항	영역	문항	영역
01	p.8(W)	10	p.15(L&T)	19	p.30(R)
02	p.10(W)	11	p.22(G)	20	pp.30~31(R)
03	p.8(W)	12	p.23(G)	21	pp.30~31(R)
04	p.14(L&T)	13	p.23(G)	22	pp.30~31(R)
05	p.13(L&T)	14	pp.22~23(G)	23	p.31(R)
06	p.13(L&T)	15	pp.22~23(G)	24	p.31(R)
07	p.14(L&T)	16	p.30(R)	25	p.31(R)
08	p.15(L&T)	17	p.30(R)		
09	p.15(L&T)	18	p.30(R)		

제1회 오답 공략
부족한 영역
학습 계획

〈제2회〉 대표 기출로 내신 적중 모의고사   총점 _____ / 100

문항	영역	문항	영역	문항	영역
01	p.8(W)	10	p.22(G)	19	pp.30~31(R)
02	p.10(W)	11	p.23(G)	20	pp.30~31(R)
03	p.10(W)	12	p.22(G)	21	p.31(R)
04	p.13(L&T)	13	pp.22~23(G)	22	p.31(R)
05	p.13(L&T)	14	pp.22~23(G)	23	p.31(R)
06	p.13(L&T)	15	p.30(R)	24	p.31(R)
07	p.15(L&T)	16	p.30(R)	25	p.31(R)
08	p.15(L&T)	17	p.30(R)		
09	p.15(L&T)	18	pp.30~31(R)		

제2회 오답 공략
부족한 영역
학습 계획

〈제3회〉 대표 기출로 내신 적중 모의고사   총점 _____ / 100

문항	영역	문항	영역	문항	영역
01	p.8(W)	10	p.15(L&T)	19	pp.30~31(R)
02	p.8(W)	11	p.22(G)	20	pp.30~31(R)
03	p.10(W)	12	p.23(G)	21	pp.30~31(R)
04	p.13(L&T)	13	p.22(G)	22	pp.30~31(R)
05	p.13(L&T)	14	pp.22~23(G)	23	p.31(R)
06	p.14(L&T)	15	p.23(G)	24	p.31(R)
07	p.14(L&T)	16	p.30(R)	25	p.31(R)
08	p.15(L&T)	17	p.30(R)		
09	p.15(L&T)	18	p.30(R)		

제3회 오답 공략
부족한 영역
학습 계획

〈제4회〉 고난도로 내신 적중 모의고사   총점 _____ / 100

문항	영역	문항	영역	문항	영역
01	p.10(W)	10	p.23(G)	19	pp.30~31(R)
02	p.8(W)	11	p.22(G)	20	pp.30~31(R)
03	p.14(L&T)	12	p.22(G)	21	pp.30~31(R)
04	p.13(L&T)	13	pp.22~23(G)	22	pp.30~31(R)
05	p.13(L&T)	14	p.22(G)	23	p.31(R)
06	p.13(L&T)	15	p.22(G)	24	p.31(R)
07	p.15(L&T)	16	p.30(R)	25	p.31(R)
08	p.15(L&T)	17	p.30(R)		
09	p.15(L&T)	18	p.30(R)		

제4회 오답 공략
부족한 영역
학습 계획

Lesson 4

The Amazing World of Animals

주요 학습 내용			
의사소통 기능	외모 묘사하기		A: What does your cat look like? (네 고양이는 어떻게 생겼니?) B: It's small and it has grey hair. (작고 털이 회색이야.)
	정보 묻기		A: Can you tell me more about it? (그것에 대해 좀 더 말해 줄래?) B: It has a long tail. (꼬리가 길어.)
언어 형식	주격 관계대명사		Scientists **who** were studying crows did an experiment. (까마귀를 연구하고 있던 과학자들이 실험을 하나 했다.)
	접속사 if		**If** you think this bird is special, you are wrong. (만약 당신이 이 새가 특별하다고 생각한다면, 당신은 틀렸다.)

학습 단계 PREVIEW					
STEP **A**	Words	Listen and Talk	Grammar	Reading	기타 지문
STEP **B**	Words	Listen and Talk	Grammar	Reading	서술형 100% Test
내신 적중 모의고사	제 **1** 회	제 **2** 회	제 **3** 회	제 **4** 회	

Words

만점 노트

Listen and Talk

* 완벽히 외운 단어는 □ 안에 √표 해 봅시다.

□□ cotton ⑲ 면직물; 목화

□□ grey ⑲ 회색의 ⑲ 회색 (= gray)

□□ leave☆ ⑧ ~을 두고 오다; 떠나다 (-left-left)

□□ lose☆ ⑧ 잃어버리다; 지다, 패하다 (-lost-lost)

□□ navy ⑲ 짙은 감색(남색) ⑲ 짙은 감색(남색)의

□□ pattern☆ ⑲ 무늬

□□ pet ⑲ 애완동물

□□ restroom ⑲ (공공장소의) 화장실

□□ tail ⑲ 꼬리

□□ type ⑲ 유형, 종류

□□ look for ~을 찾다

□□ look like☆ ~처럼 생기다(보이다)

□□ make an announcement 안내 방송하다, 발표하다

Talk and Play

□□ find ⑧ 찾다 (-found-found)

□□ pants ⑲ 바지 (= trousers)

□□ wear ⑧ (옷·모자·신발·장신구 등을) 입고(쓰고/신고/착용하고) 있다 (-wore-worn)

Reading

□□ Buddhist ⑱ 불교의

□□ carry ⑧ 가지고 다니다, 휴대하다

□□ crow ⑲ 까마귀

□□ drop ⑧ 떨어뜨리다 ⑲ 방울

□□ experiment☆ ⑲ 실험, 시험

□□ fable ⑲ 우화, 동화

□□ female ⑱ 여성의, 암컷의 ⑲ 여성, 암컷 (↔ male)

□□ floss☆ ⑧ 치실질하다 ⑲ 치실

□□ hide☆ ⑧ 숨다; 숨기다 (-hid-hidden)

□□ human ⑲ 인간, 사람 ⑱ 인간(사람)의

□□ jar ⑲ 병, 단지

□□ level ⑲ 높이; 수준

□□ octopus ⑲ 문어

□□ once ⑭ 한때; 언젠가

□□ pile ⑧ 쌓다, 포개다 ⑲ 더미

□□ protection☆ ⑲ 보호

□□ raise ⑧ 높이다, (들어)올리다

□□ shell ⑲ (딱딱한) 껍데기

□□ solve☆ ⑧ 해결하다, 풀다

□□ stone ⑲ 돌, 돌멩이

□□ store ⑧ 저장하다, 보관하다 ⑲ 가게

□□ temple ⑲ 절, 사원

□□ thirsty ⑱ 목이 마른

□□ tool☆ ⑲ 도구, 수단

□□ tooth ⑲ 이, 치아, 이빨 (*pl.* teeth)

□□ while ⑳ ~하는 동안에

□□ worm ⑲ 벌레

□□ find out ~임을 알아내다, 발견하다

□□ pull out 뽑다

□□ watch out for ~을 조심하다

Language in Use

□□ enough ⑱ 충분한 ⑭ 충분히

□□ inside ⑭ 안에, 실내에서 ⑳ ~ 안에

□□ be held (모임·행사 등이) 열리다

□□ make money 돈을 벌다

Think and Write

□□ parrot ⑲ 앵무새

□□ sign ⑲ 신호, 손짓, 몸짓

□□ sign language 수화

□□ talent ⑲ 재주, 재능

Review

□□ musician ⑲ 음악가, 뮤지션

□□ tour guide 관광 안내원

연습 문제

A 다음 단어의 우리말 뜻을 쓰시오.

01 temple

02 while

03 drop

04 protection

05 shell

06 female

07 talent

08 inside

09 floss

10 pattern

11 human

12 raise

13 Buddhist

14 type

15 tool

16 worm

17 experiment

18 crow

19 fable

20 cotton

B 다음 우리말 뜻에 알맞은 영어 단어를 쓰시오.

01 병, 단지

02 꼬리

03 쌓다, 포개다

04 회색(의)

05 (공공장소의) 화장실

06 높이; 수준

07 저장(보관)하다; 가게

08 충분한

09 음악가

10 잃어버리다; 지다

11 수화

12 문어

13 해결하다, 풀다

14 목이 마른

15 돌, 돌멩이

16 이, 치아, 이빨

17 가지고 다니다

18 숨다; 숨기다

19 한때; 언젠가

20 ~을 두고 오다; 떠나다

C 다음 영어 표현의 우리말 뜻을 쓰시오.

01 find out

02 be held

03 make money

04 pull out

05 watch out for

06 look like

07 look for

08 make an announcement

D 다음 우리말 뜻에 알맞은 영어 표현을 쓰시오.

01 뽑다

02 돈을 벌다

03 ~을 조심하다

04 ~을 찾다

05 (모임·행사 등이) 열리다

06 안내 방송하다, 발표하다

07 ~임을 알아내다, 발견하다

08 ~처럼 생기다, 보이다

영영풀이

□□	**announcement**	발표, 소식	something important that someone tells people
□□	**experiment**	실험, 시험	a scientific test you do to learn about something, or to show if an idea is true
□□	**fable**	우화, 동화	a short story that teaches us something
□□	**female**	여성의, 암컷의	belonging to the sex that can have babies or produce eggs
□□	**floss**	치실질을 하다	to clean between your teeth with dental floss
□□	**hide**	숨기다; 숨다	to put something where people cannot see it or find it
□□	**level**	높이	the height of something in relation to the ground or to another thing
□□	**octopus**	문어	an ocean animal with a soft round body and eight arms
□□	**once**	한때, 언젠가	at a time in the past
□□	**pattern**	무늬, 도안	a set of lines, shapes, or colors that are repeated regularly
□□	**pile**	쌓다, 포개다	to put a lot of things on top of each other
□□	**protection**	보호	the process of keeping someone or something safe
□□	**restroom**	(공공장소의) 화장실	a bathroom in a public building
□□	**shell**	(딱딱한) 껍데기	the hard outside part of a nut or egg
□□	**sign**	몸짓, 신호, 표시	a symbol that has a particular meaning
□□	**solve**	해결하다, 풀다	to find a successful way to deal with a problem
□□	**store**	저장하다, 보관하다	to gather and keep for future use
□□	**talent**	재능	an ability to do something well
□□	**temple**	절, 사원	a building used for worship in some religions
□□	**tool**	도구, 수단	a thing that you use for making or doing something

단어의 의미 관계

- **유의어**
  talent (재능) = gift
  type (유형, 종류) = kind
  pants (바지) = trousers
  store (저장하다, 보관하다) = keep

- **반의어**
  female (여성(의), 암컷(의)) ↔ male (남성(의), 수컷(의))
  low (낮은) ↔ high (높은)
  right (옳은) ↔ wrong (틀린)

- **명사 – 명사(행위자)**
  music (음악) – musician (음악가)
  science (과학) – scientist (과학자)

- **동사 – 명사**
  protect (보호하다) – protection (보호)
  solve (풀다, 해결하다) – solution (해결책, 해답)

다의어

- **drop** 1. 통 떨어뜨리다 2. 명 방울
  1. I **dropped** a fork on the floor.
     (나는 바닥에 포크를 떨어뜨렸다.)
  2. Lastly, add a few **drops** of olive oil.
     (마지막으로, 올리브오일 몇 방울을 넣으세요.)

- **level** 1. 명 높이 2. 명 수준, 단계
  1. The sea **level** is rising due to global warming.
     (지구 온난화로 인해 해수면이 상승하고 있다.)
  2. What is the **level** of this course?
     (이 강좌는 수준이 어떻게 되나요?)

- **store** 1. 통 보관하다, 저장하다 2. 명 가게, 상점
  1. Squirrels **store** food to pass the winter.
     (다람쥐들은 겨울을 나기 위해 먹이를 저장한다.)
  2. I went to the **store** to buy some milk.
     (나는 우유를 사기 위해 가게에 갔다.)

Words Plus

연습 문제

A 다음 영영풀이에 해당하는 단어를 [보기]에서 찾아 쓴 후, 우리말 뜻을 쓰시오.

> [보기]　　hide　　pile　　protection　　fable　　solve　　pattern　　shell　　tool

1 _____ : the hard outside part of a nut or egg : _____

2 _____ : a short story that teaches us something : _____

3 _____ : to put a lot of things on top of each other : _____

4 _____ : to find a successful way to deal with a problem : _____

5 _____ : the process of keeping someone or something safe : _____

6 _____ : a thing that you use for making or doing something : _____

7 _____ : to put something where people cannot see it or find it : _____

8 _____ : a set of lines, shapes, or colors that are repeated regularly : _____

B 다음 빈칸에 알맞은 단어를 [보기]에서 찾아 쓰시오. (단, 필요시 형태를 바꿀 것)

> [보기]　　sign　　raise　　female　　hide　　store

1 The cat was _____ under the sofa.

2 Some animals _____ food for the winter.

3 The government tried not to _____ taxes.

4 Emma gave a _____ to her friend to stop talking.

5 _____ kangaroos usually give birth to one baby at a time.

C 우리말과 의미가 같도록 빈칸에 알맞은 말을 쓰시오.

1 콘서트는 지난 일요일에 열렸다. → The concert _____ _____ last Sunday.

2 젖은 바닥을 조심해. → _____ _____ _____ the wet floor.

3 우리는 돈 벌 방법을 생각해 봐야 한다. → We need to think of ways to _____ _____.

4 그 소문이 사실인지 아닌지 알아보자. → Let's _____ _____ whether the rumor is true.

5 Davis 씨가 중대한 발표를 할 것이다. → Mr. Davis will _____ _____ important _____.

D 다음 짝지어진 두 단어의 관계가 같도록 빈칸에 알맞은 단어를 쓰시오.

1 talent : gift = trousers : _____

2 science : scientist = music : _____

3 kind : type = keep : _____

4 right : wrong = male : _____

5 solve : solution = protect : _____

실전 TEST

01 다음 영영풀이에 해당하는 단어로 알맞은 것은?

> to put a lot of things on top of each other

① hide   ② pile   ③ carry
④ drop   ⑤ leave

02 다음 중 짝지어진 단어의 관계가 [보기]와 같은 것은?

> [보기] low – high

① type – kind   ② solve – solution
③ pants – trousers   ④ male – female
⑤ music – musician

[03~04] 다음 빈칸에 공통으로 들어갈 말로 알맞은 것을 고르시오.

03
> • You should _____ the food in cold places.
> • The new _____ is going to open next week.

① floss   ② raise   ③ store
④ sign   ⑤ solve

04
> • The dentist pulled _____ the girl's tooth.
> • Can you find _____ who sent this text message?

① in   ② of   ③ from
④ to   ⑤ out

05 다음 중 밑줄 친 부분의 우리말 의미가 알맞지 않은 것은?

① You should <u>watch out for</u> the icy roads.
  (~을 지켜보다)
② The clouds in the sky <u>look like</u> a horse.
  (~처럼 보이다)
③ Alex and I communicated in <u>sign language</u>.
  (수화)
④ The man worked very hard to <u>make money</u>.
  (돈을 벌다)
⑤ The Olympic Games <u>were held</u> in Seoul in 1988.
  (열렸다)

06 고난도 다음 중 밑줄 친 단어의 의미가 나머지와 다른 하나는?

① Raise your arms to shoulder <u>level</u>.
② The <u>level</u> of the sea went back down.
③ Place your computer monitor at eye <u>level</u>.
④ Tom studied French at the high school <u>level</u>.
⑤ The <u>level</u> of water in the bottle didn't change.

07 다음 우리말과 의미가 같도록 빈칸에 알맞은 말을 쓰시오.

> 제 강아지가 없어졌어요. 저를 위해 안내 방송을 해 주실 수 있나요?

→ My dog is missing. Can you _____
_____ _____ for me?

Listen and Talk

핵심 노트

1 외모 묘사하기

A: **What does** your cat **look like?**

B: It's small and it has grey hair.

네 고양이는 어떻게 생겼니?

작고 털이 회색이야.

What does(do) ~ look like?는 '~는 어떻게 생겼니?'라는 뜻으로, 사물의 외적 특징이나 사람과 동물의 생김새를 묻는 표현이다. 이에 대답할 때는 색, 크기, 모양, 무늬, 재질, 키, 옷차림 등 생김새나 외적 특징을 묘사하는 표현을 사용하여 말한다.

point

시험 포인트

사람이나 동물의 생김새나 사물의 외적 특징이 무엇인지 파악하는 문제가 주로 출제되므로, 생김새나 외적 특징을 묘사하는 표현을 충분히 익히도록 한다.

· A: What does the bag look like? (그 가방은 어떻게 생겼니?)
  B: It's a blue cotton bag. (파란색 면 가방이야.)

· A: What does the umbrella look like? (그 우산은 어떻게 생겼니?)
  B: It's long and yellow. It has a star pattern on it.
  (길고 노란색이야. 별무늬가 있어.)

· A: What does the dog look like? (그 개는 어떻게 생겼니?)
  B: It's black and has long legs. (검은색이고 다리가 길어.)

· A: What does Amy look like? (Amy는 어떻게 생겼니?)
  B: She's tall and has long brown hair. (키가 크고 머리가 길고 갈색이야.)

· A: What does Mr. Davis look like? (Davis 선생님은 어떻게 생기셨니?)
  B: He's short and has blonde hair. He's wearing glasses.
  (키가 작고 금발이셔. 안경을 쓰고 계셔.)

2 정보 묻기

A: **Can you tell me more** about it?

B: It has a long tail.

그것에 대해 좀 더 말해 줄래?

꼬리가 길어.

Can you tell me more (about ~)?는 '(~에 대해) 좀 더 말해 주겠니?'라는 뜻으로, 대화를 나누던 대상에 대한 구체적인 정보를 추가로 묻는 표현이다. Tell me more about it. / What else? / Is there anything special about ~? 등으로 말할 수도 있다.

point

시험 포인트

앞에서 언급한 대상의 구체적인 정보를 추가로 묻는 표현을 고르거나 추가 정보의 내용을 묻는 문제가 출제되므로, 구체적인 정보를 묻고 답하는 다양한 표현을 익혀두도록 한다.

What else? (또 다른 건?)

Tell me about the details. (자세하게 말해 줘.)

Tell me more about it. (그것에 대해 좀 더 말해 줘.)

Is there anything special about it? (그것에 대해 특별한 점이 있니?)

L&T ▶ Listen and Talk
만점 노트

Listen and Talk A-1

교과서 66쪽

B: Excuse me. ❶I'm looking for my scarf.

W: ❷What does it look like?

B: ❸It's a long cotton scarf.

W: ❹Can you tell me more about it?

B: Well, it's grey.

W: OK. I'll go and check.

❶ be동사+looking for: ~을 찾고 있다
❷ 외적 특징이나 생김새를 묻는 표현이다.
❸ 사물의 특징을 묘사할 때는 색, 크기, 모양, 재질 등을 나타내는 표현을 사용하여 말할 수 있다.
❹ 대화를 나누던 대상에 대한 구체적인 정보를 추가로 묻는 표현이다.

Q1 소년이 찾고 있는 스카프는 무슨 색인가요? (　　　)　　ⓐ 회색　ⓑ 검은색

Listen and Talk A-2

교과서 66쪽

W: ❶May I help you?

B: Yes. I lost my bag. I think I ❷left it in the restroom.

W: OK. What does it look like?

B: It's small and yellow.

W: ❸What else? ❹Tell me more about it.

B: ❺Let me think. Oh, it has two pockets outside.

❶ 도움이 필요한지 묻는 표현이다.
❷ leave가 '~을 두고 오다'의 의미로 쓰였다.
❸ 상대방이 말한 정보 외에 또 다른 정보가 있는지 묻는 말이다.
❹ 상대방이 찾고 있는 대상에 대한 추가 정보를 묻는 표현이다.
(= Can you tell me more about it?)
❺ '어디 보자., 생각 좀 해 보자.'라는 뜻으로, 무언가를 생각하거나 기억하려고 할 때 사용하는 표현이다. (= Let me see.)

Q2　Where does the boy think he lost his bag? (　　　)　　ⓐ in the park　ⓑ in the restroom

Listen and Talk A-3

교과서 66쪽

W: ❶Do you need help?

B: Yes. I lost my umbrella.

W: What does it look like?

B: It's long and navy.

W: ❷Can you tell me more?

B: Yes. ❸It has a star pattern on it.

❶ = May I help you?
❷ 상대방이 찾고 있는 대상에 대해 추가로 더 설명해 달라는 표현으로, more 뒤에 about it이 생략되어 있다.
❸ have a ~ pattern on …은 '…에 ~무늬가 있다'라는 뜻의 표현이며, 주어 It과 전치사(on)의 목적어로 쓰인 it은 모두 앞의 my umbrella를 가리킨다.

Q3 소년의 우산에는 어떤 무늬가 있나요?

Listen and Talk A-4

교과서 66쪽

W: Do you need help?

B: Yes. I'm looking for my cat.

W: ❶What does it look like?

B: Well, she's not very big and ❷she has black hair.

W: Can you tell me more? ❸Is there anything special about her?

B: She has a short tail.

❶ 사물이나 동물의 생김새를 묻는 표현으로, it은 앞서 소년이 말한 my cat을 가리킨다. 동물의 성별을 모르면 대명사 it을 사용하고, 성별을 알면 he 또는 she로도 나타낸다.
❷ she는 앞의 my cat을 가리키며, 「have+색깔+hair」는 '털이 ~색이다'라는 표현이다.
❸ 대화를 나누던 대상에 대한 구체적인 정보를 추가로 묻는 표현이다.

Q4　The boy's cat is black and has a short tail.　(T / F)

Listen and Talk C

교과서 67쪽

M: May I help you?

G: Yes. I'm looking for my dog. His name is Prince.

M: ❶What does he look like?

G: He's very small and has ❷short white hair.

M: ❸Can you tell me more?

G: Well, he has a really long tail.

M: I see. ❹And one more thing. Where did you lose him?

G: I lost him near ❺the main gate.

M: OK. I'll go and ❻make an announcement. ❼Can you please wait here?

G: Sure. Thanks a lot.

❶ '~은 어떻게 생겼니?'라는 뜻으로 생김새를 묻는 표현이다.

❷ 둘 이상의 형용사가 명사를 수식할 때는 '길이(크기)−모양−색깔'을 나타내는 형용사의 순서로 쓴다.

❸ 앞에 나온 대상에 대한 구체적인 정보를 묻는 표현으로, Is there anything special about him(it)?으로 바꿔 말할 수 있다.

❹ 앞에서 말한 것 외에 한 가지 더 확인할 것이 있을 때 주로 사용하는 표현이다.

❺ 정문

❻ 안내 방송하다

❼ 상대방에게 정중하게 부탁할 때 Can you please ~?라고 말한다. Could you ~?로 말할 수도 있다.

Q5 What does the girl's dog look like?

Q6 The girl lost her dog near the _____ _____.

He has (short white / long grey) hair.

Talk and Play

교과서 68쪽

A: What does Amy look like?

B: ❶She's tall and has long brown hair.

A: ❷Can you tell me more?

B: She's wearing short navy ❸pants.

A: ❹I found her!

❶ 사람의 외모를 묘사할 때는 키, 머리 모양, 옷차림 등으로 설명할 수 있다.

❷ 앞에 나온 대상에 대한 구체적인 정보를 추가로 묻는 표현이다.

❸ 바지(pants)는 항상 복수로 쓰인다.

❹ 찾고 있던 사람이나 물건을 찾았을 때 동사 find를 사용한다.

Q7 Amy는 어떤 옷을 입고 있나요? (   )

ⓐ 자주색 긴바지   ⓑ 남색 반바지

Review-1

교과서 80쪽

G: Hi. I think I lost my umbrella.

M: ❶What does it look like?

G: It's a big navy umbrella.

M: Can you tell me more?

G: It ❷has a white flower pattern on it.

❶ 우산의 특징을 묻는 말로, it은 앞에 나온 my umbrella를 가리킨다.

❷ have a ~ pattern on ...: ...에 ~무늬가 있다

Q8 소녀의 우산은 어떻게 생겼나요?

Review-2

교과서 80쪽

B: Excuse me. I'm looking for my cat.

W: ❶What does it look like?

B: ❷It's small and white.

W: Can you tell me more?

B: ❸It's wearing a T-shirt.

❶ 고양이의 생김새를 묻는 말이다.

❷ 고양이의 생김새를 말하는 표현으로, It's small and has white hair.로 바꿔 말할 수 있다.

❸ wear는 '~을 입고 있다'라는 의미로, 옷뿐만 아니라 안경이나 모자와 장갑 등을 착용하거나 신발을 신고 있을 때에도 사용한다.

Q9 What color is the boy's cat?

It is _____.

L&T Listen and Talk
빈칸 채우기

• 주어진 우리말과 일치하도록 교과서 대화문을 완성하시오.

Listen and Talk A-1

B: Excuse me. I'm _____ _____ my scarf.

W: What _____ _____ _____ _____?

B: It's a long cotton scarf.

W: Can _____ _____ _____ more about it?

B: Well, it's grey.

W: OK. I'll go and check.

교과서 66쪽

B: 실례합니다. 저는 제 스카프를 찾고 있어요.

W: 그것은 어떻게 생겼나요?

B: 긴 면 스카프예요.

W: 그것에 대해 좀 더 말해 주시겠어요?

B: 음, 회색이에요.

W: 알겠어요. 가서 확인해 볼게요.

Listen and Talk A-2

W: May I _____ _____?

B: Yes. I lost my bag. I _____ I _____ it in the restroom.

W: OK. What does it _____ _____?

B: It's _____ _____ _____.

W: What else? Tell _____ _____ _____ _____.

B: Let me think. Oh, it has two pockets outside.

교과서 66쪽

W: 도와드릴까요?

B: 네. 제 가방을 잃어버렸어요. 제 생각에는 화장실에 두고 온 것 같아요.

W: 알겠어요. 그것은 어떻게 생겼나요?

B: 작고 노란색이에요.

W: 또 다른 건요? 그것에 대해 좀 더 말해 주세요.

B: 어디 보자. 아, 바깥쪽에 주머니가 두 개 있어요.

Listen and Talk A-3

W: Do you need help?

B: Yes. _____ _____ my umbrella.

W: _____ _____ _____ look like?

B: It's long and navy.

W: Can you _____ _____ _____?

B: Yes. _____ _____ a star pattern on it.

교과서 66쪽

W: 도움이 필요하신가요?

B: 네. 제 우산을 잃어버렸어요.

W: 그것은 어떻게 생겼나요?

B: 길고 남색이에요.

W: 좀 더 말해 주시겠어요?

B: 네. 별무늬가 있어요.

Listen and Talk A-4

W: Do you _____ _____?

B: Yes. _____ _____ _____ my cat.

W: What does it look like?

B: Well, she's not very big and she _____ _____ _____.

W: Can you tell me more? Is there _____ _____ about her?

B: She has a short tail.

교과서 66쪽

W: 도움이 필요하신가요?

B: 네. 제 고양이를 찾고 있어요.

W: 그 고양이는 어떻게 생겼나요?

B: 음, 그렇게 크지는 않고 털이 검은색이에요.

W: 좀 더 말해 주시겠어요? 특별한 점이 있나요?

B: 꼬리가 짧아요.

Listen and Talk C

M: May I help you?

G: Yes. I'm _____ _____ _____ _____. His name is Prince.

M: _____ _____ he _____ _____?

G: He's very small and has _____ _____ _____.

M: Can you _____ _____ _____?

G: Well, he has a really long tail.

M: I see. And _____ _____ _____. Where did you lose him?

G: I lost him near the _____ _____.

M: OK. I'll go and _____ _____ _____. Can you please wait here?

G: Sure. Thanks a lot.

Talk and Play

A: What does Amy _____ _____?

B: She's tall and has long brown hair.

A: _____ _____ _____ _____ _____?

B: She's _____ short navy _____.

A: I found her!

Review-1

G: Hi. I think I _____ _____ _____.

M: _____ _____ it look like?

G: It's a _____ _____ _____.

M: Can you tell me _____?

G: It has a white _____ _____ _____ it.

Review-2

B: Excuse me. I'm _____ _____ my cat.

W: _____ _____ _____ look like?

B: It's small and white.

W: Can you _____ _____ more?

B: It's wearing a T-shirt.

 해석

Answers p. 20

교과서 67쪽

M: 도와드릴까요?

G: 네. 제 개를 찾고 있어요. 이름은 Prince 예요.

M: 그 개는 어떻게 생겼나요?

G: 매우 작고 털이 짧고 흰색이에요.

M: 좀 더 말해 주시겠어요?

G: 음, 꼬리가 정말 길어요.

M: 알겠습니다. 그리고 한 가지 더요. 어디서 그 개를 잃어버리셨나요?

G: 정문 근처에서 잃어버렸어요.

M: 알겠어요. 가서 안내 방송을 하겠습니다. 여기에서 기다려 주시겠어요?

G: 네. 정말 감사합니다.

교과서 68쪽

A: Amy는 어떻게 생겼니?

B: 그녀는 키가 크고 머리는 길고 갈색이야.

A: 좀 더 말해 주겠니?

B: 그녀는 남색 반바지를 입고 있어.

A: 찾았어!

교과서 80쪽

G: 안녕하세요. 제 우산을 잃어버린 것 같아요.

M: 그것은 어떻게 생겼나요?

G: 큰 남색 우산이에요.

M: 좀 더 말해 주시겠어요?

G: 흰색 꽃무늬가 있어요.

교과서 80쪽

B: 실례합니다. 제 고양이를 찾고 있어요.

W: 고양이가 어떻게 생겼나요?

B: 작고 흰색이에요.

W: 좀 더 말해 주시겠어요?

B: 티셔츠를 입고 있어요.

대화 순서 배열하기

1 Listen and Talk A-1

교과서 66쪽

ⓐ What does it look like?
ⓑ Can you tell me more about it?
ⓒ OK. I'll go and check.
ⓓ Excuse me. I'm looking for my scarf.
ⓔ Well, it's grey.
ⓕ It's a long cotton scarf.

(　　) – (　　) – ⓕ – (　　) – (　　) – (　　)

2 Listen and Talk A-2

교과서 66쪽

ⓐ OK. What does it look like?
ⓑ May I help you?
ⓒ Let me think. Oh, it has two pockets outside.
ⓓ It's small and yellow.
ⓔ What else? Tell me more about it.
ⓕ Yes. I lost my bag. I think I left it in the restroom.

(　　) – (　　) – (　　) – ⓓ – (　　) – (　　)

3 Listen and Talk A-3

교과서 66쪽

ⓐ Can you tell me more?
ⓑ Do you need help?
ⓒ Yes. It has a star pattern on it.
ⓓ What does it look like?
ⓔ It's long and navy.
ⓕ Yes. I lost my umbrella.

(　　) – (　　) – (　　) – ⓔ – (　　) – (　　)

4 Listen and Talk A-4

교과서 66쪽

ⓐ What does it look like?
ⓑ Can you tell me more? Is there anything special about her?
ⓒ Yes. I'm looking for my cat.
ⓓ Well, she's not very big and she has black hair.
ⓔ Do you need help?
ⓕ She has a short tail.

(　　) – (　　) – (　　) – (　　) – (　　) – ⓕ

5 Listen and Talk C

교과서 67쪽

A: May I help you?
ⓐ Well, he has a really long tail.
ⓑ I lost him near the main gate.
ⓒ I see. And one more thing. Where did you lose him?
ⓓ What does he look like?
ⓔ Yes. I'm looking for my dog. His name is Prince.
ⓕ Can you tell me more?
ⓖ OK. I'll go and make an announcement. Can you please wait here?
ⓗ Sure. Thanks a lot.
ⓘ He's very small and has short white hair.

A – (   ) – (   ) – ⓘ – (   ) – (   ) – (   ) – ⓑ – (   ) – ⓗ

6 Talk and Play

교과서 68쪽

ⓐ I found her!
ⓑ Can you tell me more?
ⓒ She's tall and has long brown hair.
ⓓ What does Amy look like?
ⓔ She's wearing short navy pants.

(   ) – (   ) – (   ) – ⓔ – (   )

7 Review-1

교과서 80쪽

ⓐ What does it look like?
ⓑ Can you tell me more?
ⓒ It's a big navy umbrella.
ⓓ It has a white flower pattern on it.
ⓔ Hi. I think I lost my umbrella.

(   ) – (   ) – (   ) – (   ) – ⓓ

8 Review-2

교과서 80쪽

ⓐ What does it look like?
ⓑ Can you tell me more?
ⓒ It's small and white.
ⓓ It's wearing a T-shirt.
ⓔ Excuse me. I'm looking for my cat.

(   ) – (   ) – (   ) – (   ) – ⓓ

01 다음 대화의 빈칸에 들어갈 말로 알맞은 것은?

> A: _____
> B: He's very small and has short white hair.

① How old is your dog?
② Have you ever had a dog?
③ Where did you lose your dog?
④ What does your dog look like?
⑤ How often do you walk your dog?

02 다음 대화의 빈칸에 들어갈 말이 순서대로 바르게 짝지어진 것은?

> A: _____ does Amy look like?
> B: She's tall and has long blonde hair.
> A: Can you _____ me more?
> B: She's wearing short navy pants.

① How – help
② Who – tell
③ What – help
④ What – tell
⑤ Where – tell

03 다음 중 짝지어진 대화가 <u>어색한</u> 것은?

① A: Do you need help?
　 B: Yes. I'm looking for my doll.
② A: Excuse me. I lost my scarf.
　 B: What does it look like?
③ A: Can you tell me more about your cap?
　 B: I found your cap.
④ A: What does your cat look like?
　 B: It's very big and has grey hair.
⑤ A: Is there anything special about your bag?
　 B: It has a flower pattern on it.

04 자연스러운 대화가 되도록 (A)~(D)를 바르게 배열한 것은?

> (A) It's a long cotton scarf.
> (B) Excuse me. I'm looking for my scarf.
> (C) What does it look like?
> (D) Can you tell me more about it?
> A: Well, it's grey.

① (B) – (A) – (C) – (D)
② (B) – (C) – (A) – (D)
③ (C) – (A) – (D) – (B)
④ (C) – (D) – (B) – (A)
⑤ (D) – (B) – (A) – (C)

[05~06] 다음 대화를 읽고, 물음에 답하시오.

> A: Do you need help?
> B: Yes. I'm looking for ⓐmy cat.
> A: What does it look like?
> B: Well, she's not very big and she has black hair.
> A: _____ ⓑ _____
> B: She has a short tail.

05 위 대화의 밑줄 친 ⓐmy cat에 대한 내용으로 알맞은 것은?

① 크기가 매우 크다.
② 털이 검은색이다.
③ 눈이 파란색이다.
④ 수컷이다.
⑤ 꼬리가 길다.

06 위 대화의 빈칸 ⓑ에 들어갈 말로 알맞지 <u>않은</u> 것은?

① What else?
② Can you tell me more?
③ Tell me more about your cat.
④ Is there anything special about her?
⑤ Which do you like more, dogs or cats?

07 다음 대화의 밑줄 친 ①~⑤ 중 흐름상 어색한 것은?

> A: ①May I help you?
> B: Yes. I lost my umbrella. ②I think I left it in the restroom.
> A: OK. ③When did you lose it?
> B: It's long and navy.
> A: ④What else? Can you tell me more?
> B: Let me think. ⑤Oh, it has a star pattern on it.

[08~09] 다음 대화를 읽고, 물음에 답하시오.

> **Man:** May I help you?
> **Girl:** Yes. I'm looking for my dog. His name is Prince.
> **Man:** What does he look like? (①)
> **Girl:** He's very small and has short white hair. (②)
> **Man:** Can you tell me more? (③)
> **Girl:** Well, he has a really long tail.
> **Man:** I see. And one more thing. (④)
> **Girl:** I lost him near the main gate.
> **Man:** OK. I'll go and make an announcement. Can you please wait here? (⑤)
> **Girl:** Sure. Thanks a lot.

08 위 대화의 ①~⑤ 중 주어진 문장이 들어갈 위치로 알맞은 것은?

> Where did you lose him?

①   ②   ③   ④   ⑤

09 위 대화의 내용과 일치하지 <u>않는</u> 것은?

① The girl's dog is missing.
② The name of the dog is Prince.
③ The dog is small and has a short white tail.
④ The dog was lost near the main gate.
⑤ The man is going to make an announcement to find the dog.

10 다음 그림을 보고, 주어진 정보를 사용하여 대화를 완성하시오.

> **Amy's bag**
> • **Size:** small
> • **Color:** yellow
> • **Anything Special:** two pockets outside

> A: Amy, what does your bag look like?
> B: It's _____ and _____.
> A: Tell me more about it.
> B: It _____ _____ _____ _____.

11 다음 대화의 빈칸에 알맞은 말을 괄호 안의 단어들을 사용하여 쓰시오.

> A: Excuse me. I'm looking for my wallet.
> B: OK. (1) _____?
>   (what, look)
> A: It's small and red.
> B: (2) _____?
>   (can, more, about)
> A: There is a credit card in it.

12 다음 대화의 내용과 일치하도록 요약문을 완성하시오.

> **Boy:** Excuse me. I'm looking for my cat.
> **Woman:** What does it look like?
> **Boy:** It's small and white.
> **Woman:** Is there anything special about it?
> **Boy:** It's wearing a T-shirt.

↓

> The boy wants to find his _____. It is small and _____ _____ hair. It's also wearing a _____.

STEP A

1 주격 관계대명사

읽기 본문 Scientists [**who** were studying crows] did an experiment.
앞의 명사(선행사) 수식

까마귀를 연구하고 있던 과학자들이 실험을 하나 했다.

대표 예문 I want to have a robot [**which/that** can talk].

나는 말할 수 있는 로봇을 가지고 싶다.

The girl [**who/that** is standing next to him] is my sister.

그의 옆에 서 있는 소녀는 내 여동생이다.

Mike has a brother [**who/that** plays the guitar very well].

Mike에게는 기타를 매우 잘 연주하는 남동생이 있다.

This is a great story [**which/that** gave hope to many people].

이것은 많은 사람들에게 희망을 준 멋진 이야기이다.

(1) 주격 관계대명사의 쓰임

앞에 있는 명사(선행사)를 수식하는 절을 관계대명사절이라고 하며, 관계대명사절을 이끄는 who, which, that 등을 관계대명사라고 한다. 관계대명사는 선행사와 같은 대상을 나타내며, 관계대명사절에서 주어 역할을 할 경우 주격 관계대명사라고 한다.

Do you know the girl [**who** is standing over there]?
　　　　　선행사
(저쪽에 서 있는 소녀를 아니?)

시험 포인트 ❶ **point**

관계대명사절에서 주격 관계대명사는 주어가 빠진 불완전한 절을 이끄는 것에 유의한다.

(2) 주격 관계대명사의 종류

선행사가 사람일 때는 who나 that을, 사물이나 동물일 때는 which나 that을 쓴다.

The boy **who**(**that**) is walking a dog is my brother.

(개를 산책시키고 있는 소년은 내 남동생이다.)

I bought a backpack **which**(**that**) has a big pocket.

(나는 큰 주머니가 있는 배낭을 샀다.)

시험 포인트 ❷ **point**

관계대명사의 종류를 구별하여 묻는 문제가 자주 출제되므로 선행사가 무엇인지 파악하여 적절한 관계대명사를 사용할 수 있도록 한다.

> 한 단계 더!
>
> 선행사가 「사람+사물/동물」일 경우에는 주로 관계대명사 that을 쓴다.
>
> Look at the woman and the cat **that** are riding a bike.
>
> (자전거를 타고 있는 여자와 고양이를 봐.)

시험 포인트 ❸ **point**

주격 관계대명사절의 동사는 선행사의 인칭과 수에 일치시킨다.

I know the man who **is** working in the garden.
(나는 정원에서 일하고 있는 그 남자를 안다.)

I know the people who **are** working in the garden.
(나는 정원에서 일하고 있는 그 사람들을 안다.)

QUICK CHECK

1 다음 괄호 안에서 알맞은 것을 고르시오.

(1) Look at the star (who / which) is shining in the sky.

(2) A cat (that / who) has a long tail is climbing up the stairs.

(3) She teaches the students (who / which) are good at math.

2 다음 빈칸에 관계대명사 who 또는 which를 쓰시오.

(1) Tom is a boy ＿＿＿＿＿＿ has big blue eyes.

(2) She works for a company ＿＿＿＿＿＿ makes airplanes.

(3) There are some birds ＿＿＿＿＿＿ are sitting on the tree.

2 접속사 if

읽기 본문	**If** you think this bird is special, you are wrong.	만약 이 새가 특별하다고 생각한다면, 당신은 틀렸다.
(만약) ~라면, ~한다면		
대표 예문	**If** it rains tomorrow, the picnic will be held inside.	내일 비가 온다면, 소풍은 실내에서 열릴 것이다.
	They can catch the train **if** they leave now.	그들이 지금 떠난다면, 그들은 기차를 탈 수 있다.
	Your parents should visit the Louvre Museum **if** they go to Paris.	당신의 부모님이 파리에 가신다면, 그분들은 루브르 박물관을 방문하셔야 한다.
	If you see my sister, please give her this book.	내 여동생을 보면 그 애에게 이 책을 좀 주렴.

(1) if절의 형태: if+주어+동사

(2) 쓰임: 접속사 if는 '(만약) ~라면, ~한다면'이라는 뜻으로 조건을 나타내는 부사절을 이끌며, if 뒤에는 「주어+동사」가 이어진다. if절은 주절의 앞이나 뒤에 올 수 있다.

If you hurry, you won't be late for school. (서두르면 너는 학교에 늦지 않을 것이다.)
You should practice hard **if** you want to win the contest.
(대회에서 우승하고 싶다면 너는 열심히 연습해야 한다.)

(3) if절의 시제: 조건을 나타내는 if절에서는 미래 상황을 현재 시제로 나타낸다.

They will stay at home **if** it <u>rains</u> tomorrow.
(내일 비가 오면 그들은 집에 머무를 것이다.)

If Dad <u>comes</u> home early this evening, we will eat out.
(아빠가 오늘 저녁에 일찍 오시면 우리는 외식할 것이다.)

> **시험 포인트 ❶** **point**
> 시간, 이유, 양보 등을 나타내는 부사절을 이끄는 접속사와 구별하는 문제가 주로 출제되므로, 부사절과 주절과의 의미 관계를 파악하도록 한다.
> • 시간: when(~할 때), before(~ 전에) 등
> • 이유: because(~ 때문에), since(~ 때문에) 등
> • 양보: although(~일지라도), even if(비록 ~이지만) 등

> **시험 포인트 ❷** **point**
> 조건을 나타내는 if절에서는 현재 시제로 미래의 의미를 나타내는 것에 유의한다.

한 단계 더!

unless는 '(만약) ~하지 않는다면'이라는 뜻의 접속사로, if ~ not으로 바꿔 쓸 수 있다.

I can't let you in **unless** you have a ticket.
= I can't let you in **if** you **don't** have a ticket.
(표가 없으면 저는 당신을 들여보낼 수 없습니다.)

QUICK CHECK

1 다음 괄호 안에서 알맞은 것을 고르시오.

(1) You should get some rest (if / although) you are tired.

(2) (Even if / If) you see Tom, please give him this umbrella.

(3) You will feel cold (if / unless) you wear a warm jacket.

2 주어진 문장에 이어질 말을 바르게 연결하시오.

(1) We should practice hard • • ⓐ if you don't eat breakfast.

(2) Jane won't get there on time • • ⓑ if she doesn't leave now.

(3) You will get hungry during class • • ⓒ if we want to win the game.

G Grammar
연습 문제

1 주격 관계대명사

A 다음 빈칸에 알맞은 관계대명사를 쓰시오.

1 I have a friend _____ is from France.

2 Look at the woman _____ has three dogs.

3 The man showed us a bird _____ could talk.

4 Do you know the store _____ sells recycled bags?

5 The novel _____ was written by Tom was touching.

B 다음 문장에서 어법상 **틀린** 부분을 찾아 바르게 고쳐 쓰시오.

1 He is a chef which cooks Italian food well. _____ → _____

2 An elephant is an animal which have a long nose. _____ → _____

3 We are preparing a party who will surprise Mike. _____ → _____

4 The bus that go to the airport runs every half hour. _____ → _____

C 다음 두 문장을 알맞은 관계대명사를 사용하여 한 문장으로 쓰시오.

1 Mike has a cat. It has short white hair.
→ _____

2 Ann has a brother. He can play the guitar well.
→ _____

3 My teacher chose the book. It was written in English.
→ _____

4 The woman is my mother. She is talking on the phone.
→ _____

D 주어진 우리말과 의미가 같도록 괄호 안의 표현들을 바르게 배열하여 문장을 완성하시오.

1 나는 옆집에 사는 소년을 좋아한다. (next door, who, lives, the boy)
→ I like _____ .

2 이것들은 피카소에 의해 그려진 그림들이다. (Picasso, by, were painted, which)
→ These are the pictures _____ .

3 저쪽에서 달리고 있는 남자와 개들을 봐. (that, over there, the man and his dogs, are running)
→ Look at _____

2 접속사 if

A 다음 괄호 안에서 알맞은 것을 고르시오.

1 They can catch the bus (if / until) they leave now.

2 Call me anytime (because / if) you have any problems.

3 If it (will rain / rains) tomorrow, the picnic will be canceled.

4 Unless you (go / don't go) to bed now, you'll be tired tomorrow.

5 You should visit the Louvre Museum (if / although) you go to Paris.

B 다음 빈칸에 알맞은 말을 [보기]에서 골라 문장을 완성하시오.

| [보기] • you should have the steak | • we will go to the beach |
| • her parents will get angry | • they won't get good grades |

1 If she comes home late, _____.

2 If the weather is nice, _____.

3 If they don't study hard, _____.

4 If you visit the restaurant, _____.

C 다음 두 문장을 접속사 if를 사용하여 한 문장으로 바꿔 쓰시오. (단, 주어진 문장 순서대로 쓸 것)

1 You need a pen. You can use mine.   → _____

2 He isn't busy. He will come to the party. → _____

3 We will go to the park. It stops raining. → _____

4 I won't go to the party. I don't feel well. → _____

D 주어진 우리말과 의미가 같도록 괄호 안의 표현들을 사용하여 문장을 완성하시오. (단, 필요시 형태를 바꿀 것)

1 질문이 있으면 손을 들어라. (raise your hand, have any questions)

→ If you _____.

2 학교가 일찍 끝나면, 나는 영화 보러 갈 거야. (end early, go to the movies)

→ If school _____.

3 버스가 제시간에 온다면 우리는 8시 전에 도착할 것이다. (come on time, arrive before 8)

→ If the bus _____.

STEP A

01 다음 밑줄 친 부분과 바꿔 쓸 수 있는 것은?

> I want to have a robot that can talk.

① who ② what ③ whose
④ whom ⑤ which

02 다음 빈칸에 들어갈 말로 알맞은 것은?

> We can catch the train _____ we leave now.

① if ② but ③ that
④ before ⑤ unless

[03~04] 다음 우리말과 의미가 같도록 빈칸에 들어갈 알맞은 말을 고르시오.

03

> Mike에게는 피아노를 잘 치는 여동생이 있다.
> → Mike has a sister _____ plays the piano well.

① who ② which ③ what
④ whom ⑤ whose

04

> 네가 최선을 다한다면 시험에 합격할 거야.
> → You will pass the exam _____ you do your best.

① that ② unless ③ if
④ before ⑤ because

05 다음 괄호 안에 들어갈 동사 rain의 형태로 알맞은 것은?

> If it _____ this weekend, the camping trip will be canceled.

① rain ② rains ③ rained
④ will rain ⑤ raining

06 다음 빈칸에 공통으로 들어갈 말로 알맞은 것은?

> • I like stories _____ have happy endings.
> • Alice is my classmate _____ lives next door.

① who ② what ③ that
④ when ⑤ which

고/난도
07 다음 중 빈칸에 If가 들어갈 수 없는 것은?

① _____ the hat is expensive, I won't buy it.
② _____ it is sunny tomorrow, we'll go hiking.
③ _____ you take a warm bath, you will feel better.
④ _____ I tried my best, I couldn't win the contest.
⑤ _____ you don't know the password, you can't read your email.

08 다음 빈칸에 들어갈 말로 알맞은 것을 <u>모두</u> 고르시오.

> The songs _____ were sung by the boy band are popular all around the world.

① who   ② what   ③ which
④ that   ⑤ whose

09 다음 밑줄 친 ①~⑤ 중 어법상 <u>틀린</u> 것은?

> ①If school ②will finish ③early today, I ④will go to an amusement park ⑤with my friends.

10 다음 빈칸에 들어갈 말이 순서대로 바르게 짝지어진 것은?

> • The girl who _____ wearing red shorts is my sister.
> • I want to live in a house which _____ a big garden.

① is – has   ② is – have   ③ are – has
④ are – have   ⑤ were – have

한 단계 | 더!

11 다음 두 문장의 의미가 같도록 할 때 빈칸에 들어갈 말로 알맞은 것은?

> Unless you wear a warm coat, you will catch a cold.
> = _____, you will catch a cold.

① If you wear a warm coat
② When you wear a warm coat
③ If you don't wear a warm coat
④ As you don't wear a warm coat
⑤ Because you wear a warm coat

12 다음 우리말을 영어로 바르게 옮긴 것은?

> 질문이 있으면 언제라도 내게 전화해.

① If you have a question, call me anytime.
② If you call me anytime, you have a question.
③ If you won't have a question, call me anytime.
④ If you don't have a question, call me anytime.
⑤ If you don't call me anytime, you have a question.

[13~14] 다음 두 문장을 한 문장으로 바꿔 쓸 때 빈칸에 들어갈 알맞은 말을 고르시오.

13
> That boy is Junho. He is watering the plants.
> → That boy _____ is Junho.

① is watering the plants
② who is watering the plants
③ that are watering the plants
④ which is watering the plants
⑤ which are watering the plants

14
> Tina has two puppies. They are three months old.
> → Tina has two puppies _____.

① are three months old
② who is three months old
③ that are three months old
④ which is three months old
⑤ three months old who they are

고난도

15 다음 우리말과 의미가 같도록 괄호 안의 단어들을 배열할 때, 5번째로 오는 단어는?

> 이것은 많은 사람들에게 희망을 준 이야기이다.
> (is, gave, many, hope, to, a, people, that, story, this)

① is   ② hope   ③ gave
④ that   ⑤ people

16 다음 중 어법상 <u>틀린</u> 문장은?

① If you hurry, you can catch the first train.
② A hippo is an animal that has a big mouth.
③ I liked the pizza which it was made by Mom.
④ Look at the musicians who are singing on the street.
⑤ If you invite Kate and Jim, they will come to your party.

고난도 한 단계 | 더!

17 다음 중 어법상 올바른 문장의 개수는?

> ⓐ I have a friend which is from Kenya.
> ⓑ Unless you tell the truth, he will get angry at you.
> ⓒ I saw a girl and a dog that were running together.
> ⓓ Do you know the man who is standing at the main gate?
> ⓔ If the weather will be fine this Saturday, we'll ride bikes.

① 1개   ② 2개   ③ 3개   ④ 4개   ⑤ 5개

서술형

18 다음 두 문장을 한 문장으로 바꿔 쓸 때 빈칸에 알맞은 말을 쓰시오.

> I went to the shopping mall. It was far from my house.
> → I went to the shopping mall _____ was far from my house.

한 단계 | 더!

19 다음 두 문장의 의미가 같도록 빈칸에 알맞은 말을 쓰시오.

> If you don't practice hard, you won't be able to win the race.
> = _____ you _____ hard, you won't be able to win the race.

20 다음 밑줄 친 ⓐ~ⓔ 중 어법상 <u>틀린</u> 것을 찾아 기호를 쓰고 바르게 고쳐 쓰시오.

> This ⓐ<u>is</u> a restaurant ⓑ<u>which</u> ⓒ<u>are</u> famous ⓓ<u>for</u> its traditional Korean ⓔ<u>food</u>.

(   ) → _____

21 괄호 안의 단어를 사용하여 내일 날씨에 따른 Kate의 계획을 나타내는 문장을 완성하시오.

(1) If _____ tomorrow, Kate will go on a picnic. (sunny)

(2) If _____ tomorrow, Kate will go to the museum. (rain)

22 다음 그림을 보고, [조건]에 맞게 각 대상의 동작을 묘사하는 문장을 완성하시오.

> [조건] 1. 괄호 안의 표현과 관계대명사를 사용할 것
> 2. 현재진행형을 사용할 것

(1) There are two boys _____ .
(play soccer)

(2) There is a girl _____ .
(ride a bike)

(3) There is a cat _____ .
(sleep on the bench)

23 다음 [A]와 [B]에서 의미상 어울리는 표현을 하나씩 골라 [예시]와 같이 한 문장으로 쓰시오.

> **A** · ~~you feel cold~~
> · you take a taxi
> · you don't study hard
> · you eat too much junk food

> **B** · ~~close the window~~
> · you can't stay healthy
> · you will fail the exam
> · you won't be late for the movie

[예시] If you feel cold, close the window.

(1) _____
(2) _____
(3) _____

24 다음 두 문장을 관계대명사 **who**나 **which**를 사용하여 [예시]와 같이 한 문장으로 쓰시오.

> [예시] Jenny has a cat. It has a long tail.
> → Jenny has a cat which has a long tail.

(1) I bought a backpack. It has two big pockets.
→ _____

(2) I have a friend. She can speak English and Chinese.
→ _____

(3) Look at those dogs. They are playing with the girl.
→ _____

(4) The man was kind. He showed me the way to the park.
→ _____

고
난도
25 다음 우리말과 의미가 같도록 괄호 안의 표현들을 사용하여 문장을 쓰시오. (단, 필요시 형태를 바꿀 것)

(1) 네가 이 옷을 입으면 더 날씬해 보일 거야.
(wear this dress, look slimmer)
→ _____

(2) 그가 거짓말을 한다면 그의 부모님이 화를 내실 거야.
(tell a lie, get angry)
→ _____

(3) 그는 이탈리아에서 만들어진 시계를 샀다.
(buy a watch, made in Italy)
→ _____

(4) 너는 연설을 하고 있는 저 소년을 아니?
(know, make a speech)
→ _____

주요 문장

STEP A

도구를 사용하는 동물들

01 사람들은 한때 인간만이 도구를 사용할 수 있다고 생각했다.

02 이제는 과학자들이 많은 동물들 역시 도구를 사용할 수 있다는 것을 알아내고 있다.

마카크 원숭이

03 만약 여러분이 태국 롭부리의 불교 사원에 간다면, 마카크 원숭이를 조심해라.

04 그 원숭이들이 여러분에게 다가와 여러분의 머리카락을 뽑을 수도 있다.

05 그들은 이빨을 치실질하기 위해서 사람의 머리카락을 사용한다.

06 운이 좋으면 여러분은 새끼들에게 치실질을 가르치고 있는 암컷 원숭이들을 볼 수 있을지도 모른다.

07 새끼들이 지켜보고 있는 동안, 암컷 원숭이들은 아주 천천히 자신의 이빨을 치실질한다.

08 이렇게 해서, 새끼 원숭이들은 치실질하는 것을 배운다.

문어

09 사람들은 대개 문어가 영리하다고 생각하지 않는다.

10 하지만, 문어는 매우 영리하고 또한 도구를 사용할 수 있다.

Animals That Use Tools

01 People once thought that only humans can use tools.
부 (과거의) 한때   목적어로 쓰인 명사절을 이끄는 접속사

많은 (= a lot of, lots of)
02 Now, scientists are finding out that many animals can also use tools.
명사절을 이끄는 접속사 └셀 수 있는 명사

Macaque Monkeys

┌ (만약) ~라면, ~한다면 (조건을 나타내는 부사절을 이끄는 접속사)
03 If you go to a Buddhist temple in Lop Buri, Thailand, watch out for the
조건의 부사절에서는 미래 상황을 현재 시제로 나타냄
Macaque monkeys.

~일지도 모른다 (추측을 나타내는 조동사)
04 They may come to you and pull out your hair.
└ = Macaque monkeys └─and로 연결된 병렬 구조─┘

05 They use human hair to floss their teeth.
= Macaque monkeys   치실질하기 위해서 (to부정사의 부사적 용법 (목적))

관계대명사절 (선행사 수식)
06 If you are lucky, you may see female monkeys [that are teaching flossing
접 (만약) ~라면, ~한다면   선행사   주격 관계대명사 (= which)
to their babies].

07 While the babies are watching, the female monkeys floss their teeth
접 ~하는 동안에
very slowly.

08 This way, the baby monkeys learn to floss.
앞 문장 전체를 가리킴

Octopuses

09 People don't usually think that octopuses are smart.
목적어로 쓰인 명사절을 이끄는 접속사 (생략 가능)

┌ 앞서 나온 내용과 상반되는 내용 연결
10 However, octopuses are very smart, and they can also use tools.
그러나, 하지만   = octopuses

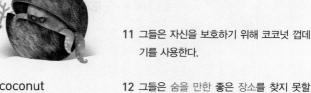

11 They use coconut shells for protection.
　= Octopuses
　명 보호
　전 ~을 위해 (목적·용도)
　= octopuses

11 그들은 자신을 보호하기 위해 코코넛 껍데기를 사용한다.

12 When they can't find a good hiding place, they hide under coconut shells.
　접 ~할 때
　동 숨다 전 ~ 아래에

12 그들은 숨을 만한 좋은 장소를 찾지 못할 때 코코넛 껍데기 아래에 숨는다.

13 Some octopuses even store coconut shells for later use.
　(특정한 수·종류 중에서) 일부의, 어떤
　동 저장하다, 보관하다
　부 심지어 ~도, ~조차
　전 ~을 위해 (목적·용도)
　형 나중의
　명사 수식

13 어떤 문어들은 심지어 나중에 사용할 용도로 코코넛 껍데기를 모아 둔다.

14 They pile the coconut shells and carry them to use later.
　= Octopuses
　and로 연결된 병렬 구조
　(they are)
　= the coconut shells
　부 나중에
　사용하기 위해서
　(to부정사의 부사적 용법 (목적))

14 그들은 나중에 사용하기 위해 코코넛 껍데기를 쌓아서 가지고 다닌다.

15 How smart!
　감탄문: 「How+형용사(+주어+동사)!」
　= 「What (a(an))+형용사+명사(+주어+동사)!」

15 이 얼마나 똑똑한가!

Crows

까마귀

16 In Aesop's fable *The Thirsty Crow*, a crow drops stones into a jar to raise the level of water.
　동격
　drop A into B: A를 B에 떨어뜨리다
　~을 높이기 위해
　(to부정사의 부사적 용법 (목적))
　명 높이

16 이솝 우화 '목마른 까마귀'에서, 까마귀는 물의 높이를 높이기 위해 항아리 안으로 돌을 떨어뜨린다.

17 You may think this is just a story, but it is not.
　(that)
　(just a story)
　=

17 이것이 그저 이야기라고 생각할 수도 있지만, 그렇지 않다.

18 Scientists [who were studying crows] did an experiment.
　주어(선행사)
　선행사와 수 일치
　주격 관계대명사절
　동사

18 까마귀를 연구하고 있던 과학자들이 실험을 하나 했다.

19 They put a jar with water in front of a crow.
　= Scientists
　~ 앞에

19 그들은 까마귀 한 마리 앞에 물이 든 항아리를 놓았다.

20 A worm was floating on top of the water.
　동 떠다니다

20 물 위에는 벌레 한 마리가 떠 있었다.

21 However, the water level was low, so the crow could not eat the worm.
　그러나, 하지만
　명 높이
　↔ high
　접 그래서 (앞뒤 문장의 인과 관계를 나타냄)

21 하지만 물 높이가 낮아서 그 까마귀는 그 벌레를 먹을 수 없었다.

22 The crow solved the problem just as in the fable.
　앞 문장에 언급된 문제 (the water level ~ eat the worm)

22 그 까마귀는 바로 그 우화에서처럼 문제를 해결했다.

23 It dropped stones into the jar.
　= The crow

23 그 까마귀는 돌을 항아리 안으로 떨어뜨렸다.

24 If you think this bird is special, you are wrong.
　조건을 나타내는 접속사
　(that)
　↔ right

24 만약 이 새가 특별하다고 생각한다면, 당신은 틀렸다.

25 Scientists did the same experiment with other crows, and they all did the same, too.
　형 (그 밖의) 다른
　= other crows
　앞선 실험에서와 같이 돌을 항아리 안에 떨어뜨려 벌레를 먹었다는 뜻

25 과학자들은 다른 까마귀들에게도 똑같은 실험을 했고, 그 까마귀들도 모두 똑같이 행동했다.

• 주어진 우리말과 일치하도록 교과서 본문의 문장을 완성하시오.

01 People _____ thought _____ only humans can use tools.

01 사람들은 한때 인간만이 도구를 사용할 수 있다고 생각했다.

02 Now, scientists are _____ _____ that many animals can also use tools.

02 이제는 과학자들이 많은 동물들 역시 도구를 사용할 수 있다는 것을 알아내고 있다.

03 If you go to a Buddhist temple in Lop Buri, Thailand, _____ _____ _____ the Macaque monkeys.

03 만약 여러분이 태국 롭부리의 불교 사원에 간다면, 마카크 원숭이를 조심해라.

04 They _____ come to you and _____ _____ your hair.

04 그 원숭이들이 여러분에게 다가와 여러분의 머리카락을 뽑을 수도 있다.

05 They use _____ _____ to floss their teeth.

05 그들은 이빨을 치실질하기 위해서 사람의 머리카락을 사용한다.

06 _____ you are lucky, you may see female monkeys _____ are teaching flossing to their babies.

06 운이 좋으면 여러분은 새끼들에게 치실질을 가르치고 있는 암컷 원숭이들을 볼 수 있을지도 모른다.

07 _____ the babies are watching, the female monkeys _____ their _____ very slowly.

07 새끼들이 지켜보고 있는 동안, 암컷 원숭이들은 아주 천천히 자신의 이빨을 치실질한다.

08 _____ _____, the baby monkeys learn _____ _____.

08 이렇게 해서, 새끼 원숭이들은 치실질하는 것을 배운다.

09 People don't usually think _____ octopuses are _____.

09 사람들은 대개 문어가 영리하다고 생각하지 않는다.

10 _____, octopuses are very smart, and they can also use _____.

10 하지만, 문어는 매우 영리하고 또한 도구를 사용할 수 있다.

11 They use coconut shells _____ _____.

11 그들은 자신을 보호하기 위해 코코넛 껍데기를 사용한다.

12 When they can't find a good _____ _____, they _____ _____ coconut shells.

12 그들은 숨을 만한 좋은 장소를 찾지 못할 때 코코넛 껍데기 아래에 숨는다.

13 Some octopuses even _____ coconut shells for later _____.

13 어떤 문어들은 심지어 나중에 사용할 용도로 코코넛 껍데기를 모아 둔다.

14 They _____ the coconut shells and _____ them to use later.

14 그들은 나중에 사용하기 위해 코코넛 껍데기를 쌓아서 가지고 다닌다.

15 _____ smart!

15 이 얼마나 똑똑한가!

16 In Aesop's _____ The Thirsty Crow, a crow drops stones into a jar _____ _____ the _____ of water.

16 이솝 우화 '목마른 까마귀'에서, 까마귀는 물의 높이를 높이기 위해 항아리 안으로 돌을 떨어뜨린다.

17 You _____ think this is just a story, but it is not.

17 이것이 그저 이야기라고 생각할 수도 있지만, 그렇지 않다.

18 Scientists _____ _____ studying crows did an _____.

18 까마귀를 연구하고 있던 과학자들이 실험을 하나 했다.

19 They put a jar with water _____ _____ _____ a crow.

19 그들은 까마귀 한 마리 앞에 물이 든 항아리를 놓았다.

20 A worm was floating _____ _____ _____ the water.

20 물 위에는 벌레 한 마리가 떠 있었다.

21 However, the _____ _____ was _____, so the crow could not eat the worm.

21 하지만 물 높이가 낮아서 그 까마귀는 그 벌레를 먹을 수 없었다.

22 The crow _____ the _____ just as in the fable.

22 그 까마귀는 바로 그 우화에서처럼 문제를 해결했다.

23 It _____ stones _____ the jar.

23 그 까마귀는 돌을 항아리 안으로 떨어뜨렸다.

24 _____ you think this bird is special, you are _____.

24 만약 이 새가 특별하다고 생각한다면, 당신은 틀렸다.

25 Scientists did the same experiment with _____ _____, and they all did _____ _____, too.

25 과학자들은 다른 까마귀들에게도 똑같은 실험을 했고, 그 까마귀들도 모두 똑같이 행동했다.

STEP
A

01   People once thought (that / which) only humans can use tools.

02   Now, scientists are (finding / looking) out that many animals can also use tools.

03   If you go to a Buddhist temple in Lop Buri, Thailand, (watch / watch out) for the Macaque monkeys.

04   They may come to you and (pulling / pull) out your hair.

05   They use human hair (to floss / floss) their teeth.

06   (Although / If) you are lucky, you may see female monkeys that are teaching flossing to their babies.

07   While the babies are watching, the female monkeys floss their (tooths / teeth) very slowly.

08   This way, the baby monkeys learn (floss / to floss).

09   People don't usually think (what / that) octopuses are smart.

10   However, octopuses (are / is) very smart, and they can also use tools.

11   They use coconut shells (for / to) protection.

12   When they can't find a good (hide / hiding) place, they hide under coconut shells.

13   Some octopuses even store coconut shells for (lately / later) use.

14 They pile the coconut shells and (carry / carrying) them to use later.

15 (What / How) smart!

16 In Aesop's fable *The Thirsty Crow*, a crow drops stones into a jar (raises / to raise) the level of water.

17 You (may / may not) think this is just a story, but it is not.

18 Scientists (which / who) were studying crows did an experiment.

19 They put a jar with water in front (of / to) a crow.

20 A worm was floating on (top / bottom) of the water.

21 However, the water level was low, so the crow (must not / could not) eat the worm.

22 The crow (solved / caused) the problem just as in the fable.

23 It dropped stones (into / from) the jar.

24 If you think this bird is (special / specially), you are wrong.

25 Scientists did the same experiment with (others / other) crows, and they all did the same, too.

• 밑줄 친 부분이 내용이나 어법상 바르면 ○, 틀리면 ×에 동그라미하고 틀린 부분을 바르게 고쳐 쓰시오.

STEP A

01 People once thought that only humans can use tools.   ○ ×

02 Now, scientists are found out that many animals can also use tools.   ○ ×

03 If you go to a Buddhist temple in Lop Buri, Thailand, watch out of the Macaque monkeys. ○ ×

04 They may come to you and pull out your hair.   ○ ×

05 They use human hair floss their teeth.   ○ ×

06 If you are lucky, you may see female monkeys that are teaching flossing to their babies. ○ ×

07 During the babies are watching, the female monkeys floss their teeth very slowly.   ○ ×

08 This way, the baby monkeys learn to floss.   ○ ×

09 People don't usually think that octopuses are smart.   ○ ×

10 For example, octopuses are very smart, and they can also use tools.   ○ ×

11 They use coconut shells for protection.   ○ ×

12 When they can't find a good hiding place, they hiding under coconut shells.   ○ ×

13 Some octopuses even store coconut shells to later use.   ○ ×

14   They pile the coconut shells and carry them <u>to use</u> later.   ◯ | ✕

15   <u>How smart</u>!   ◯ | ✕

16   In Aesop's fable *The Thirsty Crow*, a crow drops stones into a jar <u>raised</u> the level of water.   ◯ | ✕

17   You <u>may think</u> this is just a story, but it is not.   ◯ | ✕

18   Scientists who <u>was</u> studying crows did an experiment.   ◯ | ✕

19   They put a jar with water <u>in front of</u> a crow.   ◯ | ✕

20   A worm <u>floating</u> on top of the water.   ◯ | ✕

21   However, the water level was low, <u>but</u> the crow could not eat the worm.   ◯ | ✕

22   The crow solved the problem just <u>as</u> in the fable.   ◯ | ✕

23   It <u>was dropped</u> stones into the jar.   ◯ | ✕

24   <u>If</u> you think this bird is special, you are wrong.   ◯ | ✕

25   Scientists did the same experiment with other crows, and they all <u>did the same</u>, too.   ◯ | ✕

Reading
배열로 문장 완성하기

01 사람들은 한때 인간만이 도구를 사용할 수 있다고 생각했다.
(that / can / once / people / use / only humans / thought / tools)
>

02 이제는 과학자들이 많은 동물들 역시 도구를 사용할 수 있다는 것을 알아내고 있다.
(can / that / many animals / now / also / scientists / finding out / use / are / tools)
>

03 만약 여러분이 태국 롭부리의 불교 사원에 간다면, 마카크 원숭이를 조심해라.
(a Buddhist temple / you / watch out for / the Macaque monkeys / go to / if / in Lop Buri, Thailand)
>

04 그 원숭이들이 여러분에게 다가와 여러분의 머리카락을 뽑을 수도 있다.
(may / pull out / come to / your hair / and / you / they)
>

05 그들은 이빨을 치실질하기 위해서 사람의 머리카락을 사용한다.
(their teeth / use / they / to floss / human hair)
>

06 운이 좋으면 여러분은 새끼들에게 치실질을 가르치고 있는 암컷 원숭이들을 볼 수 있을지도 모른다.
(female monkeys / you / if / may see / that / lucky / to their babies / you are / are teaching / flossing)
>

07 새끼들이 지켜보고 있는 동안, 암컷 원숭이들은 아주 천천히 자신의 이빨을 치실질한다.
(their teeth / while / are watching / floss / the female monkeys / the babies / very slowly)
>

08 이렇게 해서, 새끼 원숭이들은 치실질하는 것을 배운다.
(learn / this way / the baby monkeys / to floss)
>

09 사람들은 대개 문어가 영리하다고 생각하지 않는다.
(think / octopuses / usually / are smart / people / that / don't)
>

10 하지만, 문어는 매우 영리하고 또한 도구를 사용할 수 있다.
(very smart / can / however / octopuses / and / they / use tools / also / are)
>

11 그들은 자신을 보호하기 위해 코코넛 껍데기를 사용한다.
(coconut shells / use / for protection / they)
>

12 그들은 숨을 만한 좋은 장소를 찾지 못할 때 코코넛 껍데기 아래에 숨는다.
(they / can't / a good hiding place / they hide / coconut shells / when / under / find)
>

13 어떤 문어들은 심지어 나중에 사용할 용도로 코코넛 껍데기를 모아 둔다.
(store / even / for / octopuses / coconut shells / some / later use)
>

14 그들은 나중에 사용하기 위해 코코넛 껍데기를 쌓아서 가지고 다닌다.
(the coconut shells / use / they / them / and / to / later / pile / carry)
>

15 이 얼마나 똑똑한가! (smart / how)
>

16 이솝 우화 '목마른 까마귀'에서, 까마귀는 물의 높이를 높이기 위해 항아리 안으로 돌을 떨어뜨린다.
(drops / to raise / into a jar / water / the level of / in Aesop's fable / stones / *The Thirsty Crow* / a crow)
>

17 이것이 그저 이야기라고 생각할 수도 있지만, 그렇지 않다.
(but / may / a story / this is / it is not / you / just / think)
>

18 까마귀를 연구하고 있던 과학자들이 실험을 하나 했다.
(did / scientists / crows / were / an experiment / studying / who)
>

19 그들은 까마귀 한 마리 앞에 물이 든 항아리를 놓았다.
(water / they / in front of / with / put / a crow / a jar)
>

20 물 위에는 벌레 한 마리가 떠 있었다.
(on top of / a worm / the water / floating / was)
>

21 하지만, 물 높이가 낮았고, 그래서 그 까마귀는 그 벌레를 먹을 수 없었다.
(could not / low / eat / was / however / the worm / so / the water level / the crow)
>

22 그 까마귀는 바로 그 우화에서처럼 문제를 해결했다.
(solved / the crow / just / in the fable / as / the problem)
>

23 그 까마귀는 돌을 항아리 안으로 떨어뜨렸다.
(stones / the jar / into / dropped / it)
>

24 만약 이 새가 특별하다고 생각한다면, 당신은 틀렸다.
(you are / this bird / if / wrong / think / you / is / special)
>

25 과학자들은 다른 까마귀들에게도 똑같은 실험을 했고, 그 까마귀들도 모두 똑같이 행동했다.
(with / they all / did the same experiment / other crows / scientists / did / the same, too / and)
>

[01~02] 다음 글을 읽고, 물음에 답하시오.

> People once thought ___ⓐ___ only humans can use tools. Now, scientists are finding out ___ⓑ___ many animals can also use tools.

01 윗글의 빈칸 ⓐ와 ⓑ에 공통으로 들어갈 말로 알맞은 것은?

① if   ② that   ③ when
④ unless   ⑤ because

02 윗글의 뒤에 이어질 내용으로 가장 알맞은 것은?

① 인간과 동물의 차이점
② 멸종 위기에 처한 동물들
③ 과학 실험 대상인 동물들
④ 인간이 최초로 사용한 도구들
⑤ 인간처럼 도구를 사용하는 동물들

[03~07] 다음 글을 읽고, 물음에 답하시오.

> If you go to a Buddhist temple in Lop Buri, Thailand, watch out ___ⓐ___ the Macaque monkeys. They ①may come to you and pull ___ⓑ___ your hair. They use human hair ②floss their teeth. If you ③are lucky, you may see female monkeys (A)that are teaching flossing to their babies. ④While the babies are watching, the female monkeys floss ⑤their teeth very slowly. (B)This way, the baby monkeys learn to floss.

03 윗글의 빈칸 ⓐ와 ⓑ에 들어갈 말이 순서대로 바르게 짝지어진 것은?

① of – at   ② of – on   ③ for – out
④ for – at   ⑤ from – out

04 윗글의 밑줄 친 ①~⑤ 중 어법상 **틀린** 것은?

①   ②   ③   ④   ⑤

05 윗글의 밑줄 친 (A) that과 쓰임이 **다른** 것은?

① They think that Mike is honest.
② Sue has a cat that has short grey hair.
③ He is a writer that wrote many bestsellers.
④ I have a friend that can speak four languages.
⑤ Do you know the girl that is wearing glasses?

06 윗글의 밑줄 친 (B) This way가 의미하는 것은?

① 불교 사원에서 원숭이들을 구경하는 것
② 원숭이들이 사람들의 머리카락을 뽑는 것
③ 암컷 원숭이들이 새끼들에게 먹이를 주는 것
④ 새끼 원숭이들이 자신의 털로 치실질하는 것
⑤ 암컷 원숭이들이 새끼들이 보고 있을 때 천천히 치실질하는 것

고난도
07 윗글의 내용과 일치하지 **않는** 것은?

① You can see the Macaque monkeys at a Buddhist temple in Lop Buri.
② The Macaque monkeys never come near people.
③ The Macaque monkeys floss their teeth.
④ The Macaque monkeys use human hair as tools.
⑤ The baby monkeys learn to floss from their mothers.

[08~14] 다음 글을 읽고, 물음에 답하시오.

People don't usually think that octopuses are smart. ___(A)___, octopuses are very smart, and ⓐthey can also use tools. ⓑThey use coconut shells for protection. When ⓒthey can't find a good hiding place, ⓓthey hide under coconut shells. Some octopuses even (B)store coconut shells for later use. They pile the coconut shells and carry ⓔthem to use later. How ___(C)___!

08 윗글의 흐름상 빈칸 (A)에 들어갈 말로 알맞은 것은?

① In short
② Therefore
③ As a result
④ However
⑤ For example

09 윗글의 밑줄 친 ⓐ~ⓔ 중 가리키는 대상이 나머지와 다른 하나는?

① ⓐ
② ⓑ
③ ⓒ
④ ⓓ
⑤ ⓔ

10 윗글의 밑줄 친 (B)store와 의미가 같은 것은?

① They'll open a new store next month.
② Some animals store food for the winter.
③ The store closes at midnight on Fridays.
④ Is there a department store around here?
⑤ Tom goes to the grocery store every weekend.

11 다음 영영풀이에 해당하는 단어를 윗글에서 찾아 쓰시오.

to put a lot of things on top of each other

_____

12 윗글의 흐름상 빈칸 (C)에 들어갈 말로 알맞은 것은?

① smart
② foolish
③ exciting
④ delicious
⑤ dangerous

13 윗글의 내용과 일치하도록 할 때 빈칸에 들어갈 말로 알맞은 것은?

Q: How do octopuses use coconut shells?
A: They _____.

① sleep in coconut shells
② eat coconuts as a snack
③ store food in coconut shells
④ carry babies in coconut shells
⑤ hide under coconut shells for protection

14 윗글의 내용을 잘못 이해한 사람끼리 짝지어진 것은?

• 나은: 문어는 사람들이 일반적으로 생각하는 것과 달리 영리해.
• 성우: 문어는 코코넛을 먹고 난 후 껍데기를 도구로 사용해.
• 민주: 문어는 자신을 보호하기 위해 코코넛 껍데기를 사용해.
• 수호: 문어는 코코넛을 나중에 먹으려고 가지고 다니기도 해.

① 나은, 성우
② 나은, 민주
③ 나은, 수호
④ 성우, 수호
⑤ 민주, 수호

STEP
A

[15~20] 다음 글을 읽고, 물음에 답하시오.

In Aesop's fable *The Thirsty Crow*, a crow drops stones into a jar ____ⓐ____ the level of water. You may think this is just a(n) (A) story / experiment , but it is not. ⓑ까마귀를 연구하던 과학자들은 실험을 하나 했다. They put a jar with water in front of a crow. A worm was floating on top of the water. (B) Therefore / However , the water level was low, so the crow could not eat the worm. The crow solved the problem just as in the fable. It ____ⓒ____. If you think this bird is special, you are (C) wrong / right . Scientists did the same experiment with other crows, and they all did the same, too.

15 윗글의 빈칸 ⓐ에 들어갈 동사 raise의 어법상 올바른 형태로 알맞은 것은?

① raise   ② raises   ③ to raise
④ raised   ⑤ to raising

16 윗글의 (A)~(C)의 각 네모 안에 주어진 말 중 문맥상 알맞은 것끼리 짝지어진 것은?

	(A)	(B)	(C)
①	story	… Therefore	… right
②	story	… However	… wrong
③	story	… Therefore	… wrong
④	experiment	… However	… wrong
⑤	experiment	… Therefore	… right

17 윗글의 밑줄 친 우리말 ⓑ를 영어로 옮길 때, 빈칸에 들어갈 말로 알맞은 것은?

Scientists _____ did an experiment.

① who was studied crows
② that was studying crows
③ who were studying crows
④ which are studying crows
⑤ which were studied crows

18 윗글의 흐름상 빈칸 ⓒ에 들어갈 말로 알맞은 것은?

① broke the jar with a stone
② dropped stones into the jar
③ watched the worm in the jar
④ drank all the water in the jar
⑤ lowered the level of water

19 윗글을 읽고 답할 수 없는 질문은?

① What does the crow do in *The Thirsty Crow*?
② In the experiment, what was floating in the jar?
③ Why couldn't the crow eat the worm at the beginning of the experiment?
④ What did the other crows do in the same experiment?
⑤ How many crows were used in the same experiment?

20 윗글의 제목으로 가장 알맞은 것은?

① Crows Can Use Tools
② Interesting Facts about Worms
③ Life Lessons from Aesop's Fables
④ The Smartest Animal in the World
⑤ Easy Science Experiments for Kids

[21~22] 다음 글을 읽고, 물음에 답하시오.

ⓐIf you go to a Buddhist temple in Lop Buri, Thailand, watch out ⓑfor the Macaque monkeys. They may come to you and ⓒpulling out your hair. They use human hair ⓓto floss their teeth. If you are lucky, you may see female monkeys ⓔthat are teaching flossing to their babies. While the babies are watching, the female monkeys floss their teeth very slowly. This way, the baby monkeys learn to floss.

21 윗글의 밑줄 친 ⓐ~ⓔ 중 어법상 틀린 것을 찾아 기호를 쓰고 바르게 고쳐 쓰시오.

(   ) → _____

22 윗글의 내용과 일치하도록 다음 요약문을 완성하시오.

> Macaque monkeys floss their _____ with _____ _____. They learn to floss from their _____.

[23~24] 다음 글을 읽고, 물음에 답하시오.

People don't usually think that octopuses are smart. ⓐHowever, octopuses are very foolish, and they can also use tools. ⓑThey use coconut shells for protection. When they can't find a good hiding place, they hide under coconut shells. ⓒSome octopuses even store coconut shells for later use. They pile the coconut shells and carry them to use later. ⓓHow smart!

23 윗글의 밑줄 친 ⓐ~ⓓ 중 문맥상 어색한 것을 찾아 기호를 쓴 후, 어색한 부분을 바르게 고쳐 쓰시오.

(   ) _____ → _____

24 윗글의 내용과 일치하도록 주어진 질문에 완전한 영어 문장으로 답하시오.

(1) What do octopuses use as tools?

   → _____

(2) What do octopuses do when they can't find a good hiding place?

   → _____

^고/_{난도}
25 다음 글의 밑줄 친 ⓐ와 ⓑ가 각각 의미하는 내용을 우리말로 쓰시오.

In Aesop's fable *The Thirsty Crow*, a crow drops stones into a jar to raise the level of water. You may think this is just a story, but it is not. Scientists who were studying crows did an experiment. They put a jar with water in front of a crow. A worm was floating on top of the water. However, the water level was low, so the crow could not eat the worm. The crow solved ⓐthe problem just as in the fable. It dropped stones into the jar. If you think this bird is special, you are wrong. Scientists did the same experiment with other crows, and they all ⓑdid the same, too.

ⓐ _____

ⓑ _____

만점 노트

Listen and Talk D

교과서 67쪽

❶This is my dog, Coco. She's not big but her legs are very strong. Coco can ❷stand on two legs and ❸dance to music. I think she's a great dancer!

이 개는 내 개 Coco야. Coco는 몸집이 크진 않지만 다리가 매우 튼튼해. Coco는 두 다리로 서서 음악에 맞춰 춤을 출 수 있어. 나는 Coco가 춤을 무척 잘 춘다고 생각해!

❶ This is ~.는 상대방에게 어떤 대상을 소개할 때 사용하는 표현이다.
❷ stand on two legs: 두 다리로 서다
❸ dance to: ~에 맞춰 춤추다

Around the World

교과서 75쪽

- ❶The longest snake ever is Medusa. She is ❷7.67 meters long.
- Alley ❸recorded the longest jump by a cat. Her ❹record was 1.83 meters.
- The oldest pig ever is Ernestine. He lived for 22 years and 359 days.

- 몸 길이가 역대 가장 긴 뱀은 Medusa이다. 그 뱀은 길이가 7.67미터이다.
- Alley는 가장 멀리 뛰는 고양이로 기록을 세웠다. 그 고양이의 기록은 1.83미터였다.
- 역대 가장 오래 산 돼지는 Ernestine이다. 그 돼지는 22년 359일을 살았다.

❶ longest는 long의 최상급 표현으로, 최상급 앞에는 the를 붙인다.
❷ 「숫자+길이의 단위+long」: 길이가 ~인
❸ 이 문장에서는 '~을 기록했다'라는 의미의 동사로 쓰였다.
❹ 명 (운동 경기 등의) 최고 기록

Language in Use B

교과서 77쪽

❶If I sell some milk, I can buy a chicken. If I sell the eggs, I can ❷make money. If I make enough money, I can buy new clothes.

내가 우유를 좀 팔면, 나는 닭을 한 마리 살 수 있어. 내가 달걀을 팔면, 나는 돈을 벌 수 있어. 내가 충분한 돈을 벌면, 나는 새 옷을 살 수 있어.

❶ if는 '(만약) ~라면, ~한다면'이라는 뜻을 나타내는 접속사로 뒤에는 「주어+동사」가 이어져 조건의 부사절을 이끈다.
❷ make money: 돈을 벌다

Think and Write

교과서 78쪽

Animals with Special Talents

❶There are many animals ❷that have special talents. An example is Koko. She is a female gorilla ❸which lives in America. She can talk with people ❹in American Sign Language. She knows ❺more than 1,000 signs.

특별한 능력을 가진 동물들
특별한 능력을 가진 동물들이 많이 있다. 한 예는 Koko이다. Koko는 미국에 사는 암컷 고릴라이다. Koko는 사람들과 미식 수화로 대화할 수 있다. Koko는 1,000개가 넘는 수신호를 알고 있다.

❶ '~이 있다'라는 의미로, 뒤의 주어 many animals가 복수이므로 be동사 are가 쓰였다.
❷ 선행사 many animals를 수식하는 관계대명사절로, that은 주격 관계대명사이며 which로 바꿔 쓸 수 있다.
❸ 선행사 a female gorilla를 수식하는 관계대명사절로, which는 주격 관계대명사이며 that으로 바꿔 쓸 수 있다.
❹ in+언어명: ~(언어)로
❺ more than: ~보다 많이, ~ 이상(의)

실전 TEST

[01~02] 다음 글을 읽고, 물음에 답하시오.

> This is my dog, Coco. She's not big but her legs are very strong. Coco can stand on two legs and dance to music. I think she's a great dancer!

01 윗글을 쓴 목적으로 알맞은 것은?

① 초대하기 ② 제안하기
③ 소개하기 ④ 축하하기
⑤ 조언하기

02 윗글의 **Coco**에 대한 설명으로 알맞은 것은?

① She is a cat.
② She's very big.
③ She has strong legs.
④ She can't stand on two legs.
⑤ She is not good at dancing.

03 다음 글의 제목으로 가장 알맞은 것은?

> • The longest snake ever is Medusa. She is 7.67 meters long.
> • Alley recorded the longest jump by a cat. Her record was 1.83 meters.
> • The oldest pig ever is Ernestine. He lived for 22 years and 359 days.

① All Animals Are Smart
② Animals That Use Tools
③ Animals with World Records
④ Characteristics of Wild Animals
⑤ Amazing Friendships Between Animals

04 다음 글의 빈칸 ⓐ~ⓒ에 공통으로 들어갈 말로 알맞은 것은?

> ____ⓐ____ I sell some milk, I can buy a chicken. ____ⓑ____ I sell the eggs, I can make money. ____ⓒ____ I make enough money, I can buy new clothes.

① If ② Unless ③ Although
④ Even if ⑤ Because of

[05~06] 다음 글을 읽고, 물음에 답하시오.

> There are many animals ⓐthat have special talents. An example is Koko. She is a female gorilla which lives in America. She can talk with people in American Sign Language. She knows more than 1,000 signs.

05 윗글의 밑줄 친 ⓐthat과 바꿔 쓸 수 있는 것은?

① who ② which ③ what
④ when ⑤ where

06 윗글을 읽고 답할 수 <u>없는</u> 질문은?

① What kind of animal is Koko?
② Where does Koko live?
③ What is Koko's special talent?
④ Who taught Koko sign language?
⑤ How many signs does Koko know?

W Words
고득점 맞기

01 Which word has the following definition?

> a scientific test you do to learn about something, or to show if an idea is true

① tool   ② sign
③ experiment   ④ report
⑤ announcement

02 다음 빈칸에 알맞은 단어를 주어진 철자로 시작하여 쓰시오.

> Squirrels h_____ nuts. They put them where people cannot see or find them.

03 다음 빈칸에 들어갈 말이 순서대로 바르게 짝지어진 것은?

> • The police will soon _____ out that the information is false.
> • There are too many weeds in the yard. I have to _____ them out.

① get – have   ② take – pull
③ find – pull   ④ find – make
⑤ make – take

04 다음 밑줄 친 부분의 의미가 나머지와 <u>다른</u> 하나는?

① I think I felt a <u>drop</u> of rain.
② Be careful not to <u>drop</u> the glass.
③ I <u>dropped</u> the heavy dish, and it broke.
④ My sister almost <u>dropped</u> the sandwich.
⑤ James <u>dropped</u> his wallet somewhere on his way home.

05 다음 영영풀이에 해당하는 단어를 빈칸에 쓰시오.

> **v.** to put a lot of things on top of each other
>
> Please _____ your textbooks on the table when you leave.

06 다음 ⓐ~ⓓ의 빈칸 중 어느 곳에도 들어갈 수 <u>없는</u> 것은?

> ⓐ I _____ my teeth every day.
> ⓑ I tried my best to _____ the problem.
> ⓒ Some animals change their colors for _____.
> ⓓ My sister likes the _____ about the grasshopper and the ant.

① solve   ② floss   ③ store
④ fable   ⑤ protection

07 다음 우리말과 의미가 같도록 빈칸에 알맞은 말을 쓰시오.

> 저쪽에 있는 개를 조심해. 그 개는 크고 사나워.
>
> → _____ _____ _____ the dog over there. It's big and fierce.

08 다음 중 단어와 영영풀이가 바르게 연결되지 <u>않은</u> 것은?

① once: at a time in the past
② carry: to gather and keep for future use
③ shell: the hard outside part of a nut or egg
④ tool: a thing that you use for making or doing something
⑤ pattern: a set of lines, shapes, or colors that are repeated regularly

09 다음 빈칸에 공통으로 들어갈 말로 알맞은 것은?

> · They _____ a lot of money by selling clothes.
> · He will _____ an announcement about the gate change.

① get   ② take   ③ save
④ have   ⑤ make

10 다음 중 밑줄 친 부분의 우리말 뜻이 알맞지 <u>않은</u> 것은?

① The temple is the oldest in Thailand.
    (사원)
② We did an experiment during the class.
      (실험을 했다)
③ They arrived while we were having dinner.
      (~하는 동안에)
④ I once saw the painting at the National Museum.
   (일단)
⑤ She bought a cup with a pretty flower pattern.
       (무늬)

11 다음 영영풀이의 빈칸 ⓐ~ⓔ에 들어갈 말로 알맞지 <u>않은</u> 것은?

> · talent: an ___ⓐ___ to do something well
> · fable: a short ___ⓑ___ that teaches us something
> · solve: to find a successful way to deal with a ___ⓒ___
> · protection: the process of keeping someone or something ___ⓓ___
> · level: the ___ⓔ___ of something in relation to the ground or to another thing

① ⓐ: ability   ② ⓑ: story
③ ⓒ: problem   ④ ⓓ: dangerous
⑤ ⓔ: height

12 다음 중 밑줄 친 부분과 바꿔 쓸 수 있는 말로 알맞지 <u>않은</u> 것은?

① <u>Watch out</u>! A car is coming.
   (= Be careful)
② What <u>type</u> of TV programs do you watch?
     (= kind)
③ The musician is a person of many <u>talents</u>.
       (= gifts)
④ The free concert will <u>be held</u> next Friday.
      (= be canceled)
⑤ Tom packed three shirts and two <u>trousers</u>.
       (= pants)

13 다음 중 밑줄 친 부분의 쓰임이 의미상 어색한 것은?

① Katie collected coins in a <u>jar</u>.
② A <u>male</u> octopus lays thousands of eggs.
③ The water <u>level</u> in the river started rising fast.
④ We have <u>enough</u> food, so we don't have to buy some more.
⑤ I communicate in <u>sign language</u> with my deaf brother.

14 다음 중 밑줄 친 단어의 의미가 같은 것끼리 짝지어진 것은?

> ⓐ The <u>store</u> is open 24 hours a day.
> ⓑ Please <u>store</u> the food in a cold place.
> ⓒ Is there a convenience <u>store</u> around here?
> ⓓ I went to the <u>store</u> and bought some snacks.
> ⓔ Did you know camels <u>store</u> fat in their humps?

① ⓐ, ⓑ   ② ⓐ, ⓔ   ③ ⓑ, ⓓ, ⓔ
④ ⓑ, ⓔ   ⑤ ⓒ, ⓓ, ⓔ

Listen and Talk
영작하기

• 주어진 우리말 뜻과 일치하도록 교과서 대화문을 쓰시오.

Listen and Talk A-1

B: _____

W: _____

B: _____

W: _____

B: _____

W: _____

교과서 66쪽

 해석

B: 실례합니다. 저는 제 스카프를 찾고 있어요.

W: 그것은 어떻게 생겼나요?

B: 긴 면 스카프예요.

W: 그것에 대해 좀 더 말해 주시겠어요?

B: 음, 회색이에요.

W: 알겠어요. 가서 확인해 볼게요.

Listen and Talk A-2

W: _____

B: _____

W: _____

B: _____

W: _____

B: _____

교과서 66쪽

W: 도와드릴까요?

B: 네. 제 가방을 잃어버렸어요. 제 생각에는 화장실에 두고 온 것 같아요.

W: 알겠어요. 그것은 어떻게 생겼나요?

B: 작고 노란색이에요.

W: 또 다른 건요? 그것에 대해 좀 더 말해 주세요.

B: 어디 보자. 아, 바깥쪽에 주머니가 두 개 있어요.

Listen and Talk A-3

W: _____

B: _____

W: _____

B: _____

W: _____

B: _____

교과서 66쪽

W: 도움이 필요하신가요?

B: 네. 제 우산을 잃어버렸어요.

W: 그것은 어떻게 생겼나요?

B: 길고 남색이에요.

W: 좀 더 말해 주시겠어요?

B: 네. 별무늬가 있어요.

Listen and Talk A-4

W: _____

B: _____

W: _____

B: _____

W: _____

B: _____

교과서 66쪽

W: 도움이 필요하신가요?

B: 네. 제 고양이를 찾고 있어요.

W: 그 고양이는 어떻게 생겼나요?

B: 음, 그렇게 크지는 않고 털이 검은색이에요.

W: 좀 더 말해 주시겠어요? 특별한 점이 있나요?

B: 꼬리가 짧아요.

Listen and Talk C

M: _____

G: _____

M: _____

G: _____

M: _____

G: _____

M: _____

G: _____

M: _____

_____

G: _____

Talk and Play

A: _____

B: _____

A: _____

B: _____

A: _____

Review-1

G: _____

M: _____

G: _____

M: _____

G: _____

Review-2

B: _____

W: _____

B: _____

W: _____

B: _____

해석

교과서 67쪽

M: 도와드릴까요?

G: 네. 제 개를 찾고 있어요. 이름은 Prince예요.

M: 그 개는 어떻게 생겼나요?

G: 매우 작고 털이 짧고 흰색이에요.

M: 좀 더 말해 주시겠어요?

G: 음, 꼬리가 정말 길어요.

M: 알겠습니다. 그리고 한 가지 더요. 어디서 그 개를 잃어버리셨나요?

G: 정문 근처에서 잃어버렸어요.

M: 알겠어요. 가서 안내 방송을 하겠습니다. 여기에서 기다려 주시겠어요?

G: 네. 정말 감사합니다.

교과서 68쪽

A: Amy는 어떻게 생겼니?

B: 그녀는 키가 크고 머리는 길고 갈색이야.

A: 좀 더 말해 주겠니?

B: 그녀는 남색 반바지를 입고 있어.

A: 찾았어!

교과서 80쪽

G: 안녕하세요. 제 우산을 잃어버린 것 같아요.

M: 그것은 어떻게 생겼나요?

G: 큰 남색 우산이에요.

M: 좀 더 말해 주시겠어요?

G: 흰색 꽃무늬가 있어요.

교과서 80쪽

B: 실례합니다. 제 고양이를 찾고 있어요.

W: 고양이가 어떻게 생겼나요?

B: 작고 흰색이에요.

W: 좀 더 말해 주시겠어요?

B: 티셔츠를 입고 있어요.

고득점 맞기

STEP B

01 다음 대화의 빈칸에 들어갈 말로 알맞은 것은?

> A: Excuse me. I'm looking for my scarf.
> B: _____
> A: It's a long cotton scarf.

① Is this your long cotton scarf?
② What does your scarf look like?
③ Where did you leave your scarf?
④ What kind of scarf do you want?
⑤ What do you like about your scarf?

02 What is the correct order of (A)~(D) to make a natural dialog?

> (A) What does it look like?
> (B) I'm looking for my wallet.
> (C) Can you tell me more about it?
> (D) It's small and red.
> A: There is a credit card in it.

① (A) – (D) – (B) – (C)   ② (B) – (A) – (D) – (C)
③ (C) – (A) – (B) – (D)   ④ (C) – (D) – (B) – (A)
⑤ (D) – (B) – (C) – (A)

03 다음 중 짝지어진 대화가 어색한 것은?

① A: Hi. I think I lost my backpack.
　 B: What does it look like?
② A: Excuse me. I'm looking for my hat.
　 B: Can you tell me more about it?
③ A: What does Steve look like?
　 B: He likes his curly blonde hair.
④ A: Is there anything special about your dog?
　 B: It has long ears and a short tail.
⑤ A: Hello. Do you need help?
　 B: Yes. I'm looking for my umbrella. I think I left it in the restroom.

04 Which can replace the underlined sentence?

> A: What does your cat look like?
> B: It is big and has white hair.
> A: Can you tell me more about it?
> B: It's wearing a T-shirt.

① What else?
② What happened?
③ Can I tell you something?
④ Which one do you like more?
⑤ Do you want to know more about it?

[05~06] 다음 대화를 읽고, 물음에 답하시오.

> Woman: May I help you?
> Boy: Yes. I lost my bag. I left it in the restroom.
> Woman: OK. What does it look like?
> Boy: _____
> Woman: What else? Tell me more about it.
> Boy: Let me think. Oh, it has two pockets outside.
> Woman: OK. I'll go and check.

05 위 대화의 빈칸에 들어갈 말로 알맞지 <u>않은</u> 것은?

① It's my favorite bag.
② It's a small silver bag.
③ It's black and made of leather.
④ It's not big and it has a name tag on it.
⑤ It's blue and it has a flower pattern on it.

06 위 대화의 내용과 일치하는 것은?

① The woman is asking for the boy's help.
② The boy is looking for his bag.
③ The boy doesn't remember where he left his bag.
④ The boy's bag doesn't have any pockets.
⑤ The woman will make an announcement about the lost bag.

서술형

[07~09] 다음 대화를 읽고, 물음에 답하시오.

> **Man:** May I help you?
> **Girl:** Yes. I'm looking for my dog. His name is Prince.
> **Man:** What does he look like?
> **Girl:** He's very small and has short white hair.
> **Man:** ⓐ Can you tell me more?
> **Girl:** Well, he has a really long tail.
> **Man:** I see. And one more thing. Where did you lose him?
> **Girl:** I lost him near the main gate.
> **Man:** OK. I'll go and make an announcement. Can you please wait here?
> **Girl:** Sure. Thanks a lot.

07 위 대화의 밑줄 친 ⓐ와 의미가 같도록 괄호 안의 단어들을 사용하여 문장을 쓰시오. (6단어)

→ _____

(there, special)

08 Right after the conversation, what is the man going to do? Complete the answer.

→ He's going to _____ _____ _____ to find the girl's _____.

09 위 대화의 내용과 일치하도록 다음 안내 방송을 완성하시오.

> Attention, please. We are looking for a very (1)_____ _____ named Prince. He was missing near the (2)_____ _____. His hair is (3)_____ _____ _____, and he has a (4)_____ _____. If you see him, please contact the lost and found office.

[10~11] 다음 대화를 읽고, 물음에 답하시오.

> **Woman:** Do you need help?
> **Boy:** Yes. I found my cat. I lost her in the park.
> **Woman:** OK. What does she look like?
> **Boy:** Well, she's not very big and she has black hair.
> **Woman:** Can you tell me more about her?
> **Boy:** She has a short tail.

10 위 대화의 흐름상 어색한 문장을 찾아 바르게 고쳐 쓰시오.

_____

→ _____

11 위 대화의 내용과 일치하도록 주어진 질문에 완전한 영어 문장으로 답하시오.

(1) Where did the boy lose his cat?

→ _____

(2) What color is the boy's cat?

→ _____

12 다음 그림을 보고, 괄호 안의 지시대로 대화를 완성하시오.

> **Girl:** Hi. I think I (1)_____.
> (잃어버린 물건 말하기)
> **Man:** (2)_____
> (물건의 생김새 묻기)
> **Girl:** It's small and yellow.
> **Man:** Can you tell me more about it?
> **Girl:** It (3)_____ on it.
> (추가 정보 말하기)

01 다음 대화의 빈칸에 들어갈 말로 알맞은 것을 <u>모두</u> 고르시오.

> A: What do you want for lunch?
> B: I want a pizza _____ has many toppings.

① who　　② which　　③ what
④ that　　⑤ whose

한 단계 더!

02 다음 우리말과 의미가 같도록 할 때, 빈칸에 들어갈 말로 알맞은 것은?

> 안경을 쓰지 않는다면, 나는 아무것도 볼 수 없다.
> → _____ I wear my glasses, I can't
> see anything.

① If　　② Until　　③ Unless
④ Though　　⑤ Because

03 다음 우리말을 영어로 바르게 옮긴 것은?

> 무대에서 노래를 부르고 있는 소녀를 봐.

① Look at the girl which stage is singing.
② Look at the girl is singing on the stage.
③ Look at the girl who is singing on the stage.
④ Look at the girl which is singing on the stage.
⑤ Look at the girl that she is singing on the stage.

신유형

04 다음 문장에서 어법상 <u>틀린</u> 부분을 찾아 바르게 고친 것은?

> If it will be rainy and windy tomorrow, they
> will cancel the outdoor exhibition.

① If → That　　② it → this
③ will be → is　　④ windy → wind
⑤ cancel → be canceled

05 다음 빈칸에 들어갈 말이 순서대로 바르게 짝지어진 것은?

> • I have some friends _____ listen to me
> carefully.
> • He eats a lot of food _____ is good for his
> eyesight.

① who – what　　② that – who
③ that – which　　④ which – that
⑤ which – who

06 다음 중 빈칸에 if가 들어갈 수 <u>없는</u> 것은?

① I will buy this dress _____ it is on sale.
② Please tell Eric to call me _____ you see
him.
③ You can eat the sandwiches _____ you're
hungry.
④ Tom wants to be a singer _____ he is not
good at singing.
⑤ I want to visit the Eiffel Tower _____ I go to
Paris next month.

07 다음 빈칸에 들어갈 말로 알맞지 <u>않은</u> 것은?

> The woman that _____ is my
> English teacher.

① has curly brown hair
② is from New Zealand
③ lives next door to me
④ is talking with the children
⑤ are wearing green trousers

[08~09] 다음 중 어법상 <u>틀린</u> 문장을 고르시오.

 한 단계 | 더!

08 ① If Ben is invited, he will go to the party.
② Sarah will forgive her son if he tells the truth.
③ Unless you finish the work, you can't go home.
④ If your idea will sound good, they will accept it.
⑤ You can call me anytime if you need any help.

09 ① I don't know the boy that is walking the dog.
② Ann is an author who wrote many children's books.
③ The songs that were written by Tracy are unique.
④ The lady who want to meet you is waiting outside.
⑤ The T-shirt which has a flower pattern belongs to Emily.

고
산도
10 다음 두 문장을 한 문장으로 바꿔 쓴 것 중 어법상 <u>틀린</u> 것은?

① I have a puppy. It has short legs.
  → I have a puppy which has short legs.
② Lucy is the girl. She won the contest.
  → Lucy is the girl that won the contest.
③ I'll visit my uncle. He lives in London.
  → I'll visit my uncle who he lives in London.
④ We need a robot. It can clean our house.
  → We need a robot that can clean our house.
⑤ Look at the trees. They are covered with snow.
  → Look at the trees which are covered with snow.

11 다음 중 빈칸에 who가 들어갈 수 <u>없는</u> 것을 <u>모두</u> 고르시오.

① I want a robot _____ can talk.
② Nathan is my classmate _____ has two hamsters.
③ Did you see the boy _____ was juggling four balls?
④ Laura is having soup _____ was made by her son.
⑤ I helped some students _____ lost their way in the park.

신
유형
12 밑줄 친 **that**의 쓰임이 [보기]와 <u>다른</u> 문장의 개수는?

> [보기] I met a girl <u>that</u> speaks five languages.

ⓐ The shop <u>that</u> sells cookies is over there.
ⓑ We know <u>that</u> fine dust is a huge problem.
ⓒ He's writing articles <u>that</u> introduce Thai food.
ⓓ The people <u>that</u> live in this house have five cats.
ⓔ The boy <u>that</u> won first prize is from my school.

① 1개　② 2개　③ 3개　④ 4개　⑤ 5개

고
산도 한 단계 | 더!
13 다음 중 어법상 올바른 문장끼리 짝지어진 것은?

ⓐ Mina has a sister that plays the flute well.
ⓑ Let's go hiking unless you aren't busy this Sunday.
ⓒ If you eat more vegetables, you will be healthier.
ⓓ Jack is wearing shoes who look the same as mine.
ⓔ I saw a man and a dolphin that were swimming together.

① ⓐ, ⓑ　　② ⓐ, ⓒ, ⓔ　　③ ⓑ, ⓒ
④ ⓑ, ⓓ, ⓔ　　⑤ ⓒ, ⓓ, ⓔ

서술형

14 관계대명사를 사용하여 다음 대화를 완성하시오.

(1) A: Who created Hangeul?

B: The person _____ is King Sejong.

(2) A: Which country is the biggest in the world?

B: The country _____ is Russia.

15 다음 그림을 보고, 내일 계획을 나타내는 문장을 [조건]에 맞게 완성하시오.

> [조건] 1. if와 rain을 사용할 것
> 2. 필요시 형태를 바꿀 것

(1) _____ tomorrow, we will _____ on the playground.

(2) _____ tomorrow, we will _____ at the gym.

16 다음 대화에서 어법상 **틀린** 부분을 찾아 바르게 고쳐 쓰시오.

> A: I want to invite Ted to the rock concert.
> B: Who is Ted?
> A: He is my classmate which really likes rock music. If we invite him, he'll love to come.
> B: OK. Let's invite him, too.

_____ → _____

17 [보기]에서 알맞은 표현을 골라, 관계대명사를 사용하여 어법에 맞게 문장을 완성하시오. (단, 한 번씩만 쓸 것)

> [보기] • run very fast
> • fly an airplane
> • can solve this problem
> • have a beautiful garden

(1) Cheetahs are animals _____

_____.

(2) Ann lives in a house _____

_____.

(3) A pilot is a person _____

_____.

(4) Jack may have some ideas _____

_____.

고난도 한 단계 더!

18 학생증 할인 혜택을 나타낸 다음 표를 보고, [예시]와 같이 문장을 완성하시오.

student ID	cafeteria	bookstore
○	[예시] 20% discount	(2) 10% discount
×	(1) 5% discount	(3) no discount

[예시] If you have a student ID, you can get a 20% discount at the cafeteria.

(1) If _____,

you _____

at the cafeteria.

(2) If _____,

you _____

at the bookstore.

(3) Unless _____,

you can't _____

at the bookstore.

• 주어진 우리말 뜻과 일치하도록 교과서 본문의 문장을 쓰시오.

01 _____

사람들은 한때 인간만이 도구를 사용할 수 있다고 생각했다.

02 _____

이제는 과학자들이 많은 동물들 역시 도구를 사용할 수 있다는 것을 알아내고 있다.

03 _____

만약 여러분이 태국 롭부리의 불교 사원에 간다면, 마카크 원숭이를 조심해라. ☆

04 _____

그 원숭이들이 여러분에게 다가와 여러분의 머리카락을 뽑을 수도 있다.

05 _____

그들은 이빨을 치실질하기 위해서 사람의 머리카락을 사용한다.

06 _____

운이 좋으면 여러분은 새끼들에게 치실질을 가르치고 있는 암컷 원숭이들을 볼 수 있을지도 모른다. ☆

07 _____

새끼들이 지켜보고 있는 동안, 암컷 원숭이들은 아주 천천히 자신의 이빨을 치실질한다.

08 _____

이렇게 해서, 새끼 원숭이들은 치실질하는 것을 배운다.

09 _____

사람들은 대개 문어가 영리하다고 생각하지 않는다.

10 _____

하지만, 문어는 매우 영리하고 또한 도구를 사용할 수 있다.

11 _____

그들은 자신을 보호하기 위해 코코넛 껍데기를 사용한다.

12 _____

그들은 숨을 만한 좋은 장소를 찾지 못할 때 코코넛 껍데기 아래에 숨는다.

13

어떤 문어들은 심지어 나중에 사용할 용도로 코코넛 껍데기를 모아 둔다.

14

그들은 나중에 사용하기 위해 코코넛 껍데기를 쌓아서 가지고 다닌다.

15

이 얼마나 똑똑한가!

16

이솝 우화 '목마른 까마귀'에서, 까마귀는 물의 높이를 높이기 위해 항아리 안으로 돌을 떨어뜨린다.

17

이것이 그저 이야기라고 생각할 수도 있지만, 그렇지 않다.

18

까마귀를 연구하고 있던 과학자들이 실험을 하나 했다. ☆

19

그들은 까마귀 한 마리 앞에 물이 든 항아리를 놓았다.

20

물 위에는 벌레 한 마리가 떠 있었다.

21

하지만 물 높이가 낮아서 그 까마귀는 그 벌레를 먹을 수 없었다.

22

그 까마귀는 바로 그 우화에서처럼 문제를 해결했다.

23

그 까마귀는 돌을 항아리 안으로 떨어뜨렸다.

24

만약 이 새가 특별하다고 생각한다면, 당신은 틀렸다. ☆

25

과학자들은 다른 까마귀들에게도 똑같은 실험을 했고, 그 까마귀들도 모두 똑같이 행동했다.

STEP
B

고득점 맞기

[01~05] 다음 글을 읽고, 물음에 답하시오.

People once thought that only humans can use ____(A)____ (e)s. Now, scientists are finding out that many animals can also use tools.

If you ⓐwent to a Buddhist temple in Lop Buri, Thailand, watch out for the Macaque monkeys. (①) They may ⓑcomes to you and pull out your hair. (②) They use human hair ⓒfloss their teeth. (③) ⓓUnless you are lucky, you may see female monkeys (B)that are teaching flossing to their babies. (④) While the babies ⓔis watching, the female monkeys floss their teeth very slowly. (⑤)

01 윗글의 빈칸 (A)에 들어갈 단어의 영영풀이로 알맞은 것은?

① an ability to do something well
② a symbol that has a particular meaning
③ a building used for worship in some religions
④ the process of keeping someone or something safe
⑤ a thing that you use for making or doing something

02 윗글의 밑줄 친 ⓐ~ⓔ를 바르게 고쳐 쓴 것 중 어법상 틀린 것은?

① ⓐ → go
② ⓑ → come
③ ⓒ → to floss
④ ⓓ → Although
⑤ ⓔ → are watching

03 윗글의 ①~⑤ 중 주어진 문장이 들어갈 위치로 알맞은 것은?

This way, the baby monkeys learn to floss.

①   ②   ③   ④   ⑤

04 윗글의 밑줄 친 (B) that과 쓰임이 같은 것끼리 짝지어진 것은?

ⓐ Tell me more about that smart animal.
ⓑ Don't eat food that smells strange.
ⓒ We found out that the news was not true.
ⓓ I lost the hairpin that is my sister's favorite.

① ⓐ, ⓑ   ② ⓐ, ⓒ   ③ ⓐ, ⓒ, ⓓ
④ ⓑ, ⓓ   ⑤ ⓑ, ⓒ, ⓓ

05 윗글의 마카크 원숭이에 대해 바르게 이해한 사람을 모두 고르시오.

① 윤정: They live in Lop Buri, Thailand.
② 지민: They are smart enough to use tools.
③ 나리: They pull out their own hair and floss their teeth.
④ 소미: They learn to floss from their fathers.
⑤ 수호: They floss their teeth slowly when people are watching.

[06~09] 다음 글을 읽고, 물음에 답하시오.

People don't usually think that octopuses are ①smart. However, octopuses are very smart, and they can also use ②tools. They use coconut shells for ③food. When they can't find a good ____(A)____ place, they hide under coconut shells. Some octopuses even ④store coconut shells for later ⓐuse. They pile the coconut shells and carry them ____(B)____ later. How ⑤smart!

06 윗글의 밑줄 친 ①~⑤ 중 문맥상 어색한 것은?

①   ②   ③   ④   ⑤

07 윗글의 빈칸 (A)와 (B)에 알맞은 말이 순서대로 바르게 짝 지어진 것은?

① hiding – uses
② hiding – to use
③ hidden – using
④ hidden – will use
⑤ hiding – used

08 윗글의 밑줄 친 ⓐuse와 쓰임이 같은 것은?

① What kind of soap do you use?
② Can I use your laptop for a while?
③ Be careful when you use a knife.
④ These dishes are not for everyday use.
⑤ We will use a plastic bottle to make a flower pot.

09 What is the best title of the text above?

① Octopuses Can Use Tools
② Why Do Octopuses Like Hiding?
③ Various Uses of Coconut Shells
④ Animals That Live in the Deep Sea
⑤ The Smartest Octopus in the World

[10~13] 다음 글을 읽고, 물음에 답하시오.

In Aesop's ____ⓐ____ *The Thirsty Crow*, a crow drops stones into a jar to raise the level of water. You may think this is just a story, but it is not. (A)Scientists who they were studying crows did an experiment. They put a jar with water in front of a crow. A worm was ____ⓑ____ on top of the water. ____ⓒ____, the water level was low, so the crow could not eat the worm. The crow ____ⓓ____ the problem just as in the fable. It dropped stones into the jar. If you think this bird is ____ⓔ____, you are wrong. (B)Scientists did the same experiment with other crows, and they all did the same, too.

10 윗글의 흐름상 빈칸 ⓐ~ⓔ에 들어갈 말로 알맞은 것은?

① ⓐ: experiment
② ⓑ: sinking
③ ⓒ: Therefore
④ ⓓ: caused
⑤ ⓔ: special

11 윗글의 밑줄 친 문장 (A)에서 어법상 틀린 부분을 찾아 바르게 고쳐 쓴 것은?

① Scientists → Scientist
② who → which
③ they → 삭제
④ studying → studied
⑤ did → do

고난도
12 윗글의 밑줄 친 (B)의 이유로 알맞은 것은?

① 까마귀를 다른 종류의 새들과 비교하기 위해
② 어떤 까마귀가 가장 먼저 벌레를 먹는지 보기 위해
③ 까마귀가 항아리에 담긴 물을 어떻게 마시는지 보기 위해
④ 까마귀가 어떤 다른 도구를 사용할 수 있는지 알아보기 위해
⑤ 모든 까마귀들이 같은 방식으로 문제를 해결하는지 알아보기 위해

고난도
13 다음 중 윗글의 내용과 일치하는 문장의 개수는?

ⓐ The crow in the fable cannot use tools.
ⓑ The crow in the experiment solved the same problem as in *The Thirsty Crow*.
ⓒ In the experiment, the crow used stones to raise the level of water in the jar.
ⓓ Scientists found out that only one crow in the experiment could solve the problem.

① 0개
② 1개
③ 2개
④ 3개
⑤ 4개

서술형

[14~15] 다음 글을 읽고, 물음에 답하시오.

If you go to a Buddhist temple in Lop Buri, Thailand, watch out for the Macaque monkeys. They may come to you and pull out your hair. They use human hair to floss their teeth. ⓐ운이 좋으면, 당신은 새끼들에게 치실질을 가르치고 있는 암컷 원숭이들을 볼 수 있을지도 모른다. While the babies are watching, the female monkeys floss their teeth very slowly. This way, the baby monkeys learn to floss.

14 윗글의 밑줄 친 우리말 ⓐ와 의미가 같도록 주어진 말과 관계대명사를 사용하여 문장을 완성하시오.

> see, to their babies, are, female monkeys, flossing, teaching

→ If you are lucky, you may _____
_____.

15 다음 ⓐ~ⓓ 중 윗글을 읽고 답할 수 있는 질문을 찾아 기호를 쓰고, 완전한 영어 문장으로 답하시오.

> ⓐ How often do the Macaque monkeys floss their teeth?
> ⓑ What do the Macaque monkeys use to floss their teeth?
> ⓒ What do the male monkeys teach their babies?
> ⓓ Why is flossing important to the Macaque monkeys?

( ) → _____

[16~17] 다음 글을 읽고, 물음에 답하시오.

People don't usually think that octopuses are smart. However, octopuses are very smart, and they can also use tools. They use coconut shells for protection. When they can't find a good hiding place, they hide under coconut shells. Some octopuses even store coconut shells ⓐfor later use. They pile the coconut shells and carry them to use later. How smart!

16 윗글의 밑줄 친 ⓐfor later use가 구체적으로 의미하는 내용을 완성해 쓰시오.

→ to use them as a(n) _____ _____ later

17 윗글의 내용과 일치하도록 다음 요약문을 완성하시오.

> Octopuses are _____ enough to use tools. They use _____ _____ to _____ themselves.

18 다음 글을 읽고, 글쓴이가 밑줄 친 ⓐ와 같이 말한 이유를 우리말로 쓰시오.

Scientists who were studying crows did an experiment. They put a jar with water in front of a crow. A worm was floating on top of the water. However, the water level was low, so the crow could not eat the worm. The crow solved the problem just as in the fable. It dropped stones into the jar. If you think this bird is special, ⓐyou are wrong. Scientists did the same experiment with other crows, and they all did the same, too.

→ _____

STEP B

01 다음 영영풀이에 해당하는 단어를 주어진 철자로 시작하여 쓰시오.

(1)
> the hard outside part of a nut or egg

→ s_____

(2)
> to find a successful way to deal with a problem

→ s_____

(3)
> the process of keeping someone or something safe

→ p_____

02 다음 우리말과 의미가 같도록 빈칸에 알맞은 말을 쓰시오.

(1) 그 곤충은 나뭇잎처럼 생겼다.
  → The insect _____ _____ a leaf.
(2) 안내 방송을 해 주실 수 있나요?
  → Could you _____ _____ _____?
(3) 치과 의사는 내 마지막 사랑니를 뽑았다.
  → The dentist _____ _____ my last wisdom tooth.

03 다음 대화의 빈칸에 알맞은 말을 괄호 안의 단어들을 사용하여 5단어로 쓰시오.

> A: Do you need help?
> B: Yes. I'm looking for my umbrella.
> A: _____? (it, look)
> B: It's long and navy.
> A: Can you tell me more?
> B: Yes. It has a star pattern on it.

04 다음 그림을 보고, 생김새를 묘사하는 대화를 완성하시오.

(1)  (2)

(1)
> A: What does your _____ _____ like?
> B: He is small and has _____ hair.
> A: Tell me more about him.
> B: He has a _____ tail.

(2)
> A: What does Jessy _____ _____?
> B: She is tall. She is wearing _____.
> A: Does she have short hair?
> B: No. She has _____ blonde _____.

05 다음 분실물 보고서를 보고, 분실물에 관해 나누는 대화를 완성하시오.

Lost and Found Report	
Item	bag
Size	small
Color	yellow
Lost Place	restroom
Anything Special	two pockets outside

> A: May I help you?
> B: Yes. I lost my bag. I think I left it in the _____.
> A: OK. What does your bag look like?
> B: It's _____ _____ _____.
> A: What else? Is there anything special about it?
> B: Let me think. Oh, it _____ _____ _____ _____.

[06~07] 다음 대화를 읽고, 물음에 답하시오.

> **Man:** May I help you?
> **Girl:** Yes. I'm looking for my dog. His name is Prince.
> **Man:** What does he look like?
> **Girl:** He's very small and has short white hair.
> **Man:** (A)좀 더 말해 주시겠어요?
> **Girl:** Well, he has a really long tail.
> **Man:** I see. And one more thing. Where did you lose him?
> **Girl:** I lost him near the main gate.
> **Man:** OK. I'll go and make an announcement. Can you please wait here?
> **Girl:** Sure. Thanks a lot.

06 위 대화의 밑줄 친 우리말 (A)와 의미가 같도록 괄호 안의 단어들을 사용하여 문장을 쓰시오.

→ _____ (can, tell)

07 다음 ⓐ~ⓓ 중 위 대화의 내용과 일치하지 <u>않는</u> 것을 찾아 기호를 쓰고, 바르게 고쳐 쓰시오.

> ⓐ The girl's dog is small and white.
> ⓑ The girl's dog has a short tail.
> ⓒ The girl lost her dog near the main gate.
> ⓓ The man will make an announcement to find the girl's missing dog.

(   ) _____ → _____

한 단계 │ 더!
08 주어진 두 문장을 관계대명사를 사용하여 한 문장으로 바꿔 쓰시오.

(1) Junho is the boy. He gave Mina a ring.

→ _____

(2) Amy bought a skirt. It is the same as Jenny's.

→ _____

(3) I saw a man and his three dogs. They were walking in the park.

→ _____

09 다음 그림을 보고, [A]와 [B]에서 알맞은 표현을 한 가지씩 골라 문장을 완성하시오.

(1)
(2)
(3)
(4)

[A]	[B]
use your cup	walk home
practice harder	save water
miss the last bus	win a gold medal
don't go to bed early	feel tired tomorrow

(1) If _____, you can _____.

(2) If _____, you have to _____.

(3) If _____, you can _____.

(4) If _____, you will _____.

한 단계 │ 더!
10 다음 ⓐ~ⓔ 중 어법상 틀린 문장을 2개 찾아 기호를 쓰고, 바르게 고쳐 문장을 다시 쓰시오.

> ⓐ Let's go hiking if it will be nice tomorrow.
> ⓑ I know a man who speaks three languages.
> ⓒ He lost the pen who was his sister's favorite.
> ⓓ Unless you study hard, you can't pass the English test.
> ⓔ The bus which goes to the museum runs every hour.

(   ) → _____

(   ) → _____

11 주어진 우리말과 의미가 같도록 [조건]에 맞게 괄호 안의 표현들을 배열하시오.

> [조건] 1. 관계대명사를 사용할 것
> 2. 괄호 안에서 필요 없는 한 단어를 반드시 삭제할 것
> 3. 필요시 단어의 형태를 바꿀 것

(1) 미나는 슬픈 결말을 가진 이야기를 좋아한다.

(sad endings, like, stories, have, they, Mina)

→ _____

(2) 나의 삼촌은 동물 그림을 그리는 화가이다.

(he, animals, of, my uncle, paint, is, pictures, a painter)

→ _____

13 윗글의 빈칸 ⓑ와 ⓒ에 들어갈 접속사를 [보기]에서 각각 골라 쓰시오.

> [보기] While   Unless   If   Although

ⓑ _____

ⓒ _____

14 윗글의 밑줄 친 문장 (A)에서 어법상 **틀린** 부분을 찾아 바르게 고쳐 쓰고, **틀린** 이유를 쓰시오.

(1) 틀린 부분: _____ → _____

(2) 틀린 이유: _____

_____

[12~15] 다음 글을 읽고, 물음에 답하시오.

People once thought that only humans can use tools. Now, scientists are finding out that many animals can also _____ⓐ_____.

_____ⓑ_____ you go to a Buddhist temple in Lop Buri, Thailand, watch out for the Macaque monkeys. They may come to you and pull out your hair. They use human hair to floss their teeth. (A)If you are lucky, you may see female monkeys that they are teaching flossing to their babies. _____ⓒ_____ the babies are watching, the female monkeys floss their teeth very slowly. This way, the baby monkeys learn to floss.

12 윗글의 흐름상 빈칸 ⓐ에 들어갈 알맞은 말을 본문에서 찾아 두 단어로 쓰시오.

→ _____

15 윗글의 내용과 일치하도록 다음 대화를 완성하시오.

> A: Did you know that the Macaque monkeys _____ _____ _____?
> B: I didn't know that. What do they use to do that?
> A: They use _____ _____.
> B: Do they? That's really interesting!
> A: Also, _____ monkeys _____ to their babies.
> B: Oh, that's amazing.

[16~17] 다음 글을 읽고, 물음에 답하시오.

People don't usually think that octopuses are smart. However, octopuses are very smart, and ⓐ they can also use tools. They use coconut shells for protection. When they can't find a good hiding place, they hide under coconut shells. Some octopuses even store coconut shells for later use. They pile the coconut shells and carry ⓑ them to use later. How smart!

16 윗글의 밑줄 친 ⓐthey와 ⓑthem이 가리키는 것을 각각 본문에서 찾아 쓰시오.

ⓐ _____

ⓑ _____

17 윗글의 내용과 일치하도록 각 문장에서 틀린 부분을 찾아 바르게 고쳐 쓰시오.

(1) Octopuses use coconut shells for fun.

_____ → _____

(2) Some octopuses hide coconut shells in order to use them later.

_____ → _____

[18~20] 다음 글을 읽고, 물음에 답하시오.

In Aesop's fable *The Thirsty Crow*, a crow drops stones into a jar to raise the level of water. You may think this is just a ⓐ story, but it is not. _____(A)_____ They put a jar with water in front of a crow. A worm was ⓑ floating on top of the water. However, the water level was low, so the crow could not eat the worm. The crow solved the problem just as in the ⓒ experiment. It dropped stones into the jar. If you think this bird is ⓓ special, you are wrong. Scientists did the same experiment with other crows, and they all did the ⓔ same, too.

18 윗글의 빈칸 (A)에 들어갈 문장을 [조건]에 맞게 쓰시오.

[조건] 1. 주어진 두 문장을 관계대명사를 사용하여 한 문장으로 쓸 것
2. 8단어의 완전한 문장으로 쓸 것

· Scientists did an experiment.
· The scientists were studying crows.

→ _____

19 윗글의 밑줄 친 ⓐ~ⓔ 중 문맥상 어색한 것을 찾아 기호를 쓰고, 바르게 고쳐 쓰시오.

( ) → _____

20 윗글의 내용과 일치하도록 주어진 질문에 완전한 영어 문장으로 답하시오.

(1) In *The Thirsty Crow*, why does a crow drop stones into a jar?

→ _____

(2) In the experiment, what was in the jar with water?

→ _____

(3) Why couldn't the crow eat the worm at the beginning of the experiment?

→ _____

01 다음 빈칸에 들어갈 단어로 알맞은 것은? 3점

A(n) _____ is an ocean animal with a soft round body and eight arms.

① crow ② shell ③ worm
④ female ⑤ octopus

서술형 1

02 다음 빈칸에 공통으로 들어갈 단어를 쓰시오. 4점

- Please watch _____ for the stairs.
- We found _____ that Jessy lied to us.
- The dentist is going to pull _____ my tooth.

고 신
산도 유형

03 다음 밑줄 친 단어 ⓐ~ⓔ의 영영풀이로 알맞지 않은 것은? 4점

- My aunt was ⓐonce a popular singer.
- The ⓑtemple was built in the 18th century.
- Can you tell me where the ⓒrestroom is?
- They ⓓstore some food in the basement.
- The fox in the ⓔfable couldn't get the grapes.

① ⓐ: at a time in the past
② ⓑ: a building used for worship in some religions
③ ⓒ: a bathroom in a public building
④ ⓓ: to put something in a place where it cannot be seen
⑤ ⓔ: a short story that teaches us something

04 다음 대화의 빈칸에 들어갈 말로 알맞은 것은? 3점

A: What does your cat look like?
B: She is big and has black hair.
A: _____
B: She has a short tail.

① What color is your cat?
② Can I tell you something?
③ Does she have white hair?
④ Where did you lose your cat?
⑤ Is there anything special about her?

서술형 2

05 자연스러운 대화가 되도록 (A)~(D)를 바르게 배열하시오. 4점

(A) It's long and navy.
(B) Excuse me. I lost my umbrella.
(C) Can you tell me more about it?
(D) What does it look like?
A: Yes. It has a star pattern on it.

(   ) – (   ) – (   ) – (   )

06 다음 중 짝지어진 대화가 어색한 것은? 4점

① A: Hello. May I help you?
  B: Yes. I'm looking for my cap.
② A: What does Amy look like?
  B: She is kind to everyone.
③ A: Where did you lose your wallet?
  B: I think I left it on the bus.
④ A: Tell me more about your bag.
  B: It has a big pocket outside.
⑤ A: I lost my scarf. It's a long cotton scarf.
  B: Can you tell me more about it?

[07~08] 다음 대화를 읽고, 물음에 답하시오.

> **Man:** May I help you?
> **Girl:** Yes. ①I'm looking for my dog. His name is Prince.
> **Man:** ②What does he look like?
> **Girl:** He's very small and has short white hair.
> **Man:** ③Can you tell me more?
> **Girl:** Well, he has a really long tail.
> **Man:** I see. And one more thing. ④Where did you find him?
> **Girl:** I lost him near the main gate.
> **Man:** OK. I'll go and make an announcement. ⑤Can you please wait here?
> **Girl:** Sure. Thanks a lot.

07 위 대화의 밑줄 친 ①~⑤ 중 대화의 흐름상 어색한 것은?

3점

①   ②   ③   ④   ⑤

서술형3

08 위 대화의 내용과 일치하도록 빈칸에 알맞은 말을 쓰시오.

5점

> The girl went to the lost and found office to find her _____. It is small, and its hair is _____ and _____. It also has a _____ _____.

09 다음 중 밑줄 친 부분이 어법상 틀린 것은?

3점

① I have a brother who plays the cello well.
② You can eat the cake which is on the table.
③ Look at the dog which is running over there.
④ Do you know the students that are playing basketball?
⑤ Jessica bought a red skirt who has a flower pattern.

한 단계 더!

10 다음 우리말을 영어로 바르게 옮긴 것은?

4점

> 날씨가 춥지 않으면 산책을 하자.

① If it'll be cold, let's take a walk.
② Let's take a walk if it's not cold.
③ It won't be cold if we take a walk.
④ It'll be cold if we don't take a walk.
⑤ Let's take a walk unless it isn't cold.

11 다음 두 문장을 한 문장으로 쓸 때 빈칸에 들어갈 말로 알맞은 것은?

3점

> The woman is from China. She lives next door to me.
> → The woman _____ is from China.

① lives next door to me
② who lives next door to me
③ which lives next door to me
④ where lives next door to me
⑤ that she lives next door to me

고난도 한 단계 더!

12 다음 중 어법상 올바른 문장끼리 바르게 짝지어진 것은? 5점

> ⓐ They want a house which has a pool.
> ⓑ We can catch the train if we leave now.
> ⓒ Can you help us unless you aren't busy this afternoon?
> ⓓ The girls who is talking to each other are my neighbors.
> ⓔ Vincent van Gogh is the painter who painted *The Starry Night*.

① ⓐ, ⓑ, ⓒ   ② ⓐ, ⓑ, ⓔ   ③ ⓐ, ⓒ, ⓔ
④ ⓑ, ⓒ, ⓔ   ⑤ ⓑ, ⓓ, ⓔ

모의고사

서술형 4

13 다음 문장에서 어법상 틀린 부분을 찾아 바르게 고쳐 쓰시오.   5점

> If the weather will be nice tomorrow, we will go on a picnic.

_____ → _____

서술형 5

14 다음 우리말과 의미가 같도록 괄호 안의 말과 관계대명사를 사용하여 문장을 쓰시오. (8단어)   5점

> 나는 나를 도와줄 친구들이 많다.

→ _____

(many friends, help, have, can)

[15~18] 다음 글을 읽고, 물음에 답하시오.

> _____ⓐ_____ you go to a Buddhist temple in Lop Buri, Thailand, watch out for the Macaque monkeys. They may come to you and (A) pull / pulling out your hair. They use human hair (B) floss / to floss their teeth. _____ⓑ_____ you are lucky, you may see female monkeys (C) who / which are teaching flossing to their babies. While the babies are watching, the female monkeys floss their teeth very slowly. This way, the baby monkeys learn to floss.

15 윗글의 빈칸 ⓐ와 ⓑ에 공통으로 들어갈 말로 알맞은 것은?   3점

① If   ② Before   ③ Unless
④ Because   ⑤ Although

16 윗글의 (A)~(C)의 각 네모 안에 주어진 말 중 어법상 올바른 것끼리 짝지어진 것은?   4점

	(A)	(B)	(C)
①	pull	… floss	… who
②	pull	… to floss	… which
③	pull	… floss	… which
④	pulling	… to floss	… who
⑤	pulling	… floss	… which

고난도

17 윗글을 읽고 답할 수 없는 질문은?   5점

① Where can we see the Macaque monkeys?
② Why do the Macaque monkeys pull out human hair?
③ What do the Macaque monkeys use when they floss their teeth?
④ How can the baby Macaque monkeys learn to floss?
⑤ When do the Macaque monkeys floss their teeth?

18 윗글의 제목으로 가장 알맞은 것은?   4점

① How to Floss Your Teeth
② Animals That Live in Thailand
③ How Monkeys Raise Their Babies
④ Monkeys That Use Tools for Flossing
⑤ An Interesting Experiment about Monkeys

[19~21] 다음 글을 읽고, 물음에 답하시오.

> People don't usually think ⓐthat octopuses are smart. However, octopuses are very smart, and they can also use _____ⓑ_____. They use coconut shells for protection. When they can't find a good hiding place, they _____ⓒ_____ under coconut shells. Some octopuses even store coconut shells for later use. They pile the coconut shells and carry them to use later. How smart!

19 윗글의 밑줄 친 ⓐthat과 쓰임이 같은 것은? 4점

① Look at the cat that has blue eyes.
② I bought the jacket that was 40% off.
③ I heard that there was a big accident.
④ Jenny is my classmate that sits next to me.
⑤ The bus that goes to the mall runs every hour.

20 윗글의 빈칸 ⓑ와 ⓒ에 들어갈 말이 순서대로 바르게 짝지어진 것은? 3점

① tools – hide
② arms – hide
③ tools – find
④ arms – find
⑤ tools – carry

서술형6 고난도

21 윗글의 내용과 일치하도록 주어진 질문에 완전한 영어 문장으로 답하시오. 5점

Q: What do octopuses use coconut shells for?
A: _____

서술형7

22 밑줄 친 ⓐ의 우리말과 의미가 같도록 아래 주어진 단어들을 바르게 배열하여 문장을 쓰시오. 5점

who, did, crows, studying, experiment, were, an, scientists

→ _____

23 윗글의 ①~⑤ 중 주어진 문장이 들어갈 위치로 알맞은 것은? 3점

If you think this bird is special, you are wrong.

①   ②   ③   ④   ⑤

서술형8

24 윗글의 밑줄 친 ⓑ가 의미하는 것을 본문에서 찾아 5단어로 쓰시오. 5점

→ _____

[22~25] 다음 글을 읽고, 물음에 답하시오.

In Aesop's fable *The Thirsty Crow*, a crow drops stones into a jar to raise the level of water. You may think this is just a story, but it is not. ⓐ까마귀를 연구하고 있던 과학자들이 실험을 하나 했다. (①) They put a jar with water in front of a crow. (②) A worm was floating on top of the water. (③) However, the water level was low, so the crow could not eat the worm. (④) The crow solved the problem just as in the fable. It dropped stones into the jar. (⑤) Scientists did the same experiment with other crows, and they all ⓑdid the same, too.

고난도

25 윗글의 내용과 일치하는 것은? 4점

① Only the crow in the fable is special.
② In the experiment, the scientists dropped stones into the jar for the crow.
③ The crow in the experiment tried to raise the level of water in the jar.
④ Only a few crows in the experiment solved the problem.
⑤ All the crows couldn't eat the worm because of the stones.

01 다음 중 단어와 영영풀이가 바르게 연결되지 <u>않은</u> 것은? 3점

① store: to gather and keep for future use
② shell: the hard outside part of a nut or egg
③ fable: a short story that teaches us something
④ pile: to find a successful way to deal with a problem
⑤ experiment: a scientific test you do to learn about something or to show if an idea is true

서술형 **1**

02 다음 빈칸에 공통으로 들어갈 말을 주어진 철자로 시작하여 쓰시오. 4점

- The grocery s_____ sells fresh vegetables and fruit.
- You had better s_____ the pizza in the empty container.

03 다음 중 밑줄 친 부분의 우리말 뜻이 알맞지 <u>않은</u> 것은? 3점

① What does the robot <u>look like</u>?
　　　　　(~처럼 생기다)
② How did you <u>find out</u> about their secret?
　　　　　(~을 알아내다)
③ The captain <u>made an announcement</u>.
　　　　　(안내 방송을 했다)
④ Dad will <u>pull out</u> the weeds in the garden.
　　　　　(밖으로 옮기다)
⑤ The machine will only be used <u>for protection</u>.
　　　　　(보호용으로)

04 다음 대화의 빈칸에 들어갈 말로 알맞은 것은? 3점

A: _____
B: He's tall and has short brown hair.

① Do you need help?
② Where did you see him?
③ What does Junho look like?
④ Why are you looking for him?
⑤ Are you looking for anything special?

서술형 **2**

05 다음 대화의 빈칸에 들어갈 말을 괄호 안의 단어들을 사용하여 쓰시오. (7단어) 5점

A: Excuse me. I'm looking for my scarf.
B: What does it look like?
A: It's a long cotton scarf.
B: _____?
　　　　(can, tell, more, it)
A: Well, it's grey.

06 자연스러운 대화가 되도록 (A)~(D)를 바르게 배열한 것은? 4점

A: Do you need help?
(A) Well, she's not very big and she has black hair.
(B) What else? Is there anything special about her?
(C) Yes. I'm looking for my cat.
(D) What does it look like?
B: She has a short tail.

① (A) − (B) − (C) − (D)　　② (A) − (D) − (C) − (B)
③ (C) − (D) − (A) − (B)　　④ (C) − (D) − (B) − (A)
⑤ (D) − (C) − (B) − (A)

[07~08] 다음 대화를 읽고, 물음에 답하시오.

> A: _____ⓐ_____
> B: Yes. I'm looking for my dog. His name is Prince.
> A: _____ⓑ_____
> B: He's very small and has short white hair.
> A: Can you tell me more?
> B: _____ⓒ_____
> A: I see. And one more thing. _____ⓓ_____
> B: I lost him near the main gate.
> A: OK. I'll go and make an announcement. Can you please wait here?
> B: Sure. _____ⓔ_____

07 위 대화의 흐름상 빈칸 ⓐ~ⓔ에 들어갈 말로 알맞지 <u>않은</u> 것은?   4점

① ⓐ: May I help you?
② ⓑ: What does he like?
③ ⓒ: Well, he has a really long tail.
④ ⓓ: Where did you lose him?
⑤ ⓔ: Thanks a lot.

서술형 3

08 위 대화의 내용과 일치하도록 다음 분실물 보고서에서 틀린 부분을 <u>두 군데</u> 찾아 바르게 고쳐 쓰시오.   각 3점

Lost Pet Report	
Type of Animal	dog
Name	Prince
Size	big
Color	white
Anything Special	long tail
Lost Place	near the restroom

(1) _____ → _____

(2) _____ → _____

09 다음 빈칸에 들어갈 말이 순서대로 바르게 짝지어진 것은?   3점

> • The girl _____ has blonde hair is my sister.
> • I bought sneakers _____ were on sale last Friday.

① who – that
② that – who
③ that – what
④ which – that
⑤ which – where

10 다음 중 어법상 틀린 문장은?   4점

① You can get an A if you do your best.
② Let's go camping if it will be fine tomorrow.
③ If you see Sue, please give her this notebook.
④ You won't be late for school if you leave now.
⑤ If Mike doesn't go there, I won't go there, either.

서술형 4

11 다음 두 문장을 관계대명사를 사용하여 한 문장으로 쓰시오.   5점

> There is a robot in the café. It makes coffee.

→ _____

12 다음 중 빈칸에 if가 들어갈 수 <u>없는</u> 것은?   4점

① Raise your hand _____ you have a question.
② We'll get there on time _____ we take a taxi.
③ I went to the dentist yesterday _____ I had a toothache.
④ You will feel better _____ you get some rest.
⑤ The teacher will get angry at you _____ you're late again.

서술형 5 한 단계 │ 더!

13 다음 두 문장의 의미가 같도록 빈칸에 알맞은 말을 쓰시오.

4점

> If you don't take notes, you won't remember our appointments.
> = _____ _____ _____ _____, you won't remember our appointments.

곡 난도 한 단계 │ 더!

14 다음 중 어법상 올바른 문장의 개수는?

5점

> ⓐ I have a friend that is from Australia.
> ⓑ We have to take a taxi if we miss the bus.
> ⓒ Jake bought a bag which have a big pocket.
> ⓓ You can't go home unless you finish your homework.
> ⓔ It was a great movie who gave hope to many children.

① 1개　② 2개　③ 3개　④ 4개　⑤ 5개

[15~18] 다음 글을 읽고, 물음에 답하시오.

> People once thought ___(A)___ only humans can use tools. Now, scientists are finding out ⓐthat many animals can also use tools.
> If you ⓑgo to a Buddhist temple in Lop Buri, Thailand, watch out for the Macaque monkeys. They may come to you and pull out your hair. They use human hair ⓒto floss their teeth. If you are lucky, you ⓓmay see female monkeys ___(B)___ are teaching flossing to their babies. ⓔDuring the babies are watching, the female monkeys floss their teeth very slowly. (C)This way, the baby monkeys learn to floss.

15 윗글의 빈칸 (A)와 (B)에 공통으로 들어갈 말로 알맞은 것은?

3점

① that　② which　③ what
④ who　⑤ whose

16 윗글의 밑줄 친 ⓐ~ⓔ 중 어법상 틀린 것은?

3점

① ⓐ　② ⓑ　③ ⓒ　④ ⓓ　⑤ ⓔ

서술형 6

17 윗글의 밑줄 친 (C) This way가 의미하는 내용을 우리말로 쓰시오.

5점

_____

18 윗글의 내용과 일치하지 않는 것을 모두 고르시오.

4점

① 동물들도 사람처럼 도구를 사용할 수 있다.
② 태국 롭부리의 한 사원에서 마카크 원숭이들을 볼 수 있다.
③ 마카크 원숭이는 자신의 털로 치실질을 한다.
④ 암컷 마카크 원숭이들이 새끼들에게 치실질을 가르친다.
⑤ 암컷 마카크 원숭이들은 사람들이 볼 때 치실질을 천천히 한다.

[19~21] 다음 글을 읽고, 물음에 답하시오.

> People don't usually think that octopuses are ⓐstupid. However, octopuses are very smart, and they can also use (A)tools. They use coconut shells for ⓑprotection. When they can't ⓒfind a good hiding place, they hide under coconut shells. Some octopuses even ⓓstore coconut shells for later use. They pile the coconut shells and ⓔcarry them to use later. How smart!

19 윗글의 밑줄 친 ⓐ~ⓔ 중 문맥상 어색한 것은?　3점

① ⓐ　　② ⓑ　　③ ⓒ　　④ ⓓ　　⑤ ⓔ

서술형7
20 윗글의 밑줄 친 (A) tools에 해당하는 예시로 본문에 언급된 것을 찾아서 쓰시오.　4점

→ _____ _____

21 윗글을 읽고 답할 수 있는 것은?　4점

① Why do octopuses eat coconuts?
② What is the smartest sea animal?
③ Where do octopuses get coconut shells?
④ What do octopuses use to hide themselves?
⑤ Where do octopuses hide their coconut shells?

22 윗글의 밑줄 친 ⓐ~ⓔ 중 어법상 틀린 것을 바르게 고친 것은?　4점

① ⓐ → to raise　　② ⓑ → thought
③ ⓒ → which　　④ ⓓ → was floated
⑤ ⓔ → another

23 윗글의 (A)~(C)의 각 네모 안에 주어진 말 중 문맥상 알맞은 것끼리 짝지어진 것은?　4점

	(A)	(B)	(C)
①	experience	high	caused
②	experience	low	solved
③	experiment	high	solved
④	experiment	low	caused
⑤	experiment	low	solved

24 윗글의 흐름상 빈칸 (D)에 들어갈 말로 알맞은 것은?　4점

① all did the same
② didn't use stones
③ didn't eat the worm
④ could lower the water level
⑤ couldn't solve the problem

[22~25] 다음 글을 읽고, 물음에 답하시오.

　In Aesop's fable *The Thirsty Crow*, a crow drops stones into a jar ⓐraised the level of water. You may ⓑthink this is just a story, but it is not. Scientists ⓒthat were studying crows did an (A) experience / experiment . They put a jar with water in front of a crow. A worm ⓓwas floating on top of the water. However, the water level was (B) high / low , so the crow could not eat the worm. The crow (C) solved / caused the problem just as in the fable. It dropped stones into the jar. If you think this bird is special, you are wrong. Scientists did the same experiment with ⓔother crows, and they _____(D)_____, too.

서술형8
25 윗글의 내용과 일치하도록 빈칸에 알맞은 말을 쓰시오.　5점

　_____ are smart enough to use tools. They can use _____ in order to _____ the level of water just as in Aesop's fable *The Thirsty Crow*.

01 다음 영영풀이에 공통으로 해당하는 단어로 알맞은 것은? 3점

> • the standard of someone's ability
> • the height of something in relation to the ground or to another thing

① pile   ② floss   ③ level
④ store   ⑤ temple

02 다음 빈칸에 들어갈 말이 순서대로 바르게 짝지어진 것은?

3점

> • Please _____ out for the wet floor.
> • The police couldn't _____ out anything about the car accident.

① pull – find   ② pull – give
③ watch – find   ④ watch – come
⑤ carry – solve

03 다음 중 밑줄 친 부분의 뜻이 [보기]와 같은 것은? 4점

> [보기] I almost dropped the ice cream.

① Lastly, add a few drops of olive oil.
② There were drops of coffee on the table.
③ Kate put a drop of medicine in her eyes.
④ The first drops of rain were beginning to fall.
⑤ The singer dropped the microphone by mistake.

04 다음 대화의 빈칸에 들어갈 말로 알맞은 것은? 3점

> A: Excuse me. I think I lost my bag.
> B: OK. _____
> A: It's small and yellow.

① What does it look like?
② What else do you need?
③ Can you please wait here?
④ When did you lose your bag?
⑤ Could you make an announcement?

05 다음 대화의 밑줄 친 ①~⑤ 중 흐름상 어색한 것은? 3점

> A: Hello. ①May I help you?
> B: Yes. ②I'm looking for my scarf.
> A: ③What does it look like?
> B: It's a long cotton scarf.
> A: ④Where did you lose it?
> B: Well, it's grey.
> A: OK. ⑤I'll go and check.

서술형1

06 다음 대화의 내용과 일치하도록 빈칸에 알맞은 말을 쓰시오.

5점

> Girl: Excuse me. I'm looking for my cat.
> Man: What does it look like?
> Girl: Well, she's not very big and she has black hair.
> Man: What else? Is there anything special about her?
> Girl: She has a short tail.

↓

> The girl lost her _____. It is not big and is _____. It has a _____.

[07~09] 다음 대화를 읽고, 물음에 답하시오.

Man: May I help you?

Girl: Yes. I'm looking for my dog. His name is Prince.

Man: ⓐ당신의 개는 어떻게 생겼나요?

Girl: He's very small and has short white hair.

Man: ⓑCan you tell me more?

Girl: Well, he has a really long tail.

Man: I see. And one more thing. Where did you lose him?

Girl: I lost him near the main gate.

Man: OK. I'll go and make an announcement. Can you please wait here?

Girl: Sure. Thanks a lot.

서술형2

07 위 대화의 밑줄 친 우리말 ⓐ를 괄호 안의 단어를 사용하여 영어로 쓰시오. (6단어)　　　　5점

→ _____ (look)

08 위 대화의 밑줄 친 문장 ⓑ와 바꿔 쓸 수 있는 것을 모두 고르시오.　　　　3점

① What else?

② What's it like?

③ Let me think about it.

④ Are you looking for your dog?

⑤ Is there anything special about him?

09 위 대화의 내용과 일치하도록 할 때, 빈칸에 들어갈 말로 알맞은 것은?　　　　4점

Q: What will the man do after the conversation?

A: He will _____.

① go to the main gate

② go out to look for his dog

③ tell the girl the details about the dog

④ make an announcement to find the dog

⑤ ask someone the way to the lost and found

10 다음 빈칸에 공통으로 들어갈 말로 알맞은 것은?　　　　3점

• The author _____ wrote this book is from France.

• Did you see the birds _____ were flying above the tree?

① who ② that ③ what

④ when ⑤ which

11 다음 빈칸에 들어갈 말로 어법상 올바른 것은?　　　　3점

If it _____ cold tomorrow, my sister and I won't go on a picnic.

① is ② was ③ are

④ were ⑤ will be

12 다음 중 어법상 틀린 문장은?　　　　4점

① I saw the runner who won the race.

② I want to live in a house that has a big pool.

③ This is not the cake which was on the table.

④ A camel is an animal that lives in the desert.

⑤ Dave has some friends that helps him in need.

서술형3

13 다음 우리말과 의미가 같도록 관계대명사를 사용하여 문장을 완성하시오.　　　　5점

소파에 앉아 있는 저 개들을 봐.

→ Look at the dogs _____ _____ _____

_____ _____ _____.

서술형 4 고난도 한 단계 더!

14 다음 ⓐ~ⓓ 중 어법상 **틀린** 것을 찾아 기호를 쓰고, 틀린 부분을 바르게 고쳐 쓰시오. **5점**

> ⓐ If you take this medicine, you'll feel better.
> ⓑ Will you pass me the book that is on the desk?
> ⓒ Is this the scarf who was made by your mother?
> ⓓ Look at the girl and the dog that are playing with a ball.

(   ) _____ → _____

15 다음 글의 바로 뒤에 이어질 내용으로 가장 알맞은 것은? **5점**

> People once thought that only humans can use tools. Now, scientists are finding out that many animals can also use tools.

① the history of using tools
② how humans started to use tools
③ the importance of science experiments
④ examples of animals that can use tools
⑤ the difference between humans and animals

[16~19] 다음 글을 읽고, 물음에 답하시오.

> ____ⓐ____ you go to a Buddhist temple in Lop Buri, Thailand, watch out for the Macaque monkeys. They may come to you and pull out your hair. They use human hair (A) to floss their teeth. If you are lucky, you may see female monkeys that are teaching flossing to their babies. ____ⓑ____ the babies are watching, the female monkeys floss their teeth very slowly. This way, the baby monkeys ____ⓒ____.

16 윗글의 빈칸 ⓐ와 ⓑ에 알맞은 말이 순서대로 바르게 짝지어진 것은? **4점**

① If – After
② If – While
③ Until – Since
④ As – Because
⑤ When – Although

17 윗글의 밑줄 친 (A) to floss와 쓰임이 같은 것은? **4점**

① Do you want to play badminton with me?
② My dream is to travel around the world.
③ We decided to go to the concert tonight.
④ To exercise regularly is good for your health.
⑤ I went to the supermarket to buy some eggs.

18 윗글의 흐름상 빈칸 ⓒ에 들어갈 말로 알맞은 것은? **4점**

① use their hair to floss
② play with their mothers
③ learn to floss their teeth
④ learn to brush their hair
⑤ learn to pull out human hair

서술형 5

19 윗글의 내용과 일치하도록 주어진 질문에 완전한 영어 문장으로 답하시오. **5점**

> Q: What do the Macaque monkeys do with human hair?
> A: _____

[20~22] 다음 글을 읽고, 물음에 답하시오.

(①) People don't usually think that octopuses are smart. (②) They use coconut shells for protection. (③) When they can't find a good hiding place, they hide under coconut shells. (④) Some octopuses even store coconut shells for later use. They pile the coconut shells and carry them to use later. (⑤) How smart!

20 윗글의 ①~⑤ 중 주어진 문장이 들어갈 위치로 알맞은 것은?　　　　　3점

However, octopuses are very smart, and they can also use tools.

①　　　②　　　③　　　④　　　⑤

서술형 **6**

21 다음 영영풀이에 해당하는 단어를 윗글에서 찾아 쓰시오.
4점

the process of keeping someone or something safe

_____

22 According to the text above, why do octopuses store coconut shells?　　4점

① to sleep under them
② to use them as toys
③ to lay their eggs in them
④ to use them as a hiding place later
⑤ to eat them when they have no food

[23~25] 다음 글을 읽고, 물음에 답하시오.

In Aesop's fable *The Thirsty Crow*, a crow drops stones into a jar to (A)|raise / lower| the level of water. You may ⓐthink this is just a story, but it is not. Scientists who ⓑwas studying crows did an experiment. They put a jar with water in front of a crow. A worm ⓒwas floating on top of the water. However, the water level was low, (B)|so / but| the crow could not eat the worm. The crow solved the problem just as in the fable. It ⓓdropped stones into the jar. If you ⓔthink this bird is (C)|common / special|, you are wrong. Scientists did the same experiment with other crows, and they all did the same, too.

서술형 **7**

23 윗글의 (A)~(C) 각 네모 안에 주어진 말 중 맥락상 알맞은 것을 각각 쓰시오.　　　각 2점

(A) _____

(B) _____

(C) _____

서술형 **8**

24 윗글의 밑줄 친 ⓐ~ⓔ 중 어법상 틀린 것을 찾아 기호를 쓰고 바르게 고쳐 쓰시오.　　4점

(　　　) → _____

고
산도

25 윗글의 내용을 잘못 이해한 사람끼리 짝지어진 것은?　　4점

• 수미: 이솝 우화 속 까마귀는 항아리 안에 돌을 떨어뜨려서 문제를 해결했어.
• 진우: 과학자들은 이솝 우화 '목마른 까마귀'에서와 같은 상황을 실험해 보았어.
• 민수: 첫 실험에서 까마귀는 우화 속 까마귀와 다른 방법으로 문제를 해결했어.
• 호진: 실험 대상이었던 까마귀들 중 일부만 항아리 속의 벌레를 먹을 수 있었어.

① 수미, 진우　　② 진우, 민수　　③ 수미, 호진
④ 진우, 호진　　⑤ 민수, 호진

서술형 **1**

01 다음 영영풀이에 해당하는 단어를 주어진 철자로 시작하여 빈칸에 쓰시오. 3점

> *n.* a thing that you use for making or doing something

> This t_____ is used to make holes in leather.

02 다음 중 ⓐ~ⓓ의 빈칸 어느 곳에도 들어갈 수 없는 것은? 4점

> ⓐ The boy likes to _____ under the bed.
> ⓑ Aesop's _____ *The Tortoise and the Hare* is my favorite.
> ⓒ The dentist advised me to _____ once a day.
> ⓓ Please _____ the empty plates on the table.

① pile   ② fable   ③ hide
④ floss   ⑤ solve

고난도

03 다음 중 밑줄 친 부분의 뜻이 같은 것끼리 짝지어진 것은? 4점

① The boy spilt a few <u>drops</u> of milk.
   Jack <u>dropped</u> his phone somewhere.
② They always <u>carry</u> their sunglasses.
   I don't <u>carry</u> my wallet around these days.
③ I exercise at the gym <u>once</u> a week.
   My uncle was <u>once</u> a famous movie star.
④ This is my favorite <u>place</u> in the town.
   My brother <u>placed</u> a heavy box on the floor.
⑤ The new <u>store</u> will open next week.
   You should <u>store</u> the cake in the refrigerator.

04 다음 대화의 빈칸 (A)~(C)에 들어갈 말이 순서대로 바르게 짝지어진 것은? 3점

> A: Excuse me. I think I lost my bag.
> B: _____ (A)
> A: It's a small silver bag.
> B: _____ (B)
> A: There's a mirror in it.
> B: _____ (C)

> ⓐ OK. I'll go and check.
> ⓑ Can you tell me more about it?
> ⓒ What does it look like?

① ⓐ - ⓑ - ⓒ   ② ⓑ - ⓐ - ⓒ   ③ ⓑ - ⓒ - ⓐ
④ ⓒ - ⓐ - ⓑ   ⑤ ⓒ - ⓑ - ⓐ

[05~06] 다음 대화를 읽고, 물음에 답하시오.

> Woman: Do you need help?
> Boy: Yes. I'm looking for my cat. I lost her in front of the ice cream shop.
> Woman: What does she look like?
> Boy: Well, she's small and she has grey hair.
> Woman: _____ ⓐ _____
> Boy: She has a short tail and she's wearing a T-shirt.

서술형 **2**

05 위 대화의 빈칸 ⓐ에 들어갈 말을 [조건]에 맞게 쓰시오. 4점

> [조건]   1. 대상에 대한 구체적인 추가 정보를 물을 것
>   2. there, special을 사용하여 6단어로 쓸 것

→ _____

06 Which is NOT true about the boy in the dialog above? Choose ALL. 4점

① He is asking the woman for help.
② He wants to find his missing cat.
③ He lost his cat near the clothing store.
④ His cat is small and grey.
⑤ His cat has a very long tail.

[07~08] 다음 대화를 읽고, 물음에 답하시오.

> **Man:** May I help you?
> **Girl:** Yes. ⓐI'm looking for my dog. His name is Prince.
> **Man:** What does he look like?
> **Girl:** ⓑHe's very small and white.
> **Man:** What else? ⓒTell me about the details.
> **Girl:** Well, it has a really long tail.
> **Man:** I see. ⓓAnd one more thing. Where did you lose him?
> **Girl:** I lost him near the main gate.
> **Man:** OK. I'll go and make an announcement. ⓔCan you please wait here?
> **Girl:** Sure. Thanks a lot.

07 윗글의 밑줄 친 ⓐ~ⓔ와 바꿔 쓸 수 없는 것은? **3점**

① ⓐ: I lost my dog.
② ⓑ: He's really small and has white hair.
③ ⓒ: Let me think about it in detail.
④ ⓓ: I have one more question.
⑤ ⓔ: Please wait here until I come back.

서술형3 고난도

08 다음 ⓐ~ⓓ 중 위 대화를 읽고 답할 수 있는 질문을 찾아 기호를 쓰고, 완전한 영어 문장으로 답하시오. **5점**

> ⓐ What does the girl look like?
> ⓑ What is the name of the man?
> ⓒ Where did the girl lose her dog?
> ⓓ Where did the man find the girl's dog?

(   ) → _____

09 다음 우리말과 의미가 같도록 괄호 안의 단어들을 배열할 때, 7번째로 오는 단어는? (단, If로 문장을 시작할 것) **3점**

> 네가 곧 떠난다면, 늦지 않게 그곳에 도착할 수 있어.
> (can, you, leave, there, in, soon, get, time, you, if)

① can ② soon ③ time
④ get ⑤ leave

한 단계 더!

10 다음 중 밑줄 친 **that**의 쓰임이 [보기]와 다른 것을 모두 고르시오. **4점**

> [보기] I have a friend <u>that</u> lives in London.

① Do you know <u>that</u> girl over there?
② I know a parrot <u>that</u> can speak English.
③ I hope <u>that</u> your sister will get better soon.
④ Where did you buy the skirt <u>that</u> has a flower pattern?
⑤ Look at the man and the dog <u>that</u> are crossing the street.

서술형4 고난도

11 다음 우리말과 의미가 같도록 [조건]에 맞게 문장을 쓰시오. **5점**

> 내일 비가 온다면 결승전은 미뤄질 것이다.

> [조건] 1. 괄호 안의 말을 사용하고, 필요시 형태를 바꿀 것
>   2. If로 시작하는 10단어의 문장으로 쓸 것

→ _____

(rain, the final match, delay)

고난도 신유형

12 다음 문장에서 어법상 틀린 부분을 찾아 그 이유를 설명하고 바르게 고친 사람은? **4점**

> The boys that is playing tennis are my brothers.

① 도아: 선행사인 The boys는 사람이니까 that을 who로 고쳐야 해.
② 예서: 관계대명사절의 동사 is 앞에 주어 they를 써야 해.
③ 우진: '테니스를 치고 있다'는 is playing the tennis로 써야 해.
④ 아인: 선행사가 복수 명사 The boys니까 관계대명사절의 동사 is를 are로 고쳐야 해.
⑤ 지윤: 바로 앞의 tennis가 단수 명사니까 are가 아니라 is로 써야 해.

서술형5

13 다음 두 문장을 [조건]에 맞게 한 문장으로 쓰시오.   5점

- The cat caught a mouse.
- The mouse was eating cheese on the floor.

[조건]   1. 관계대명사를 사용할 것
         2. 12단어의 완전한 문장으로 쓸 것

→ _____

_____

고난도 한 단계 더!

14 다음 중 어법상 틀린 부분을 바르게 고친 것은?   5점

ⓐ Call me anytime if you have any worries.
ⓑ Let's go to the beach if it will be sunny.
ⓒ Leonardo da Vinci is the artist that painted the *Mona Lisa*.
ⓓ Unless you practice hard, you can't win the race.
ⓔ The pictures which are hanging on the wall are expensive.

① ⓐ: have → will have
② ⓑ: will be → is
③ ⓒ: that → which
④ ⓓ: Unless → If
⑤ ⓔ: are expensive → is expensive

15 윗글의 밑줄 친 ⓐ may와 의미가 같은 것은?   3점

① May I try this jacket on?
② The rumor may not be true.
③ May I borrow your notebook?
④ You may leave the classroom now.
⑤ You may use my smartphone if you want.

서술형6 고난도

16 윗글의 밑줄 친 문장 ⓑ에서 어법상 틀린 부분을 찾아 바르게 고쳐 쓰고, 틀린 이유를 쓰시오.   5점

(1) 틀린 부분: _____ → _____

(2) 틀린 이유: _____

_____

고난도

17 윗글의 내용과 일치하는 것은?   4점

① Only humans can use tools.
② The Macaque monkeys hide themselves because they are afraid of people.
③ The Macaque monkeys use human hair for flossing.
④ While the babies are sleeping, the female monkeys floss their teeth.
⑤ The Macaque monkeys floss their teeth slowly to show people how to floss.

[15~17] 다음 글을 읽고, 물음에 답하시오.

If you go to a Buddhist temple in Lop Buri, Thailand, watch out for the Macaque monkeys. They ⓐmay come to you and pull out your hair. They use human hair to floss their teeth. ⓑIf you are lucky, you may see female monkeys that is teaching flossing to their babies. While the babies are watching, the female monkeys floss their teeth very slowly. This way, the baby monkeys learn to floss.

[18~20] 다음 글을 읽고, 물음에 답하시오.

People don't usually think that octopuses are smart. However, octopuses are very smart, and they can also use tools. They use coconut shells (A) protect / to protect themselves. When they can't find a good hiding place, they hide under coconut shells. Some octopuses even store coconut shells ⓐ나중에 사용하기 위해. They pile the coconut shells and (B) carry / to carry them to use later. (C) What / How smart!

18 윗글의 (A)~(C)의 각 네모 안에 주어진 말 중 어법상 올바른 것끼리 짝지어진 것은? **3점**

	(A)		(B)		(C)
①	protect	…	carry	…	What
②	protect	…	carry	…	How
③	protect	…	to carry	…	What
④	to protect	…	carry	…	How
⑤	to protect	…	to carry	…	How

서술형**7**

19 윗글의 밑줄 친 ⓐ의 우리말과 의미가 같도록 [조건]에 맞게 영어로 쓰시오. **5점**

> [조건] 1. use를 명사로 사용할 것
>   2. 3단어로 쓸 것

→ _____

서술형**8**

20 윗글의 내용과 일치하도록 다음 요약문을 완성하시오. **5점**

> Octopuses are very smart, and they can use _____. They use _____ _____ as a hiding place for _____.

[21~24] 다음 글을 읽고, 물음에 답하시오.

> In Aesop's fable *The Thirsty Crow*, a crow drops stones into a jar to raise the level of water. You may think this is just a story, but it is not. Scientists that were studying crows did an experiment. They put a jar with water in front of a crow. (①) A worm was floating on top of the water. (②) However, the water level was low, so the crow could not eat the worm. The crow solved the problem just as in the fable. (③) If you think this bird is special, you are wrong. (④) Scientists did the same experiment with other crows, and they did the same, too. (⑤)

서술형**9**

21 다음 빈칸에 공통으로 들어갈 말을 윗글에서 찾아 쓰시오. **4점**

> • The man's _____ of English is very high.
> • The _____ of the river was rising because of the heavy rain.

22 윗글의 ①~⑤ 중 주어진 문장이 들어갈 위치로 알맞은 것은? **3점**

> It dropped stones into the jar.

①   ②   ③   ④   ⑤

23 Why couldn't the crow eat the worm in a jar at the beginning of the experiment? **4점**

① It's because the bird was not special.
② It's because the worm was not fresh.
③ It's because the water level was low.
④ It's because there was a stone in the jar.
⑤ It's because the crow didn't want to eat it.

서술형**10**

24 다음 문장의 밑줄 친 부분에 해당하는 것을 윗글에서 찾아 한 단어로 쓰시오. **3점**

> Crows can use tools.

_____

서술형**11**

25 다음 글의 밑줄 친 ⓐ~ⓒ 중 어법상 틀린 것을 찾아 기호를 쓰고, 틀린 부분을 바르게 고쳐 문장을 다시 쓰시오. **5점**

> ⓐThere are many animals who have special talents. An example is Koko. ⓑShe is a female gorilla that lives in America. She can talk with people in American Sign Language. ⓒShe knows more than 1,000 signs.

(   ) → _____

○ 틀린 문항을 표시해 보세요.

○ 부족한 영역을 점검하고 어떻게 더 학습할지 계획을 적어 보세요.

〈제1회〉 대표 기출로 내신 **적중** 모의고사　　총점 _____ / 100

문항	영역	문항	영역	문항	영역
01	p.84(W)	10	p.97(G)	19	pp.104~105(R)
02	p.82(W)	11	p.96(G)	20	pp.104~105(R)
03	p.84(W)	12	pp.96~97(G)	21	pp.104~105(R)
04	p.88(L&T)	13	p.97(G)	22	p.105(R)
05	p.88(L&T)	14	p.96(G)	23	p.105(R)
06	p.87(L&T)	15	p.104(R)	24	p.105(R)
07	p.89(L&T)	16	p.104(R)	25	p.105(R)
08	p.89(L&T)	17	p.104(R)		
09	p.96(G)	18	p.104(R)		

제1회 오답 공략
부족한 영역
학습 계획

〈제2회〉 대표 기출로 내신 **적중** 모의고사　　총점 _____ / 100

문항	영역	문항	영역	문항	영역
01	p.84(W)	10	p.97(G)	19	pp.104~105(R)
02	p.84(W)	11	p.96(G)	20	pp.104~105(R)
03	p.82(W)	12	p.97(G)	21	pp.104~105(R)
04	p.87(L&T)	13	p.97(G)	22	p.105(R)
05	p.88(L&T)	14	pp.96~97(G)	23	p.105(R)
06	p.88(L&T)	15	p.104(R)	24	p.105(R)
07	p.89(L&T)	16	p.104(R)	25	p.105(R)
08	p.89(L&T)	17	p.104(R)		
09	p.96(G)	18	p.104(R)		

제2회 오답 공략
부족한 영역
학습 계획

〈제3회〉 대표 기출로 내신 **적중** 모의고사　　총점 _____ / 100

문항	영역	문항	영역	문항	영역
01	p.84(W)	10	p.96(G)	19	p.104(R)
02	p.82(W)	11	p.97(G)	20	pp.104~105(R)
03	p.84(W)	12	p.96(G)	21	pp.104~105(R)
04	p.87(L&T)	13	p.96(G)	22	pp.104~105(R)
05	p.88(L&T)	14	pp.96~97(G)	23	p.105(R)
06	p.88(L&T)	15	p.104(R)	24	p.105(R)
07	p.89(L&T)	16	p.104(R)	25	p.105(R)
08	p.89(L&T)	17	p.104(R)		
09	p.89(L&T)	18	p.104(R)		

제3회 오답 공략
부족한 영역
학습 계획

〈제4회〉 고난도로 내신 **적중** 모의고사　　총점 _____ / 100

문항	영역	문항	영역	문항	영역
01	p.84(W)	10	p.96(G)	19	pp.104~105(R)
02	p.82(W)	11	p.97(G)	20	pp.104~105(R)
03	p.84(W)	12	p.96(G)	21	p.105(R)
04	p.87(L&T)	13	p.96(G)	22	p.105(R)
05	p.88(L&T)	14	pp.96~97(G)	23	p.105(R)
06	p.88(L&T)	15	p.104(R)	24	p.105(R)
07	p.89(L&T)	16	p.104(R)	25	p.118(M)
08	p.89(L&T)	17	p.104(R)		
09	p.97(G)	18	pp.104~105(R)		

제4회 오답 공략
부족한 영역
학습 계획

Lesson 5

Living Healthily and Safely

주요 학습 내용	의사소통 기능	문제점이나 증상을 묻고 답하기	**A:** What's wrong? (무슨 일이니?) **B:** I have a headache. (머리가 아파요.)
		당부하기	Make sure you take some medicine. (반드시 약을 좀 먹으렴.)
	언어 형식	목적격 관계대명사	Another problem (**which/that**) you can have is neck pain. (당신이 겪을 수 있는 또 다른 문제는 목 통증입니다.)
		call *A B*	We **call such people smombies.** (우리는 그런 사람들을 스몸비라고 부른다.)

학습 단계 PREVIEW	STEP **A**	Words	Listen and Talk	Grammar	Reading	기타 지문
	STEP **B**	Words	Listen and Talk	Grammar	Reading	서술형 100% Test
	내신 적중 모의고사	제 **1** 회	제 **2** 회	제 **3** 회	제 **4** 회	

Words

만점 노트

* 완벽히 외운 단어는 □ 안에 √ 표 해 봅시다.

Listen and Talk

□□ dentist	명 치과 의사	□□ sore	형 (상처 등이) 아픈, 쓰라린
□□ fever☆	명 열, 발열	□□ terrible	형 심한, 지독한
□□ finger	명 손가락	□□ text☆	동 (휴대 전화로) 문자를 보내다
□□ headache	명 두통		명 (휴대 전화) 문자 메시지
□□ hurt☆	동 아프다; 아프게 하다 (-hurt-hurt)	□□ throat	명 목구멍, 목
□□ medicine☆	명 약, 약물	□□ thumb	명 엄지손가락
□□ pain☆	명 통증, 고통	□□ toothache	명 치통
□□ regularly	부 규칙적으로	□□ have a cold	감기에 걸리다
□□ sick	형 아픈	□□ have a runny nose	콧물이 흐르다

Talk and Play

| □□ stretch | 동 늘이다, 뻗다 | □□ get some rest | 휴식을 취하다 |

Reading

□□ accident	명 사고	□□ safety☆	명 안전
□□ addiction☆	명 중독	□□ simple	형 간단한
□□ blink☆	동 (눈을) 깜박거리다	□□ stress	명 압박, 긴장, 스트레스
□□ cause☆	동 일으키다, 야기하다	□□ such	형 그런, 그러한
□□ dry	형 건조한 (↔ wet)	□□ unwise☆	형 현명하지 못한, 어리석은 (↔ wise)
□□ fall	동 넘어지다; 떨어지다	□□ various	형 다양한, 여러 가지의
□□ hole	명 구덩이, 구멍	□□ without	전 ~ 없이
□□ increase☆	동 증가하다 (↔ decrease)	□□ zombie	명 좀비 (반쯤 죽은 것 같은 사람)
□□ meal	명 식사	□□ get hurt	다치다
□□ meeting	명 회의, 모임	□□ get into	(특정한 상황에) 처하다
□□ nervous	형 초조한	□□ instead of	~ 대신에
□□ prevent☆	동 예방하다, 막다 (= stop)	□□ look down at	~을 내려다보다
□□ problem	명 문제	□□ turn off	~을 끄다 (↔ turn on)

Language in Use

| □□ author | 명 작가, 저자 | □□ intelligent | 형 총명한, 똑똑한 |
| □□ celebrity | 명 유명 인사 | □□ subject | 명 과목; 주제 |

Think and Write & Team Project

| □□ change | 동 바뀌다; 바꾸다 | □□ from now on | 지금부터 |
| □□ promise | 명 약속 동 약속하다 | □□ try one's best | 최선을 다하다 |

Review

| □□ person | 명 사람, 개인 | □□ tower | 명 탑 |

Words
연습 문제

A 다음 단어의 우리말 뜻을 쓰시오.

01 addiction
02 prevent
03 safety
04 text
05 accident
06 blink
07 increase
08 celebrity
09 pain
10 intelligent
11 thumb
12 cause
13 throat
14 regularly
15 author
16 nervous
17 unwise
18 such
19 various
20 toothache

B 다음 우리말 뜻에 알맞은 영어 단어를 쓰시오.

01 아픈, 쓰라린
02 아프다; 아프게 하다
03 늘이다, 뻗다
04 간단한
05 구덩이
06 열, 발열
07 치과 의사
08 넘어지다; 떨어지다
09 문제
10 약속(하다)
11 약, 약물
12 좀비
13 압박, 긴장, 스트레스
14 두통
15 ~ 없이
16 건조한
17 사람, 개인
18 식사
19 회의, 모임
20 손가락

C 다음 영어 표현의 우리말 뜻을 쓰시오.

01 turn off
02 look down at
03 get some rest
04 have a cold
05 from now on
06 get hurt
07 have a runny nose
08 get into
09 instead of
10 try one's best

D 다음 우리말 뜻에 알맞은 영어 표현을 쓰시오.

01 콧물이 흐르다
02 지금부터
03 ~을 끄다
04 최선을 다하다
05 ~ 대신에
06 ~을 내려다보다
07 다치다
08 휴식을 취하다
09 (특정한 상황에) 처하다
10 감기에 걸리다

Words Plus
만점 노트

영영풀이

□□	**accident**	사고	something bad that happens that is not wanted or planned
□□	**addiction**	중독	a condition when someone cannot stop doing something that is not healthy
□□	**blink**	(눈을) 깜박거리다	to open and close your eyes very quickly
□□	**cause**	일으키다, 야기하다	to make something happen
□□	**dry**	건조한	without water or liquid on the surface
□□	**hole**	구덩이, 구멍	a space dug in the surface of the ground
□□	**increase**	증가하다	to get bigger or to make something bigger
□□	**meal**	식사	a special occasion when food is prepared and eaten
□□	**nervous**	초조한	feeling very anxious or fearful
□□	**pain**	통증, 고통	the feeling you have when a part of your body hurts
□□	**prevent**	예방하다, 막다	to stop something from happening
□□	**regularly**	규칙적으로	at the same time every day, every week, etc.
□□	**rest**	휴식	a time when you relax or sleep
□□	**safety**	안전	a state of being safe from harm or danger
□□	**simple**	간단한	not difficult or complicated
□□	**sore**	아픈, 쓰라린	painful, especially when touched
□□	**stretch**	늘이다, 뻗다	to make your body or part of your body straighter and longer
□□	**text**	문자를 보내다	to send someone a written message using a cell phone
□□	**thumb**	엄지손가락	the short thick finger on your hand that helps you hold things
□□	**toothache**	치통	a pain in a tooth
□□	**without**	~ 없이	not having something or someone with you

단어의 의미 관계

● **유의어**
prevent (막다) = stop
simple (간단한) = easy
sore (아픈, 쓰라린) = painful

● **반의어**
dry (건조한) ↔ wet (젖은)
easy (쉬운) ↔ difficult (어려운)
increase (증가하다) ↔ decrease (감소하다)
turn on (켜다) ↔ turn off (끄다)
wise (현명한) ↔ unwise (현명하지 못한)
with (~와) ↔ without (~ 없이)

● **명사 – 형용사**
addiction (중독) – addictive (중독성이 있는)
pain (통증, 고통) – painful (아픈)
safety (안전) – safe (안전한)

다의어

● **cause** 1. 통 일으키다, 야기하다   2. 명 원인
1. Careless driving **causes** accidents.
   (부주의한 운전은 사고를 야기한다.)
2. Sugar is a major **cause** of tooth decay.
   (설탕은 충치의 주요 원인이다.)
● **text** 1. 통 문자 메시지를 보내다
   2. 명 문자 메시지 (= text message)
   3. 명 글, 본문, 원문
1. She spends hours **texting** her boyfriend.
   (그녀는 남자 친구에게 문자 메시지를 하느라 몇 시간씩 보낸다.)
2. I'll send you a **text** as soon as I have any news.
   (소식이 생기는 대로 네게 문자 메시지를 보낼게.)
   What should we do to prevent **text** neck?
   (거북목 증후군을 예방하기 위해서 우리는 무엇을 해야 하나요?)
3. The book has 500 pages of **text**.
   (그 책은 본문이 500쪽이다.)

Words Plus
연습 문제

A 다음 영영풀이에 해당하는 단어를 [보기]에서 찾아 쓴 후, 우리말 뜻을 쓰시오.

[보기]	hole	accident	regularly	without	blink	pain	stretch	increase

1 _____ : to open and close your eyes very quickly : _____

2 _____ : a space dug in the surface of the ground : _____

3 _____ : to get bigger or to make something bigger : _____

4 _____ : not having something or someone with you : _____

5 _____ : at the same time every day, every week, etc. : _____

6 _____ : the feeling you have when a part of your body hurts : _____

7 _____ : something bad that happens that is not wanted or planned : _____

8 _____ : to make your body or part of your body straighter and longer : _____

B 다음 빈칸에 들어갈 단어를 [보기]에서 찾아 쓰시오.

[보기]	addiction	nervous	hurt	meal	prevent

1 Do you feel _____ before exams?

2 Smartphone _____ is a serious problem.

3 What can we do to _____ air pollution?

4 He _____ his knee while he was playing soccer.

5 Dinner is the main _____ of the day for most people.

C 우리말과 의미가 같도록 빈칸에 알맞은 말을 쓰시오.

1 그는 넘어져서 다쳤다. → He fell down and _____ _____.

2 나는 길거리를 내려다보고 있다. → I'm _____ _____ the street.

3 나는 머리가 아프고 콧물이 난다. → I have a headache and _____ _____ _____.

4 나갈 때 전등 끄는 거 잊지 마. → Don't forget to _____ _____ the lights when you leave.

5 이제 나는 학교에 버스를 타고 가는 대신 걸어갈 수 있다.
→ Now I can walk to school _____ _____ taking the bus.

D 다음 짝지어진 단어의 관계가 같도록 빈칸에 알맞은 단어를 쓰시오.

1 easy : difficult = wise : _____

2 dry : wet = _____ : decrease

3 pain : painful = _____ : safe

4 simple : easy = painful : _____

5 turn on : turn off = with : _____

STEP
A

01 다음 중 나머지와 관계가 <u>없는</u> 단어는?

① fever ② throat ③ headache
④ toothache ⑤ runny nose

02 다음 중 짝지어진 단어의 관계가 나머지와 <u>다른</u> 하나는?

① dry – wet
② wise – unwise
③ prevent – stop
④ with – without
⑤ increase – decrease

03 다음 빈칸에 공통으로 들어갈 말로 알맞은 것은?

· What's the _____ of the accident?
· Eating too much junk food can _____ health problems.

① call ② cause ③ pain
④ increase ⑤ prevent

04 다음 빈칸에 들어갈 말이 순서대로 바르게 짝지어진 것은?

· Did you _____ off all the lights in the house?
· Don't _____ down at your feet while you're walking.

① get – put ② put – turn
③ take – turn ④ turn – look
⑤ give – look

05 다음 중 밑줄 친 부분의 우리말 의미가 알맞지 <u>않은</u> 것은?

① I <u>have a fever</u> and a sore throat.
(열이 나다)
② Can you see <u>without</u> your glasses?
(~ 없이)
③ They exercise <u>regularly</u> to stay healthy.
(가끔)
④ Take this medicine and <u>get some rest</u>.
(휴식을 취하다)
⑤ For your <u>safety</u>, you should wear a helmet.
(안전)

06 주어진 우리말과 의미가 같도록 빈칸에 알맞은 말을 쓰시오.

나는 커피 대신에 밀크티를 마실게.

→ I'll have milk tea _____ _____ coffee.

고
난도
07 다음 중 단어와 영영풀이가 바르게 연결되지 <u>않은</u> 것은?

① nervous: feeling very relaxed
② hole: a space dug in the surface of the ground
③ blink: to open and close your eyes very quickly
④ increase: to get bigger or to make something bigger
⑤ pain: the feeling you have when a part of your body hurts

Listen and Talk
핵심 노트

1 문제점이나 증상을 묻고 답하기

> A: **What's wrong?** 무슨 일이니?
>
> B: **I have** a headache. 머리가 아파.

What's wrong?은 '무슨 일이니?, 무슨 일 있니?'라는 뜻으로, 상대방이 아파 보이거나 기분이 안 좋아 보일 때 묻는 표현이다. What's the matter〔problem〕? 또는 Is anything wrong?이라고 말할 수도 있다. 어디가 아프다고 할 때는 「I have+아픈 증상.」으로 말하거나, 동사 hurt(아프다, 다치다)를 사용하여 말한다.

시험 포인트 **point**
문제점이나 증상을 묻는 말에 대한 대답을 고르는 문제가 주로 출제되므로, 증상을 나타내는 다양한 표현을 익혀 두도록 한다.

· **문제점이나 증상 묻기**

What's wrong (with you)? (무슨 일이니?)

What's the matter? (무슨 일 있니?)

What's the problem? (무슨 일 있니?)

Is (there) anything wrong? (무슨 문제 있니?)

· **문제점이나 증상 말하기**

I have a runny nose. (콧물이 나.)

I have a sore throat. (목이 아파.)

I have pain in my knee. (무릎에 통증이 있어.)

My foot hurt. (발이 아파.)

I hurt my thumb. (엄지손가락을 다쳤어.)

2 당부하기

> A: **Make sure you take** some medicine. 반드시 약을 좀 먹으렴.
>
> B: OK, I will. 그래, 그렇게.

상대방에게 어떤 일을 반드시 하라고 당부할 때 「Make sure you+동사원형 ~.」으로 말할 수 있다. 비슷한 표현으로는 「Don't forget to+동사원형 ~.」이 있다. Make sure ~. 표현을 써서 상대방이 당부한 말에 그렇게 하겠다고 답할 때는 OK, I will.이라고 말하며, 고마움이나 자신의 생각을 덧붙이기도 한다.

시험 포인트 **point**
당부의 내용이 무엇인지 고르는 문제가 자주 출제되므로, Make sure 다음에 이어지는 내용을 잘 파악하도록 한다.

· A: Make sure you get some rest. (반드시 좀 쉬도록 하렴.)

  B: OK, I will. (응, 그렇게.)

· A: Make sure you exercise regularly. (반드시 규칙적으로 운동을 하렴.)

  B: Yes, I will. (응, 그렇게.)

· A: I think I have a bad cold. (나는 심한 감기에 걸린 것 같아.)

  B: Make sure you go see a doctor. (반드시 진찰을 받아 보도록 해.)

· A: Don't forget to take your umbrella. (우산 가져가는 걸 잊지 마.)

  B: OK. Thanks. (응, 고마워.)

L&T Listen and Talk
만점 노트

Listen and Talk A-1
교과서 84쪽

W: You look sick. ❶What's wrong, Inho?

B: ❷I have a sore throat. I have a fever, too.

W: I think you ❸have a cold. ❹Take this medicine and ❺make sure you take a good rest.

B: OK. Thank you.

❶ 상대방이 아파 보이거나 기분이 안 좋아 보일 때 묻는 말이다.

❷ 「have+아픈 증상」의 형태로 어디가 아픈지 나타낼 수 있다.
sore throat: 인후통 / fever: 열

❸ 감기에 걸리다 (= catch a cold)

❹ take medicine: 약을 먹다

❺ 「Make sure you+동사원형 ~.」을 사용하여 상대방에게 당부하는 말을 할 수 있다. / take a rest: 쉬다, 휴식을 취하다

Q1 인호의 증상은 무엇인가요?

Listen and Talk A-2
교과서 84쪽

W: What's wrong, Peter?

B: I don't know, Ms. Kim, but ❶my back hurts a lot.

W: ❷Put a heating pad on it.

B: OK, I will.

W: And make sure you ❸do some stretching exercises.

❶ hurt는 '아프다'라는 의미로, 「신체 부위+hurt(s)」로 아픈 증상을 표현할 수 있다. / back: 등

❷ a heating pad는 '찜질 패드'라는 뜻이고, it은 앞에서 말한 소년의 등(back)을 가리킨다.

❸ do stretching exercises: 스트레칭 운동을 하다

Q2 Peter는 어디가 아픈가요? (   ) ⓐ 등 ⓑ 다리

Q3 Ms. Kim told Peter to do stretching exercises. (T / F)

Listen and Talk A-3
교과서 84쪽

W: ❶What's the matter, Chris?

B: ❷I have a terrible toothache.

W: Here is some medicine. Take this.

B: Thank you.

W: And make sure you ❸go to the dentist.

B: OK, I will.

❶ 문제점이나 아픈 증상이 무엇인지 묻는 표현이다.
(= What's wrong? / What's the problem?)

❷ 아픈 증상을 말할 때 「have+아픈 증상」으로 표현할 수 있다.
a terrible toothache: 심한 치통

❸ 치과에 가다, 치과 진료를 받다

Q4 여자는 Chris에게 무엇을 당부했나요? (   ) ⓐ 휴식 취하기 ⓑ 치과에 가기

Listen and Talk A-4
교과서 84쪽

W: ❶What's wrong with your leg, Sam?

B: I fell and ❷hurt my foot while I was playing soccer.

W: Can you walk?

B: Yes, but it hurts a lot.

W: ❸Why don't you put some ice on it? And make sure you don't play soccer ❹until next week.

❶ 특정 신체 부위가 아파 보일 때 What's wrong 뒤에 「with+신체 부위」를 덧붙여 물어볼 수 있다.

❷ hurt+신체 부위: ~를 다치다 / while은 '~하는 동안'이라는 의미의 접속사로, 뒤에 「주어+동사」가 이어진다.

❸ Why don't you ~?는 상대방에게 제안이나 권유할 때 사용하는 표현이다.

❹ 다음 주까지

Q5 Sam fell and hurt his foot on the ice. (T / F)

Listen and Talk C

교과서 85쪽

W: What's wrong, Andy?

B: Hello, Ms. Kim. ❶My right thumb hurts.

W: Hmm. ❷Do you use your smartphone a lot?

B: Yes, I ❸text a lot. Why?

W: ❹I think you have texting thumb.

B: Texting thumb? What's ❺texting thumb?

W: It's pain in your thumb. ❻You can get it from texting too much.

B: Oh, I didn't know ❼that.

W: Why don't you do some ❽finger stretching exercises?

B: OK, I will.

W: And ❾make sure you don't text too much.

❶ 신체 부위+hurt(s): ~가 아프다

❷ 습관이나 자주 하는 일을 물을 때 현재시제를 사용한다.

❸ '문자를 보내다'라는 의미의 동사로 쓰였다.

❹ 자신의 의견을 말할 때 「I think (that)+주어+동사 ~.」로 표현한다.

❺ 문자를 많이 보내서 엄지손가락이 아픈 증상

❻ it은 texting thumb을 가리키며, '~로 인해, ~해서'라는 의미로 아픈 이유를 나타낼 때 전치사 from을 사용할 수 있다.

❼ that은 문자를 너무 많이 보내면 엄지손가락에 통증이 생길 수 있다는 상대방의 말을 가리킨다.

❽ 손가락 스트레칭 운동

❾ 「Make sure you don't+동사원형 ~.」은 '반드시 ~하지 않도록 해라.'라는 의미로 당부나 주의를 주는 표현이다.

Q6 Andy는 어디가 아픈가요?

Q7 Ms. Kim advised Andy not to _____ a lot.

Talk and Play

교과서 86쪽

B: What's wrong?

G: ❶I have a fever.

B: ❷That's too bad. Make sure you ❸get some rest.

G: OK, I will.

❶ '나는 열이 있다.'는 말로 아픈 증상을 나타내는 표현이다.

❷ 상대방에게 생긴 좋지 않은 일에 대해 '그것 참 안됐구나.'라고 유감을 나타낼 때 사용하는 표현이다.

❸ 휴식을 취하다 (= have some rest / take some rest)

Q8 What is the girl's problem?

She _____.

Review-1

교과서 98쪽

G: What's wrong, Mike?

B: I have a ❶terrible headache.

G: ❷I think you should take some medicine.

B: OK, I will.

❶ 심한 두통

❷ 「I think you should+동사원형 ~.」은 '네가 ~해야 할 것 같아.'라는 의미로, 상대방에게 의견을 제시하거나 조언을 줄 때 쓰는 표현이다.

Q9 The girl advised Mike to take a good rest.

(T / F)

Review-2

교과서 98쪽

M: ❶What's the matter, Mina?

G: I have a ❷sore throat. I also ❸have a runny nose.

M: I think you have a cold. Make sure you get some rest.

G: OK, I will.

❶ 아파 보이거나 안 좋은 일이 있어 보이는 상대방에게 무슨 일이 있는지 묻는 표현이다. (= Is anything wrong?)

❷ sore는 '아픈, 쓰라린'이라는 뜻이다.

❸ 콧물이 나다

Q10 Mina has a _____ _____ and a _____ _____.

L&T Listen and Talk
빈칸 채우기

• 주어진 우리말과 일치하도록 교과서 대화문을 완성하시오.

Listen and Talk A-1

W: You look sick. _____ _____, Inho?

B: I _____ _____ _____ _____. I have a fever, too.

W: I think you have a cold. _____ this _____ and _____ _____ you take a good rest.

B: OK. Thank you.

 교과서 84쪽

W: 너 아파 보인다. 무슨 일이니, 인호야?

B: 목이 아파요. 열도 나요.

W: 감기에 걸린 것 같구나. 이 약을 먹고 반드시 푹 쉬도록 하렴.

B: 알겠어요. 고맙습니다.

Listen and Talk A-2

W: _____ _____, Peter?

B: I don't know, Ms. Kim, but my _____ _____ a lot.

W: Put a _____ _____ _____ it.

B: OK, I will.

W: And make sure you _____ some stretching _____.

교과서 84쪽

W: 무슨 일이니, Peter?

B: 모르겠어요, 김 선생님. 그런데 등이 많이 아파요.

W: 그곳에 찜질 패드를 올려놓으렴.

B: 네, 그럴게요.

W: 그리고 반드시 스트레칭 운동을 좀 하렴.

Listen and Talk A-3

W: _____ _____ _____, Chris?

B: I have a _____ _____.

W: Here is some medicine. _____ this.

B: Thank you.

W: And make sure you _____ _____ _____ _____.

B: OK, I will.

교과서 84쪽

W: 무슨 일이니, Chris?

B: 심한 치통이 있어요.

W: 여기 약이 좀 있단다. 이것을 먹으렴.

B: 고맙습니다.

W: 그리고 반드시 치과에 가도록 하렴.

B: 네, 그럴게요.

Listen and Talk A-4

W: What's wrong _____ _____ _____, Sam?

B: I fell and _____ my foot while I was playing soccer.

W: Can you walk?

B: Yes, but it _____ a lot.

W: _____ _____ _____ put some ice on it? And _____ _____ you don't play soccer _____ _____ _____.

교과서 84쪽

W: 다리에 무슨 문제가 있니, Sam?

B: 축구를 하다가 넘어져서 발을 다쳤어요.

W: 걸을 수는 있니?

B: 네, 하지만 많이 아파요.

W: 발에 얼음을 좀 올려놓는 게 어떠니? 그리고 반드시 다음 주까지는 축구를 하지 않도록 하렴.

Listen and Talk C

W: _____ _____, Andy?

B: Hello, Ms. Kim. My _____ _____ _____.

W: Hmm. _____ _____ _____ your smartphone a lot?

B: Yes, I _____ a lot. Why?

W: _____ _____ _____ _____ texting thumb.

B: Texting thumb? What's texting thumb?

W: It's _____ in your thumb. You can get it _____ _____ too much.

B: Oh, I didn't know that.

W: _____ _____ _____ do some finger stretching exercises?

B: OK, I will.

W: And make sure you _____ _____ too much.

Talk and Play

A: What's wrong?

B: I _____ _____ _____.

A: That's _____ _____. Make sure you get _____ _____.

B: OK, I will.

Review-1

G: What's wrong, Mike?

B: I have a _____ _____.

G: I think you should _____ _____ _____.

B: OK, I will.

Review-2

M: What's _____ _____, Mina?

G: I have a sore throat. I also _____ _____ _____ _____.

M: I think you _____ _____ _____. Make sure you get some rest.

G: OK, I will.

W: 무슨 일이니, Andy?

B: 안녕하세요, 김 선생님. 제 오른쪽 엄지손가락이 아파요.

W: 음. 너 스마트폰을 많이 사용하니?

B: 네, 문자를 많이 보내요. 왜요?

W: 내 생각에 너는 texting thumb인 것 같구나.

B: texting thumb이요? texting thumb이 뭔가요?

W: 엄지손가락에 통증이 있는 거야. 문자를 너무 많이 보내면 생길 수 있어.

B: 아, 그건 몰랐어요.

W: 손가락 스트레칭 운동을 좀 하는 게 어떠니?

B: 네, 그럴게요.

W: 그리고 반드시 문자를 너무 많이 보내지 않도록 하렴.

A: 무슨 일이니?

B: 나는 열이 나.

A: 안됐구나. 꼭 좀 쉬도록 하렴.

B: 응, 그럴게.

G: 무슨 일이니, Mike?

B: 머리가 너무 아파.

G: 너는 약을 좀 먹는 것이 좋겠어.

B: 응, 그럴게.

M: 무슨 일이니, 미나야?

G: 목이 아파요. 콧물도 나고요.

M: 내 생각에 너는 감기에 걸린 것 같구나. 반드시 좀 쉬도록 하렴.

G: 네, 그럴게요.

대화 순서 배열하기

1 Listen and Talk A-1
교과서 84쪽

ⓐ I have a sore throat. I have a fever, too.
ⓑ OK. Thank you.
ⓒ I think you have a cold. Take this medicine and make sure you take a good rest.
ⓓ You look sick. What's wrong, Inho?

(   ) – (   ) – (   ) – (   )

2 Listen and Talk A-2
교과서 84쪽

ⓐ I don't know, Ms. Kim, but my back hurts a lot.
ⓑ OK, I will.
ⓒ Put a heating pad on it.
ⓓ What's wrong, Peter?
ⓔ And make sure you do some stretching exercises.

(   ) – (   ) – (   ) – ⓑ – (   )

3 Listen and Talk A-3
교과서 84쪽

ⓐ What's the matter, Chris?
ⓑ And make sure you go to the dentist.
ⓒ I have a terrible toothache.
ⓓ Thank you.
ⓔ OK, I will.
ⓕ Here is some medicine. Take this.

(   ) – (   ) – (   ) – ⓓ – (   ) – (   )

4 Listen and Talk A-4
교과서 84쪽

ⓐ I fell and hurt my foot while I was playing soccer.
ⓑ Yes, but it hurts a lot.
ⓒ What's wrong with your leg, Sam?
ⓓ Why don't you put some ice on it? And make sure you don't play soccer until next week.
ⓔ Can you walk?

(   ) – (   ) – ⓔ – (   ) – (   )

5 Listen and Talk C

교과서 85쪽

A: What's wrong, Andy?
ⓐ OK, I will.
ⓑ It's pain in your thumb. You can get it from texting too much.
ⓒ Oh, I didn't know that.
ⓓ I think you have texting thumb.
ⓔ Yes, I text a lot. Why?
ⓕ Texting thumb? What's texting thumb?
ⓖ Hello, Ms. Kim. My right thumb hurts.
ⓗ Why don't you do some finger stretching exercises?
ⓘ Hmm. Do you use your smartphone a lot?
A: And make sure you don't text too much.

A – (　　) – (　　) – ⓔ – (　　) – (　　) – ⓑ – (　　) – (　　) – (　　) – A

6 Talk and Play

교과서 86쪽

ⓐ I have a fever.
ⓑ OK, I will.
ⓒ That's too bad. Make sure you get some rest.
ⓓ What's wrong?

(　　) – (　　) – (　　) – (　　)

7 Review-1

교과서 98쪽

ⓐ I think you should take some medicine.
ⓑ What's wrong, Mike?
ⓒ OK, I will.
ⓓ I have a terrible headache.

(　　) – (　　) – (　　) – (　　)

8 Review-2

교과서 98쪽

ⓐ OK, I will.
ⓑ I think you have a cold. Make sure you get some rest.
ⓒ What's the matter, Mina?
ⓓ I have a sore throat. I also have a runny nose.

(　　) – (　　) – (　　) – (　　)

01 다음 대화의 빈칸에 들어갈 말로 알맞지 <u>않은</u> 것은?

> A: What's wrong?
> B: _____

① I hurt my finger.
② My arm hurts a lot.
③ I have a sore throat.
④ I have a terrible toothache.
⑤ Make sure you get some rest.

02 다음 대화의 빈칸에 들어갈 말로 가장 알맞은 것은?

> A: I have a fever and a runny nose.
> B: That's too bad. Make sure _____.

① you go to the dentist
② you don't eat too much
③ you take some medicine
④ you get up early tomorrow
⑤ you stretch before you exercise

03 다음 중 짝지어진 대화가 <u>어색한</u> 것은?

① A: Is anything wrong?
  B: I have a stomachache.
② A: What's the problem?
  B: I think I'm getting better now.
④ A: I have a terrible headache.
  B: Why don't you take some medicine?
③ A: My back hurts badly.
  B: That's too bad. You should go see a doctor.
⑤ A: I hurt my leg while I was running.
  B: Make sure you put some ice on it.

04 자연스러운 대화가 되도록 (A)~(D)를 바르게 배열한 것은?

> A: What's the matter, Chris?
> (A) Thank you.
> (B) I have a terrible toothache.
> (C) Here is some medicine. Take this.
> (D) And make sure you go to the dentist.
> B: OK, I will.

① (B) – (A) – (D) – (C) ② (B) – (C) – (A) – (D)
③ (C) – (A) – (D) – (B) ④ (C) – (B) – (A) – (D)
⑤ (D) – (C) – (A) – (B)

[05~06] 다음 대화를 읽고, 물음에 답하시오.

> A: ⓐWhat's wrong, Peter?
> B: I don't know, Ms. Kim, but my back hurts a lot.
> A: Put a heating pad on it.
> B: OK, I will.
> A: And ⓑ반드시 스트레칭 운동을 좀 하렴.

05 위 대화의 밑줄 친 ⓐ와 바꿔 쓸 수 있는 것은?

① What do you want
② What's the matter
③ What are you doing now
④ When did it begin to hurt
⑤ Why don't you go see a doctor

06 위 대화의 밑줄 친 우리말 ⓑ와 의미가 같도록 주어진 단어들을 배열할 때, 4번째로 오는 단어는?

> do, make, exercises, you, sure, stretching, some

① sure   ② some   ③ do
④ make   ⑤ stretching

[07~09] 다음 대화를 읽고, 물음에 답하시오.

A: What's wrong, Andy?
B: Hello, Ms. Kim. (①)
A: Hmm. Do you use your smartphone a lot?
B: (②) Yes, I text a lot. Why?
A: I think you have texting thumb. (③)
B: Texting thumb? What's texting thumb?
A: ⓐIt's pain in your thumb. You can get it from texting too much.
B: Oh, I didn't know that. (④)
A: Why don't you do some finger stretching exercises?
B: OK, I will. (⑤)
A: And make sure you don't text too much.

07 위 대화의 ①~⑤ 중 주어진 문장이 들어갈 위치로 알맞은 것은?

My right thumb hurts.

①   ②   ③   ④   ⑤

08 위 대화의 밑줄 친 ⓐ It이 가리키는 것은?

① texting thumb
② Andy's smartphone
③ Andy's right thumb
④ Andy's text message
⑤ a stretching exercise

09 위 대화의 내용과 일치하지 않는 것은?

① Andy는 스마트폰을 많이 사용한다.
② 김 선생님은 Andy에게 texting thumb이 있는 것 같다고 말했다.
③ 문자를 너무 많이 보내면 texting thumb이 생길 수 있다.
④ Andy는 texting thumb이 무엇인지 알고 있었다.
⑤ 김 선생님은 Andy에게 손가락 스트레칭 운동을 하라고 조언했다.

서술형

10 다음 대화의 밑줄 친 우리말을 각각 괄호 안의 말을 사용하여 영어로 쓰시오.

A: You look sick. (1)무슨 일이니, Inho?
B: I have a fever. I have a sore throat, too.
A: Take this medicine and (2)반드시 푹 쉬도록 하렴.
B: OK. Thank you.

(1) (matter)

_____

(2) (make sure, take, good)

_____

11 다음 대화의 밑줄 친 ⓐ~ⓒ 중 흐름상 어색한 문장을 찾아 기호를 쓰고, 바르게 고쳐 쓰시오.

A: ⓐYou look sick. What's wrong?
B: ⓑI have a headache.
A: That's too bad. I think you should go to the dentist.
B: ⓒOK, I will.

(   ) → _____

고난도

12 다음 대화를 읽고, 주어진 질문에 대한 답을 완성하시오.

Woman: What's wrong with your leg?
Boy: I fell and hurt my foot while I was playing soccer.
Woman: Can you walk?
Boy: Yes, but it hurts a lot.
Woman: Why don't you put some ice on it? And make sure you don't play soccer until next week.

Q: What did the woman advise the boy to do?
A: She advised him to _____ his foot and not to _____.

G Grammar
핵심 노트

1 목적격 관계대명사

읽기 본문 Another problem [(**which**/**that**) you can have] is neck pain.   당신이 겪을 수 있는 또 다른 문제는 목 통증이다.
<u>앞의 명사(선행사) 수식</u>

대표 예문 There are various <u>things</u> [(**which**/**that**) you can do] to prevent this.   이것을 예방하기 위해 당신이 할 수 있는 다양한 것들이 있다.

Jane is the <u>girl</u> [(**whom**/**who**/**that**) Peter met in the park].   Jane은 Peter가 공원에서 만난 소녀이다.
The <u>cookies</u> [(**which**/**that**) she made] were very delicious.   그녀가 만든 쿠키는 매우 맛있었다.
Hemingway is <u>the author</u> [(**whom**/**who**/**that**) I like the most].   헤밍웨이는 내가 가장 좋아하는 작가이다.

(1) 쓰임: 목적격 관계대명사는 관계대명사절에서 동사나 전치사의 목적어 역할을 한다.
This is the table [**which**/**that** I made]. (이것은 내가 만든 탁자이다.)
<u>선행사</u>

(2) 종류: 선행사가 사람이면 who(m)나 that을, 사물·동물이면 which나 that을 쓴다.
The people **who(m)**/**that** we met were nice. (우리가 만난 사람들은 친절했다.)
I'm reading <u>the book</u> **which**/**that** I bought yesterday.
(나는 어제 구입한 책을 읽고 있다.)

(3) 목적격 관계대명사의 생략: 목적격 관계대명사는 생략할 수 있으며, 이때 관계대명사절 안에는 「주어+동사(+부사구)」가 남는다.
Did you find <u>the key</u> (**which**/**that**) you lost? (너는 잃어버린 열쇠를 찾았니?)

한 단계 | 더!

목적격 관계대명사가 전치사의 목적어일 때, 전치사는 관계대명사 앞에 오거나 관계대명사절 끝에 올 수 있다. 「전치사+목적격 관계대명사」의 형태일 때는 관계대명사를 생략할 수 없으며, 선행사가 사람이면 whom, 사물이면 which만 쓸 수 있다.
She has no friends (**who(m)**/**that**) she can talk with. 〈생략 가능〉
(그녀는 이야기를 나눌 친구가 없다.)
She has no friends **with whom** she can talk. 〈생략 불가능〉
She has no friends <u>with who/that</u> she can talk. (×)

point
시험 포인트 ❶
목적격 관계대명사는 선행사와 같은 대상을 나타내므로 관계대명사절의 목적어 자리에 선행사를 대신하는 (대)명사는 쓰지 않는 것에 유의한다.

point
시험 포인트 ❷
목적격 관계대명사 vs. 주격 관계대명사
목적격 관계대명사 뒤에는 「주어+동사」가 이어지고, 주격 관계대명사 뒤에는 동사가 이어진다.
The pizza **that** <u>my dad made</u> was very delicious. 〈목적격 관계대명사〉
Scientists **who** <u>were</u> studying crows did an experiment. 〈주격 관계대명사〉
▶ 중 2 교과서 4과

QUICK CHECK

1 다음 괄호 안에서 알맞은 것을 고르시오.
(1) I like the bike (who / that) my father gave me.
(2) The woman (whom / which) you saw at the park is my aunt.
(3) Lisa is wearing the shoes (which / whose) she bought in Italy.

2 다음 밑줄 친 부분을 어법에 맞게 고쳐 쓰시오.
(1) She is the singer <u>which</u> I like the most.   → _____
(2) The music <u>whom</u> Julie listens to is good.   → _____
(3) The man with <u>that</u> I talked is my teacher.   → _____

2 call A B

읽기 본문	We **call such people smombies**. A(목적어) = B(목적격 보어)	우리는 그런 사람들을 스몸비라고 부른다.
대표 예문	We **call this text neck**.	우리는 이것을 거북목 증후군이라고 부른다.
	People **call such food fajitas**.	사람들은 그런 음식을 파히타라고 부른다.
	He was very intelligent, so we all **called him Einstein**.	그는 매우 똑똑해서, 우리 모두는 그를 아인슈타인이라고 불렀다.
	People **call New York City the Big Apple**.	사람들은 뉴욕시를 the Big Apple이라고 부른다.

(1) 형태: call A B

(2) 의미와 쓰임: call A B는 'A를 B라고 부르다'라는 뜻으로, A는 목적어, B는 목적격 보어 역할을 하여 5형식 문장에 쓰인다. call의 목적격 보어는 명사(구)의 형태로, 목적어와 같은 대상을 가리킨다.

They always **call their baby Princess**. (그들은 아기를 항상 공주님이라고 부른다.)
　　　　　　　└ 같은 대상 ┘

People **call Chicago the Windy City**. (사람들은 시카고를 바람의 도시라고 부른다.)
　　　　└ 같은 대상 ┘

한 단계 더!

5형식 문장에서 call과 같이 목적격 보어로 명사(구)를 쓰는 동사에는 make, name, elect 등이 있다.

- make A B: A를 B로 만들다
  He **made his son an athlete**. (그는 아들을 운동선수로 만들었다.)
- name A B: A를 B로 이름 짓다
  We **named our dogs Sandy and Belle**.
  (우리는 우리의 개들을 Sandy와 Belle이라고 이름 지었다.)
- elect A B: A를 B로 뽑다, 선출하다
  The Manchester College **elected him Principal** in 1956.
  (맨체스터 대학은 1956년에 그를 학장으로 선출했다.)

---

point 시험 포인트 ❶

call A B에서 A와 B의 알맞은 형태를 묻거나 A와 B의 순서를 묻는 문제가 자주 출제된다. A에는 목적어가, B에는 목적격 보어로 명사(구)가 쓰이는 것에 유의한다.

point 시험 포인트 ❷

5형식 문장

「주어+동사+목적어+목적격 보어」 형태의 문장으로, 목적격 보어 자리에는 동사에 따라 명사, 형용사, to부정사(구), 동사원형 등 다양한 형태가 쓰인다.

「want+목적어+to부정사」

동사 want가 5형식 문장에서 쓰일 때 목적격 보어로 to부정사를 쓴다.

I **want you to understand** the meaning of "upcycling."

▶ 중 2 교과서 3과

QUICK CHECK

1 다음 괄호 안에서 알맞은 것을 고르시오.

(1) Please call (me / my) Ms. Jeong.

(2) My friends and I call the dog (as Max / Max).

(3) People call (such music hip hop / hip hop such music).

2 다음 밑줄 친 부분을 어법에 맞게 고쳐 쓰시오.

(1) His classmates called <u>he</u> Genius. → _____

(2) My mother wanted to <u>me call</u> Sweetie. → _____

(3) They decided to name the baby <u>to Brooke</u>. → _____

G Grammar
연습 문제

1 목적격 관계대명사

A 다음 빈칸에 알맞은 관계대명사를 [보기]에서 골라 <u>모두</u> 쓰시오.

[보기]	that	who	whom	which

1 The city _____ I want to visit is Sydney.

2 Where's the pencil _____ I gave you yesterday?

3 Hemingway is the author _____ I like the most.

4 This is the tree _____ my father planted last year.

5 The woman _____ my brother is talking to is from Mexico.

B 다음 문장에서 생략된 관계대명사를 넣어 문장을 다시 쓰시오.

1 The bike I loved was stolen.

→ _____

2 I know the girl everyone likes.

→ _____

3 *Jane Eyre* is the book Yumi read yesterday.

→ _____

C 다음 두 문장을 관계대명사를 사용하여 한 문장으로 쓰시오.

1 This is the storybook. My uncle wrote it.

→ _____

2 The cookies were delicious. Jane made them.

→ _____

3 The man is the lawyer. They saw him on TV last night.

→ _____

D 주어진 우리말과 의미가 같도록 괄호 안의 말을 바르게 배열하여 문장을 완성하시오.

1 내가 자주 만나는 사람은 Charlie이다. (meet, often, I, the person)

→ _____ is Charlie.

2 이것들은 내가 돌보는 개들이다. (the dogs, take care of, I, that)

→ These are _____.

3 그가 나에게 빌려준 지도는 매우 유용했다. (lent, which, me, the map, he)

→ _____ was very useful.

2 call *A B*

A 다음 괄호 안에 주어진 말을 바르게 배열하여 문장을 완성하시오.

1 Amy dances well, so we _____.
(Dancing Queen, call, her)

2 We _____ because he lived in a cave.
(him, Caveman, called)

3 In India, people eat thin bread with curry, and they _____.
(this bread, call, Naan)

B 다음 문장에서 어법상 <u>틀린</u> 부분을 찾아 바르게 고쳐 쓰시오.

1 Can I call she Ms. White?   _____ → _____

2 We call fast food such food.   _____ → _____

3 People call Bangkok to the City of Angels.   _____ → _____

4 His name is Nathaniel, but they call Nate him.   _____ → _____

C 다음 빈칸에 알맞은 말을 [보기]에서 골라 쓰시오. (단, 한 번씩만 쓸 것)

[보기]	call	elect	make	name

1 We will vote to _____ him school president.

2 My friends _____ me Bob instead of Robert.

3 I would like to _____ the world a better place.

4 They decided to _____ their baby Joy before she was born.

D 다음 우리말과 의미가 같도록 괄호 안의 말을 사용하여 문장을 쓰시오. (단, 필요시 형태를 바꿀 것)

1 Jenny는 자신의 고양이를 코코라고 부른다. (Coco, call, her cat)

→ _____

2 사람들은 그 소년을 걸어다니는 사전이라고 부른다. (the boy, a walking dictionary)

→ _____

3 우리 반 친구들은 항상 나를 컴퓨터 전문가라고 부른다. (my classmates, Computer Master, always)

→ _____

01 다음 우리말과 의미가 같도록 할 때, 빈칸에 들어갈 말로 알맞은 것은?

> 사람들은 이 음식을 비빔밥이라고 부른다.
> → People _____ this food Bibimbap.

① find   ② call   ③ want
④ make   ⑤ know

02 다음 빈칸에 공통으로 들어갈 말로 알맞은 것은?

> • Kenya is the country _____ I want to visit.
> • Jason is the man _____ Sally had dinner with yesterday.

① who   ② what   ③ that
④ whom   ⑤ which

03 다음 문장의 ①~⑤ 중 관계대명사 whom이 들어갈 위치로 알맞은 것은?

> The writer (①) they (②) like (③) the most (④) is (⑤) William Shakespeare.

04 다음 두 문장을 한 문장으로 쓸 때, 빈칸에 들어갈 말로 알맞은 것은?

> My boyfriend gave me a ring. I lost it.
> → I lost the ring _____ my boyfriend gave me.

① who   ② whom   ③ what
④ whose   ⑤ which

05 다음 빈칸에 들어갈 말이 순서대로 바르게 짝지어진 것은?

> • My father is the person _____ I love the most.
> • The jacket _____ she wants to buy is very expensive.

① which – that   ② whom – who
③ whom – which   ④ that – whom
⑤ which – which

06 다음 우리말을 영어로 바르게 옮긴 것은?

> 우리는 그런 사람들을 유명 인사라고 부른다.

① We call such celebrities people.
② We call such people celebrities.
③ We call celebrities such people.
④ We call such people to celebrities.
⑤ We call such people with celebrities.

07 다음 중 밑줄 친 부분이 어법상 틀린 것은?

① The pizza which Dad made was delicious.
② This is the pen that she looked for all day.
③ The animal who I like the most is the rabbit.
④ The book that I borrowed from her is *Hamlet*.
⑤ Mr. Davis is the teacher whom many students respect.

08 다음 빈칸에 들어갈 수 <u>없는</u> 것을 <u>모두</u> 고르시오.

The girl _____ I met on the bus this morning is my cousin.

① who   ② what   ③ that
④ whom   ⑤ which

09 다음 중 밑줄 친 **that**의 쓰임이 나머지와 <u>다른</u> 하나는?

① They hope <u>that</u> Joy will pass the exam.
② The subject <u>that</u> I'm good at is science.
③ London is the city <u>that</u> I visited last year.
④ Andy is the boy <u>that</u> Hajun met in Canada.
⑤ Did you see the watch <u>that</u> I put on the table?

[10~11] 다음 중 어법상 <u>틀린</u> 문장을 고르시오.

10 ① Please call me Dr. Yoon.
② My family called the dog Rex.
③ She always calls her husband as Honey.
④ Vietnamese people call the hat non la.
⑤ People call New York City the Big Apple.

고난도 한 단계 더!

11 ① These are the photos which I took in Paris.
② Jim is the boy that I often play soccer with.
③ The friend to whom I'm writing a letter is Sue.
④ The spaghetti I had for lunch today was good.
⑤ This is the house in that my grandparents live.

한 단계 더!

12 다음 중 밑줄 친 부분을 생략할 수 <u>없는</u> 것은?

① I have some friends <u>who</u> I can trust.
② This is the scarf <u>which</u> Mom made for me.
③ The smartphone <u>that</u> Ben is using is mine.
④ The woman is the doctor about <u>whom</u> I told you.
⑤ The movie <u>that</u> I saw with Tom was *Romeo and Juliet*.

13 다음 문장에서 어법상 <u>틀린</u> 부분을 바르게 고친 것은?

The little boy is very intelligent, so everyone calls him with Einstein.

① is → are
② intelligent → intelligence
③ calls → call
④ him → his
⑤ with Einstein → Einstein

14 다음 두 문장을 한 문장으로 바르게 연결한 것을 <u>모두</u> 고르시오.

The library was quiet. I went to the library yesterday.

① The library I went to yesterday was quiet.
② The library was quiet that I went to yesterday.
③ The library who I went to yesterday was quiet.
④ The library was quiet which I went to yesterday.
⑤ The library which I went to yesterday was quiet.

15 다음 중 빈칸에 **whom**을 쓸 수 없는 것은?

① Jenny is the girl _____ lives next door.
② He is the actor _____ we saw last night.
③ Look at the man _____ Emma is talking to.
④ Vincent van Gogh is the painter _____ I like the most.
⑤ They are my classmates _____ I usually have lunch with.

16 다음 우리말과 의미가 같도록 주어진 단어들을 배열할 때, 6번째로 오는 단어는?

> 내 남동생은 일주일 전에 산 노트북 컴퓨터를 잃어버렸다.
> (my, the, week, brother, which, lost, he, laptop, a, bought, ago)

① lost   ② week   ③ brother
④ which   ⑤ bought

17 다음 중 어법상 **틀린** 문장의 개수는?

> ⓐ People call such a dance tango.
> ⓑ Her friends all call she Queen Bee.
> ⓒ Let's think about the things we can do.
> ⓓ London is the city in which I lived for 10 years.
> ⓔ This is the bike that my parents gave it to me for my birthday.

① 1개   ② 2개   ③ 3개   ④ 4개   ⑤ 5개

[18~19] 다음 두 문장을 한 문장으로 바꿔 쓸 때, 빈칸에 알맞은 말을 쓰시오.

18
> The movie was interesting. I saw it last weekend.
> → The movie _____ I saw last weekend was interesting.

19
> The woman is an animal trainer. I talked to her at the park.
> → The woman _____ I talked to at the park is an animal trainer.

20 다음 대화에서 의미상 어색한 부분을 찾아 바르게 고쳐 쓰시오.

> A: What's the name of the clock tower?
> B: People call Big Ben the tower.

_____ → _____

21 다음 문장을 관계대명사 **that**을 사용하여 다시 쓰시오.

> I don't know the person about whom you are talking.

→ _____

22 다음 사진을 보고, [예시]와 같이 질문에 알맞은 대답을 쓰시오.

[예시]
chullo

(1)
taco

(2)
koala

(3)
salsa

[예시] **A:** What do you call this hat?
B: We call the hat chullo.

(1) **A:** What do you call this food?
B: _____

(2) **A:** What do you call this animal?
B: _____

(3) **A:** What do you call this dance?
B: _____

23 다음 우리말과 의미가 같도록 괄호 안의 단어들을 바르게 배열하여 문장을 쓰시오.

(1) 사람들은 그런 음악을 힙합이라고 부른다.
(call, such, people, hip hop, music)
→ _____

(2) 내가 보고 싶은 뮤지컬은 '캣츠'이다.
(want, the musical, I, which, see, *Cats*, is, to)
→ _____

(3) 너는 어제 산 운동화가 마음에 드니?
(you, do, that, bought, the sneakers, like, you, yesterday)
→ _____

(4) 내가 가장 좋아하는 화가는 에드가 드가이다.
(the most, the painter, is, I, Edgar Degas, whom, like)
→ _____

24 다음 두 문장을 [예시]와 같이 한 문장으로 쓰시오.

[예시] The book is *The Last Leaf*. Tim is reading it.
→ The book Tim is reading is *The Last Leaf*.

(1) The girl was Jenny. Tim called her last night.
→ _____

(2) Everyone likes the strawberry cake. I bought it.
→ _____

(3) Look at the man. The children are talking to him.
→ _____

(4) I found the cats. My sister was looking for them.
→ _____

(5) The piano is very old. My daughter is playing it now.
→ _____

고
난도
25 다음 표를 보고, Tom이 좋아하는 것에 관해 소개하는 문장을 관계대명사를 사용하여 완성하시오.

Tom likes ...	
food	pizza
sport	soccer
color	blue
singer	Michael Jackson
author	Charles Dickens

(1) The food _____.
(2) The sport _____.
(3) The color _____.
(4) The singer _____.
(5) The author _____.

만점 노트

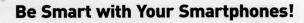

Be Smart with Your Smartphones!

스마트폰을 현명하게 씁시다!

01 스마트폰 없이 사는 것은 요즘 많은 이들에게 어렵다.

01 Living without smartphones is difficult for many of us these days.
전 ~ 없이
동명사구 (주어) 주어가 동명사(구)일 때 단수 취급

02 하지만 스마트폰을 현명하지 못하게 사용하거나 너무 과도하게 사용하는 것은 다양한 문제를 야기할 수 있다.

02 However, unwise or too much use of smartphones can cause various problems.
그러나 ↔ wise 명 사용 동 야기하다, 일으키다

당신은 스몸비인가요?

Are you a smombie?

03 전 세계적으로 사람들이 좀비처럼 걸어 다니고 있다.

03 All over the world, people are walking around like zombies.
현재진행형 전 ~처럼

04 그들의 머리는 아래를 향하고, 그들의 눈은 스마트폰을 향하고 있다.

04 Their heads are down, and their eyes are on their smartphones.
부 아래에

05 우리는 그런 사람들을 스몸비, 즉 스마트폰 좀비라고 부른다.

05 We call such people smombies, smartphone zombies.
(=) 동격
call A B: A를 B라고 부르다
5형식 문장(주어+동사+목적어+목적격 보어(명사))

06 만약 당신이 스몸비라면, 당신은 다양한 안전 관련 문제들을 겪을 수 있다.

06 If you are a smombie, you can have various safety problems.
접 (만약) ~라면 (조건)

07 당신은 거리에 있는 구덩이를 보지 못할 수도 있고, 그래서 넘어져서 다칠지도 모른다.

07 You may not see a hole in the street, so you may fall and get hurt.
조 ~할지도 모른다 (추측) 접 그래서 (결과) 병렬 구조

08 당신은 또한 교통사고를 당할지도 모른다.

08 You may get into a car accident, too.
(특정 상황에) 처하다 구덩이를 못 봐서 다치거나 교통사고를 당하는 등의 안전 관련 문제들

09 그렇다면 이런 문제들을 예방하기 위해 무엇을 할 수 있을까?

09 So what can you do to prevent these problems?
부사적 용법의 to부정사 (목적)

10 간단하다.

10 It's simple.
형 간단한

11 걷고 있는 동안에는 스마트폰을 보지 마라!

11 Do not look at your smartphone while you are walking!
「Do not(Don't /Never)+동사원형 ~.」 접 ~하는 동안에
~하지 마라

당신은 안구 건조증이나 거북목 증후군이 있나요?

Do you have dry eyes or text neck?

12 스마트폰은 다양한 건강상의 문제를 야기할 수 있다.

12 Smartphones can cause various health problems.

13 한 가지 예가 안구 건조증이다.

13 One example is dry eyes.
스마트폰이 야기할 수 있는 다양한 건강상의 문제 중 한 예

14 스마트폰을 볼 때, 당신은 눈을 자주 깜박거리지 않는다.

14 When you look at your smartphone, you do not blink often.
접 ~할 때 동 (눈을) 깜박거리다

15 그러면 눈이 건조하게 느껴질 것이다.

15 Then your eyes will feel dry.
「feel+형용사」 ~하게 느끼다
그러면(앞에서 말한 내용의 결과를 연결)

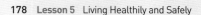

16 또 하나의 다른 ┌─── 관계대명사절
Another problem [you can have] is neck pain.
주어(선행사)　(which/that)　　동사
목적격 관계대명사의 생략

16 당신이 겪을 수 있는 또 다른 문제는 목 통증이다.

17 When you look down at your smartphone, the stress on your neck
명 압박
increases.
동 증가하다 (↔ decrease)

17 스마트폰을 내려다볼 때, 목에 가해지는 압박이 증가한다.

18 　　　명 사용　　　　　예를 들어 (= for instance)
Too much use of your smartphone, for example, too much texting, can
주어　　　　　　　　　　　　　　　　　　　　동사
cause neck pain.

18 스마트폰을 너무 많이 사용하는 것은, 예를 들어, 문자를 너무 많이 보내는 것은 목 통증을 야기할 수 있다.

19 문자를 너무 많이 해서 생긴 목 통증
We call this text neck.
call A B: A를 B라고 부르다

19 이런 증상을 거북목 증후군(text neck)이라고 부른다.

20 Here are some tips for these problems.
dry eyes, text neck

20 이런 문제들을 위한 몇 가지 조언이 여기 있다.

21 For dry eyes, try to blink often.
「try+to부정사」 ~하려고 노력하다
cf. 「try+동명사」 (시험 삼아) ~을 해 보다

21 안구 건조증에는, 눈을 자주 깜박이려고 노력해라.

22 For text neck, move your smartphone up to your eye level.
전 ~까지　　명 높이

22 거북목 증후군에는, 스마트폰을 눈높이까지 위로 올려라.

23 You can also do some neck stretching exercises.
명 운동

23 또한 목 스트레칭 운동도 좀 할 수 있다.

How do you feel when you don't have your smartphone with you?

당신은 스마트폰이 없을 때 어떤 기분이 드나요?

24 　　　　　　　　　접 ~할 때 (시간)
Do you feel nervous when your smartphone is not around?
「feel+형용사」 ~하게 느끼다　　　　　　　　　　형 주변에 있는

24 스마트폰이 주위에 없을 때 초조한 기분이 드는가?

25 Do you feel sad when you check your smartphone and there is no text
접 ~할 때 (시간)　　　　　　　　　　　~가 없다
message?

25 스마트폰을 확인했을 때 아무런 문자 메시지가 없으면 슬픈 기분이 드는가?

26 앞에 나온 두 질문에 대한 대답
If your answers are "yes," you may have smartphone addiction.
접 (만약) ~라면 (조건)　　　　　조 ~일지도 모른다 (추측)

26 만약 당신의 대답이 '그렇다'이면, 당신은 스마트폰 중독일지도 모른다.

27 　　　　　　　　　　┌── 관계대명사절
There are various things [you can do] to prevent this.
주어(선행사) (which/that)　　　　　　= smartphone addiction
목적격 관계대명사의 생략

27 이를 예방하기 위해 할 수 있는 일은 여러 가지가 있다.

28 For example, turn off your smartphone during meals or meetings.
~을 끄다 (↔ turn on)　　　전 ~ 동안/뒤에 명사(구)가 옴

28 예를 들어, 식사나 회의 중에는 스마트폰을 꺼라.

29 You can talk to people instead of texting them.
~와 이야기하다　　~ 대신에　　　　= people
(뒤에 명사(구)나
동명사(구)가 옴)

29 문자를 보내는 대신에 사람들과 이야기할 수 있다.

Reading
빈칸 채우기

• 주어진 우리말과 일치하도록 교과서 본문의 문장을 완성하시오.

01 Living _____ smartphones is difficult for many of us _____ _____.

01 스마트폰 없이 사는 것은 요즘 많은 이들에게 어렵다.

02 However, _____ or _____ _____ use of smartphones can cause various problems.

02 하지만 스마트폰을 현명하지 못하게 사용하거나 너무 과도하게 사용하는 것은 다양한 문제를 야기할 수 있다.

03 All over the world, people are walking around _____ zombies.

03 전 세계적으로 사람들이 좀비처럼 걸어 다니고 있다.

04 Their heads are _____, and their eyes are _____ their smartphones.

04 그들의 머리는 아래를 향하고, 그들의 눈은 스마트폰을 향하고 있다.

05 We _____ _____ _____ smombies, smartphone zombies.

05 우리는 그런 사람들을 스몸비, 즉 스마트폰 좀비라고 부른다.

06 If you are a smombie, you can have _____ _____ problems.

06 만약 당신이 스몸비라면, 당신은 다양한 안전 관련 문제들을 겪을 수 있다.

07 You _____ not see a hole in the street, _____ you may fall and _____ _____.

07 당신은 거리에 있는 구덩이를 보지 못할 수도 있고, 그래서 넘어져서 다칠지도 모른다.

08 You may _____ _____ a car accident, too.

08 당신은 또한 교통사고를 당할지도 모른다.

09 So what can you do _____ _____ these problems?

09 그렇다면 이런 문제들을 예방하기 위해 무엇을 할 수 있을까?

10 It's _____.

10 간단하다.

11 Do not _____ _____ your smartphone _____ you are walking!

11 걷고 있는 동안에는 스마트폰을 보지 마라!

12 Smartphones can _____ _____ _____ _____.

12 스마트폰은 다양한 건강상의 문제를 야기할 수 있다.

13 One example is _____ _____.

13 한 가지 예가 안구 건조증이다.

14 _____ you look at your smartphone, you do not _____ _____.

14 스마트폰을 볼 때, 당신은 눈을 자주 깜박거리지 않는다.

15 Then your eyes will _____ _____.

15 그러면 눈이 건조하게 느껴질 것이다.

16 _____ _____ you can have is neck pain.

16 당신이 겪을 수 있는 또 다른 문제는 목 통증이다.

17 When you _____ _____ _____ your smartphone, the stress on your neck _____.

17 스마트폰을 내려다볼 때, 목에 가해지는 압박이 증가한다.

18 Too much use of your smartphone, _____ _____, too much texting, can cause _____ _____.

18 스마트폰을 너무 많이 사용하는 것은, 예를 들어, 문자를 너무 많이 보내는 것은 목 통증을 야기할 수 있다.

19 We _____ this text neck.

19 이런 증상을 거북목 증후군(text neck)이라고 부른다.

20 Here are some _____ _____ these problems.

20 이런 문제들을 위한 몇 가지 조언이 여기 있다.

21 For dry eyes, _____ _____ _____ often.

21 안구 건조증에는, 눈을 자주 깜박이려고 노력해라.

22 For text neck, move your smartphone _____ _____ your _____ _____.

22 거북목 증후군에는, 스마트폰을 눈높이까지 위로 올려라.

23 You can also do some _____ _____ _____.

23 또한 목 스트레칭 운동도 좀 할 수 있다.

24 Do you _____ _____ when your smartphone is not _____?

24 스마트폰이 주위에 없을 때 초조한 기분이 드는가?

25 Do you feel sad when you check your smartphone and _____ _____ _____ text message?

25 스마트폰을 확인했을 때 아무런 문자 메시지가 없으면 슬픈 기분이 드는가?

26 _____ your answers are "yes," you _____ _____ smartphone _____.

26 만약 당신의 대답이 '그렇다'이면, 당신은 스마트폰 중독일지도 모른다.

27 There are various things you can do _____ _____ this.

27 이를 예방하기 위해 할 수 있는 일은 여러 가지가 있다.

28 For example, _____ _____ your smartphone _____ meals or meetings.

28 예를 들어, 식사나 회의 중에는 스마트폰을 꺼라.

29 문자를 보내는 대신에 사람들과 이야기할 수 있다.

29 You can talk to people _____ _____ texting them.

바른 어휘·어법 고르기

01 (Live / Living) without smartphones is difficult for many of us these days.

02 However, (wise / unwise) or too much use of smartphones can cause various problems.

03 All over the world, people are walking (around / into) like zombies.

04 Their heads are (up / down), and their eyes are on their smartphones.

05 We call (such people smombies / smombies such people), smartphone zombies.

06 If you are a smombie, you can have various (safety / safely) problems.

07 You may not see a hole in the street, so you (don't / may) fall and get hurt.

08 You may get (into / off) a car accident, too.

09 So what can you do (for prevent / to prevent) these problems?

10 It's (simply / simple).

11 Do not look at your smartphone (during / while) you are walking!

12 Smartphones can (cause / solve) various health problems.

13 One example (is / are) dry eyes.

14 When you look (for / at) your smartphone, you do not blink often.

15 Then your eyes will feel (dry / drily).

16   Another problem you can have (is / are) neck pain.

17   When you look down at your smartphone, the stress on your neck (increases / decreases).

18   Too much use of your smartphone, for example, too much texting, can (cause / prevent) neck pain.

19   We call (this text neck / text neck this).

20   Here are some (tip / tips) for these problems.

21   For dry eyes, try (blink / to blink) often.

22   For text neck, move your smartphone (up / down) to your eye level.

23   You can also (do / doing) some neck stretching exercises.

24   Do you feel nervous (when / although) your smartphone is not around?

25   Do you feel (sad / sadly) when you check your smartphone and there is no text message?

26   If your answers are "yes," you may have smartphone (addictive / addiction).

27   There are various things you can do (prevent / to prevent) this.

28   For example, turn (on / off) your smartphone during meals or meetings.

29   You can talk to people (instead / instead of) texting them.

Reading

틀린 문장 고치기

• 밑줄 친 부분이 내용이나 어법상 바르면 ○, 틀리면 ×에 동그라미하고 틀린 부분을 바르게 고쳐 쓰시오.

STEP A

01 Living without smartphones <u>are</u> difficult for many of us these days.   ○ ×

02 However, unwise or <u>too many</u> use of smartphones can cause various problems.   ○ ×

03 All over the world, people <u>are walking around</u> like zombies.   ○ ×

04 Their heads <u>are down</u>, and their eyes are on their smartphones.   ○ ×

05 We call <u>smombies such people</u>, smartphone zombies.   ○ ×

06 <u>If you are</u> a smombie, you can have various safety problems.   ○ ×

07 You may not see a hole in the street, so you may fall and <u>getting hurt</u>.   ○ ×

08 You may <u>get on</u> a car accident, too.   ○ ×

09 So what can you do <u>prevent</u> these problems?   ○ ×

10 It's <u>simple</u>.   ○ ×

11 Do not look at your smartphone <u>while</u> you are walking!   ○ ×

12 Smartphones <u>can be caused</u> various health problems.   ○ ×

13 One <u>example</u> is dry eyes.   ○ ×

14 <u>When</u> you look at your smartphone, you do not blink often.   ○ ×

15 Then your eyes will <u>feel dry</u>.   ○ ×

16   Another <u>problems</u> you can have is neck pain.   ○ ✕

17   When you <u>look down at</u> your smartphone, the stress on your neck increases.   ○ ✕

18   Too much use of your smartphone, for example, too much texting, <u>can cause</u> neck pain.   ○ ✕

19   We call <u>this text neck</u>.   ○ ✕

20   Here <u>is</u> some tips for these problems.   ○ ✕

21   <u>T</u>o dry eyes, try to blink often.   ○ ✕

22   For text neck, move your smartphone up <u>of</u> your eye level.   ○ ✕

23   You can also do <u>some neck stretching exercises</u>.   ○ ✕

24   Do you feel <u>nervously</u> when your smartphone is not around?   ○ ✕

25   Do you feel sad when you check your smartphone and <u>there are</u> no text message?   ○ ✕

26   If your answers are "yes," you <u>may have</u> smartphone addiction.   ○ ✕

27   There are various things you can do <u>to preventing</u> this.   ○ ✕

28   For example, turn off your smartphone <u>while</u> meals or meetings.   ○ ✕

29   You can talk to people instead of <u>text</u> them.   ○ ✕

01 스마트폰 없이 사는 것은 요즘 많은 이들에게 어렵다.
(difficult for / living / many of us / without / is / these days / smartphones)

>

02 하지만, 스마트폰을 현명하지 못하게 사용하거나 너무 과도하게 사용하는 것은 다양한 문제를 야기할 수 있다.
(cause / too much / various problems / however / or / use of smartphones / unwise / can)

>

03 전 세계적으로 사람들이 좀비처럼 걸어 다니고 있다.
(are / like / all over the world / people / around / zombies / walking)

>

04 그들의 머리는 아래를 향하고, 그들의 눈은 스마트폰을 향하고 있다.
(their smartphones / and / their eyes / their heads / are on / are down)

>

05 우리는 그런 사람들을 스몸비, 즉 스마트폰 좀비라고 부른다.
(such / smombies / call / smartphone zombies / we / people)

>

06 만약 당신이 스몸비라면, 당신은 다양한 안전 관련 문제들을 겪을 수 있다.
(a smombie / various / you can / safety problems / if / are / have / you)

>

07 당신은 거리에 있는 구덩이를 보지 못할 수도 있고, 그래서 넘어져서 다칠지도 모른다.
(see / you may fall / a hole / and / in the street / may not / so / get hurt / you)

>

08 당신은 또한 교통사고를 당할지도 모른다.
(get into / you / too / a car accident / may)

>

09 그렇다면 이런 문제들을 예방하기 위해 무엇을 할 수 있을까?
(do / these problems / you / to prevent / can / so / what)

>

10 간단하다.
(simple / it's)

>

11 걷고 있는 동안에는 스마트폰을 보지 마라!
(your smartphone / do / walking / not / you / look at / while / are)

>

12 스마트폰은 다양한 건강상의 문제를 야기할 수 있다.
(cause / smartphones / health problems / various / can)

>

13 한 가지 예가 안구 건조증이다.
(is / one / dry eyes / example)

>

14 스마트폰을 볼 때, 당신은 눈을 자주 깜박거리지 않는다.
(your smartphone / do not / you / when / look at / blink often / you)

>

15 그러면 눈이 건조하게 느껴질 것이다.
(will / dry / then / feel / your eyes)
>

16 당신이 겪을 수 있는 또 다른 문제는 목 통증이다.
(can / another problem / neck pain / you / is / have)
>

17 스마트폰을 내려다볼 때, 목에 가해지는 압박이 증가한다.
(the stress / increases / at your smartphone / you / on your neck / look down / when)
>

18 스마트폰을 너무 많이 사용하는 것은, 예를 들어, 문자를 너무 많이 보내는 것은 목 통증을 야기할 수 있다.
(too much texting / neck pain / for example / too much use of / can / your smartphone / cause)
>

19 우리는 이런 증상을 거북목 증후군(text neck)이라고 부른다.
(this / call / text neck / we)
>

20 이런 문제들을 위한 몇 가지 조언이 여기 있다.
(some tips / here / these problems / for / are)
>

21 안구 건조증에는, 눈을 자주 깜박이려고 노력해라.
(dry eyes / often / try / for / blink / to)
>

22 거북목 증후군에는, 스마트폰을 눈높이까지 위로 올려라.
(your smartphone / text neck / eye level / up to / move / your / for)
>

23 또한 목 스트레칭 운동도 좀 할 수 있다.
(also do / neck stretching exercises / some / can / you)
>

24 스마트폰이 주위에 없을 때 초조한 기분이 드는가?
(is / do / nervous / around / when / your smartphone / you / feel / not)
>

25 스마트폰을 확인했을 때 아무런 문자 메시지가 없으면 슬픈 기분이 드는가?
(you check / text message / and / no / do / your smartphone / you / there is / feel / when / sad)
>

26 만약 당신의 대답이 '그렇다'이면, 당신은 스마트폰 중독일지도 모른다.
("yes" / have / you / if / smartphone addiction / your answers / may / are)
>

27 이를 예방하기 위해 당신이 할 수 있는 일은 여러 가지가 있다.
(to prevent / do / there / various things / you / this / can / are)
>

28 예를 들어, 식사나 회의 중에는 스마트폰을 꺼라.
(your smartphone / for example / meetings / meals / during / or / turn off)
>

29 문자를 보내는 대신에 사람들과 이야기할 수 있다.
(people / texting / talk to / can / them / instead of / you)
>

STEP A

[01~02] 다음 글을 읽고, 물음에 답하시오.

> Living without smartphones is ___ⓐ___ for many of us these days. However, ___ⓑ___ or too much use of smartphones can cause various problems.

01 윗글의 빈칸 ⓐ와 ⓑ에 들어갈 말이 순서대로 바르게 짝지어진 것은?

① easy – wrong　　② uneasy – polite
③ exciting – smart　　④ difficult – unwise
⑤ comfortable – wise

02 윗글 뒤에 이어질 내용으로 가장 알맞은 것은?

① 세계 최초의 스마트폰
② 스마트폰 사용의 장점
③ 스마트폰의 다양한 활용 방법
④ 현대 사회에서 스마트폰의 중요성
⑤ 과도한 스마트폰 사용으로 인한 문제점

[03~08] 다음 글을 읽고, 물음에 답하시오.

> (①) All over the world, people are walking around like zombies. (②) Their heads are down, and their eyes are on their smartphones. (A)우리는 그런 사람들을 스몸비라고 부른다, smartphone zombies. (③) You may not see a hole in the street, ___ⓐ___ you may fall and get hurt. (④) You may get into a car accident, too. So what can you do ⓑto prevent these problems? (⑤) It's simple. Do not look at your smartphone ___ⓒ___ you are walking!

03 윗글의 ①~⑤ 중 주어진 문장이 들어갈 위치로 알맞은 것은?

> If you are a smombie, you can have various safety problems.

①　　②　　③　　④　　⑤

04 윗글의 밑줄 친 우리말 (A)를 영어로 바르게 옮긴 것은?

① We call such people smombies
② We call smombies such people
③ We call such smombies people
④ We call people such as smombies
⑤ We call such people with smombies

05 윗글의 흐름상 빈칸 ⓐ와 ⓒ에 들어갈 말이 순서대로 바르게 짝지어진 것은?

① so – while　　② so – unless
③ but – before　　④ but – while
⑤ but – because

06 윗글의 밑줄 친 ⓑto prevent와 쓰임이 같은 것은?

① My hobby is to bake cookies.
② I went to the park to ride a bike.
③ He wants to be a vet in the future.
④ To ride a roller coaster is really exciting.
⑤ We decided to do volunteer work at a hospital.

07 윗글의 내용을 바르게 이해한 사람끼리 짝지어진 것은?

> • 수호: 스몸비는 길을 걸을 때 스마트폰을 보는 사람들을
>   뜻하는 말이야.
> • 지민: 스몸비는 길에서 주변을 더 잘 살펴볼 수 있어.
> • 도연: 스몸비는 걸을 때 길에서 넘어지거나 다칠 수
>   있어.
> • 유나: 스마트폰으로 다양한 안전 문제를 해결할 수
>   있어.

① 수호, 지민   ② 수호, 도연
③ 지민, 도연   ④ 수호, 지민, 유나
⑤ 지민, 도연, 유나

08 윗글의 제목으로 가장 알맞은 것은?

① Living without Smartphones
② How to Use Smartphones Easily
③ Don't Be a Smartphone Zombie
④ Why Do We Need Smartphones?
⑤ The Best Zombie Movie of All Time

09 윗글의 흐름상 빈칸 ⓐ에 들어갈 말로 알맞은 것은?

① solve safety problems
② make you much healthier
③ give you some health advice
④ prevent you from having pain
⑤ cause various health problems

10 윗글의 밑줄 친 ⓑblink의 영영풀이로 알맞은 것은?

① to make something happen
② to stop something from happening
③ to open and close your eyes very quickly
④ to get bigger or to make something bigger
⑤ to make your body or part of your body
   straighter and longer

11 윗글의 빈칸 ⓒ에 들어갈 말로 알맞은 것을 <u>모두</u> 고르시오.

① that   ② whom   ③ when
④ what   ⑤ which

[09~13] 다음 글을 읽고, 물음에 답하시오.

Do you have dry eyes or text neck?

Smartphones can _____ ⓐ _____ .
One example is dry eyes. When you look at your
smartphone, you do not ⓑblink often. Then your
eyes will feel (A) dry / wet .

Another problem ___ⓒ___ you can have is neck
pain. When you look down at your smartphone,
the stress on your neck (B) increases / decreases .
Too much use of your smartphone, for example,
too much texting, can cause neck pain. We call
this ⓓtext neck.

Here are some tips for these problems. For dry
eyes, try to blink often. For text neck, move your
smartphone (C) down / up to your eye level. You
can also do some neck stretching exercises.

12 윗글의 (A)~(C)의 각 네모 안에 주어진 말 중 문맥상 알맞
은 것끼리 짝지어진 것은?

	(A)	(B)	(C)
①	dry	increases	down
②	dry	decreases	up
③	dry	increases	up
④	wet	increases	down
⑤	wet	decreases	down

13 윗글의 밑줄 친 ⓓtext neck에 관한 내용으로 알맞지 <u>않은</u> 것은?

① It is pain in the neck.
② You can get it when you look down at your smartphones.
③ It can be caused by too much texting.
④ You should try to blink often not to get it.
⑤ To prevent it, you need to do some neck stretching exercises.

[14~18] 다음 글을 읽고, 물음에 답하시오.

How do you feel when you don't have your smartphone with you?

Do you feel nervous ①when your smartphone is not around? Do you feel ②sadly when you check your smartphone and there ③is no text message? If your answers are "yes," you may have _____ⓐ_____. There are various things ④that you can do (A)prevent this. _____ⓑ_____, turn off your smartphone ⑤during meals or meetings. You can talk to people instead of (B)text them.

14 윗글의 밑줄 친 ①~⑤ 중 어법상 <u>틀린</u> 것은?

①   ②   ③   ④   ⑤

15 윗글의 빈칸 ⓐ에 들어갈 말로 알맞은 것은?

① neck pain
② texting thumb
③ smartphone addiction
④ smartphone accidents
⑤ tips for smartphone problems

16 윗글의 흐름상 빈칸 ⓑ에 들어갈 말로 알맞은 것은?

① In fact
② Besides
③ However
④ For example
⑤ On the other hand

17 윗글의 밑줄 친 동사 (A)prevent와 (B)text의 어법상 올바른 형태가 바르게 짝지어진 것은?

① prevent – text
② prevent – texting
③ to prevent – text
④ to prevent – texting
⑤ preventing – to text

고
산도
18 윗글에 언급된 스마트폰과 관련한 문제점을 해결하기 위해 할 수 있는 일을 <u>모두</u> 고르시오.

① We should eat more healthily.
② We should not text people but talk to them.
③ We should bring our smartphones everywhere.
④ We should switch off our smartphones when we eat.
⑤ We should send text messages to people more often.

19 다음 글의 밑줄 친 ⓐ~ⓓ 중 어법상 **틀린** 부분을 찾아 기호를 쓰고 바르게 고쳐 쓰시오.

> Living ⓐwithout smartphones ⓑare difficult for many of us these days. However, unwise or too ⓒmuch use of smartphones can ⓓcause various problems.

( ) → _____

[20~21] 다음 글을 읽고, 물음에 답하시오.

Are you a smombie?

All over the world, people are walking around like zombies. Their heads are down, and their eyes are on their smartphones. We call ⓐsuch people smombies, smartphone zombies. If you are a smombie, you can have various safety problems. You may not see a hole in the street, so you may fall and get hurt. You may get into a car accident, too. So what can you do to prevent these problems? It's simple. Do not look at your smartphone while you are walking!

20 윗글의 밑줄 친 ⓐ such people이 어떤 사람들을 의미하는지 우리말로 쓰시오.

_____

21 윗글의 내용과 일치하도록 다음 질문에 대한 답을 영어로 쓰시오.

(1) What safety problems may smombies have?
  → _____

  _____

(2) What shouldn't smombies do to prevent safety problems?
  → _____

  _____

[22~24] 다음 글을 읽고, 물음에 답하시오.

Do you have dry eyes or text neck?

Smartphones can cause various health problems. One example is dry eyes. When you look at your smartphone, you do not blink often. Then your eyes will feel dry.

ⓐ 당신이 겪을 수 있는 또 다른 문제는 목 통증이다. When you look down at your smartphone, the stress on your neck increases. Too much use of your smartphone, for example, too much texting, can cause neck pain. We call this text neck.

Here are some tips for ⓑthese problems. For dry eyes, try to blink often. For text neck, move your smartphone up to your eye level. You can also do some neck stretching exercises.

22 윗글의 밑줄 친 우리말 ⓐ와 의미가 같도록 괄호 안의 말을 사용하여 문장을 완성하시오.

→ Another problem _____ _____ _____

_____ _____ _____. (have, neck pain)

23 윗글의 밑줄 친 ⓑthese problems가 가리키는 것 2가지를 본문에서 찾아 각각 2단어로 쓰시오.

(1) _____

(2) _____

24 윗글에 언급된 목 통증을 예방하기 위한 방법 2가지를 우리말로 쓰시오.

(1) _____ (15자 내외)

(2) _____ (10자 내외)

만점 노트

Listen and Talk D

교과서 85쪽

Peter, this is my advice for you. I think you ❶need to eat well. ❷Try to eat lots of fresh fruit and vegetables. And ❸make sure you exercise regularly.

Peter, 이건 너를 위한 내 조언이야. 나는 네가 잘 먹을 필요가 있다고 생각해. 신선한 과일과 채소를 많이 먹도록 노력하렴. 그리고 반드시 규칙적으로 운동을 하도록 해.

❶ 「need+to부정사」는 '~할 필요가 있다'라는 뜻이다.
❷ 「try+to부정사」는 '~하려고 노력하다'라는 뜻이다. *cf.* 「try+동명사」: (시험 삼아) ~를 해 보다
❸ 「Make sure you+동사원형 ~.」은 상대방에게 반드시 무언가를 하도록 당부할 때 사용하는 표현이다.

Around the World

교과서 93쪽

- This sign ❶says, "❷Be careful of using your smartphone while you are walking."
- ❸There are traffic lights on the ground, ❹so people can see them while they are using their smartphones.
- This sign on the ground means, "This side of the street is for people ❺who are texting."

- 이 표지판에는 '보행 중 스마트폰 사용 주의'라고 쓰여 있다.
- 바닥에 신호등이 있어서 사람들이 스마트폰을 사용하는 동안에 신호등을 볼 수 있다.
- 바닥에 있는 이 표지판은 '길의 이쪽 편은 문자를 보내고 있는 사람들을 위한 곳입니다.'라는 의미이다.

❶ 이 문장에서 say는 '(표지판이나 간판 등이) ~라고 되어(쓰여) 있다, 나타내다'라는 의미로 쓰였다.
❷ be careful of: '~을 조심(주의)하다'라는 뜻이며, of가 전치사이므로 뒤에 목적어로 동명사구가 왔다.
❸ There is/are ~. 구문의 주어인 traffic lights가 복수이므로 be동사 are를 썼다.
❹ so는 앞의 내용에 대한 결과를 나타내는 접속사로 쓰였다.
❺ 주격 관계대명사 who가 이끄는 관계대명사절(who are texting)이 선행사 people을 수식한다.

Think and Write

교과서 96쪽

There are ❶a few things ❷I need to change ❸to have a healthier life.

First, I don't exercise much. ❹From now on, I will try to walk for 30 minutes every day.

Second, I think I eat too much fast food. l will eat fast food only ❺once a week.

Third, I often eat at night. I will not eat after 10 o'clock.

I will try my best ❻to keep these promises.

더 건강한 생활을 하기 위해 내가 바꾸어야 할 몇 가지가 있다.
첫 번째로, 나는 운동을 많이 하지 않는다. 지금부터, 나는 매일 30분 동안 걸으려고 노력할 것이다.
두 번째로, 내 생각에 나는 패스트푸드를 너무 많이 먹는다. 나는 일주일에 한 번만 패스트푸드를 먹을 것이다.
세 번째로, 나는 종종 밤에 먹는다. 나는 10시 이후에는 먹지 않을 것이다.
나는 이 약속들을 지키기 위해 최선을 다할 것이다.

❶ a few는 셀 수 있는 명사 앞에 쓰여 '약간의, 몇몇의'라는 의미를 나타내며, 뒤에 복수 명사가 온다.
❷ 관계대명사절로 선행사 a few things를 수식하고 있으며, things와 I 사이에 목적격 관계대명사 which 또는 that이 생략되었다.
❸ '~하기 위해서'라는 뜻으로 목적을 나타내는 부사적 용법의 to부정사이다.
❹ from now on: 이제부터, 앞으로
❺ 빈도를 말할 때는 「횟수+a day/week/month/year」로 표현한다. 횟수는 「숫자+times」로 쓰며, '한 번'은 once, '두 번'은 twice로 나타낸다.
❻ to keep은 '~하기 위해서'라는 뜻으로 목적을 나타내는 부사적 용법의 to부정사로 쓰였다.

기타 지문
실전 TEST

[01~02] 다음 글을 읽고, 물음에 답하시오.

Peter, this is my ___ⓐ___ for you. I think you need to eat well. Try to eat lots of fresh fruit and vegetables. And ⓑ반드시 규칙적으로 운동을 하도록 해.

01 윗글의 흐름상 빈칸 ⓐ에 들어갈 말로 알맞은 것은?

① sign   ② matter   ③ advice
④ problem   ⑤ exercise

02 윗글의 밑줄 친 우리말 ⓑ를 괄호 안에 주어진 단어들을 사용하여 영어로 쓰시오. (5단어)

→ _____

(sure, you, regularly)

[03~04] 다음 글을 읽고, 물음에 답하시오.

- This sign says, "Be careful of ①using your smartphone ___(A)___ you are walking."
- There ②is traffic lights on the ground, so people can ③see them ___(B)___ they are using their smartphones.
- This sign on the ground ④means, "This side of the street is for people ⑤who are texting."

03 윗글의 밑줄 친 ①~⑤ 중 어법상 틀린 것은?

①   ②   ③   ④   ⑤

04 윗글의 빈칸 (A)와 (B)에 공통으로 들어갈 말로 알맞은 것은?

① for   ② after   ③ that
④ while   ⑤ during

[05~07] 다음 글을 읽고, 물음에 답하시오.

ⓐThere are a few things I need to change to have a healthier life.

First, I don't exercise much. From now on, I will try to walk for 30 minutes every day.

Second, I think I eat too much fast food. I will eat fast food only once a week.

Third, I often eat at night. I will not eat after 10 o'clock.

I will try my best ⓑto keep these promises.

05 윗글의 밑줄 친 ⓐ에 생략된 관계대명사를 넣어 다시 쓰시오.

→ _____
_____

06 윗글의 밑줄 친 ⓑto keep과 쓰임이 같은 것은?

① She likes to listen to rap music.
② I go to the gym to play basketball.
③ He wants me to solve this problem.
④ To learn a foreign language is not easy.
⑤ My dream is to become a fashion designer.

07 윗글의 글쓴이가 더 건강한 생활을 하기 위해 하려는 것 3가지를 우리말로 쓰시오.

(1) _____
(2) _____
(3) _____

W Words
고득점 맞기

01 다음 영영풀이에 해당하는 단어로 알맞은 것은?

> a condition when someone cannot stop doing something that is not healthy

① hole   ② pain   ③ addiction
④ medicine   ⑤ accident

02 다음 빈칸에 들어갈 말로 알맞은 것은?

> I don't use paper cups to protect the environment. I use a tumbler _____ a paper cup.

① with   ② besides   ③ next to
④ instead of   ⑤ in front of

03 다음 중 짝지어진 단어들의 관계가 서로 같지 <u>않은</u> 것은?

① wise : unwise = easy : simple
② stop : prevent = sore : painful
③ dry : wet = increase : decrease
④ pain : painful = stress : stressful
⑤ addiction : addictive = safety : safe

04 다음 빈칸에 공통으로 들어갈 말로 알맞은 것은?

> • If you _____ into trouble, call me right away.
> • Jessica came home early to _____ some rest.

① let   ② get   ③ take
④ make   ⑤ give

05 Which underlined word has the same meaning as in the example?

> [보기] What <u>caused</u> the forest fire?

① Air pollution has a lot of <u>causes</u>.
② Fog was the major <u>cause</u> of the accident.
③ The <u>cause</u> of the disease is still unknown.
④ Lack of sleep can <u>cause</u> a lot of problems.
⑤ This explains the <u>cause</u> and effect of the event.

06 다음 빈칸에 알맞은 단어를 주어진 철자로 시작하여 쓰시오.

> Right after she fell down, she felt a sharp p_____ in her left leg.

07 다음 우리말과 의미가 같도록 빈칸에 알맞은 말을 쓰시오.

> 내가 시험공부를 하고 있을 때, 부모님은 항상 TV를 끄신다.

→ When I am studying for an exam, my parents always _____ _____ the TV.

08 다음 중 단어와 영영풀이가 바르게 연결되지 <u>않은</u> 것은?

① rest: a time when you relax or sleep
② dry: without water or liquid on the surface
③ prevent: to stop something from happening
④ increase: to get smaller or to make something smaller
⑤ accident: something bad that happens that is not wanted or planned

09 다음 영영풀이에 해당하는 단어를 빈칸에 쓰시오.

> *v.* to open and close your eyes very quickly

> Try not to _____ your eyes when you take a picture.

10 다음 중 밑줄 친 부분의 우리말 의미가 알맞지 <u>않은</u> 것은?

① I have an <u>addiction</u> to online shopping.
　　　　　(사고)
② Please help me dig a <u>hole</u> and plant a tree.
　　　　　　　　　　(구덩이)
③ I cut my <u>thumb</u> while I was cutting the onion.
　　　　　(엄지손가락)
④ How about coming over for a <u>meal</u> sometime?
　　　　　　　　　　　　　(식사)
⑤ They <u>looked down</u> at the city from the clock tower. (~을 내려다봤다)

11 다음 영영풀이에 해당하는 단어가 <u>아닌</u> 것은?

> ⓐ not difficult or complicated
> ⓑ a state of being safe from harm or danger
> ⓒ at the same time every day, every week, etc.
> ⓓ to send someone a written message using a cell phone

① text　　　　② pain　　　　③ safety
④ simple　　　⑤ regularly

12 다음 중 밑줄 친 부분의 쓰임이 <u>어색한</u> 것은?

① I took <u>medicine</u> for my toothache.
② You should <u>stretch</u> before you exercise.
③ She is a <u>celebrity</u>, so no one knows her.
④ His careless driving <u>caused</u> the accident.
⑤ We <u>regularly</u> take dance lessons once a week.

13 다음 중 밑줄 친 부분과 바꿔 쓸 수 <u>없는</u> 것은?

① She was a really <u>intelligent</u> girl.
　　　　　　　　　　(= smart)
② I can never open this door <u>without</u> the key.
　　　　　　　　　　(= if I don't have)
③ I was <u>nervous</u> about the exam yesterday.
　　　　(= anxious)
④ There is no <u>simple</u> solution to this problem.
　　　　　　　　(= easy)
⑤ Stretching can <u>prevent</u> you from getting hurt.
　　　　　(= cause)

14 다음 중 밑줄 친 부분의 의미가 같은 것끼리 짝지어진 것은?

> ⓐ Jason sent me a long <u>text</u>.
> ⓑ <u>Text</u> me as soon as you get there.
> ⓒ I want to read the <u>text</u> of her speech.
> ⓓ He can <u>text</u> without looking at his phone.
> ⓔ There are 300 pages of <u>text</u> and illustrations.

① ⓐ, ⓑ　　　② ⓑ, ⓓ　　　③ ⓑ, ⓔ
④ ⓐ, ⓒ, ⓓ　　⑤ ⓑ, ⓓ, ⓔ

15 다음 빈칸에 들어갈 단어의 영영풀이로 알맞은 것은?

> I'm always _____ before I make a speech.

① several and different
② feeling very anxious or fearful
③ painful, especially when touched
④ without water or liquid on the surface
⑤ not having something or someone with you

L&T — Listen and Talk

영작하기

• 주어진 우리말 뜻과 일치하도록 교과서 대화문을 완성하시오.

STEP B

Listen and Talk A-1

W: _____

B: _____

W: _____

B: _____

교과서 84쪽

해석

W: 너 아파 보인다. 무슨 일이니, 인호야?

B: 목이 아파요. 열도 나요.

W: 감기에 걸린 것 같구나. 이 약을 먹고 반드시 푹 쉬도록 하렴.

B: 알겠어요. 고맙습니다.

Listen and Talk A-2

W: _____

B: _____

W: _____

B: _____

W: _____

교과서 84쪽

W: 무슨 일이니, Peter?

B: 모르겠어요, 김 선생님. 그런데 등이 많이 아파요.

W: 그곳에 찜질 패드를 올려놓으렴.

B: 네, 그럴게요.

W: 그리고 반드시 스트레칭 운동을 좀 하렴.

Listen and Talk A-3

W: _____

B: _____

W: _____

B: _____

W: _____

B: _____

교과서 84쪽

W: 무슨 일이니, Chris?

B: 심한 치통이 있어요.

W: 여기 약이 좀 있단다. 이것을 먹으렴.

B: 고맙습니다.

W: 그리고 반드시 치과에 가도록 하렴.

B: 네, 그럴게요.

Listen and Talk A-4

W: _____

B: _____

W: _____

B: _____

W: _____

교과서 84쪽

W: 다리에 무슨 문제가 있니, Sam?

B: 축구를 하다가 넘어져서 발을 다쳤어요.

W: 걸을 수는 있니?

B: 네, 하지만 많이 아파요.

W: 발에 얼음을 좀 올려놓는 게 어떠니? 그리고 반드시 다음 주까지는 축구를 하지 않도록 하렴.

Listen and Talk C

W: _____

B: _____

W: _____

B: _____

W: _____

B: _____

W: _____

B: _____

W: _____

B: _____

W: _____

해석   교과서 85쪽

W: 무슨 일이니, Andy?

B: 안녕하세요, 김 선생님. 제 오른쪽 엄지손가락이 아파요.

W: 음. 너 스마트폰을 많이 사용하니?

B: 네, 문자를 많이 보내요. 왜요?

W: 내 생각에 너는 texting thumb인 것 같구나.

B: texting thumb이요? texting thumb이 뭔가요?

W: 엄지손가락에 통증이 있는 거야. 문자를 너무 많이 보내면 생길 수 있어.

B: 아, 그건 몰랐어요.

W: 손가락 스트레칭 운동을 좀 하는 게 어떠니?

B: 네, 그럴게요.

W: 그리고 반드시 문자를 너무 많이 보내지 않도록 하렴.

Talk and Play

A: _____

B: _____

A: _____

B: _____

교과서 86쪽

A: 무슨 일이니?

B: 나는 열이 나.

A: 안됐구나. 꼭 좀 쉬도록 하렴.

B: 응, 그럴게.

Review-1

G: _____

B: _____

G: _____

B: _____

교과서 98쪽

G: 무슨 일이니, Mike?

B: 머리가 너무 아파.

G: 너는 약을 좀 먹는 것이 좋겠어.

B: 응, 그럴게.

Review-2

M: _____

G: _____

M: _____

G: _____

교과서 98쪽

M: 무슨 일이니, 미나야?

G: 목이 아파요. 콧물도 나고요.

M: 내 생각에 너는 감기에 걸린 것 같구나. 반드시 좀 쉬도록 하렴.

G: 네, 그럴게요.

01 다음 대화의 빈칸에 들어갈 말로 알맞지 <u>않은</u> 것은?

> A: You don't look well. What's the matter?
> B: _____

① My whole body hurts.
② One of my teeth really hurts.
③ I have a runny nose and a fever.
④ I jog every morning to stay healthy.
⑤ I fell and hurt my leg while I was running.

02 다음 대화의 밑줄 친 ①~⑤ 중 흐름상 어색한 것은?

> A: ①You look sick. What's wrong, Inho?
> B: ②I have a sore throat. I have a fever, too.
> A: I think you have a cold. ③Take this medicine.
> B: Thank you.
> A: ④And make sure you go to the dentist.
> B: ⑤OK, I will.

03 다음 대화의 빈칸 (A)~(C)에 들어갈 말을 [보기]에서 골라 순서대로 바르게 짝지은 것은?

> A: _____(A)_____
> B: I don't know, Ms. Kim, but my back hurts a lot.
> A: _____(B)_____
> B: OK, I will.
> A: _____(C)_____

> [보기] ⓐ Put a heating pad on it.
> ⓑ Is anything wrong, Peter?
> ⓒ And make sure you do some stretching exercises.

① ⓐ - ⓑ - ⓒ ② ⓐ - ⓒ - ⓑ ③ ⓑ - ⓐ - ⓒ
④ ⓒ - ⓐ - ⓑ ⑤ ⓒ - ⓑ - ⓐ

[04~06] 다음 대화를 읽고, 물음에 답하시오.

> **Woman:** What's _____ⓐ_____ with your leg?
> **Boy:** I fell and hurt my foot while I was playing soccer.
> **Woman:** Can you walk?
> **Boy:** Yes, but it hurts a lot.
> **Woman:** Why don't you put some ice on it? And _____ⓑ_____ you don't play soccer until next week.
> **Boy:** OK. Thank you.

04 위 대화의 빈칸 ⓐ와 ⓑ에 들어갈 말이 순서대로 바르게 짝지어진 것은?

① wrong – I want
② wrong – make sure
③ the advice – you hope
④ the advice – you must
⑤ the problem – try to

05 Which CANNOT be answered from the dialog above? Choose TWO.

① What's the matter with the boy?
② How did the boy hurt his foot?
③ What kind of medicine should the boy take?
④ What did the woman tell the boy to do?
⑤ What will the woman do after the conversation?

06 위 대화의 내용과 일치하도록 할 때, 빈칸에 들어갈 말로 알맞은 것을 <u>모두</u> 고르시오.

> The woman advised the boy _____.

① to take a warm bath
② to take some medicine
③ to put some ice on his foot
④ not to walk until next week
⑤ not to play soccer for a while

[07~09] 다음 대화를 읽고, 물음에 답하시오.

> A: What's wrong, Andy?
> B: Hello, Ms. Kim. My right thumb hurts.
> A: Hmm. Do you use your smartphone a lot?
> B: Yes, I text a lot. Why?
> A: I think you have texting thumb.
> B: Texting thumb? What's texting thumb?
> A: It's pain in your thumb. You can get it from texting too much.
> B: Oh, I didn't know ⓐthat.
> A: Why don't you do some finger stretching exercises?
> B: OK, I will.
> A: And ⓑ반드시 문자를 너무 많이 보내지 않도록 하렴.

07 위 대화의 밑줄 친 ⓐthat이 가리키는 내용을 우리말로 쓰시오.

_____

_____

08 위 대화의 밑줄 친 우리말 ⓑ와 의미가 같도록 괄호 안의 표현들을 사용하여 문장을 완성하시오.

→ And _____.

(make sure, too much)

09 Read the dialog above and answer the questions in complete English sentences.

(1) What problem does Andy have?

→ _____

(2) What kind of exercise will Andy do to get better?

→ _____

10 다음 표의 내용과 일치하도록 대화를 완성하시오.

Sick Note	
Problem	sore throat
Advice	• drink a lot of water • get some rest

> A: What's the matter?
> B: (1) _____
> A: Why don't you drink a lot of water? And make sure (2) _____.
> B: OK, I will.

11 다음 대화를 읽고, 요약문을 완성하시오.

> A: What's wrong, Sue?
> B: My arm hurts a lot.
> A: I think you should do some stretching exercises.

↓

> Sue has pain in her _____. She was advised to _____ _____ _____ _____.

12 다음 그림을 보고, 아픈 증상을 묻고 답하는 대화를 완성하시오.

> A: Chris, is anything wrong?
> B: Yes. (1) _____
> A: That's too bad. (2) _____ after lunch.
> B: OK, I will. Thank you.

01 다음 빈칸에 들어갈 말로 알맞은 것은?

> When I was young, I told my worries to a rabbit doll. I _____ it Worry Doll.

① had   ② took   ③ called
④ asked   ⑤ wanted

02 다음 대화의 빈칸에 들어갈 말로 알맞은 것을 <u>모두</u> 고르시오.

> A: What movie did you watch?
> B: I saw *Little Women*. It was the movie _____ Kelly recommended.

① what   ② whom   ③ that
④ which   ⑤ whose

03 다음 문장에서 어법상 틀린 부분을 바르게 고친 것은?

> Julie is the girl that I want to choose her as a team member.

① is → are
② that → which
③ to choose → choosing
④ her → 삭제
⑤ as → 삭제

04 다음 우리말을 영어로 옮길 때 3번째로 오는 단어는?

> 우리는 그런 춤을 왈츠라고 부른다.

① a   ② such   ③ call
④ dance   ⑤ waltz

[05~06] 다음 중 어법상 <u>틀린</u> 문장을 고르시오.

05 ① People call this sport curling.
② Show me the ring you bought for Amy.
③ Everyone liked the cookies that Dad baked.
④ The city whom I visited last month is Venice.
⑤ The man who we met at the party was kind.

한 단계 │ 더!

06 ① We named our dog Bamtori.
② People call Bali the Island of Gods.
③ Tom calls his best friend Champion.
④ My sister called the pond Secret Pond.
⑤ My name is Victoria. Just call me to Vicky.

한 단계 │ 더!

07 다음 빈칸에 들어갈 말이 순서대로 바르게 짝지어진 것은?

> • These are the storybooks _____ my mother wrote.
> • The girl to _____ Mike talked is my classmate.

① who – whom   ② that – which
③ that – whom   ④ which – that
⑤ which – which

08 다음 중 밑줄 친 부분을 생략할 수 <u>없는</u> 것은?

① Emma is the girl <u>whom</u> I learn yoga with.
② These are the letters <u>that</u> Liam sent to us.
③ Grace invited the girls <u>who</u> she taught music.
④ They didn't check the errors <u>which</u> I mentioned.
⑤ I met the violinist <u>that</u> won first prize in the contest.

09 다음 중 빈칸에 that을 쓸 수 <u>없는</u> 것은?

① The boy _____ you saw this morning is Dan.
② Sweden is the country _____ I want to visit.
③ I liked fish and chips _____ Uncle James made.
④ This is the movie in _____ everyone was interested.
⑤ Spider-Man is the superhero _____ Mary likes the most.

고난도 한 단계 더!

10 다음 우리말을 영어로 바르게 옮긴 것을 <u>모두</u> 고르시오.

내가 주로 듣는 음악은 록 음악이다.

① The music I usually listen to is rock music.
② The music to I usually listen is rock music.
③ The music that I usually listen is rock music.
④ The music to that I usually listen is rock music.
⑤ The music to which I usually listen is rock music.

11 두 문장을 한 문장으로 바꿔 쓴 것 중 어법상 <u>틀린</u> 것은?

① This is a tree. I planted it last year.
   → This is a tree I planted it last year.
② Rena is the girl. I met her at the library.
   → Rena is the girl whom I met at the library.
③ I have a cat. I've raised it for ten years.
   → I have a cat which I've raised for ten years.
④ This book belongs to Ryan. I'm reading it.
   → This book that I'm reading belongs to Ryan.
⑤ The writer is J. K. Rowling. I like her the most.
   → The writer who I like the most is J. K. Rowling.

신유형 한 단계 더!

12 다음 문장에 대해 잘못 설명한 사람은?

The girl with whom I often play badminton is Sue.

① 준영: 선행사는 The girl이야.
② 하준: whom은 목적격 관계대명사야.
③ 지나: whom을 that으로 바꿔 쓸 수 있어.
④ 유경: 이 문장의 동사는 is야.
⑤ 소윤: with를 badminton 뒤에 쓸 수도 있어.

고난도

13 다음 중 어법상 올바른 문장의 개수는?

ⓐ Do you call this machine as jukebox?
ⓑ People call Bach the father of music.
ⓒ I met the person whom you told me about.
ⓓ Did you get the email I sent you yesterday?
ⓔ The house who Derek lives in is near the school.

① 1개   ② 2개   ③ 3개
④ 4개   ⑤ 5개

신유형 고난도

14 다음 중 밑줄 친 that의 쓰임이 [보기]와 같은 문장끼리 바르게 짝지어진 것은?

[보기] That's the dog <u>that</u> I was looking for.

ⓐ I think <u>that</u> boy is musically gifted.
ⓑ Joseph is my friend <u>that</u> I always trust.
ⓒ Sarah said <u>that</u> she knew the boy I met.
ⓓ The big problem <u>that</u> I have is the lack of time.
ⓔ Many people believe in the news <u>that</u> she told.

① ⓐ, ⓓ   ② ⓑ, ⓒ   ③ ⓐ, ⓒ, ⓔ
④ ⓑ, ⓒ, ⓓ   ⑤ ⓑ, ⓓ, ⓔ

서술형

한 단계 더!

15 다음 두 문장을 괄호 안의 지시대로 한 문장으로 쓰시오.

> At the party, I met the girl. Andy always talked about her.

(1) (관계대명사를 생략할 것)

→ _____

(2) (about을 관계대명사 앞에 쓸 것)

→ _____

16 다음 ⓐ~ⓓ 중 어법상 **틀린** 것을 2개 찾아 기호를 쓰고, 바르게 고쳐 문장을 다시 쓰시오.

> ⓐ The soup I had it for lunch was salty.
> ⓑ This is the house in which I was born.
> ⓒ People call Florida as the Sunshine State.
> ⓓ The man that I met on the street was very friendly.

(   ) → _____

(   ) → _____

고난도

17 다음 대화를 읽고, 대화의 내용을 요약한 문장을 [조건]에 맞게 완성하시오.

> A: Happy birthday, Tom. This is for you.
>   I made this sweater for you.
> B: Thank you, Mom. I love it!
> A: I'm glad you like it.

[조건] 1. 관계대명사를 사용할 것
      2. 괄호 안의 표현을 사용할 것

→ Tom loves _____ .
(the sweater, his mom)

18 다음 그림을 보고, 괄호 안의 단어와 동사 call을 사용하여 [예시]와 같이 문장을 쓰시오.

[예시] Jason calls his dog Max. (Jason, his dog)

(1) _____
(everyone, the boy)

(2) _____
(British people, the clock tower)

(3) _____
(Mr. and Mrs. Davis, their daughter)

고난도

19 다음 지호에 관한 표를 보고, [조건]에 맞게 문장을 완성하시오.

About Jiho	
잘하는 것	(1) play basketball
좋아하는 과목	(2) Korean history
별명	(3) Mr. Long Legs

[조건] 1. (1)과 (2)는 관계대명사를 사용할 것
      2. (3)은 동사 call을 사용할 것

(1) Jiho is the boy _____

_____ .

(2) The subject _____

_____ .

(3) Jiho has a nickname. His friends _____

• 주어진 우리말 뜻과 일치하도록 교과서 본문의 문장을 쓰시오.

01 _____

스마트폰 없이 사는 것은 요즘 많은 이들에게 어렵다.

02 _____

하지만, 스마트폰을 현명하지 못하게 사용하거나 너무 과도하게 사용하는 것은 다양한 문제를 야기할 수 있다.

03 _____

전 세계적으로, 사람들이 좀비처럼 걸어 다니고 있다.

04 _____

그들의 머리는 아래를 향하고, 그들의 눈은 스마트폰을 향하고 있다.

05 _____

우리는 그런 사람들을 스몸비, 즉 스마트폰 좀비라고 부른다. ☆

06 _____

만약 당신이 스몸비라면, 당신은 다양한 안전 문제들을 겪을 수 있다.

07 _____

당신은 거리에 있는 구덩이를 보지 못할 수도 있고, 그래서 넘어져서 다칠지도 모른다.

08 _____

당신은 또한 교통사고를 당할지도 모른다.

09 _____

그렇다면 이런 문제들을 예방하기 위해 무엇을 할 수 있을까?

10 _____

그것은 간단하다.

11 _____

걷고 있는 동안에는 스마트폰을 보지 마라!

12 _____

스마트폰은 다양한 건강상의 문제를 야기할 수 있다.

13 _____

한 가지 예가 안구 건조증이다.

14 _____

스마트폰을 볼 때, 당신은 눈을 자주 깜박거리지 않는다.

15

그러면 눈이 건조하게 느껴질 것이다.

16

당신이 겪을 수 있는 또 다른 문제는 목 통증이다. ☆

17

스마트폰을 내려다볼 때, 목에 가해지는 압박이 증가한다.

18

스마트폰을 너무 많이 사용하는 것은, 예를 들어, 문자를 너무 많이 보내는 것은 목 통증을 야기할 수 있다.

19

우리는 이것을 거북목 증후군이라고 부른다. ☆

20

이런 문제들을 위한 몇 가지 조언이 여기 있다.

21

안구 건조증에는, 눈을 자주 깜박이려고 노력해라.

22

거북목 증후군에는, 스마트폰을 눈높이까지 위로 올려라.

23

또한 목 스트레칭 운동도 좀 할 수 있다.

24

스마트폰이 주위에 없을 때 초조한 기분이 드는가?

25

스마트폰을 확인했을 때 아무런 문자 메시지가 없으면 슬픈 기분이 드는가?

26

만약 당신의 대답이 '그렇다'이면, 당신은 스마트폰 중독일지도 모른다.

27

이를 예방하기 위해 할 수 있는 일은 여러 가지가 있다. ☆

28

예를 들어, 식사나 회의 중에는 스마트폰을 꺼라.

29

문자를 보내는 대신에 사람들과 이야기할 수 있다.

고득점 맞기

[01~05] 다음 글을 읽고, 물음에 답하시오.

(A) Live without smartphones is difficult for many of us these days. However, unwise or too much use of smartphones can cause various problems.

Are you a smombie?

All over the world, people are walking around ____ⓐ____ zombies. Their heads are down, and their eyes are ____ⓑ____ their smartphones. We (B) call such people smombies, smartphone zombies. If you are a smombie, you can have various safety problems. You may not see a hole in the street, so you may fall and get hurt. You may get ____ⓒ____ a car accident, too. So what can you do to ____ⓓ____ these problems? It's simple. Do not look at your smartphone while you are walking!

01 윗글의 밑줄 친 문장 (A)에서 어법상 **틀린** 부분을 찾아 바르게 고친 것은?

① Live → Living
② is → are
③ for → from
④ many → much
⑤ us → ours

02 윗글의 빈칸 ⓐ~ⓒ에 들어갈 말이 순서대로 바르게 짝지어진 것은?

① for – in – off
② for – in – up
③ for – on – out
④ like – on – into
⑤ like – on – upto

03 윗글의 밑줄 친 (B) call과 의미가 **다른** 것은?

① We all call our puppy Ollie.
② People call such food fajitas.
③ They decided to call their baby Alisha.
④ Andy got a call from his dad last night.
⑤ What do you call this flower in English?

04 윗글의 빈칸 ⓓ에 들어갈 단어의 영영풀이로 알맞은 것은?

① to make something happen
② to stop something from happening
③ to open and close your eyes very quickly
④ to get bigger or to make something bigger
⑤ to send someone a written message using a cell phone

고
/난도
05 Which is NOT true about the text above?

① We can see smombies all over the world.
② Smombies look at their smartphones as they are walking.
③ You can have safety problems if you are a smombie.
④ Smombies can get hurt because they use their smartphones on the street.
⑤ Not to be a smombie, you shouldn't take your smartphone with you when you go out.

[06~09] 다음 글을 읽고, 물음에 답하시오.

Do you have dry eyes or text neck?

Smartphones can cause various health problems. One ____(A)____ is dry eyes. ⓐWhen you look at your smartphone, you do not blink often. Then your eyes will feel ⓑdry.

(B) 당신이 겪을 수 있는 또 다른 문제는 목 통증이다. When you look down at your smartphone, the stress on your neck ⓒincreases. Too much use of your smartphone, for ____(C)____, too much texting, can cause neck pain. We call ⓓthis as text neck.

Here are some tips for these problems. For dry eyes, try ⓔto blink often. For text neck, move your smartphone up to your eye level. You can also do some neck stretching exercises.

06 윗글의 밑줄 친 ⓐ~ⓔ 중 어법상 **틀린** 것은?

① ⓐ   ② ⓑ   ③ ⓒ   ④ ⓓ   ⑤ ⓔ

STEP B

07 윗글의 빈칸 (A)와 (C)에 공통으로 들어갈 말로 알맞은 것은?

① use   ② reason   ③ example
④ advice   ⑤ addition

08 윗글의 밑줄 친 우리말 (B)와 의미가 같도록 주어진 단어들을 배열할 때, 5번째로 오는 단어는?

> problem, neck, can, you, that, have, is, pain, another

① can   ② is   ③ neck
④ that   ⑤ another

고난도 신유형

09 다음 질문과 응답 중 윗글의 내용과 일치하지 <u>않는</u> 것은?

① **Q:** What health problems can we have if we use smartphones too much?
   A: We can have dry eyes and neck pain.
② **Q:** If we don't blink often, what will happen to our eyes?
   A: They will get dry.
③ **Q:** What can cause text neck?
   A: Too much texting can cause it.
④ **Q:** What is helpful for dry eyes?
   A: Blinking often can be helpful.
⑤ **Q:** What should we do to prevent text neck?
   A: We should look down at our smartphones.

[10~12] 다음 글을 읽고, 물음에 답하시오.

How do you feel when you don't have your smartphone with you?

Do you feel nervous when your smartphone is not ____ⓐ____? Do you feel ____ⓑ____ when you check your smartphone and there is no text message? If your answers are "yes," you may have smartphone addiction. There are various things (A)which / whom you can do to ____ⓒ____ this. For example, ____ⓓ____ your smartphone (B)during / while meals or meetings. You can ____ⓔ____ people instead of (C)texting / to text them.

10 윗글의 흐름상 빈칸 ⓐ~ⓔ에 들어갈 말로 알맞지 <u>않은</u> 것은?

① ⓐ: around   ② ⓑ: happy
③ ⓒ: prevent   ④ ⓓ: turn off
⑤ ⓔ: talk to

11 윗글의 (A)~(C)의 각 네모 안에 주어진 말 중 어법상 올바른 것끼리 짝지어진 것은?

	(A)	(B)	(C)
①	which	during	texting
②	which	while	to text
③	which	during	to text
④	whom	while	texting
⑤	whom	while	to text

고난도

12 윗글에 언급된 smartphone addiction에 해당하는 사람은?

① 지윤: I'm nervous when I don't have my smartphone with me.
② 예나: I don't check my text messages often.
③ 하준: I don't usually text my friends and family.
④ 수호: I don't look at my smartphone while I'm eating.
⑤ 우진: I don't bring my smartphone with me when I go to a meeting.

[13~14] 다음 글을 읽고, 물음에 답하시오.

All over the world, people are walking around like zombies. Their heads are down, and their eyes are on their smartphones. ⓐ우리는 그런 사람들을 스몸비라고 부른다. If you are a smombie, you can have various safety problems. You may not see a hole in the street, so you may fall and get hurt. You may get into a car accident, too. So what can you do to prevent ⓑthese problems? It's simple. Do not look at your smartphone while you are walking!

13 윗글의 밑줄 친 우리말 ⓐ를 [조건]에 맞게 영어로 쓰시오.

> [조건] 1. call과 such를 사용할 것
> 2. 5단어의 완전한 문장으로 쓸 것

→ _____

14 윗글의 밑줄 친 ⓑthese problems가 가리키는 구체적인 내용을 모두 우리말로 쓰시오.

_____

[15~16] 다음 글을 읽고, 물음에 답하시오.

(A) Smartphones can cause various learning problems. One example is dry eyes. When you look at your smartphone, you do not blink often. (B) Then your eyes will feel wet.

Another problem you can have is neck pain. (C) When you look down at your smartphone, the stress on your neck decreases. Too much use of your smartphone, for example, too much texting, can cause neck pain. We call this text neck.

Here are some tips for these problems. For dry eyes, try to blink often. For text neck, move your smartphone up to your eye level. You can also do some neck stretching exercises.

15 윗글의 밑줄 친 문장 (A)~(C)에서 문맥상 어색한 부분을 찾아 바르게 고쳐 쓰시오.

(A) _____ → _____

(B) _____ → _____

(C) _____ → _____

16 윗글의 내용과 일치하도록 다음 표를 완성하시오. (단, 명령문으로 쓸 것)

Problem	Advice
dry eyes	(1) _____
text neck	(2) _____
	(3) _____

[17~18] 다음 글을 읽고, 물음에 답하시오.

Do you feel nervous when your smartphone is not around? Do you feel sad when you check your smartphone and there is no text message? If your answers are "yes," you may have smartphone addiction. There are various things you can do to prevent ⓐthis. For example, turn off your smartphone during meals or meetings. You can talk to people instead of texting them.

17 윗글의 밑줄 친 ⓐthis가 가리키는 것을 본문에서 찾아 쓰시오.

_____

고
난도
18 윗글의 내용과 일치하도록 다음 요약문을 완성하시오.

> To avoid smartphone _____, you should _____ _____ _____ _____ while you are eating or having meetings. Also, you should _____ _____ _____ rather than send them text messages.

서술형 100% TEST

01 다음 영영풀이에 해당하는 단어를 [보기]에서 골라 쓰시오.

> [보기]　blink　cause　prevent　pain

(1) _____ : to make something happen

(2) _____ : to stop something from happening

(3) _____ : to open and close your eyes very quickly

(4) _____ : the feeling you have when a part of your body hurts

02 다음 빈칸에 공통으로 들어갈 단어를 쓰시오.

> • Let's read line 3 of the _____.
> • Tom is going to _____ you his address.
> • I got a(n) _____ message from Yujin last night.

03 다음 우리말과 의미가 같도록 빈칸에 알맞은 말을 쓰시오.

(1) 난 열이 있고 콧물이 나.
→ I _____ a fever and a _____ _____.

(2) 그녀는 불을 끄는 것을 잊었다.
→ She forgot to _____ _____ the lights.

(3) 집에 가서 좀 쉬는 게 어때?
→ Why don't you go home and _____ _____ _____ ?

(4) Andy는 설거지를 하는 대신에 빨래를 했다.
→ Andy did the laundry _____ _____ washing the dishes.

04 다음 대화의 밑줄 친 우리말을 괄호 안의 지시에 맞게 영어로 쓰시오.

> A: You look sick. What's the matter?
> B: (1) 저는 목이 아파요. I have a fever, too.
> A: I think you have a cold. (2) 반드시 약을 좀 먹도록 하렴.

(1) (throat를 사용하여 5단어로 쓸 것)
→ _____

(2) (make sure, some을 사용하여 6단어로 쓸 것)
→ _____

05 다음 그림을 보고, [A]와 [B]에서 알맞은 표현을 하나씩 골라 각 친구에게 해 줄 수 있는 당부의 말을 쓰시오.

[A]	[B]
• make sure • don't forget to	• go to the dentist • don't run until next week

(1) _____

(2) _____

06 다음 글의 내용과 일치하도록 대화를 완성하시오.

> Peter went to the school nurse's office because of his backache. Ms. Kim advised him to put a heating pad on his back and do some stretching exercises.

↓

> A: What's wrong, Peter?
> B: My _____ a lot.
> A: Put a heating pad on it. And make sure
> _____ .

[07~08] 다음 대화를 읽고, 물음에 답하시오.

A: What's wrong, Andy?
B: Hello, Ms. Kim. ⓐ I have pain in my right thumb.
A: Hmm. Do you use your smartphone a lot?
B: Yes, I text a lot. Why?
A: I think you have texting thumb.
B: Texting thumb? What's texting thumb?
A: It's pain in your thumb. You can get it from texting too much.
B: Oh, I didn't know that.
A: Why don't you do some finger stretching exercises?
B: OK, I will.
A: And make sure you don't text too much.

07 위 대화의 밑줄 친 ⓐ와 같은 의미의 문장을 [조건]에 맞게 쓰시오.

> [조건] 1. hurt를 사용하고, 필요시 형태를 바꿀 것
> 2. 4단어의 완전한 문장으로 쓸 것

→ _____

08 다음 ⓐ~ⓔ 중 위 대화를 읽고 답할 수 있는 질문을 2개 찾아 기호를 쓰고, 완전한 영어 문장으로 답하시오.

> ⓐ How many text messages does Andy send a day?
> ⓑ What can cause texting thumb?
> ⓒ What kind of exercise does Andy usually do?
> ⓓ What did Ms. Kim advise Andy not to do?
> ⓔ What is Ms. Kim going to do after the conversation?

(   ) → _____

(   ) → _____

09 주어진 우리말과 의미가 같도록 괄호 안의 단어들을 바르게 배열하여 문장을 쓰시오.

(1) 내가 너를 Eddie라고 불러도 될까?
(you, I, can, Eddie, call)

→ _____

(2) 모두가 그녀를 빙판 위의 요정이라고 부른다.
(her, everyone, the Fairy on Ice, calls)

→ _____

(3) 나는 내 여동생이 내게 소개해 준 의사를 찾아갔다.
(to, visited, introduced, me, the doctor, I, my sister)

→ _____

(4) 내가 너에게 말했던 그 폭포는 캐나다에 있다.
(about, I, that, you, in, the waterfall, told, is, Canada)

→ _____

한 단계 | 더!

10 다음 두 문장을 [조건]에 맞게 한 문장으로 쓰시오.

> [조건] 1. 관계대명사를 사용할 것
> 2. (4) to를 관계대명사 앞에 쓸 것

(1) The woman is my aunt. I helped the woman.

→ _____

(2) The police caught the man. The man stole my wallet.

→ _____

(3) The T-shirt has a stripe pattern. I bought the T-shirt yesterday.

→ _____

(4) The restaurant was very nice. I went to the restaurant yesterday.

→ _____

한 단계 | 더!

11 [A]와 [B]에서 각각 알맞은 말을 하나씩 골라 [예시]와 같이 문장을 완성하시오.

[A]	[B]
~~me~~ Jimmy the device the world	~~Happy Girl~~ smartphone a better place captain of their team

[예시] My friends call me Happy Girl.

(1) We can make _____ .

(2) Who named _____ ?

(3) They elected _____ .

고난도 한 단계 | 더!

12 다음 ⓐ~ⓓ 중 어법상 틀린 문장을 2개 찾아 기호를 쓰고, 바르게 고쳐 문장을 다시 쓰시오.

> ⓐ The man I met yesterday is on TV now.
> ⓑ People in Seattle call the tower as Space Needle.
> ⓒ The spaghetti that my brother made was delicious.
> ⓓ Tom is the boy with I often play badminton.

( ) → _____

( ) → _____

13 다음 글의 흐름상 어색한 부분을 찾아 바르게 고쳐 쓰시오. (단, 한 단어만 고칠 것)

> Living without smartphones is difficult for many of us these days. However, wise or too much use of smartphones can cause various problems.

_____ → _____

[14~15] 다음 글을 읽고, 물음에 답하시오.

Are you a smombie?

All over the world, people ⓐare walking around ⓑlike zombies. Their heads are down, and their eyes are on their smartphones. We call ⓒsuch people smombies, smartphone zombies. If you are a smombie, you can have various safety problems. You may not see a hole in the street, so you may fall and get hurt. You may get into a car accident, too. So what can you do ⓓprevent these problems? It's simple. Do not look at your smartphone ⓔduring you are walking!

고난도

14 윗글의 밑줄 친 ⓐ~ⓔ 중 어법상 틀린 것을 2개 찾아 바르게 고쳐 쓰고 틀린 이유를 쓰시오.

(1) 틀린 부분: ( ) → _____

틀린 이유: _____

_____

(2) 틀린 부분: ( ) → _____

틀린 이유: _____

_____

15 윗글의 내용과 일치하도록 다음 요약문을 완성하시오.

> There are various (1)_____ problems that (2)_____ can have. They may fall down or have a(n) (3)_____ _____ in the street. In order to avoid these problems, they shouldn't (4)_____ _____ their smartphones when they (5)_____ .

[16~18] 다음 글을 읽고, 물음에 답하시오.

Do you have dry eyes or text neck?

Smartphones can cause various health problems. One example is dry eyes. When you look at your smartphone, you do not blink often. Then your eyes will feel dry.

ⓐAnother problem which you can have it is neck pain. When you look down at your smartphone, the stress on your neck increases. Too much use of your smartphone, for example, too much texting, can cause neck pain. ⓑ우리는 이것을 거북목 증후군이라고 부른다.

Here are some tips for these problems. For dry eyes, try to blink often. For text neck, move your smartphone up to your eye level. You can also do some neck stretching exercises.

16 윗글의 밑줄 친 문장 ⓐ에서 어법상 **틀린** 부분을 찾아 바르게 고쳐 쓰시오.

_____ → _____

17 윗글의 밑줄 친 우리말 ⓑ와 의미가 같도록 괄호 안의 단어를 사용하여 영어로 쓰시오.

→ _____ (call)

18 윗글의 내용과 일치하도록 주어진 질문에 완전한 영어 문장으로 답하시오.

(1) What health problems can smartphones cause?

→ _____

(2) What are the two things we should do to prevent text neck?

→ _____

_____

[19~20] 다음 글을 읽고, 물음에 답하시오.

How do you feel when you don't have your smartphone with you?

Do you feel nervous when your smartphone is not around? Do you feel sad when you check your smartphone and there is no text message? If your answers are "yes," you may have smartphone addiction. ⓐ이것을 예방하기 위해 당신이 할 수 있는 다양한 것들이 있다. For example, turn off your smartphone during meals or meetings. You can talk to people instead of texting them.

19 윗글의 밑줄 친 우리말 ⓐ와 의미가 같도록 [조건]에 맞게 영어로 쓰시오.

> [조건] 1. 관계대명사를 사용할 것
> 2. 괄호 안의 단어들을 사용할 것
> 3. 11단어의 완전한 문장으로 쓸 것

→ _____

_____

(there, various things, prevent)

20 윗글의 내용과 일치하도록 다음 대화를 완성하시오.

> A: What can we do to prevent (1)_____
> _____?
> B: We can (2)_____ _____ _____
> _____ while we are eating or in a meeting.
> A: What else?
> B: Instead of texting people, (3)_____
> _____ them.

모의고사

서술형 1

01 다음 영영풀이에 해당하는 단어를 주어진 철자로 시작하여 빈칸에 쓰시오. 4점

> to make something happen

→ What can c_____ global warming?

02 다음 빈칸에 알맞은 말이 순서대로 바르게 짝지어진 것은?

3점

> - I'll drink juice instead _____ milk.
> - Please turn _____ the water tap when you don't use it.
> - Mike got _____ an accident while he was driving the car.

① of – off – into ② of – on – onto
③ to – off – into ④ to – out – onto
⑤ at – out – into

03 다음 중 밑줄 친 부분의 우리말 뜻이 알맞지 <u>않은</u> 것은? 3점

① I felt really <u>nervous</u> before the contest.
　　　　　　　　　(초조한)
② If you're not careful, you may <u>get hurt</u>.
　　　　　　　　　　　　　　(다치다)
③ You should eat less and exercise <u>regularly</u>.
　　　　　　　　　　　　　　　　(가끔)
④ I couldn't sleep because I <u>had a runny nose</u>.
　　　　　　　　　　　　　　　(콧물이 났다)
⑤ Mobile game <u>addiction</u> is a very serious problem.
　　　　　　　　(중독)

04 다음 대화의 빈칸에 들어갈 말로 알맞지 <u>않은</u> 것은? 3점

> A: What's wrong with you?
> B: _____

① My leg hurts a lot.
② I think you have a cold.
③ I don't feel very well today.
④ I have a terrible headache.
⑤ I hurt my arm while I was playing basketball.

서술형 2

05 자연스러운 대화가 되도록 (A)~(D)를 바르게 배열하시오.

4점

> (A) OK, I will.
> (B) What's wrong, Peter?
> (C) Put a heating pad on it.
> (D) I don't know, Ms. Kim, but my back hurts a lot.
> A: And make sure you do some stretching exercises.

(　　) – (　　) – (　　) – (　　)

06 다음 대화의 밑줄 친 ⓐ~ⓓ 중 흐름상 어색한 것은? 4점

> A: ⓐWhat's wrong with your leg, Sam?
> B: I fell and hurt it while I was playing soccer.
> A: ⓑThat's too bad. Can you walk?
> B: ⓒYes, but it hurts a lot.
> A: Why don't you put some ice on it? ⓓAnd make sure you practice soccer harder.
> B: OK, I will.

① 없음　②ⓐ　③ⓑ　④ⓒ　⑤ⓓ

[07~08] 다음 대화를 읽고, 물음에 답하시오.

A: What's wrong, Andy?
B: Hello, Ms. Kim. (①) My right thumb hurts.
A: Hmm. Do you use your smartphone a lot?
B: Yes, I text a lot. Why? (②)
A: I think you have texting thumb.
B: Texting thumb? What's texting thumb?
A: (③) You can get it from texting too much.
B: Oh, I didn't know that. (④)
A: Why don't you do some finger stretching exercises?
B: OK, I will. (⑤)
A: And make sure you don't text too much.

07 위 대화의 ①~⑤ 중 주어진 문장이 들어갈 위치로 알맞은 것은? 3점

It's pain in your thumb.

①   ②   ③   ④   ⑤

08 위 대화의 내용과 일치하지 <u>않는</u> 것은? 3점

① Andy has pain in his right thumb.
② Andy usually texts a lot.
③ Ms. Kim thinks Andy has texting thumb.
④ Andy will do some finger stretching exercises.
⑤ Ms. Kim told Andy to text more often.

09 다음 빈칸에 들어갈 말이 순서대로 바르게 짝지어진 것은? 3점

• The pie _____ you made was delicious.
• Audrey Hepburn is the actress _____ I like the most.

① that – which   ② who – that
③ what – whom   ④ which – that
⑤ which – which

서술형**3**

10 주어진 우리말과 의미가 같도록 괄호 안의 단어들을 배열하여 문장을 쓰시오. 5점

사람들은 시카고를 바람의 도시라고 부른다.
(call, Chicago, people, the Windy City)

→ _____

11 다음 두 문장을 한 문장으로 바르게 쓴 것을 <u>모두</u> 고르시오. 4점

The movie was sad. We saw the movie last night.

① The movie we saw last night was sad.
② The movie was sad last night who we saw.
③ The movie that we saw last night was sad.
④ The movie was sad that we saw last night.
⑤ The movie which we saw it last night was sad.

고/산도
12 다음 문장에서 어법상 <u>틀린</u> 부분을 바르게 고친 것은? 4점

The girl is my old friend whom I can trust her.

① is → 삭제   ② my → mine
③ whom → which   ④ trust → be trusted
⑤ her → 삭제

한 단계 | 더!
13 다음 중 어법상 <u>틀린</u> 문장은? 4점

① My sister calls the doll Molly.
② Do you know the boy Joy is talking to?
③ The music to that we listened was great.
④ They call Korea the Land of the Morning Calm.
⑤ New York is the city which I visited last winter.

14 다음 글의 (A)~(C)의 각 네모 안에 주어진 말 중 문맥상 알맞은 것끼리 짝지어진 것은? 4점

> Living without smartphones is (A) easy / difficult for many of us these days. However, (B) wise / unwise or too much use of smartphones can (C) cause / prevent various problems.

	(A)	(B)	(C)
①	easy	⋯ wise	⋯ cause
②	easy	⋯ unwise	⋯ cause
③	easy	⋯ wise	⋯ prevent
④	difficult	⋯ wise	⋯ prevent
⑤	difficult	⋯ unwise	⋯ cause

[15~17] 다음 글을 읽고, 물음에 답하시오.

Are you a smombie?

All over the world, people are walking around ___ⓐ___ zombies. Their heads are down, and their eyes are on their smartphones.

(A) 우리는 그런 사람들을 스몸비라고 부른다, smartphone zombies. If you are a smombie, you can have various safety problems. You may not see a hole in the street, so you may fall and get hurt. You may get into a car accident, too. So what can you do to prevent these problems? It's simple. Do not look at your smartphone ___ⓑ___ you are walking!

15 윗글의 빈칸 ⓐ와 ⓑ에 들어갈 말이 순서대로 바르게 짝지어진 것은? 3점

① for – if ② like – while
③ with – while ④ with – during
⑤ like – during

서술형4

16 윗글의 밑줄 친 우리말 (A)와 의미가 같도록 주어진 단어들을 바르게 배열하시오. 5점

> call, smombies, such, we, people

→ _____

17 윗글의 내용과 일치하도록 할 때 빈칸에 들어갈 말로 알맞은 것은? 4점

> Q: What should smombies do to prevent safety problems?
> A: They should _____.

① not walk around often
② look at their smartphones
③ leave their smartphones at home
④ watch out for cars when they cross the street
⑤ not look at their smartphones when they walk

[18~22] 다음 글을 읽고, 물음에 답하시오.

Do you have dry eyes or text neck?

Smartphones can cause various health problems. One example is ___ⓐ___ eyes. When you look at your smartphone, you do not ___ⓑ___ often. Then your eyes will feel dry.

(A) Another problem you can have is neck pain. When you look down at your smartphone, the stress on your neck ___ⓒ___. Too much use of your smartphone, ___(B)___, too much texting, can cause neck pain. We ___ⓓ___ this text neck.

Here are some ___ⓔ___ for these problems. For dry eyes, try to blink often. For text neck, move your smartphone up to your eye level. You can also do some neck stretching exercises.

18 윗글의 흐름상 빈칸 ⓐ~ⓔ에 들어갈 말로 알맞지 <u>않은</u> 것은? 4점

① ⓐ: dry ② ⓑ: blink
③ ⓒ: decreases ④ ⓓ: call
⑤ ⓔ: tips

[서술형 5]

19 윗글의 밑줄 친 문장 (A)에 생략된 관계대명사를 넣어 다시 쓰시오. 5점

→ _____

20 윗글의 빈칸 (B)에 들어갈 말로 알맞은 것은? 3점

① however
② therefore
③ for example
④ in other words
⑤ on the other hand

[서술형 6]

21 윗글의 내용과 일치하도록 빈칸에 알맞은 말을 쓰시오. 5점

There are various _____ problems that can be caused by too much use of smartphones. Some examples of these problems are _____ _____ and _____ _____.

22 윗글의 내용과 일치하지 <u>않는</u> 것은? 4점

① If we use our smartphones too much, we can have several problems.
② Neck pain can be caused by too much texting.
③ Blinking often is good for dry eyes.
④ We can have neck pain if we move our smartphones up to our eye level.
⑤ Doing neck stretching exercises is good for preventing text neck.

[23~25] 다음 글을 읽고, 물음에 답하시오.

How do you feel when you don't have your smartphone with you?

Do you feel ⓐnervously when your smartphone is not around? Do you feel sad when you check your smartphone and there ⓑis no text message? If your answers are "yes," you may ⓒhave smartphone addiction. There are various things ⓓthat you can do to prevent (A)this. For example, turn off your smartphone ⓔduring meals or meetings. You can talk to people instead of texting (B)them.

[서술형 7]

23 윗글의 밑줄 친 ⓐ~ⓔ 중 어법상 틀린 것을 찾아 기호를 쓰고, 바르게 고쳐 쓰시오. 5점

( ) → _____

24 윗글의 밑줄 친 (A)this와 (B)them이 가리키는 것이 순서대로 바르게 짝지어진 것은? 3점

① a text message – people
② a text message – meetings
③ smartphone addiction – meals
④ smartphone addiction – messages
⑤ smartphone addiction – people

[서술형 8]

25 According to the text above, what can we do to prevent smartphone addiction? 각 4점

→ We can (1)_____

_____

and (2)_____

_____.

01 다음 영영풀이에 해당하는 단어로 알맞은 것은? 3점

> to get bigger or to make something bigger

① hurt　　② blink　　③ cause
④ prevent　　⑤ increase

02 다음 중 밑줄 친 부분의 의미가 [보기]와 같은 것은? 4점

> [보기] I'll text you the final score.

① Did you get a text from Jessica?
② Who wants to read the text aloud?
③ Text me when you're on your way home.
④ The text of the book was written in French.
⑤ Please send me a text when you arrive there.

고난도
03 다음 중 밑줄 친 부분과 바꿔 쓸 수 없는 것은? 3점

① She usually gets nervous before a contest.
(= anxious)
② The scientists did a very simple experiment.
(= difficult)
③ I cut my finger with a knife. It's really painful.
(= sore)
④ I had a bad headache, so I went to the doctor.
(= terrible)
⑤ The police prevented him from leaving the country. (= stopped)

04 다음 대화의 빈칸에 들어갈 말로 알맞지 않은 것은? 3점

> A: _____
> B: My leg hurts a lot.

① What's the matter?
② What's the problem?
③ What's wrong with you?
④ What do you like to do?
⑤ Is there anything wrong?

서술형1
05 다음 대화의 밑줄 친 우리말과 의미가 같도록 괄호 안의 말을 사용하여 주어진 단어 수에 맞게 문장을 쓰시오. 각 3점

> A: What's the matter, Chris?
> B: (1)저는 이가 아파요. (have)
> A: Here is some medicine. Take this.
> B: Thank you.
> A: (2)반드시 치과에 가 보렴. (sure, you, go, to)
> B: OK, I will.

(1) _____ (4단어)
(2) _____ (7단어)

06 다음 대화의 ①~⑤ 중 주어진 문장이 들어갈 위치로 알맞은 것은? 3점

> I have a sore throat.

> A: You look sick. (①) What's wrong, Inho?
> B: (②) I have a fever, too.
> A: (③) I think you have a cold. Take this medicine and make sure you take a good rest. (④)
> B: OK. Thank you. (⑤)

①　　　②　　　③　　　④　　　⑤

[07~08] 다음 대화를 읽고, 물음에 답하시오.

> A: ⓐWhat's wrong, Andy?
> B: Hello, Ms. Kim. My right thumb hurts.
> A: Hmm. Do you use your smartphone a lot?
> B: ⓑNo, I don't text a lot. Why?
> A: I think you have texting thumb.
> B: Texting thumb? What's texting thumb?
> A: ⓒIt's pain in your thumb. You can get it from texting too much.
> B: ⓓOh, I didn't know that.
> A: Why don't you do some finger stretching exercises?
> B: ⓔOK, I will.
> A: And make sure you don't text too much.

07 위 대화의 밑줄 친 ⓐ~ⓔ 중 흐름상 어색한 것은? 3점

① ⓐ ② ⓑ ③ ⓒ ④ ⓓ ⑤ ⓔ

서술형 2

08 위 대화의 내용과 일치하도록 다음 질문에 대한 대답을 완성하시오. 5점

> Q: What does Andy need to do for his right thumb?
> A: He needs to _____
>   and shouldn't _____ .

09 다음 우리말을 영어로 바르게 옮긴 것은? 3점

> 우리는 그런 음악을 재즈라고 부른다.

① We call jazz such music.
② We call music jazz such.
③ We call such music jazz.
④ We call music such as jazz.
⑤ We call such music for jazz.

서술형 3

10 다음 두 문장을 관계대명사를 사용하여 한 문장으로 쓰시오. 4점

> This is the picture. I painted it all day yesterday.

→ _____

11 다음 중 밑줄 친 **that**의 쓰임이 나머지와 <u>다른 하나</u>는? 4점

① They know that you won't believe him.
② Is math the subject that you are good at?
③ Did you read the story that I recommended?
④ Mike is the friend that I often play basketball with.
⑤ This is not the book that the teacher told us about.

서술형 4

12 다음 문장에서 어법상 <u>틀린</u> 부분을 찾아 바르게 고쳐 쓰시오. 4점

> I love the music whom we listened to at the party.

→ _____

고난도 한 단계 더!

13 다음 중 어법상 올바른 문장의 개수는? 5점

> ⓐ Do you call this food taco?
> ⓑ Look at the girl to Alex is talking.
> ⓒ They want to call this puppy as Cookie.
> ⓓ Ted is the boy which I took a picture with.
> ⓔ The coat that you wanted to buy is sold out now.

① 1개 ② 2개 ③ 3개 ④ 4개 ⑤ 5개

14 다음 글의 뒤에 이어질 내용으로 가장 알맞은 것은? 4점

> Living without smartphones is difficult for many of us these days. However, unwise or too much use of smartphones can cause various problems.

① the history of smartphones
② various kinds of smartphones
③ problems caused by smartphones
④ tips for choosing good smartphones
⑤ the advantages of using smartphones

[15~18] 다음 글을 읽고, 물음에 답하시오.

Are you a smombie?

All over the world, people are walking around like zombies. Their heads are down, and their eyes are on their smartphones. We call such people smombies, smartphone zombies. If you are a smombie, you can have various ⓐsafety problems. You may not see a hole in the street, so you may fall and (A) get / getting hurt. You may get into a car accident, too. So what can you do (B) prevent / to prevent these problems? It's simple. Do not look at your smartphone (C) while / during you are walking!

15 윗글의 밑줄 친 ⓐ safety problems가 가리키는 것을 모두 고르시오. 4점

① getting into a car accident
② walking around alone at night
③ finding holes in the street easily
④ not looking at your smartphone
⑤ falling down and getting hurt in the street

서술형5
16 다음 영영풀이에 해당하는 단어를 윗글에서 찾아 쓰시오.

3점

> a space dug in the surface of the ground

17 윗글의 (A)~(C)의 각 네모 안에 주어진 말 중 어법상 올바른 것끼리 짝지어진 것은? 4점

	(A)	(B)	(C)
①	get ···	prevent ···	while
②	get ···	prevent ···	during
③	get ···	to prevent ···	while
④	getting ···	prevent ···	during
⑤	getting ···	to prevent ···	while

18 윗글의 smombies에 대해서 잘못 이해한 사람은? 4점

① 윤지: They look like zombies when they walk around.
② 서준: They are smartphone zombies.
③ 은빈: They look at their smartphones when they walk.
④ 진호: They may get into a dangerous situation in the street.
⑤ 수아: They should do some eye exercises.

[19~22] 다음 글을 읽고, 물음에 답하시오.

Do you have dry eyes or text neck?

Smartphones can ⓐcause various health problems. (①) One example is ___(A)___. When you look at your smartphone, you do not blink often. (②) Then your eyes will feel ⓑdry. (③) When you look down at your smartphone, the stress on your neck increases. (④) Too ⓒmuch use of your smartphone, for example, too much texting, can cause neck pain. We call ⓓthis as text neck.

Here are ⓔsome tips for these problems. (⑤) For dry eyes, try to ___(B)___. For text neck, move your smartphone up to your eye level. You can also do some neck stretching exercises.

19 윗글의 밑줄 친 ⓐ~ⓔ 중 어법상 틀린 것을 찾아 바르게 고친 것은?　3점

① ⓐ → be caused
② ⓑ → drily
③ ⓒ → many
④ ⓓ → this text neck
⑤ ⓔ → a tip

20 윗글의 ①~⑤ 중 주어진 문장이 들어갈 위치로 알맞은 것은?　3점

> Another problem you can have is neck pain.

①　　②　　③　　④　　⑤

서술형6

21 윗글의 빈칸 (A)와 (B)에 들어갈 말을 본문에서 찾아 각각 2단어로 쓰시오.　각 3점

(A) _____

(B) _____

22 윗글을 읽고 답할 수 없는 질문은?　4점

① What health problems can we have because of smartphones?
② What will happen if we don't blink often?
③ How often do we usually blink in a minute?
④ What can cause text neck?
⑤ What are the things that we can do to prevent text neck?

[23~25] 다음 글을 읽고, 물음에 답하시오.

> **How do you feel when you don't have your smartphone with you?**
>
> Do you feel nervous when your smartphone is not around? Do you feel sad when you check your smartphone and there is no text message? ___ⓐ___ your answers are "yes," you may have smartphone addiction. There are various things you can do (A) to prevent this. For example, turn off your smartphone ___ⓑ___ meals or meetings. You can talk to people instead of texting them.

23 윗글의 흐름상 빈칸 ⓐ와 ⓑ에 들어갈 말이 순서대로 바르게 짝지어진 것은?　3점

① If – during
② Because – since
③ When – while
④ Although – when
⑤ Unless – after

24 윗글의 밑줄 친 (A) **to prevent**와 쓰임이 같은 것은?　4점

① We decided to buy a new car.
② For me, to use chopsticks isn't easy.
③ My hobby is to read detective stories.
④ I stopped by the store to buy some yogurt.
⑤ When did Chris begin to learn taekwondo?

서술형7

25 윗글에서 스마트폰 중독을 예방하기 위한 방법으로 언급된 것 2가지를 우리말로 쓰시오.　각 4점

(1) _____

(2) _____

01 다음 중 단어와 영영풀이가 바르게 연결되지 <u>않은</u> 것은?

3점

① simple: not difficult or complicated
② dry: without water or liquid on the surface
③ without: not having something or someone with you
④ addiction: something bad that happens that is not wanted or planned
⑤ text: to send someone a written message using a cell phone

서술형 1

02 다음 빈칸에 공통으로 들어갈 단어를 주어진 철자로 시작하여 쓰시오.

4점

· The c_____ of the fire is still not clear.
· If these exercises c_____ pain, you should stop doing them.

03 다음 중 밑줄 친 부분의 쓰임이 문맥상 <u>어색한</u> 것은?   4점

① Tom will <u>text</u> you the details later.
② We had just salad <u>instead of</u> a full meal.
③ I <u>turned off</u> the computer to send her an email.
④ Jina is the most <u>intelligent</u> student in our school.
⑤ The number of people in this city <u>increased</u> a lot last year.

04 다음 대화의 빈칸에 들어갈 말로 알맞지 <u>않은</u> 것은?   3점

A: What's wrong?
B: My back hurts a lot.
A: _____

① Put a heating pad on it.
② Make sure you go see a doctor.
③ I think I should take a good rest.
④ Don't forget to take some medicine.
⑤ Why don't you do some stretching exercises?

서술형 2

05 다음 대화를 읽고, 괄호 안의 단어를 사용하여 빈칸에 들어갈 말을 쓰시오. (5단어)   5점

A: What's wrong?
B: _____
　　　　　　　(have, terrible)
A: Here is some medicine. Take this.
B: Thank you.
A: And make sure you go to the dentist.
B: OK, I will.

06 다음 중 짝지어진 대화가 <u>어색한</u> 것은?   4점

① A: Is anything wrong?
　 B: I have a stomachache.
② A: Why don't you get some rest?
　 B: Don't forget to go see a doctor.
③ A: My left foot hurts a lot.
　 B: That's too bad. Put some ice on it.
④ A: What's the matter with you?
　 B: I don't feel well. I think I have a cold.
⑤ A: I have a sore throat. I have a fever, too.
　 B: Take this medicine and drink a lot of water.

[07~09] 다음 대화를 읽고, 물음에 답하시오.

> A: What's wrong, Andy?
> B: Hello, Ms. Kim. My right thumb hurts.
> A: Hmm. Do you use your smartphone a lot?
> B: Yes, I text a lot. Why?
> (A) It's pain in your thumb. You can get it from texting too much.
> (B) Texting thumb? What's texting thumb?
> (C) Oh, I didn't know that.
> (D) I think you have texting thumb.
> A: Why don't you do some finger stretching exercises?
> B: OK, I will.
> A: And make sure you _____ ⓐ _____.

07 위 대화의 흐름에 맞게 (A)~(D)를 바르게 배열한 것은?

3점

① (A) – (D) – (C) – (B) ② (B) – (C) – (A) – (D)
③ (B) – (D) – (C) – (A) ④ (D) – (A) – (B) – (C)
⑤ (D) – (B) – (A) – (C)

08 위 대화의 흐름상 빈칸 ⓐ에 들어갈 말로 알맞은 것은? **4점**

① don't text too much
② don't talk on the phone
③ use your smartphone a lot
④ text your friends more often
⑤ be careful not to drop your smartphone

09 위 대화를 읽고 답할 수 **없는** 질문은? **4점**

① What's the matter with Andy?
② What is texting thumb?
③ What can cause texting thumb?
④ What kind of stretching exercise does Andy do?
⑤ What did Ms. Kim advise Andy to do?

10 다음 중 빈칸에 which를 쓸 수 **없는** 것은? 3점

① The subject _____ I'm good at is history.
② The food _____ I don't like is rice noodles.
③ Who is the actor _____ you like the most?
④ The movie _____ I watched last night is *The Avengers*.
⑤ The country _____ I am going to visit this summer is Norway.

[서술형3]

11 다음 문장의 밑줄 친 ⓐ~ⓔ 중 어법상 **틀린** 부분을 찾아 기호를 쓰고, 바르게 고쳐 쓰시오. 5점

> My classmate Jina always ⓐlaughs ⓑa lot, ⓒso we all ⓓcall her ⓔas Happy Girl.

(   ) → _____

[서술형4]

12 다음 우리말과 의미가 같도록 빈칸에 알맞은 말을 쓰시오. 5점

> 네가 가장 잘 부를 수 있는 노래는 무엇이니?

→ What is the song _____ _____ _____ _____ the best?

[한 단계 더!]

13 다음 두 문장을 한 문장으로 바르게 바꿔 쓴 것을 **모두** 고르시오. 4점

> I know the girl. Eric is taking a walk with her.

① I know the girl Eric is taking a walk with.
② I know the girl Eric is taking a walk with her.
③ I know the girl with that Eric is taking a walk.
④ I know the girl with whom Eric is taking a walk.
⑤ I know the girl which Eric is taking a walk with.

14 다음 중 어법상 올바른 문장끼리 짝지어진 것은? 5점

> ⓐ Do you call such a dance as flamenco?
> ⓑ The cookies Ted baked were very nice.
> ⓒ People call Handel the mother of music.
> ⓓ My mom is the person whom I love the most.
> ⓔ This is the house in that my grandparents live.

① ⓐ, ⓒ   ② ⓐ, ⓔ   ③ ⓑ, ⓔ
④ ⓑ, ⓒ, ⓓ   ⑤ ⓒ, ⓓ, ⓔ

[15~19] 다음 글을 읽고, 물음에 답하시오.

> Living without smartphones is ⓐdifficult for many of us these days. (①) However, unwise or too much use of smartphones can ⓑsolve various problems. (②)
>
> **Are you a smombie?**
>
> All over the world, people are ⓒwalking around like zombies. Their heads are ⓓdown, and their eyes are on their smartphones. (③) If you are a smombie, you can have various safety problems. (④) You may not see a hole in the street, so you (A)may fall and get hurt. You may ⓔget into a car accident, too. (⑤) So what can you do to prevent these problems? (B)It's simple. Do not look at your smartphone while you are walking!

15 윗글의 ①~⑤ 중 주어진 문장이 들어갈 위치로 알맞은 것은? 3점

> We call such people smombies, smartphone zombies.

①   ②   ③   ④   ⑤

16 윗글의 밑줄 친 ⓐ~ⓔ 중 문맥상 어색한 것은? 4점

① ⓐ   ② ⓑ   ③ ⓒ   ④ ⓓ   ⑤ ⓔ

17 윗글의 밑줄 친 (A) may와 쓰임이 같은 것은? 4점

① May I try these jeans on?
② You may come in and wait here.
③ Headaches may be a sign of stress.
④ I'm very tired. May I go to bed now?
⑤ You may borrow the book if you want.

서술형5
18 윗글의 밑줄 친 (B) It이 가리키는 것을 우리말로 쓰시오.

4점

_____

서술형6
19 윗글의 내용과 일치하도록 빈칸에 알맞은 말을 쓰시오. 5점

> Q: What should smombies do to prevent _____ problems?
> A: They should not _____ _____ their smartphones when they _____.

[20~23] 다음 글을 읽고, 물음에 답하시오.

> **Do you have dry eyes or text neck?**
>
> Smartphones can cause various ___ⓐ___ problems. One example is dry eyes. When you look at your smartphone, you do not blink often. Then your eyes will feel dry.
>
> Another problem (A) whom / which you can have is neck pain. When you look down at your smartphone, the stress on your neck increases. Too much use of your smartphone, for example, too much texting, can (B) cause / be caused neck pain. ⓑ우리는 이것을 거북목 증후군이라고 부른다.
>
> Here are some tips for these problems. For dry eyes, try (C) blink / to blink often. For text neck, move your smartphone up to your eye level. You can also do some neck stretching exercises.

20 윗글의 흐름상 빈칸 ⓐ에 들어갈 말로 알맞은 것은? **3점**

① family　　② safety　　③ health
④ friend　　⑤ learning

21 윗글의 (A)~(C)의 각 네모 안에 주어진 말 중 어법상 올바른 것끼리 짝지어진 것은? **4점**

	(A)	(B)	(C)
①	whom	… cause …	blink
②	whom	… be caused …	to blink
③	which	… cause …	blink
④	which	… cause …	to blink
⑤	which	… be caused …	blink

22 윗글의 밑줄 친 우리말 ⓑ를 영어로 바르게 옮긴 것은? **3점**

① We call this text neck.
② We call neck this text.
③ We call text neck as this.
④ We call this with text neck.
⑤ We call text neck from this.

고
난도
23 윗글의 내용과 일치하지 <u>않는</u> 것을 <u>모두</u> 고르시오. **4점**

① If you blink your eyes often, your eyes will get dry.
② Text neck is pain in the neck.
③ Text neck can be caused by too much texting.
④ To prevent dry eyes, you should look up at your smartphone.
⑤ Stretching your neck is helpful for neck pain.

[24~25] 다음 글을 읽고, 물음에 답하시오.

> **How do you feel when you don't have your smartphone with you?**
>
> Do you feel nervous when your smartphone is not around? Do you feel sad when you check your smartphone and there is no text message? If your answers are "yes," you may have smartphone addiction. There are various things you can do (A) <u>prevent</u> this. For example, turn off your smartphone during meals or meetings. You can talk to people instead of (B) <u>text</u> them.

서술형**7**
24 윗글의 밑줄 친 동사 (A) prevent와 (B) text를 어법상 알맞은 형태로 쓰시오. 각 **3점**

(A) _____

(B) _____

25 윗글의 내용을 바르게 이해한 사람끼리 짝지어진 것은? **4점**

> • 소미: 스마트폰이 없을 때 불안하면 스마트폰 중독일 수 있어.
> • 지훈: 스마트폰 중독은 예방하기가 매우 어렵고, 예방할 방법이 거의 없어.
> • 민수: 식사나 회의를 할 때 스마트폰을 끄면 스마트폰 중독을 예방할 수 있어.
> • 나리: 요즘 사회에서 스마트폰으로 사람들과 소통하는 것은 매우 중요해.

① 소미, 지훈　　　　② 소미, 나리
③ 소미, 민수　　　　④ 소미, 지훈, 나리
⑤ 지훈, 민수, 나리

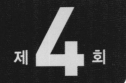

01 다음 영영풀이에 해당하는 단어가 <u>아닌</u> 것은? 3점

> ⓐ to stop something from happening
> ⓑ to open and close your eyes very quickly
> ⓒ a space dug in the surface of the ground
> ⓓ the feeling you have when a part of your body hurts

① pain　　② hole　　③ blink
④ cause　　⑤ prevent

02 다음 중 밑줄 친 부분의 의미가 같은 것끼리 짝지어진 것은? 4점

① I hope you keep your <u>promise</u>.
　He <u>promised</u> his parents not to lie.
② What <u>caused</u> the car accident?
　Tree roots can <u>cause</u> damage to buildings.
③ What kind of <u>exercise</u> do you usually do?
　My sister <u>exercises</u> three times a week.
④ Jenny and I don't usually <u>text</u> each other.
　Read the <u>text</u> again and answer the question.
⑤ People <u>call</u> New York City the Big Apple.
　He didn't answer the phone. I'll <u>call</u> him again.

03 다음 ⓐ~ⓓ의 빈칸 중 어느 곳에도 들어갈 수 <u>없는</u> 것은? 4점

> ⓐ My parents won't _____ my allowance.
> ⓑ They continued to work on _____ a break.
> ⓒ We keep the medicine in a cool _____ place.
> ⓓ This is made with _____ kinds of vegetables.

① increase　　② unwise　　③ dry
④ without　　⑤ various

04 다음 대화의 밑줄 친 문장과 바꿔 쓸 수 <u>없는</u> 것을 모두 고르시오. 3점

> A: <u>What's the matter?</u>
> B: I have a terrible stomachache.
> A: I think you should go see a doctor.

① What's your problem?
② What's wrong with it?
③ What's bothering you?
④ Is there anything wrong?
⑤ What do you want to have?

[05~06] 다음 대화를 읽고, 물음에 답하시오.

> A: What's wrong, Peter?
> B: I don't know, Ms. Kim, but my back hurts a lot.
> A: Put a heating pad on it. And _____ ⓐ do some stretching exercises.
> B: OK.

05 윗글의 빈칸 ⓐ에 들어갈 말로 알맞지 <u>않은</u> 것은? 3점

① I want to　　② remember to
③ make sure you　　④ don't forget to
⑤ I think you should

서술형1
06 다음 ⓐ~ⓒ 중 위 대화의 내용과 일치하지 않는 것을 찾아 기호를 쓰고, 바르게 고쳐 쓰시오. 5점

> ⓐ Peter has a bad backache.
> ⓑ Ms. Kim told Peter to put some ice on his back.
> ⓒ Peter will do stretching exercises for his back.

(　　) _____ → _____

[07~09] 다음 대화를 읽고, 물음에 답하시오.

> A: What's the matter, Andy?
> B: Hello, Ms. Kim. ⓐMy right shoulder hurts.
> A: Hmm. ⓑDo you use your smartphone a lot?
> B: Yes, I text a lot. Why?
> A: ⓒI think you have texting thumb.
> B: Texting thumb? What's texting thumb?
> A: ⓓIt's pain in your thumb. Too much texting can cause it.
> B: ⓔOh, I didn't know that.
> A: Why don't you do some finger stretching exercises?
> B: OK, I will.
> A: (A)반드시 문자 메시지를 너무 많이 하지 않도록 하렴.

<u>서술형 2</u>

07 위 대화의 ⓐ~ⓔ 중 흐름상 어색한 것을 찾아 기호를 쓰고, 바르게 고쳐 문장을 다시 쓰시오. **4점**

(   ) → _____

08 위 대화의 내용과 일치하도록 할 때, 빈칸에 들어갈 말로 알맞은 것은? **3점**

> **Q:** What did Ms. Kim advise Andy to do?
> **A:** She advised him _____.

① to go see a doctor
② to use his left hand
③ to wash his hands more often
④ to do finger stretching exercises
⑤ to text instead of talking on the phone

<u>서술형 3</u>

09 위 대화의 밑줄 친 우리말 (A)와 의미가 같도록 [조건]에 맞게 문장을 쓰시오. **5점**

> [조건] 1. 명령문으로 쓸 것
>   2. make, you, text, too를 사용할 것

→ _____

<u>서술형 4</u> 한 단계 더!

10 주어진 두 문장을 [조건]에 맞게 한 문장으로 쓰시오. **5점**

> The song is really good. I am listening to it now.

> [조건] 1. 관계대명사를 사용할 것
>   2. to를 관계대명사 앞에 쓸 것

→ _____

고난도 한 단계 더!

11 다음 중 밑줄 친 부분을 생략할 수 <u>없는</u> 것끼리 짝지어진 것은? **5점**

> ⓐ The girl <u>that</u> is standing there is Amy.
> ⓑ This is the movie <u>which</u> I told you about.
> ⓒ She is the person for <u>whom</u> he was looking.
> ⓓ I am reading a book <u>that</u> I borrowed from the library.
> ⓔ The boy didn't like the coat <u>that</u> his mom bought for him.

① ⓐ, ⓒ   ② ⓑ, ⓓ   ③ ⓒ, ⓔ
④ ⓐ, ⓒ, ⓓ   ⑤ ⓑ, ⓒ, ⓔ

한 단계 더!

12 다음 우리말을 영어로 옮긴 것 중 어법상 <u>틀린</u> 것은? **4점**

① 내가 만든 쿠키는 너무 맛이 없었다.
 → The cookies I made were terrible.
② 우리는 그 개를 Max라고 부르기로 결정했다.
 → We decided to call the dog Max.
③ 사람들은 그를 팝의 황제라고 부른다.
 → People call him for King of Pop.
④ 그 부부는 아들을 George라고 이름 지었다.
 → The couple named their son George.
⑤ 그들이 네가 만나고 싶어 했던 침팬지와 그 조련사야.
 → They are the chimpanzee and her trainer that you wanted to meet.

13 다음 중 밑줄 친 부분의 쓰임이 나머지와 다른 하나는? 5점

① Everyone calls her Liz.
② She made her son an engineer.
③ We elected Jiho class president.
④ Dave sent his sister a long letter.
⑤ Jenny named her hamster Cookie.

14 다음 빈칸 ⓐ와 ⓑ에 들어갈 말이 순서대로 바르게 짝지어진 것은? 4점

> The man is the clerk. + I talked with him yesterday.
> = The man ___ⓐ___ I talked with yesterday is the clerk.
> = The man with ___ⓑ___ I talked yesterday is the clerk.

① which – who
② that – whom
③ who – that
④ which – whom
⑤ whom – which

서술형5 한 단계 더!

15 다음 ⓐ~ⓔ 중 어법상 틀린 문장을 3개 찾아 기호를 쓰고, 바르게 고쳐 문장을 다시 쓰시오. 6점

> ⓐ People call this winter sport as bobsleigh.
> ⓑ I know the girl you saw at the park.
> ⓒ Dad is the person whom I respect the most.
> ⓓ Everyone liked the cookies which Mom baked them.
> ⓔ This is the comic book in that you're interested.

( ) → _____

( ) → _____

( ) → _____

[16~19] 다음 글을 읽고, 물음에 답하시오.

> Living without smartphones is difficult for many of us these days. However, unwise or too much use of smartphones can ___ⓐ___ various problems.
> All over the world, people are walking around ⓑlike zombies. Their heads are down, and their eyes are on their smartphones. ⓒ우리는 그런 사람들을 스몸비, 즉 스마트폰 좀비라고 부른다. If you are a smombie, you can have various safety problems. You may not see a hole in the street, so you may fall and get hurt. You may get into a car accident, too. So what can you do to prevent these problems? It's simple. Do not look at your smartphone while you are walking!

16 윗글의 빈칸 ⓐ와 [보기]의 빈칸에 공통으로 들어갈 단어의 영영풀이로 알맞은 것은? 4점

> [보기] Careless driving can _____ accidents.

① to make something happen
② to stop something from happening
③ to get bigger or to make something bigger
④ to give something or someone a name or title
⑤ to send someone a written message using a cell phone

17 윗글의 밑줄 친 ⓑlike와 쓰임이 다른 하나는? 3점

① This drink tastes like honey.
② How did you like your trip to Europe?
③ The girl wants to be a vet like her mom.
④ You should stop treating him like a child.
⑤ I planted vegetables like onions and carrots.

서술형6

18 윗글의 밑줄 친 우리말 ⓒ를 7단어의 영어로 쓸 때, 5번째로 오는 단어를 쓰시오. 5점

_____

19 윗글의 smombies에 대한 설명으로 알맞은 것을 모두 고르시오. 3점

① They are people who look at their smartphones while they are walking.
② They don't usually have safety problems.
③ They can find holes in the street and avoid them easily.
④ They need to live without smartphones to avoid safety problems.
⑤ They shouldn't use their smartphones when they walk for their safety.

[20~22] 다음 글을 읽고, 물음에 답하시오.

Smartphones can cause various health problems. One example is dry eyes. When you look at your smartphone, you do not blink often. Then your eyes will ⓐfeel drily.
(A) 당신이 겪을 수 있는 또 다른 문제는 목 통증이다. When you look down at your smartphone, the stress on your neck ⓑincreases. Too ⓒmuch use of your smartphone, for example, too much texting, can cause neck pain. We call this text neck.
Here ⓓare some tips for these problems. For dry eyes, try ⓔto blink often. For text neck, move your smartphone up to your eye level. You can also do some neck stretching exercises.

20 윗글의 밑줄 친 ⓐ~ⓔ 중 어법상 틀린 것은? 3점

① ⓐ ② ⓑ ③ ⓒ ④ ⓓ ⑤ ⓔ

21 윗글의 밑줄 친 우리말 (A)를 영어로 옮길 때 필요한 말이 아닌 것은? 3점

① who ② another ③ is
④ neck ⑤ problem

서술형**7**

22 According to the text above, what health problems can be caused by smartphones? Answer in a complete English sentence. 5점

→ _____

[23~25] 다음 글을 읽고, 물음에 답하시오.

(A) For example, turn off your smartphone during meals or meetings. You can talk to people instead of texting them.
(B) If your answers are "yes," you may have smartphone addiction. There are various things you can do ⓐto prevent this.
(C) Do you feel nervous when your smartphone is not around? Do you feel sad when you check your smartphone and there is no text message?

23 윗글의 흐름에 맞게 (A)~(C)를 바르게 배열한 것은? 3점

① (A) – (B) – (C)   ② (B) – (A) – (C)
③ (B) – (C) – (A)   ④ (C) – (A) – (B)
⑤ (C) – (B) – (A)

24 윗글의 밑줄 친 ⓐ to prevent와 쓰임이 같은 것끼리 바르게 짝지어진 것은? 3점

ⓐ To bake cookies is my hobby.
ⓑ To stay healthy, I exercise every day.
ⓒ He decided to go on a trip to Africa.
ⓓ I went to the library to borrow some books.

① ⓐ, ⓑ   ② ⓑ, ⓒ   ③ ⓑ, ⓓ
④ ⓐ, ⓒ, ⓓ   ⑤ ⓑ, ⓒ, ⓓ

서술형**8**

25 윗글의 내용과 일치하도록 다음 고민 상담 글을 완성하시오. 5점

Dan: I think I have _____ _____. I feel nervous without my smartphone.
↳ Reply: _____ _____ your smartphone when you are eating. Also, you should _____ _____ people rather than text them.

내신 적중 모의고사
오답 공략

○ 틀린 문항을 표시해 보세요.

〈제1회〉 대표 기출로 내신 적중 모의고사 총점 _____ / 100

문항	영역	문항	영역	문항	영역
01	p.158(W)	10	p.171(G)	19	pp.178~179(R)
02	p.156(W)	11	p.170(G)	20	pp.178~179(R)
03	p.156(W)	12	p.170(G)	21	pp.178~179(R)
04	p.161(L&T)	13	pp.170~171(G)	22	pp.178~179(R)
05	p.162(L&T)	14	p.178(R)	23	p.179(R)
06	p.162(L&T)	15	p.178(R)	24	p.179(R)
07	p.163(L&T)	16	p.178(R)	25	p.179(R)
08	p.163(L&T)	17	p.178(R)		
09	p.170(G)	18	pp.178~179(R)		

〈제2회〉 대표 기출로 내신 적중 모의고사 총점 _____ / 100

문항	영역	문항	영역	문항	영역
01	p.158(W)	10	p.170(G)	19	pp.178~179(R)
02	p.158(W)	11	p.170(G)	20	pp.178~179(R)
03	p.158(W)	12	p.170(G)	21	pp.178~179(R)
04	p.161(L&T)	13	pp.170~171(G)	22	pp.178~179(R)
05	p.162(L&T)	14	p.178(R)	23	p.179(R)
06	p.162(L&T)	15	p.178(R)	24	p.179(R)
07	p.163(L&T)	16	p.178(R)	25	p.179(R)
08	p.163(L&T)	17	p.178(R)		
09	p.171(G)	18	p.178(R)		

〈제3회〉 대표 기출로 내신 적중 모의고사 총점 _____ / 100

문항	영역	문항	영역	문항	영역
01	p.158(W)	10	p.170(G)	19	p.178(R)
02	p.158(W)	11	p.171(G)	20	pp.178~179(R)
03	p.156(W)	12	p.170(G)	21	pp.178~179(R)
04	p.161(L&T)	13	p.170(G)	22	pp.178~179(R)
05	p.162(L&T)	14	p.178(R)	23	pp.178~179(R)
06	p.161(L&T)	15	p.178(R)	24	p.179(R)
07	p.163(L&T)	16	p.178(R)	25	p.179(R)
08	p.163(L&T)	17	p.178(R)		
09	p.163(L&T)	18	p.178(R)		

〈제4회〉 고난도로 내신 적중 모의고사 총점 _____ / 100

문항	영역	문항	영역	문항	영역
01	p.158(W)	10	p.170(G)	19	p.178(R)
02	p.158(W)	11	p.170(G)	20	pp.178~179(R)
03	p.156(W)	12	pp.170~171(G)	21	pp.178~179(R)
04	p.161(L&T)	13	p.171(G)	22	pp.178~179(R)
05	p.162(L&T)	14	p.170(G)	23	p.179(R)
06	p.162(L&T)	15	pp.170~171(G)	24	p.179(R)
07	p.163(L&T)	16	p.178(R)	25	p.179(R)
08	p.163(L&T)	17	p.178(R)		
09	p.163(L&T)	18	p.178(R)		

○ 부족한 영역을 점검하고 어떻게 더 학습할지 계획을 적어 보세요.

제1회 오답 공략
부족한 영역
학습 계획

제2회 오답 공략
부족한 영역
학습 계획

제3회 오답 공략
부족한 영역
학습 계획

제4회 오답 공략
부족한 영역
학습 계획

동아출판 영어 교재 가이드

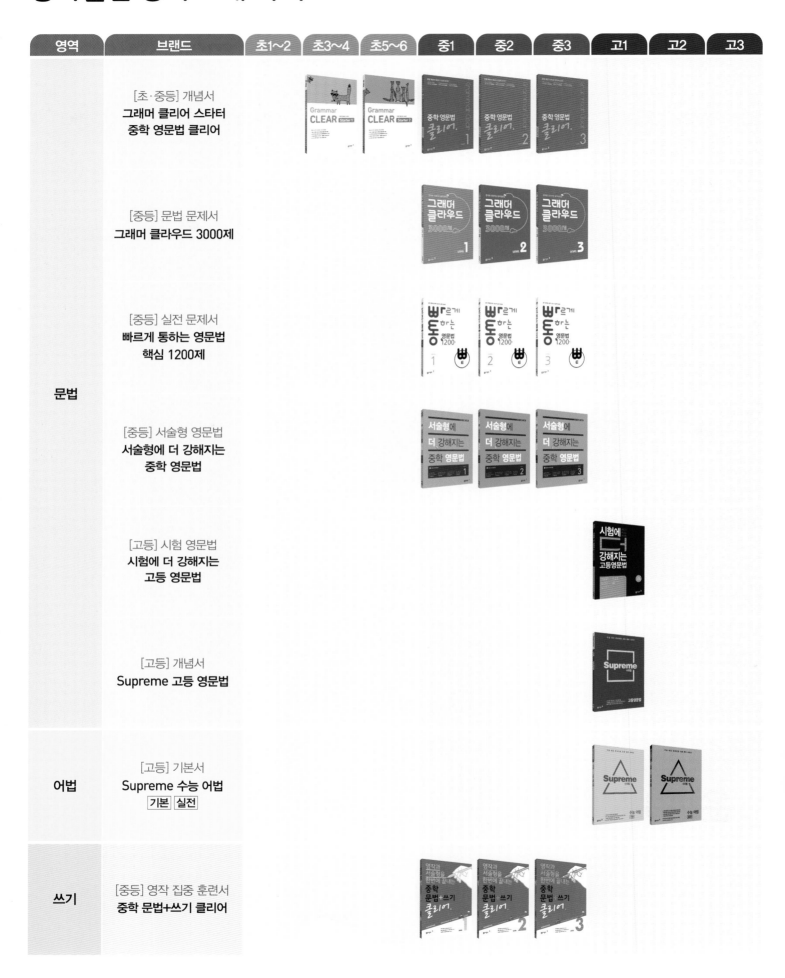

영역	브랜드	초1~2	초3~4	초5~6	중1	중2	중3	고1	고2	고3
문법	[초·중등] 개념서 그래머 클리어 스타터 중학 영문법 클리어		Grammar CLEAR Starter 1	Grammar CLEAR Starter 2	중학 영문법 클리어 1	중학 영문법 클리어 2	중학 영문법 클리어 3			
	[중등] 문법 문제서 그래머 클라우드 3000제				그래머 클라우드 3000제 1	그래머 클라우드 3000제 2	그래머 클라우드 3000제 3			
	[중등] 실전 문제서 빠르게 통하는 영문법 핵심 1200제				빠르게 통하는 영문법 1200제 1	빠르게 통하는 영문법 1200제 2	빠르게 통하는 영문법 1200제 3			
	[중등] 서술형 영문법 서술형에 더 강해지는 중학 영문법				서술형에 더 강해지는 중학 영문법 1	서술형에 더 강해지는 중학 영문법 2	서술형에 더 강해지는 중학 영문법 3			
	[고등] 시험 영문법 시험에 더 강해지는 고등 영문법							시험에 더 강해지는 고등영문법		
	[고등] 개념서 Supreme 고등 영문법							Supreme 고등영문법		
어법	[고등] 기본서 Supreme 수능 어법 기본 실전							Supreme 수능 어법	Supreme 수능 어법	
쓰기	[중등] 영작 집중 훈련서 중학 문법+쓰기 클리어				중학 문법+쓰기 클리어 1	중학 문법+쓰기 클리어 2	중학 문법+쓰기 클리어 3			

동아출판이 만든 진짜 기출예상문제집

특급기출

기말고사

중학 영어 **2-1**

윤정미

정답 및 해설

동아출판

Ideas for Saving the Earth

STEP A

W Words 연습 문제
p. 9

A 01 물품, 품목
02 둥근, 원형의
03 도구 세트
04 끈
05 열다, 개최하다
06 악기, 도구
07 마지막으로
08 고무줄
09 ~을 통해, ~ 사이로
10 가격, 값
11 거의
12 의미
13 다리
14 환경
15 보고서
16 양로원
17 개선하다, 승급시키다
18 서명, 사인
19 틀린, 잘못된
20 (빵 등을) 굽다

B 01 used
02 event
03 expensive
04 total
05 bottom
06 musical
07 bucket
08 trash
09 scissors
10 explain
11 understand
12 list
13 join
14 flower pot
15 pay
16 direction
17 decorate
18 creative
19 recycling
20 sell

C 01 ~에 좋다
02 ~을 잘라 내다
03 치우다, 없애다
04 할인을 받다
05 ~으로 만들어지다
06 사실대로 말하다
07 ~에 관심(흥미)을 갖게 되다
08 상태가 좋다

D 01 take out
02 get a discount
03 be made from
04 cut off
05 tell the truth
06 be in good condition
07 become interested in
08 be good for

W Words Plus 연습 문제
p. 11

A 1 condition, 상태   2 expensive, 비싼   3 bottom, 맨 아래
4 understand, 이해하다   5 upgrade, 개선하다, 승급시키다
6 instrument, 악기, 도구   7 bucket, 양동이   8 sell, 팔다

B 1 through   2 round   3 meaning   4 signature
5 Recycling
C 1 made from   2 Cut, off   3 in, good condition
4 good for   5 get a, discount
D 1 expensive   2 bottom   3 inventor   4 finally
5 decoration

A |해석|
1 어떤 것의 상태
2 돈이 많이 드는
3 어떤 것의 가장 낮은 부분
4 무언가가 의미하는 것을 알다
5 어떤 것을 더 새롭고 더 좋아지게 하다
6 음악을 만들기 위해 연주하는 것
7 맨 위에 손잡이가 있는 깊고 둥근 용기
8 대가로 돈을 받고 누군가에게 그 물건을 주다

B |해석|
1 그들은 천천히 숲을 통해 걸었다.
2 테니스 공과 오렌지는 둘 다 둥글다.
3 그의 말 속에 숨겨진 의미가 있었니?
4 나는 그 페이지의 맨 아래에 서명을 했다.
5 재활용은 우리의 환경을 보호하는 데 중요하다.

D |해석|
1 팔다 : 사다 = 저렴한 : 비싼
2 옳은 : 틀린 = 맨 위, 꼭대기 : 맨 아래
3 굽다 : 제빵사 = 발명하다 : 발명가
4 거의 : 거의 = 마지막으로 : 마지막으로
5 사인하다 : 서명 = 장식하다 : 장식

W Words 실전 TEST
p. 12

01 ②   02 ④   03 ①   04 ④   05 ③   06 interested in
07 ①

01 |해석| 도시는 다음 달에 음악 축제를 개최할 것이다.

02 |해석| [보기] 중고의 – 중고의
① 사다 – 팔다 ② 맨 위 – 맨 아래 ③ 옳은 – 틀린
④ 마지막으로 – 마지막으로 ⑤ 저렴한 – 비싼
|해설| [보기]와 ④는 유의어 관계이고, 나머지는 모두 반의어 관계이다.

03 |해석| 그가 떠났을 때 거의 6시였다.
① 거의 ② 충분한 ③ 대개 ④ 조심히 ⑤ 때때로
|해설| almost는 '거의'라는 뜻으로 nearly와 바꿔 쓸 수 있다.

04 |해설| '어떤 것의 일반적인 가격에서 할인된 금액'이라는 뜻의 단어는 discount(할인)이다.

05 |해석| ① 그 피아노는 상태가 좋다.
② 쓰레기를 치우는 것을 잊지 마라.
③ 나는 양로원에서 자원봉사를 한다.
④ 그녀는 상자 둘레에 고무줄을 둘렀다.

⑤ 그는 원단으로부터 옷감을 1미터 잘라 냈다.
|해설| ③ a nursing home은 '양로원'을 뜻한다.

06 |해설| become interested in: ~에 관심(흥미)을 갖게 되다

07 |해석| ① 안 좋아 보인다. 무슨 창의적인 것이 있니?
② 나무를 심는 것은 환경에 좋다.
③ 우리는 오래된 컴퓨터를 업그레이드 하기로 결정했다.
④ 선생님은 학생들에게 규칙을 설명하실 것이다.
⑤ 그들은 리본과 꽃들로 웨딩카를 장식했다.
|해설| ① 문맥상 안색이 안 좋아 보이는 사람에게는 Is anything wrong?(무슨 일이니?)이라고 묻는 것이 알맞다. creative는 '창의적인'이라는 뜻이다.

Listen and Talk 만점 노트   pp. 14~15

Q1 18달러 Q2 12달러 Q3 ⓐ Q4 F Q5 ⓑ Q6 10
Q7 17달러 Q8 ⓑ Q9 2

Listen and Talk 빈칸 채우기   pp. 16~17

Listen and Talk A-1 How much are, discount, afraid not
Listen and Talk A-2 help you, looking for, get a discount, take it
Listen and Talk A-3 How much, get, take, off
Listen and Talk A-4 in good condition, Can I get, off, take it
Listen and Talk C old or used, about, How much is it, too expensive, afraid, almost, take
Talk and Play May I help, How much is, get a discount, off
Review-1 How much is, expensive for, good price
Review-2 May I help, much, Can I get, take, off

Listen and Talk 대화 순서 배열하기   pp. 18~19

1 ⓔ－ⓒ－ⓑ－ⓐ   2 ⓔ－ⓒ, ⓕ－ⓑ－ⓓ
3 ⓒ－ⓔ－ⓑ, ⓐ   4 ⓔ－ⓒ, ⓑ－ⓓ
5 ⓓ－ⓑ－ⓒ－ⓐ, ⓖ－ⓘ－ⓗ－ⓔ
6 ⓔ－ⓑ, ⓒ－ⓐ   7 ⓑ－ⓔ－ⓐ－ⓒ
8 ⓓ－ⓑ－ⓐ, ⓕ－ⓔ

Listen and Talk 실전 TEST   pp. 20~21

01 ③   02 ②   03 ④   04 ②   05 ②   06 ⑤   07 ③
08 ④   09 ④
[서술형]
10 is this(the) T-shirt, take, off   11 (1) How much are these shoes? (2) Can I get a discount? (3) I will take them.   12 ⓑ, |모범 답| That's expensive.

---

01 |해석| A: 이 운동화는 얼마인가요?
B: 30달러예요.
① 신발 치수가 몇인가요?   ② 무엇을 찾으세요?
④ 그 안경은 어떻게 생겼나요?   ⑤ 제게 돈 좀 빌려주시겠어요?
|해설| B가 가격을 말하고 있으므로 빈칸에는 가격을 묻는 말이 알맞다.

02 |해석| A: 할인을 받을 수 있나요?
B: 네. 3달러를 깎아 드릴게요.
① 도와드릴까요?
③ 이 셔츠를 입어 봐도 되나요?
④ 이거 더 큰 사이즈가 있나요?
⑤ 다른 것을 보여 주시겠어요?
|해설| B가 가격을 할인해 주겠다고 말하고 있으므로, 빈칸에는 할인을 받을 수 있는지 묻는 말이 알맞다.

03 |해석| ① A: 안녕하세요. 도와드릴까요?
      B: 저는 스카프를 찾고 있어요.
② A: 저 선글라스는 얼마인가요?
      B: 17달러예요.
③ A: 할인을 받을 수 있나요?
      B: 네. 1달러를 깎아 드릴게요.
④ A: 이 배낭의 가격은 얼마인가요?
      B: 할인해 주세요.
⑤ A: 안타깝게도 할인 받으실 수 없어요.
      B: 괜찮습니다. 그것으로 할게요.
|해설| ④ 배낭의 가격을 묻는 말에 할인을 요청하는 응답을 하는 것은 어색하다.

04 |해석| A: 이 빨간 모자 어때요? 20달러예요.
B: 음. 할인을 받을 수 있나요?
A: _____
① 죄송하지만, 안 돼요.   ② 좋은 생각이에요.
③ 죄송하지만, 안 돼요. 죄송합니다.   ④ 네. 2달러를 깎아 드릴게요.
⑤ 10% 할인 받으실 수 있어요.
|해설| 할인을 받을 수 있는지 묻는 말에는 할인을 해 주거나 해 줄 수 없다는 대답이 알맞다.

05 |해석| (B) 실례합니다. 이 보라색 티셔츠는 얼마인가요?
(D) 10달러예요.
(E) 비싸네요. 할인을 받을 수 있나요?
(C) 네. 1달러를 깎아 드릴게요. 9달러예요.
(A) 그러면 그것을 살게요. 고맙습니다!

[06~07] |해석|
A: 도와드릴까요?
B: 네. 저 초록색 치마는 얼마인가요?
A: 12달러예요.
B: 할인을 받을 수 있나요?
A: 네. 2달러를 깎아 드릴게요.
B: 그러면 10달러가 되네요. 그걸 살게요.

06 |해석| ① 저 초록색 치마는 할인 판매 중인가요?
② 저 초록색 치마 어때요?
③ 저 초록색 치마가 마음에 드시나요?
④ 저 초록색 치마의 치수가 몇인가요?

⑤ 저 초록색 치마의 가격은 얼마인가요?

|해설| How much is ~?는 물건의 가격을 묻는 표현으로, What's the price of ~?와 바꿔 쓸 수 있다.

07 |해설| 할인해 주겠다고 말할 때는 「I'll take+할인 금액/할인율+off.」로 표현할 수 있다.

[08~09] |해석|
A: 우와! 여기에는 흥미로운 것들이 정말 많이 있네요.
B: 여기 있는 모든 물건들은 오래됐거나 이미 사용한 것들입니다. 무엇을 찾으시나요?
A: 저는 시계를 찾고 있어요.
B: 이 빨간색 시계는 어때요?
A: 얼마인가요?
B: 15달러예요.
A: 제게는 너무 비싸네요. 할인을 받을 수 있나요?
B: 죄송하지만 안 돼요. 그것은 일 년밖에 안 됐어요. 거의 새것입니다.
A: 그러면, 숫자가 큰 이 파란색 시계는 얼마인가요?
B: 그것은 10달러예요.
A: 그러면, 이 파란색 시계를 살게요. 고맙습니다.

08 |해설| 주어진 문장은 물건이 비싸다는 의미이므로, 할인을 요청하는 말인 Can I get a discount? 앞에 오는 것이 자연스럽다.

09 |해석| ① 가게에 새 물건들은 없다.
② 손님은 시계를 사기를 원한다.
③ 빨간색 시계는 1년 되었다.
④ 점원은 5달러를 할인해 줄 것이다.
⑤ 손님은 10달러를 지불할 것이다.
|해설| 할인을 요청하는 손님에게 거의 새것이라며 할인을 거절했으므로 ④는 대화의 내용과 일치하지 않는다.

10 |해석| A: 이 셔츠는 얼마인가요?
B: 10달러입니다.
A: 할인해 주세요.
B: 네. 2달러 깎아 드릴게요.
|해설| 티셔츠(T-shirt)의 가격을 물을 때 How much is this(the) T-shirt?를 사용하고, 할인해 주겠다고 말할 때 I'll take ~ off.를 사용할 수 있다.

11 |해석| A: 실례합니다. 이 신발은 얼마인가요?
B: 13달러입니다.
A: 음. 할인을 받을 수 있나요?
B: 죄송하지만 안 돼요. 죄송합니다.
A: 괜찮아요. 그것을 살게요.
|해설| (1) 가격을 묻는 물건이 복수이므로 How much are ~?로 쓴다. (2) 할인을 받을 수 있는지 묻는 표현은 Can I get a discount?이다. (3) 선택한 물건을 사겠다고 할 때는 I'll take ~.로 쓴다.

12 |해석| A: 이 축구공은 얼마인가요?
B: 6달러예요.
A: 가격이 좋네요.(→ 비싸군요.) 할인해 주실 수 있나요?
B: 네. 1달러를 깎아 드릴게요. 그러면 5달러입니다.
A: 그러면 그것을 살게요. 감사합니다!
|해설| ⑥ 뒤에 할인을 요청하는 내용이 이어지는 것으로 보아, 처음 가격을 들었을 때 비싸다(That's expensive.)고 하는 것이 자연스럽다.

G Grammar 핵심 노트 **1** QUICK CHECK p. 22

1 (1) Was (2) was eaten (3) were used
2 (1) was planted (2) was not broken (3) must be cleaned

1 |해석| (1) 그 벽은 Davis 씨에 의해 칠해졌나요?
(2) 스파게티는 Jenny에 의해 먹어졌다.
(3) 병들은 Mark에 의해 어제 사용되었다.

2 |해석| (1) 이 나무는 작년에 아빠에 의해 <u>심어졌다</u>.
(2) 그 잔은 Eric에 의해 <u>깨지지 않았다</u>.
(3) 거실은 Tom에 의해 <u>청소되어야만 한다</u>.

G Grammar 핵심 노트 **2** QUICK CHECK p. 23

1 (1) her to be (2) to study (3) me not to
2 (1) to show (2) her not to meet (3) to think

1 |해석| (1) John은 그녀가 의사가 되기를 원했다.
(2) 선생님은 내가 시험 공부하기를 원하신다.
(3) 그녀는 내가 그녀와 함께 쇼핑하러 가지 않기를 원했다.

2 |해석| (1) 나는 그가 나에게 그의 집을 <u>보여 주기를</u> 원했다.
(2) 그는 <u>그녀가</u> 그의 부모님을 <u>만나지 않기를</u> 원한다.
(3) 우리 선생님은 우리에게 미래에 대해 <u>생각해 보라고</u> 하셨다.

G Grammar 연습 문제 **1** p. 24

A 1 was stolen 2 is not read 3 were baked
  4 was invented
B 1 speak → spoken 2 drank → drunk
  3 built → was built 4 was → were
C 1 were not invited to the party by Jason 2 was painted by Leonardo da Vinci 3 is fed by Mary
  4 will be sung by her
D 1 The button was dropped by Sally.
  2 The bridge was built in 1990.
  3 This table was not(wasn't) made by my father.

A |해석| 1 내 자전거는 며칠 전에 <u>도둑맞았다</u>.
2 그 책은 요즘 많이 <u>읽히지 않는다</u>.
3 이 과자는 어제 나의 언니에 의해 <u>구워졌다</u>.
4 전화기는 Alexander Graham Bell에 의해 발명되었다.
|해설| 수동태는 주어가 어떤 동작을 당할 때 쓰며 「주어+be동사+과거분사+by+행위자」의 형태로 쓴다.

B |해석| 1 영어는 이 나라에서는 사용되지 않는다.
2 나는 그 주스가 Mary에 의해 마셔졌다고 생각한다.
3 그 아름다운 건물은 30년 전에 지어졌다.
4 이 책들은 도서관에 반납되었다.
|해설| 수동태 문장에서 동사는 「be동사+과거분사」의 형태이며, 이때 be동사는 주어의 수와 시제에 따라 달라진다.

C |해석| 1 Jason은 우리를 파티에 초대하지 않았다.
→ 우리는 Jason에 의해 파티에 초대되지 않았다.
2 레오나르도 다 빈치가 '모나리자'를 그렸다.
→ '모나리자'는 레오나르도 다 빈치에 의해서 그려졌다.
3 Mary는 개에게 항상 먹이를 준다.
→ 개는 항상 Mary에 의해 먹이가 먹여졌다.
4 그녀는 대회에서 유명한 노래를 부를 것이다.
→ 유명한 노래는 그녀에 의해서 대회에서 불려질 것이다.
|해설| 능동태 문장을 수동태로 바꾸면 목적어가 주어가 되고, 동사는 「be동사+과거분사」, 주어는 「by+행위자」의 형태가 된다. 부정문은 be동사 뒤에 not을 써서 나타내고, 미래시제는 「will be+과거분사」의 형태로 쓴다.

D |해설| 수동태 문장에서 동사는 「be동사+과거분사」의 형태이며, 부정문은 be동사 뒤에 not을 써서 나타낸다.

G **Grammar 연습 문제 2**   p.25

A 1 to know 2 wants 3 to clean 4 not to do
B 1 to stay 2 to exercise 3 to ride 4 to do
C 1 Jim to help Kate 2 you to join our club 3 Tom to water the plants 4 me not to go swimming
D 1 I wanted him to leave the room right now.
2 They want Linda not to hear about this.
3 I asked my sister to wake me up early tomorrow morning.

A |해석| 1 나는 네가 진실을 알기를 원한다.
2 그는 내가 비밀을 지키기를 원한다.
3 Brown 선생님은 우리가 교실을 청소하기를 원하셨다.
4 너는 Jake가 지금 그 일을 하지 않기를 원하니?
|해설| 「want+목적어+to부정사」는 '(목적어)가 ~하기를 원하다'라는 뜻으로, to부정사가 목적어의 상태나 행동을 나타내는 목적격 보어로 쓰인다.

B |해석| 1 의사는 환자에게 침대에서 푹 쉬라고 말했다.
2 그녀는 그녀의 아버지가 운동을 더 하시기를 원했다.
3 나는 그에게 그의 형과 함께 자전거를 탈 것을 요청했다.
4 Tom의 어머니는 Tom에게 숙제를 먼저 하라고 조언하셨다.
|해설| tell, want, ask, advise는 목적격 보어로 to부정사를 쓰는 동사이다.

C |해설| want, ask, tell은 목적격 보어로 to부정사를 쓰는 동사이며, 부정의 의미를 나타낼 때는 to부정사 앞에 not을 쓴다.

D |해설| '(목적어)가 ~하기를 원하다/요청하다, 부탁하다'라는 뜻은 「want/ask+목적어+to부정사」의 형태로 나타낸다.

G **Grammar 실전 TEST**   pp. 26~29

01 ⑤	02 ③	03 ⑤	04 ④	05 ⑤	06 ④	07 ③
08 ③	09 ④	10 ⑤	11 ②	12 ③	13 ②	14 ②
15 ③	16 ③	17 ①				

---

18 is loved by **19** was written by **20** want me to join the dance club **21** (1) was built (2) is spoken (3) was broken (4) is cleaned **22** (1) was written by Julia (2) were collected by the students (3) will be painted by us tomorrow (4) this dress made by the famous designer
23 (1) My teacher wants us to clean the classroom.
(2) My teacher wants us to be kind to others.
(3) My teacher wants us not to be late for school.
(4) My teacher wants us not to use smartphones in class.
24 (1) *Sunflowers* was painted by Vincent van Gogh.
(2) The light bulb was invented by Thomas Edison.
(3) The Eiffel Tower was designed by Gustave Eiffel.
25 (1) Suji to bring her book
(2) Ted to call him after dinner (3) Eric not to use his bike

01 |해석| 내가 가장 좋아하는 화가는 Edgar Degas이다. 'The Dance Class'는 1874년에 그에 의해 그려졌다.
|해설| 주어가 그림의 제목이므로 「be동사+과거분사」 형태의 수동태로 나타내며, 과거의 일이므로 be동사는 과거형을 사용한다.

02 |해석| 내 여동생은 자고 있는 중이다. 엄마는 내가 조용히 하기를 원하신다.
|해설| 목적격 보어로 to부정사(to keep)가 왔으므로 빈칸에는 wants가 알맞다.

03 |해석| 나는 형이 나와 함께 축구를 하기를 원한다.
|해설| want는 목적격 보어로 to부정사를 쓰므로 to play가 알맞다.

04 |해석| Jason은 창문을 청소하지 않았다.
→ 창문은 Jason에 의해 청소되지 않았다.
|해설| 수동태의 부정문은 be동사 뒤에 not을 써서 만든다. 주어가 복수이고 시제가 과거이므로 weren't cleaned가 알맞다.

05 |해설| 「want+목적어+to부정사」의 형태로 쓰며, 목적어가 인칭대명사일 때는 목적격으로 써야 한다.

06 |해석| • 이 사원은 1785년에 지어졌다.
• Mia는 크리스마스카드를 내게 보냈다.
• 프랑스어는 많은 아프리카 나라에서 사용된다.
|해설| • 사원이 지어진 것이므로 수동태(be동사+과거분사)가 알맞다.
• Mia가 카드를 보낸 것이므로 능동태가 알맞다.
• 프랑스어가 사용되는 것이므로 수동태가 알맞다.

07 |해석| 부모님은 내가 언니와 싸우지 않기를 바라신다.
|해설| '(목적어)가 ~하지 않기를 원하다'는 「want+목적어+not+to부정사」로 나타낸다.

08 |해설| 주어가 my bag이므로 수동태인 「be동사+과거분사」로 표현하며, 과거 시제로 나타낸다.

09 |해설| 「want+목적어+not+to부정사」의 형태로 쓴다.

10 |해석| Susan은 종종 Kate의 스마트폰을 사용한다. 그러나 Kate는 Susan이 그녀의 스마트폰을 사용하지 않기를 원한다.
|해설| to부정사의 부정은 to부정사 앞에 not을 써서 나타낸다. (⑤ → not to use)

11 |해설| 조동사 must가 있는 수동태로, 문장을 배열하면 This

homework must be finished by Monday.가 된다. 따라서 4번째로 오는 단어는 be이다.

12 | 해석 | 그녀는 매일 아침을 요리한다.
| 해설 | 능동태 문장을 수동태로 전환하면 목적어가 주어가 되고 동사는 「be동사+과거분사」, 주어는 「by+목적격」의 형태가 된다.

13 | 해설 | 이 샌드위치들은 오늘 아침에 엄마에 의해 만들어졌다.
| 해설 | 주어가 복수이므로 be동사는 were로 써야 알맞다.

14 | 해석 | ① Mike가 이 보고서를 썼다.
　→ 이 보고서는 Mike에 의해 쓰였다.
② 나는 그 문을 잠그지 않았다.
　→ 그 문은 나에 의해 잠기지 않았다.
③ 나의 삼촌께서 그 자전거를 고치셨다.
　→ 그 자전거는 나의 삼촌에 의해 수리되었다.
④ 그는 그 수학 문제를 풀 수 있다.
　→ 그 수학 문제는 그에 의해 풀릴 수 있다.
⑤ Mark는 어제 꽃병을 깨뜨렸니?
　→ 그 꽃병은 어제 Mark에 의해 깨졌니?
| 해설 | ② 수동태의 부정문은 be동사 뒤에 not을 써서 만든다. (didn't be locked → wasn't locked)

15 | 해석 | ① 나는 네가 이 일을 하기를 원한다.
② 그들은 그가 다치는 것을 원하지 않는다.
③ 우리는 그들이 무대에서 노래부르기를 ＿＿＿＿＿.
④ 너는 내가 집에 일찍 오기를 원하니?
⑤ 그녀는 그녀의 부모님이 걱정하는 것을 원하지 않는다.
| 해설 | ③ 목적격 보어로 현재분사가 쓰였으므로 want가 들어갈 수 없다. want는 목적격 보어로 to부정사를 쓴다.

16 | 해석 | ① 한글은 세종대왕에 의해 만들어졌니?
② 윤 선생님은 많은 학생들에게 존경받는다.
③ 도둑은 경찰에 의해 잡히지 않았다.
④ 많은 사람들이 그 사고로 다쳤다.
⑤ 여러 다른 종류의 채소가 시장에서 판매된다.
| 해설 | ③ 수동태의 부정문은 「be동사+not+과거분사」의 형태로 쓴다. (didn't be caught → wasn't caught)

17 | 해석 | ⓐ 그 열쇠는 내 여동생에 의해 발견되었다.
ⓑ Scott이 쿠키를 먹었니?
ⓒ 아빠가 우리에게 밤에 나가지 말라고 말씀하셨다.
ⓓ 의사는 그가 규칙적으로 운동하기를 원한다.
ⓔ Ann은 소풍을 위한 샌드위치를 만들 것이다.
| 해설 | ⓑ 주어가 복수(the cookies)이므로 be동사를 Were로 쓴다. (Was → Were)
ⓓ 「want+목적어+to부정사」의 형태로 써야 한다. (to exercise him → him to exercise)
ⓔ 주어가 행위를 하는 주체이므로 능동태로 써야 한다. (will be made → will make)

18 | 해석 | 많은 십 대들이 그 소년 밴드를 좋아한다.
　→ 그 소년 밴드는 많은 십 대들에게 사랑받고 있다.
| 해설 | 능동태의 목적어가 주어로 쓰였으므로 빈칸에는 수동태인 「be동사+과거분사+by」의 형태로 쓴다.

19 | 해석 | Hemingway는 1952년에 '노인과 바다'를 썼다.

→ '노인과 바다'는 1952년에 Hemingway에 의해 쓰였다.
| 해설 | 능동태의 목적어가 주어로 쓰였으므로 빈칸에는 수동태인 「be동사+과거분사+by」의 형태로 쓴다.

20 | 해설 | '(목적어)가 ～하기를 원하다'는 「want+목적어+to부정사」의 형태로 쓴다.

21 | 해석 | (1) 이 다리는 2010년에 지어졌다.
(2) 영어는 호주에서 사용된다.
(3) 그 접시는 어제 Bob에 의해 깨졌다.
(4) 바닥은 매일 아빠에 의해 청소된다.
| 해설 | 행위의 대상이 주어가 되면 수동태 문장으로 나타내며, 동사를 「be동사+과거분사」 형태로 쓴다. 시제는 be동사를 사용하여 표현한다.

22 | 해석 | [예시] 내 여동생은 눈사람을 만들었다.
　→ 눈사람은 내 여동생에 의해서 만들어졌다.
(1) Julia는 이 시를 썼다.
　→ 이 시는 Julia에 의해서 쓰였다.
(2) 학생들은 빈 병들을 모았다.
　→ 빈 병들은 학생들에 의해서 모아졌다.
(3) 우리는 내일 울타리를 칠할 것이다.
　→ 울타리는 내일 우리에 의해서 칠해질 것이다.
(4) 유명한 디자이너가 이 드레스를 만들었니?
　→ 이 드레스는 유명한 디자이너에 의해서 만들어졌니?
| 해설 | (1), (2) 과거 시제 수동태는 「주어+was/were+과거분사+by+행위자(목적격).」의 형태로 쓴다. 주어가 단수이면 was, 복수이면 were를 쓴다.
(3) 미래 시제 수동태는 「주어+will be+과거분사+by+행위자(목적격).」의 형태로 쓴다.
(4) 수동태 의문문은 「Be동사+주어+과거분사+by+행위자(목적격)?」의 형태로 쓴다.

23 | 해석 | [예시] 우리 선생님은 우리가 수업 중에 조용히 하기를 원하신다.
(1) 우리 선생님은 우리가 교실을 청소하기를 원하신다.
(2) 우리 선생님은 우리가 다른 사람들에게 친절하기를 원하신다.
(3) 우리 선생님은 우리가 학교에 늦지 않기를 원하신다.
(4) 우리 선생님은 우리가 수업 중에 스마트폰을 사용하지 않기를 원하신다.
| 해설 | 「want+목적어+to부정사」의 형태로 쓰고, 부정은 「want+목적어+not+to부정사」의 형태로 쓴다.

24 | 해석 | [예시] '로미오와 줄리엣'은 William Shakespeare에 의해 쓰였다.
(1) '해바라기'는 Vincent van Gogh에 의해 그려졌다.
(2) 전구는 Thomas Edison에 의해 발명되었다.
(3) 에펠탑은 Gustave Eiffel에 의해 설계되었다.
| 해설 | 주어가 단수인 과거 시제 수동태이므로 「주어+was+과거분사+by+행위자.」의 어순으로 쓴다.

25 | 해석 | [예시] 진호는 미나가 개를 산책시키기를 원한다.
(1) Kate는 수지에게 그녀의 책을 가져다줄 것을 요청한다.
(2) Brad는 Ted가 저녁 식사 후에 그에게 전화하기를 원한다.
(3) Jerry는 Eric에게 그의 자전거를 사용하지 말라고 말한다.
| 해설 | ask/want/tell+목적어+to부정사: (목적어)가 ～하기를 요청하다/원하다/말하다

01 club **02** As you know, about **03** want you to understand **04** explain **05** a combination of **06** Like recycling **07** better things **08** each **09** start with **10** to hold **11** combination, and **12** to make **13** become interested in **14** sounds like, about **15** musical instruments **16** make, from **17** from, rubber bands **18** plan to play **19** hear from **20** will make **21** For example **22** Look at **23** was made by **24** Isn't **25** on **26** to a nursing home **27** a great idea **28** creative **29** want, to work hard **30** sewing kit, buttons **31** Cut off **32** Sew **33** from one of **34** top of **35** Decorate, with

01 club members **02** As **03** to understand **04** explain **05** of **06** Like **07** from **08** talk **09** with **10** to hold **11** and **12** to make **13** in **14** fun **15** to make **16** make **17** from **18** to play **19** let's **20** make **21** For example **22** Look **23** was made **24** nice **25** sell **26** to **27** idea **28** creative **29** hard **30** scissors **31** off **32** Sew **33** from **34** of **35** with

01 ○ **02** ○ **03** ×, to understand **04** ○ **05** ×, a combination of **06** ×, is good for **07** ×, from **08** ○ **09** ○ **10** ×, to hold **11** ○ **12** ○ **13** ×, become interested in **14** ×, sounds like **15** ×, to make **16** ○ **17** ○ **18** ×, to play **19** ×, hear from **20** ○ **21** ×, For example **22** ○ **23** ×, made by **24** ○ **25** ×, sell **26** ×, to a nursing home **27** ○ **28** ×, creative **29** ×, to work **30** ○ **31** ×, Cut off **32** ○ **33** ×, the legs **34** ○ **35** ○

01 ② **02** ③ **03** ④ **04** ③ **05** ⑤ **06** ④ **07** ⑤ **08** ① **09** ⑤ **10** ④ **11** ② **12** ② **13** ⑤ **14** ① **15** ③ **16** ③ **17** ④

[서술형]

18 this year's Environment Day **19** (1) It is about upcycling. (2) He wants them to understand the meaning of "upcycling." **20** (1) a combination of "upgrade" and "recycling" (2) good for the environment (3) new and better things from old things **21** use trash to make clothes **22** ⓓ → fun **23** old boxes and rubber bands **24** make musical instruments, play the instruments **25** (1) trash → old clothes (2) bought → made (3) bags → money

---

[01~06] |해석|

Brown 선생님: 동아리 회원 여러분, 안녕하세요. 여러분도 알다시피, 올해 환경의 날은 업사이클링에 관한 것입니다. 각 그룹이 그날에 할 행사 아이디어를 이야기하기 <u>전에</u>, 나는 여러분이 '업사이클링'의 의미를 이해하기를 바랍니다. <u>누가 업사이클링을 설명해 줄 수 있나요?</u>

수미: 네. 'upcycling'이라는 단어는 'upgrade'와 'recycling'이 결합한 것입니다.

Eric: 재활용과 마찬가지로, 업사이클링도 환경에 좋습니다. 업사이클링을 하면 낡은 것으로 새롭고 더 좋은 것을 만들죠.

Brown 선생님: 좋아요. 이제 각 그룹의 행사 아이디어에 대해 이야기해 봅시다. Pei의 그룹부터 시작하죠.

01 |해설| 주어진 문장은 누가 업사이클링의 의미를 설명할지 묻는 말로, 업사이클링의 의미를 설명하는 수미의 말 앞인 ②에 들어가야 한다.

02 |해설| ⓐ as you know: 너도 알다시피
ⓑ 행사 아이디어에 대해 이야기하기 '전에' 업사이클링의 의미를 이해하기를 바란다는 내용이 되어야 하므로, before가 알맞다.

03 |해설| (A) talk about: ~에 관해 이야기하다
(B) be good for: ~에 좋다
(C) make A from B: B로 A를 만들다

04 |해설| '(목적어)가 ~하기를 바라다'라는 의미는 「want+목적어+to부정사」의 형태로 쓴다.

05 |해설| upcycling은 upgrade와 recycling이 합쳐진 말이므로 빈칸에는 '결합'을 의미하는 combination이 알맞다.

06 |해설| ① 올해 환경의 날은 무엇에 관한 것인가?
② 누가 'upcycling'의 의미를 설명했는가?
③ 단어 'upcycling'의 의미는 무엇인가?
④ upcycling의 예시는 무엇인가?
⑤ 어느 그룹이 먼저 그들의 아이디어에 대해 말할 것인가?
|해설| ④ 업사이클링의 예시는 나와 있지 않다.

[07~11] |해석|

Pei: 저희 그룹은 트래션 쇼를 열고 싶습니다. 'trashion'은 'trash'와 'fashion'이 결합한 말입니다. 저희는 <u>옷을 만들기 위해 쓰레기를 사용할 겁니다.</u> 저희는 이 쇼를 통해서 다른 학생들이 업사이클링에 관심을 갖게 되기를 바랍니다.

Brown 선생님: 트래션 쇼라니 재미있겠네요! Eric, 너희 그룹은 어떠니?

Eric: 저희 그룹은 낡은 물건으로 악기를 만들려고 합니다. 저희는 낡은 플라스틱 양동이로 드럼을 만들 겁니다. 저희는 또한 낡은 상자와 고무줄로 기타를 만들 겁니다. <u>저희는 낡은 병과 우유갑으로 장난감 자동차를 만들 것입니다.</u> 저희는 소규모 음악회에서 그 악기들을 연주할 계획입니다.

Brown 선생님: 고마워요, Eric. 그럼 이제 수미의 그룹의 아이디어를 들어 보죠.

07 |해석| ① 손을 맞잡으세요.

② Mike는 꽃을 들고 있다.

③ 그 홀은 200명의 사람들을 수용한다.

④ 내 외투 좀 잠깐만 들어 주겠니?

⑤ 그들은 다음 주 목요일에 회의를 열 것이다.

|해설| ⓐ와 ⑤는 '열다, 개최하다'라는 의미로 쓰였고, ①, ②, ④는 '잡다, 가지고 있다', ③은 '수용하다'라는 의미로 쓰였다.

08 |해석| ① 옷 ② 로봇 ③ 화분 ④ 장난감 차 ⑤ 식료품 용기

|해설| 앞에서 trashion이 trash(쓰레기)와 fashion(패션)이 결합한 말이라고 하면서 trashion 쇼를 열겠다고 했으므로 clothes(옷)가 알맞다.

09 |해설| 「want+목적어+to부정사」 구문으로, to부정사 형태가 알맞다.

10 |해설| Eric의 그룹은 낡은 물건으로 악기를 만들어 음악회에서 연주를 할 계획이라고 했으므로 병과 우유갑으로 장난감을 만들 것이라는 ④는 글의 흐름과 관계없다.

11 |해석| ① Pei는 'trashion'이라는 단어의 의미를 알고 있다.

② Pei의 그룹은 패션쇼를 보러 갈 것이다.

③ Brown 선생님은 트래션 쇼가 흥미있겠다고 생각한다.

④ Eric의 그룹은 악기를 만들기 위해 낡은 물건들을 사용할 것이다.

⑤ Eric의 그룹은 소규모 음악회에서 음악을 연주할 것이다.

|해설| ② Pei의 그룹은 패션쇼를 보러 가는 것이 아니라 쓰레기로 만든 옷을 입고 패션쇼를 할 것이라고 했다.

[12~15] |해석|

수미: 저희 그룹은 낡은 옷으로 가방을 만들 거예요. 예를 들면, 저희는 청바지를 사용할 거예요. 이 가방을 보세요. 이것은 저희 모둠원 중 한 명인 하준이가 만들었어요. 멋지지 않나요? 저희는 가방을 더 많이 만들어서 환경의 날에 팔 거예요. 저희는 번 돈을 모두 양로원에 드릴 예정이에요.

Brown 선생님: 훌륭한 생각이군요. 여러분의 아이디어는 모두 무척 창의적이에요. 여러분 모두 환경의 날을 위해 열심히 노력하길 바랍니다.

12 |해설| ⓑ 주어가 행위의 대상인 This(= This bag)이므로 수동태인 was made가 되어야 알맞다.

13 |해석| ① 요컨대 ② 마침내 ③ 그러나 ④ 그에 반해서 ⑤ 예를 들면

|해설| 빈칸 뒤에 낡은 옷을 사용해 가방을 만드는 구체적인 예시가 나오므로, 예시를 나타내는 연결어 For example(예를 들면)이 알맞다.

14 |해설| 뒤에 이어지는 문장을 통해 가방을 하준이가 만들었음을 알 수 있다.

15 |해설| 특정한 날 앞에는 전치사 on을 쓴다.

[16~17] |해석|

준비물: _____

단계

1. 청바지의 다리 부분을 잘라 내세요.

2. 맨 아랫부분을 바느질하여 붙이세요.

3. 다리 중 한 쪽으로 어깨끈들을 만드세요.

4. 청바지의 맨 윗부분에 끈들을 바느질하여 붙이세요.

5. 핀과 단추로 가방을 장식하세요.

16 |해석| ① 가위 ② 바느질 도구 ③ 천 조각들

④ 낡은 청바지 ⑤ 핀과 단추

|해설| ③ 청바지 가방을 만드는 단계에서 천 조각들은 사용되지 않는다.

17 |해설| 청바지 가방을 만드는 단계 중 세 번째는 Make shoulder straps from one of the legs.이다.

18 |해설| 바로 앞 문장의 this year's Environment Day를 가리킨다.

19 |해석| (1) 올해 환경의 날은 무엇에 관한 것인가?

→ 업사이클링에 관한 것이다.

(2) Brown 선생님은 학생들이 무엇을 이해하기를 바라는가?

→ 그는 그들이 업사이클링의 의미에 대해 이해하기를 바란다.

20 |해설| (1) 'upgrade'와 'recycling'의 결합이다.

(2) 환경에 좋은 것이다.

(3) 낡은 것으로 새롭고 더 좋은 것을 만드는 것이다.

21 |해석| 우리는 옷을 만들기 위해 쓰레기를 사용할 것입니다.

|해설| '~하기 위해'라는 의미의 목적을 나타내는 부사적 용법의 to부정사를 사용한다.

22 |해설| sounds like 뒤에는 명사(구)가 와야 하므로 fun으로 고쳐야 한다.

23 |해석| Eric의 그룹은 기타를 만들기 위해 무엇을 사용할 것인가? 답을 완성하시오.

→ 그들은 기타를 만들기 위해 낡은 상자와 고무줄을 사용할 것이다.

24 |해설| 행사에 대한 Eric의 그룹의 아이디어는 낡은 물건으로 악기를 만들고 소규모 음악회에서 그 악기들을 연주하는 것이다.

25 |해설| (1) 수미의 그룹은 가방을 만들기 위해 쓰레기를(→ 낡은 옷을) 사용할 것이다.

(2) 하준이는 환경의 날을 위해 청바지로 만든 가방을 샀다(→ 만들었다).

(3) 수미의 그룹은 양로원에 모든 가방을(→ 돈을) 기부할 것이다.

 기타 지문 **실전 TEST**　　　　　p.45

01 ②　　02 ④　　03 be made from trash by me

04 I want you to follow these directions

05 Upcycling　　06 (D) – (A) – (B) – (C)

01 |해석| 티셔츠를 찾고 있나요? 이것은 어떤가요? 저는 이것을 작년에 제주도에서 샀어요. 거의 새것이지요. 겨우 2달러밖에 안 해요.

|해설| 자신이 갖고 있는 티셔츠를 팔기 위해 쓴 글이다.

[02~03] |해석|

선생님: 얘들아, 나는 너희들에게 음악 수업을 해 주고 싶어.

학생: 그렇지만 우리는 악기가 없어요.

남자: 제가 도와드릴 수 있어요. 저에게 아이디어가 있어요.

선생님: 아, 고맙습니다!

남자: 저는 쓰레기로 악기를 만들 수 있어요.

남자: 세상은 우리에게 쓰레기를 보내죠. 우리는 음악을 돌려보내요. 이것이 업사이클링의 힘이에요.

02 |해설| ⓐ 「give+직접목적어+to+간접목적어」 ~에게 …을 주다

ⓒ 「send+직접목적어+to+간접목적어」 ~에게 …을 보내다

03 |해설| musical instruments를 주어로 하는 수동태 문장으로 쓴다. 조동사가 있는 문장의 수동태는 「조동사+be동사+과거분사+by+행위자」의 형태이다.

멋진 업사이클링 아이디어들이 많이 있습니다. 여기 한 예가 있습니다. 저는 제 낡은 청바지로 바구니를 만들었습니다. 여러분도 하나 만들고 싶나요? 그러면 저는 여러분이 이 방법을 따라 하기를 바랍니다.

여러분은 낡은 청바지, 바느질 도구, 가위, 그리고 핀과 단추가 필요합니다.

첫 번째, 낡은 청바지의 다리 부분을 잘라 내세요.

두 번째, 바구니의 바닥을 만들기 위해 한 조각을 오려 내세요.

세 번째, 다리 부분에 바닥을 바느질하여 붙이세요.

마지막으로, 핀과 단추로 장식하세요.

업사이클링은 환경에 좋습니다. 저는 여러분이 업사이클링에 관심을 갖게 되기를 바랍니다.

04 |해설| '(목적어)가 ~하기를 원하다'는 「want+목적어+to부정사」 형태로 나타낸다.

05 |해설| 업사이클링의 한 예로 낡은 청바지로 바구니를 만드는 일을 소개하고 있으므로 빈칸에는 Upcycling이 알맞다.

06 |해설| 만드는 순서에 따라 그림을 배열하면 (D) – (A) – (B) – (C)이다.

STEP B

W Words 고득점 맞기
pp. 46~47

01 ②	**02** ④	**03** ④	**04** ③	**05** ③	**06** in good condition
07 became interested in			**08** ⑤	**09** ③	
10 ④	**11** ②	**12** ②	**13** ④	**14** ⑤	**15** ④

01 |해설| '뭔가를 하기 위해 사용하는 도구나 장비의 한 세트'는 kit(도구 세트)이다.

02 |해설| A: 이 인형은 낡은 양말들로 만들어졌어.
B: 하나 만들어 보자. 먼저, 양말의 맨 위를 잘라 내.
|해설| '~으로 만들어지다'는 be made from, '잘라 내다'는 cut off로 나타낸다.

03 |해석| ① 팔다 – 사다 ② 맨 위 – 맨 아래 ③ 틀린 – 옳은
④ 합계 – 합계 ⑤ 저렴한 – 비싼
|해설| ④는 유의어 관계이고, 나머지는 모두 반의어 관계이다.

04 |해석| 짝지어진 단어들의 관계를 보여주는 단어로 알맞은 것은?
서명하다 : 서명 = 장식하다 : 장식
|해설| 주어진 단어는 동사와 명사의 관계이므로 decorate의 명사형인 decoration이 알맞다.

05 |해석| ⓐ 대부분의 타이어는 고무로 만들어진다.
ⓑ 천을 자르기 위해 이 가위를 사용해라.
ⓒ 우리는 중고차를 구입할 예정이다.
ⓓ 종이컵을 사용하는 것은 환경에 나쁘다.
|해설| ⓐ에는 rubber(고무), ⓑ에는 scissors(가위), ⓒ에는 used(중고의), ⓓ에는 environment(환경)가 들어간다.

06 |해설| be in good condition: 상태가 좋다

07 |해설| become interested in: ~에 관심〔흥미〕을 갖게 되다

08 |해석| ① 끈: 천이나 가죽으로 된 띠
② 상태: 어떤 것의 상태
③ 맨 아래: 어떤 것의 가장 낮은 부분
④ 이해하다: 어떤 것이 의미하는 바를 알다
⑤ 양동이: 음악을 만들기 위해 연주하는 어떤 것
|해설| ⑤는 instrument(악기)의 영영풀이다. bucket의 영영풀이는 a deep round container with a handle over the top이다.

09 |해석| Susan은 매우 창의적이다. 나는 그녀가 훌륭한 발명가가 될 것이라고 생각한다.
|해설| 훌륭한 발명가가 될 것이라고 했으므로 creative(창의적인)가 알맞다.

10 |해석| 나는 셔츠를 사기 위해 가게에 갔다. 나는 셔츠를 하나 골랐지만, 그것은 약간 비쌌다. 나는 점원에게 할인해 달라고 요청했다.
|해설| 셔츠의 가격이 비싸다고 했으므로 점원에게 할인(discount)을 해 달라고 하는 것이 알맞다.

11 |해석| ① 규칙적인 운동은 건강에 좋다.
② 그 남자는 작은 청소 로봇을 발명했다.
③ 그들은 양로원에서 노인들을 돕는다.
④ 그는 패션을 통해 그의 생각을 표현하는 것을 좋아한다.
⑤ 학교는 컴퓨터 시스템을 개선할 것이다.
|해설| ② invent는 '발명하다'라는 뜻이다.

12 |해석| [보기] 그 소년은 큰 상자를 들고 있다.
① 그는 얼마나 자주 회의를 여나요?
② 잠시 이 책들을 들고 있어 줄래요?
③ 그들은 매년 국제 박람회를 개최한다.
④ 어디에서 결혼식을 열고 싶나요?
⑤ 우리는 일요일마다 공원에서 무료 행사를 연다.
|해설| [보기]와 ②의 hold는 '쥐다, 가지고 있다'의 뜻이고, 나머지 hold는 모두 '개최하다, 열다'의 뜻이다.

13 |해석| ⓐ 당신이 어떤 것을 살 때 누군가에게 돈을 주다
ⓑ 물, 공기, 토양을 포함한 자연의 세계
ⓒ 어떤 것에 예쁜 것들을 덧붙여 멋져 보이게 만들다
ⓓ 누군가가 이해하도록 어떤 것에 대해 말하다
|해설| ⓐ는 pay(지불하다), ⓑ는 environment(환경), ⓒ는 decorate(장식하다), ⓓ는 explain(설명하다)의 영영풀이다.

14 |해석| ① 나는 가죽 끈이 달린 이 시계가 좋다.
② 그녀의 의견은 거의 나의 의견과 같다.
③ 그들은 서점에서 중고 책을 샀다.
④ 마지막으로, 나는 Jessica에게 생일 카드를 썼다.
⑤ 예를 들면, 나는 낡은 냄비로 시계를 만들었다.
|해설| ⑤ example은 '예'라는 뜻으로 instance와 바꿔 쓸 수 있다. reason은 '이유'라는 뜻이다.

15 |해석| ① 너는 기본적인 음악 실력을 발전시켜야 한다.
② 첼로는 내가 가장 좋아하는 악기이다.
③ Andrew의 음악 스타일은 항상 꽤 독특해 보인다.
④ 나는 다음 주에 뮤지컬을 보는 것을 고대하고 있다.
⑤ 그 프로그램은 굉장한 음악적 재능을 지닌 아이들을 보여 준다.

|해설| ④는 '뮤지컬'이라는 뜻의 명사로 쓰였고, 나머지는 모두 '음악의, 음악적인'이라는 뜻의 형용사로 쓰였다.

01 ⑤　　**02** ①　　**03** ⑤　　**04** ④　　**05** ④　　**06** ③

[서술형]

07 ⓑ cheap → expensive　　**08** |모범 답| No, I'm afraid not. / Sorry, but you can't.　　**09** 5(five)　　**10** blue clock, large numbers, 10(ten) dollars　　**11** take 2(two) dollars off
12 (1) |모범 답| She wants to buy a backpack (for school).
(2) |모범 답| She will pay 10 dollars.

01 |해석| A: 실례합니다. 이 필통은 얼마예요?
　　B: 5달러예요.
　　① 무엇을 도와드릴까요?　　② 할인을 원하세요?
　　③ 무엇을 찾고 계세요?　　④ 다른 것이 필요하세요?
　　|해설| B가 물건의 가격을 알려 주고 있으므로 빈칸에는 가격을 묻는 표현이 알맞다.

02 |해석| A: 이 빨간색 가방은 어떠세요? 12달러입니다.
　　B: 할인 받을 수 있나요?
　　A: 네. 2달러 깎아 드릴게요.
　　B: 좋아요. 그것을 살게요.
　　② 죄송하지만 안 돼요.　　③ 저 파란색은 어떠세요?
　　④ 제게는 너무 비싸네요.　　⑤ 다른 색을 보여 주세요.
　　|해설| 빈칸 뒤에 물건을 사겠다는 말이 이어지므로 빈칸에는 가격에 만족한다는 뜻의 ①이 알맞다.

03 |해석| (E) 실례합니다. 저 동그란 안경은 얼마인가요?
　　(D) 18달러입니다.
　　(B) 음. 할인을 받을 수 있나요?
　　(A) 죄송하지만 안 돼요. 죄송합니다.
　　(C) 괜찮아요. 그것을 살게요.

04 |해석| 남자와 소녀의 관계는 무엇인가?
　　① 친구 – 친구　② 엄마 – 아이　③ 의사 – 환자
　　④ 점원 – 손님　⑤ 교사 – 학생
　　|해설| 시계를 사고파는 내용의 대화이므로 두 사람의 관계로 ④ clerk(점원) – customer(손님)가 알맞다.

05 |해석| ① 소녀는 처음에 손목시계를 사기를 원했다.
　　② 남자는 그 시계가 상태가 좋지 않다고 생각한다.
　　③ 소녀는 시계의 원래 가격이 저렴하다고 생각한다.
　　④ 남자는 소녀에게 시계를 할인해 주었다.
　　⑤ 소녀는 시계 값으로 15달러를 지불할 예정이다.
　　|해설| ① 소녀는 처음부터 손목시계가 아닌 (벽/탁상)시계를 사려고 했다.
　　② 남자는 시계의 상태가 좋다고 했다.
　　③ 소녀는 시계의 가격이 비싸서 할인을 요청했다.
　　⑤ 소녀는 시계 값으로 13달러를 지불할 것이다.

06 |해석| Alice는 지금 옷 가게에 있다. 그녀는 가게에서 사고 싶은 분홍색 블라우스를 발견하지만 Alice는 그것을 살 돈이 충분하지 않다.
　　① 무엇을 도와드릴까요?

② 블라우스를 찾고 있어요.
③ 할인을 받을 수 있을까요?
④ 가격이 좋네요. 그것을 살게요.
⑤ 다른 색을 보여 주시겠어요?
|해설| 사고 싶은 블라우스를 발견했지만 돈이 부족하다고 했으므로 할인을 부탁하는 말을 하는 것이 알맞다.

07 |해설| ⓑ 소년은 빨간색 시계가 자신에게 비싸다(expensive)고 하며 할인을 해 줄 수 있는지 물었다.

08 |해설| 거의 새것이라는 덧붙이는 말과 그 이후 소년이 다른 물건을 고르는 내용이 이어지는 것으로 보아 할인을 해 줄 수 없다는 표현이 알맞다.

09 |해설| 대화에 따르면, 빨간색 시계는 파란색 시계보다 얼마나 더 비싼가?
　　→ 빨간색 시계는 파란색 시계보다 5달러가 더 비싸다.

10 |해설| 소년은 숫자가 큰 파란색 시계를 10달러에 살 것이다.

11 |해설| 빈칸에는 가격을 깎아 주겠다는 말이 들어가야 한다. 가방의 원래 가격은 12달러이고 할인된 가격이 10달러이므로, 깎아 준 가격은 2달러이다.

12 |해석| 대화 내용에 따라, 다음 질문에 완전한 영어 문장으로 답하시오.
　　(1) 소녀는 무엇을 사기를 원하는가?
　　　→ 그녀는 (학교에 메고 갈) 가방을 사기를 원한다.
　　(2) 소녀는 얼마를 지불할 것인가?
　　　→ 그녀는 10달러를 지불할 것이다.

01 ⑤　**02** ②　**03** ④　**04** ②　**05** ③　**06** ⑤　**07** ①
08 ②　**09** ②　**10** ④　**11** ③　**12** ②　**13** ③

[서술형]

14 Jane to buy some eggs and milk / Jane to buy milk and some eggs　(2) Dad to feed the cat　**15** was taught by Ms. Jones last year　**16** (1) Henry broke the vase on the table.　(2) The rules were not(weren't) followed by some students.　(3) A lot of young people love the song.
(4) Some science magazines were borrowed by Jessy.
17 (1) The Wright brothers invented the airplane.
(2) The airplane was invented by the Wright brothers.
18 (1) wants Eric to play the drums　(2) wants Amy to draw cartoons　(3) wants Mary to do a magic trick

01 |해석| • 우리가 지금 저녁 식사를 하기를 원하나요?
　　• Jackson 씨는 내가 진실을 말하기를 원했다.
　　|해설| • 목적어 자리이므로 목적격 인칭대명사 us가 알맞다.
　　• 동사 want의 목적격 보어 자리이므로 to tell이 알맞다.

02 |해석| 나는 학교 밴드에 가입했다. 엄마는 그것을 허락하셨다.
　　→ 엄마는 내가 학교 밴드에 가입하는 것을 허락하셨다.
　　|해설| allow는 목적격 보어로 to부정사를 쓰므로 빈칸에는 to join이 알맞다.

03 |해설| '(목적어)가 ~하지 않기를 바라다'는 「want+목적어+not+to 부정사」의 형태로 쓴다.

04 |해석| ① 접시는 Thomas에 의해 깨졌다.

② 나는 네가 나의 새 노래를 듣기를 원한다.

③ 아빠는 내가 일찍 자기를 원하신다.

④ Jim의 자전거는 나의 누나에 의해 수리되었다.

⑤ 그들은 내가 그들의 강아지를 돌보기를 원했다.

|해설| ② want는 목적격 보어로 to부정사를 쓴다. (listen → to listen)

05 |해석| 우리 정원의 많은 나무들은 1990년에 나의 할아버지에 의해 심어졌다.

|해설| 문장의 주어가 Many of the trees로 복수이고 과거의 일이므로 be동사는 were가 되어야 한다.

06 |해석| ⓐ 그 울타리는 Jane에 의해 칠해질 것이다.

ⓑ 어제 나는 방을 혼자서 칠했다.

ⓒ 벽은 지난 주말 나의 남동생에 의해 파란색으로 칠해졌다.

ⓓ '모나리자'는 1503년에 Leonardo da Vinci에 의해 그려졌다.

|해설| ⓐ, ⓒ, ⓓ는 주어가 행위의 대상이 되므로 수동태로 써야 한다. ⓐ는 조동사 will이 있으므로 be동사는 원형이 된다. (ⓐ be painted, ⓑ painted, ⓒ, ⓓ was painted)

07 |해설| ① want는 목적격 보어로 to부정사를 쓴다. (going → to go)

08 |해석| ① 그는 내가 독서 동아리에 가입하기를 원했다.

② 그 환자는 병원으로 이송되었다.

③ 그 의사는 나에게 규칙적으로 운동하라고 조언했다.

④ 그 텔레비전 프로그램은 많은 사람들에 의해 시청되었다.

⑤ 전화기는 Alexander Graham Bell에 의해 발명되었다.

|해설| ①, ③ want와 advise는 목적격 보어로 to부정사를 쓴다. (① join → to join, ③ exercised → to exercise)

④ 수동태에서 행위자는 「by+행위자」로 나타낸다. (from → by)

⑤ 수동태는 「be동사+과거분사」의 형태로 나타낸다. (was invent → invented)

09 |해석| ⓐ 나는 John에게 창문을 닫아 줄 것을 요청했다.

ⓑ 그 집은 작년에 나의 아버지에 의해 지어졌다.

ⓒ 선생님은 우리에게 교실을 청소하라고 말씀하셨다.

ⓓ 그 사진들은 사진작가에 의해 찍혔다.

ⓔ 그가 수의사가 되기를 원하나요?

|해설| ⓑ 과거를 나타내는 부사구 last year가 있으므로 be동사는 과거형을 쓴다. (is built → was built)

ⓒ tell은 목적격 보어로 to부정사를 쓴다. (clean → to clean)

10 |해석| ① 세종대왕이 한글을 만들었다.

→ 한글은 세종대왕에 의해 만들어졌다.

② Mary는 그 과학 보고서를 썼다.

→ 그 과학 보고서는 Mary에 의해 쓰였다.

③ Antonio Gaudi가 Casa Mila를 지었니?

→ Casa Mila는 Antonio Gaudi에 의해 지어졌니?

④ 나의 아들들이 그 벽화를 그렸다.

→ 그 벽화는 나의 아들들에 의해 그려졌다.

⑤ 엄마는 그 초콜릿 쿠키를 굽지 않으셨다.

→ 그 초콜릿 쿠키는 엄마에 의해 구워지지 않았다.

|해설| ④ 주어가 복수이므로 The wall paintings were drawn by my sons.가 되어야 한다. (was → were)

11 |해석| (A) 영어는 뉴질랜드에서 사용된다.

(B) 나는 네가 너의 디지털 카메라를 가져오기를 원한다.

|해설| ③ (A)는 「by+행위자」가 생략된 수동태 문장이다.

① (A)는 수동태 문장이다.

② New Zealand는 행위자가 아니므로 in을 by로 바꿀 수 없다.

④ to bring의 행동 주체는 목적어인 you이다.

⑤ want는 to부정사를 목적격 보어로 취하는 동사이므로 bringing으로 바꿔 쓸 수 없다.

12 |해석| ⓐ 새 도로가 내년에 지어질 것이다.

ⓑ 네 소포는 어제 그에 의해 보내졌다.

ⓒ 전등들은 엄마에 의해 꺼지지 않았다.

ⓓ 어려운 문제는 Jessica에 의해 풀렸다.

ⓔ 물고기는 좁은 장소에서 다량으로 양식될 수 있다.

|해설| ⓐ 미래 시제 수동태(will be+과거분사)로 나타낸다.

(→ will be built)

ⓒ 수동태의 부정문은 「be동사+not+과거분사」의 형태로 쓴다.

(→ weren't turned)

ⓓ 수동태는 「be동사+과거분사」의 형태로 나타낸다.

(→ was solved)

ⓔ 조동사가 쓰인 수동태는 「조동사+be동사+과거분사」의 형태로 쓴다. (→ can be raised)

13 |해석| A: 나는 네가 이 책을 읽기를 바라. 정말 좋아.

B: '행복한 왕자'? 누가 이 책을 썼니?

A: Oscar Wilde가 썼어.

B: 아, 그렇구나. 그가 '어린 왕자'도 썼니?

A: 아니, 안 썼어. 그것은 Antoine de Saint-Exupéry에 의해 쓰였어.

|해설| ③ 주어가 행위를 하는 주체이므로 능동태로 써야 한다.

14 |해석| 아빠: Jane, 집에 오는 길에 달걀 좀 사오렴.

Jane: 네. 다른 필요하신 거 있으세요?

아빠: 우유도 좀 사 올래?

Jane: 네. 아빠, 고양이 밥 좀 주실 수 있으세요?

아빠: 그래, 그럴게.

(1) 아빠는 Jane이 달걀과 우유〔우유와 달걀을〕 사 오기를 원하신다.

(2) Jane은 아빠가 고양이에게 밥을 주기를 원한다.

|해설| '(목적어)가 ~하기를 원하다'는 「want+목적어+to부정사」로 나타낸다.

15 |해석| A: 작년에 너의 영어 선생님이 누구셨니?

B: 영어는 작년에 Jones 선생님께 배웠어.

|해설| 작년에 영어가 Jones 선생님에 의해 가르쳐진 것이므로 과거 시제 수동태 문장으로 쓴다.

16 |해석| (1) 탁자 위의 꽃병은 Henry에 의해 깨졌다.

→ Henry는 탁자 위의 꽃병을 깼다.

(2) 몇 명의 학생들은 규칙들을 따르지 않았다.

→ 규칙들은 몇 명의 학생들에 의해서 따라지지 않았다.

(3) 그 노래는 많은 젊은이들에게 사랑받는다.

→ 많은 젊은이들은 그 노래를 사랑한다.

(4) Jessy는 과학 잡지를 몇 권 빌렸다.

→ 과학 잡지 몇 권은 Jessy에 의해 빌려졌다.

|해설| 수동태 문장은 「주어+be동사+과거분사+by+행위자」 형태로 쓴다. 주어의 수와 시제에 따라 알맞은 be동사를 쓰는 것에 주의한다.

17 |해석| Q: 누가 비행기를 발명했나요?
(1) Wright 형제가 비행기를 발명했다.
(2) 비행기는 Wright 형제에 의해 발명되었다.
|해설| (1) 질문의 시제에 맞게 「주어(행위자)+동사의 과거형 ~.」 형태의 능동태 문장으로 쓴다.
(2) 「주어(사물)+be동사의 과거형+과거분사+by+행위자.」 형태의 수동태 문장으로 쓴다.

18 |해석| [예시] Williams 선생님은 Kevin이 노래하고 춤추기를 원하신다.
(1) Williams 선생님은 Eric이 드럼을 연주하기를 원하신다.
(2) Williams 선생님은 Amy가 만화를 그리기를 원하신다.
(3) Williams 선생님은 Mary가 마술을 하기를 원하신다.
|해설| 「want+목적어+to부정사」는 '(목적어)가 ~하기를 원하다'라는 뜻으로 to부정사가 목적격 보어로 목적어의 상태나 행동을 나타낸다.

® Reading 고득점 맞기 pp. 57~59

01 ① **02** ② **03** ⑤ **04** ⑤ **05** ③ **06** ④ **07** ②
08 ③ **09** ⑤ **10** ⑤ **11** ③
[서술형]
12 I want you to understand the meaning of "upcycling."
13 (B) ~처럼, ~와 같이 **14** |모범 답| They are going to talk about each group's event idea for Environment Day.
15 (1) hold a trashion show (2) It is a combination of "trash" and "fashion." (3) we want other students to become interested in upcycling through the show
16 How, Make **17** make shoulder straps from one of the legs

---

01 |해석| ① 네가 보듯이 나는 그다지 바쁘지 않다.
② 밖이 시끄럽기 때문에 나는 잠이 들 수 없다.
③ 그는 배가 고팠기 때문에 피자를 모두 먹었다.
④ 그 수업이 시작했을 때 나는 교실로 들어왔다.
⑤ 날이 어두워짐에 따라 날씨가 훨씬 더 추워졌다.
|해설| ⓐ와 ①의 as는 '~하듯이'를 뜻하는 접속사로 쓰였다.

02 |해석| ① 어떤 것이 의미하는 것을 알다
② 더 새롭고 나은 것을 얻다
③ 물, 공기, 토양을 포함한 자연의 세계
④ 음악을 만들기 위해 연주하는 것
⑤ 어떤 것에 예쁜 것들을 더하여 보기에 멋지게 만들다
|해설| ⓑ에는 upgrade가 들어가며, upgrade는 '개선하다, 승급시키다'라는 의미이다. ①은 understand(이해하다), ③은 environment(환경), ④는 instrument(악기), ⑤는 decorate(장식하다)의 영영풀이다.

03 |해석| ① 새 단어들을 만드는 것 ② 지구를 구하는 방법
③ 재활용의 다른 예들 ④ 낡은 물건들을 재사용하는 이유
⑤ 환경의 날 행사를 위한 아이디어
|해설| Brown 선생님의 마지막 말을 통해 환경의 날 행사를 위한 그룹별 아이디어에 대한 내용이 이어질 것임을 알 수 있다.

04 |해석| ① 그는 프랑스에 돌아가기를 원했다.

---

② 강에서 수영하는 것은 위험하다.
③ 우리는 방과 후에 농구하는 것을 좋아한다.
④ 내 꿈은 미래에 과학자가 되는 것이다.
⑤ 나는 잡지를 사기 위해 서점에 갔다.
|해설| ⓐ와 ⑤는 목적을 나타내는 to부정사의 부사적 용법이다. (① 명사적 용법(목적어), ② 명사적 용법(주어), ③ 명사적 용법(목적어), ④ 명사적 용법(보어))

05 |해설| ⓑ want의 목적격 보어로 to부정사가 알맞다.
ⓒ plan은 to부정사를 목적어로 취하는 동사이다.

06 |해석| ① 'trashion'은 무엇이 결합한 말인가?
② Eric의 그룹은 무엇으로 기타를 만들 것인가?
③ 왜 Pei의 그룹은 트래션 쇼를 열기를 원하는가?
④ 몇 명의 사람들이 그 트래션 쇼에 참여할 것인가?
⑤ Eric의 그룹은 악기로 무엇을 할 것인가?
|해설| ④ 트래션 쇼에 몇 명이 참여할지는 알 수 없다.

07 |해설| (A) 미래의 일을 나타내며 주어가 행위의 주체이므로 능동태 will make가 알맞다.
(B) 주어 This는 앞 문장의 this bag을 가리키며 가방이 만들어진 것이므로 수동태가 되어야 한다. 주어가 3인칭 단수이므로 was made 가 알맞다.

08 |해설| ⓐ '~을 보다'는 look at으로 나타낸다.
ⓑ 특정한 날 앞에는 전치사 on을 쓴다.
ⓒ 「give+직접목적어+to+간접목적어」의 형태이다.
ⓓ '~을 위해'라는 뜻의 for를 쓴다.

09 |해석| 수미의 그룹의 행사의 목적은 무엇인가?
① 쓰레기로 옷을 만들기 위해
② 낡고 사용한 물건들은 팔기 위해
③ 업사이클된 가방들을 전시하기 위해
④ 모둠원들의 재능을 보여주기 위해
⑤ 가방을 판 돈을 기부하기 위해
|해설| 수미의 그룹은 낡은 옷으로 만든 가방을 판 수익금을 양로원에 기부할 것이라고 했다.

10 |해설| ⓐ에는 낡은 청바지의 다리를 잘라 내고(cut off), ⓑ에는 맨 아랫부분을 꿰맨(sew) 후, ⓒ에는 마지막으로 핀과 단추들로 장식하는(decorate) 것이 알맞다.

11 |해설| 청바지의 맨 윗부분에 끈들을 꿰매 붙이는 그림 ③이 알맞다.

12 |해설| '(목적어)가 ~하기를 원하다'는 「주어+want+목적어+to부정사」 형태로 쓴다.

13 |해석| (A) 주말에 무엇을 하는 것을 좋아하니?
(B) 그 여자는 공주처럼 입었다.
(C) 나는 스마트폰으로 웹툰 읽는 것을 좋아한다.
|해설| ⓑ와 (B)는 '~처럼'이라는 의미를 나타내는 전치사로 쓰였다. (A)와 (C)는 '좋아하다'라는 뜻의 동사이다.

14 |해설| Brown 선생님과 그의 학생들은 무엇에 관해 이야기할 것인가?
→ 그들은 환경의 날을 위한 각 그룹의 행사 아이디어에 대해 이야기할 것이다.

15 |해설| Brown 선생님: 너희 그룹은 무엇을 하려고 계획 중이니?
Pei: 트래션 쇼를 열 거예요.
Brown 선생님: Trashion? 그게 무슨 뜻이니?

Pei: 'trash'와 'fashion'이 결합한 말이에요.

Brown 선생님: 아, 그렇구나. 그 쇼를 왜 하려고 하지?

Pei: 그 쇼를 통해서 다른 학생들이 업사이클링에 대해 관심을 갖기를 바라서요.

16 |해설| '청바지 가방을 만드는 법'을 설명한 글이다.

17 |해설| 'B로(를 원료로 하여) A를 만들다'라는 뜻은 make A from B 로 나타낸다.

서술형 100% TEST

pp. 60~63

01 (1) understand (2) instrument **02** (1) make, from (2) is good for (3) nursing home **03** How much, 30, get a discount, 25 **04** backpack(bag), take, off, 23 **05** It's 10 dollars. **06** (1) looking for a T-shirt (2) I'll take 5 dollars off. (3) 15 dollars **07** (1) (Because) It was too expensive for him. (2) It costs 10 dollars. **08** round glasses, 12 dollars **09** (1) was built (2) is spoken (3) was written (4) were painted (5) are held **10** (1) Jane wants Jiho to eat breakfast every day. (2) Jane wants Eric to water the plants. (3) Jane wants Kate not to play the piano at night. **11** (1) ⓒ → My parents want me to get good grades. (2) ⓓ → This car is washed by him every weekend. **12** (1) Ms. Lee advised Jiho to exercise more often. (2) Ms. Lee told Ben and Ann to write their essays. **13** understanding → to understand **14** environment **15** ⓑ → It is a mix of the words "upgrade" and "recycling." **16** We want other students to become interested in upcycling **17** (1) trashion show (2) trash (3) musical instruments **18** This was made by Hajun, one of our group members. **19** (1) |모범 답| Her group will make (more) bags and sell them. (2) |모범 답| Her group will give all the money to a nursing home. **20** Cut off, Sew, Decorate

01 |해설| (1) ⑧ 어떤 것이 의미하는 것을 알다
→ 나는 그녀가 하는 말을 이해할 수 없었다.
(2) ⑲ 음악을 만들기 위해 연주하는 어떤 것
→ 대부분의 학생들은 악기 연주하는 것을 배운다.

02 |해설| (1) make A from B: B로 A를 만들다
(2) be good for: ~에 좋다 (3) nursing home: 양로원

03 |해석| A: 실례합니다. 이 바지는 얼마인가요?
B: 30달러예요.
A: 할인을 받을 수 있나요?
B: 네. 5달러를 깎아 드릴게요.
A: 그러면 25달러네요. 그것을 살게요.
|해설| 가격을 묻는 말은 How much is/are ~?이며, 할인을 받을 수 있는지 묻는 말은 Can I get a discount?이다. 바지의 가격은 30달러이고, 5달러를 할인 받아서 25달러를 지불할 것이다.

04 |해석| A: 안녕하세요. 도와드릴까요?
B: 네, 저는 학교 갈 때 멜 배낭을 찾고 있어요.
A: 이것은 25달러이고 상태가 좋아요.
B: 할인을 받을 수 있나요?
A: 네. 2달러를 깎아 드릴게요.
B: 그러면 23달러네요. 그것을 살게요.
|해설| 찾는 물건을 말할 때는 I'm looking for ~.를 사용하고, 가격을 깎아 주겠다고 할 때는 「I'll take+할인 금액+off.」라고 말한다. 25달러인 물건은 가방이며, 25달러에서 2달러를 할인 받았으므로 빈칸에는 23달러가 알맞다.

05 |해석| A: 실례합니다. 이 필통은 얼마인가요?
B: 10달러입니다.
A: 비싸네요. 할인을 받을 수 있나요?
B: 네. 1달러를 깎아 드릴게요. 9달러예요.
A: 그러면 그것을 살게요. 고맙습니다!
|해설| 빈칸에는 필통의 원래 가격을 말하는 표현이 들어가야 한다. 1달러를 할인한 가격이 9달러라고 했으므로 원래 가격은 10달러가 알맞다.

06 |해석| Luna는 티셔츠를 사기를 원한다. 점원은 Luna에게 티셔츠 하나를 보여 준다. 그것은 20달러이고 상태가 좋다. 그녀는 그것을 좋아하지만 너무 비싸다고 생각한다. 그녀는 점원에게 할인해 줄 수 있는지 묻는다. 점원은 5달러를 깎아 주고 그녀는 그것을 산다.
점원: 안녕하세요. 도와드릴까요?
Luna: 네, 저는 티셔츠를 찾고 있어요.
점원: 이것은 20달러예요, 그리고 상태도 좋죠.
Luna: 할인해 주실 수 있나요?
점원: 네. 5달러를 깎아 드릴게요.
Luna: 그러면 15달러네요. 그것을 살게요.

07 |해석| (1) 소년은 빨간색 시계를 왜 사지 않았는가?
→ 그에게 너무 비쌌기 때문이다.
(2) 파란색 시계는 얼마인가?
→ 10달러이다.

08 |해석| 소녀: 실례합니다. 둥근 안경은 얼마인가요?
남자: 15달러예요.
소녀: 음. 할인을 받을 수 있나요?
남자: 네. 3달러를 깎아 드릴게요.
소녀: 아주 좋군요. 그것을 살게요.
→ 소녀는 둥근 안경을 살 것이다. 그녀는 그것을 위해 12달러를 지불할 것이다.

09 |해석| (1) 그 탑은 유명한 건축가에 의해 1990년에 지어졌다.
(2) 영어는 전 세계에서 사용된다.
(3) '해리포터' 시리즈는 J. K. Rowling에 의해 쓰였다.
(4) 그 그림들은 알려지지 않은 화가들에 의해 그려졌다.
(5) 올림픽 대회는 4년마다 개최된다.
|해설| 주어가 모두 동작의 대상이 되므로 수동태 문장으로 쓴다. 수동태 문장에서 동사는 「be동사+과거분사」의 형태이며, 주어의 수와 시제에 따라 알맞은 be동사를 쓴다.

10 |해석| [예시] Jane은 미나가 개에게 먹이를 주기를 원한다.
(1) Jane은 지호가 매일 아침 식사를 하기를 원한다.
(2) Jane은 Eric이 화분에 물을 주기를 원한다.
(3) Jane은 Kate가 밤에 피아노를 치지 않기를 원한다.

| 해설 | '(목적어)가 ~하기를 원하다'는 「want+목적어+to부정사」로,
'(목적어)가 ~하지 않기를 원하다'는 「want+목적어+not+to부정사」
로 나타낸다.

11 | 해설 | ⓐ 네 새 안경이 깨졌니?
ⓑ 이 편지는 Mike에 의해 쓰이지 않았다.
ⓒ 부모님은 내가 좋은 점수를 받기를 원하신다.
ⓓ 이 차는 매 주말 그에 의해 세차된다.
ⓔ 그는 내가 올림픽에서 금메달을 따기를 원했다.
| 해설 | ⓒ want는 목적격 보어로 to부정사를 쓴다.
ⓓ 수동태는 「be동사+과거분사+by+행위자」의 형태로 쓴다.

12 | 해설 | [예시] 이 선생님은 유나가 그녀의 책상을 치우기를 원하셨다.
(1) 이 선생님은 지호에게 더 자주 운동하라고 조언하셨다.
(2) 이 선생님은 Ben과 Ann에게 에세이를 쓰라고 말씀하셨다.
| 해설 | '(목적어)가 ~하기를 원하다/조언하다/말하다'는 「want/
advise/tell+목적어+to부정사」로 나타낸다.

13 | 해설 | want는 목적격 보어로 to부정사를 쓰므로, to understand로
써야 한다.

14 | 해설 | '물, 공기, 토양을 포함한 자연 세계'는 environment(환경)이다.

15 | 해석 | ⓐ 올해 환경의 날의 주제이다.
ⓑ 'upside'(→ 'upgrade')와 'recycling'이 합쳐진 말이다.
ⓒ 사람들은 이것을 통해 중고품들을 새 것으로 만들 수 있다.

16 | 해설 | '(목적어)가 ~하기를 원하다'는 「want+목적어+to부정사」로 나
타낸다. / become interested in: ~에 관심을 갖게 되다

17 | 해설 | Pei의 그룹은 쓰레기로 옷을 만들어 트래션 쇼를 열 것이고,
Eric의 그룹은 낡은 물건으로 악기를 만들어 소규모 음악회에서 악기
를 연주할 것이라고 했다.

18 | 해설 | 수동태 문장이므로 「be동사+과거분사+by+행위자」의 형태로
쓴다. 과거 시제이므로 be동사의 과거형 was를 쓰고, 행위자 앞에는
by를 쓴다.

19 | 해석 | (1) 수미의 그룹은 환경의 날에 무엇을 할 것인가?
→ 그녀의 그룹은 가방을 (더) 만들어서 팔 것이다.
(2) 수미의 그룹은 가방을 판 후에 돈을 어떻게 사용할 것인가?
→ 그녀의 그룹은 돈을 전부 양로원에 드릴 것이다.

20 | 해설 | cut off: 잘라 내다 / sew: 바느질하다 / decorate: 장식하다

모의고사

| 제**1**회 | 대표 기출로 내신 **적중** 모의고사 | pp. 64~67 |

01 ②　**02** hold　**03** ④　**04** ②　**05** (B) – (A) – (D) – (C)
06 ①　**07** ④　**08** ①　**09** Can I get a discount? / Can
you give me a discount?　**10** ⑤　**11** were broken
12 ②　**13** Amy to walk his dog　**14** ③　**15** ⑤　**16** ②
17 ⓐ for ⓑ from　**18** ③　**19** ⑤　**20** ⓑ → to make
21 ⑤　**22** ⑤　**23** ③　**24** We are going to give all the
money to a nursing home.　**25** ①

01 | 해석 | A: Brown 씨의 새 이야기책은 그의 상상으로 가득 차 있어요.
B: 네. 그는 매우 창의적인 작가예요.

02 | 해석 | • 잠깐 내 가방을 들어줄래요?
• 그 도시는 이번 겨울에 얼음 축제를 개최할 것이다.
| 해설 | 빈칸에는 '들고 있다, 개최하다'의 의미로 쓰이는 hold가 공통으
로 알맞다.

03 | 해석 | ① 치즈는 우유로 만들어진다.
② 나는 고무줄로 내 머리카락을 묶었다.
③ 그 남자는 당근의 맨 윗부분을 잘라 냈다.
④ 그 중고 가방은 상태가 좋다.
⑤ 환경을 보호하기 위해 자신의 컵을 가지고 다녀라.
| 해설 | ④ be in good condition: 상태가 좋다

04 | 해석 | A: 이 보라색 티셔츠는 얼마예요?
B: 10달러예요.
A: 비싸네요. 할인 받을 수 있나요?
B: 좋아요. 1달러를 깎아 드릴게요. 9달러예요.
A: 그러면 그것을 살게요. 감사합니다!
① 죄송하지만, 안 돼요.
③ 아니요, 그것은 그렇게 비싸지 않아요.
④ 30퍼센트를 할인해 드릴게요.
⑤ 죄송하지만, 그것이 최종 가격입니다.
| 해설 | 10달러인 티셔츠를 할인받을 수 있는지 묻는 말에 9달러로 해
주겠다는 대답을 했으므로 빈칸에는 1달러를 할인해 주겠다는 말이 들
어가야 한다.

05 | 해석 | A: 실례합니다. 이 신발은 얼마인가요?
(B) 13달러예요.
(A) 할인 받을 수 있을까요?
(D) 네. 2달러를 깎아 드릴게요.
(C) 그러면 11달러네요. 그것을 살게요.

06 | 해석 | ① A: 코트가 얼마예요?
B: 5달러를 깎아 드릴게요.
② A: 이 티셔츠는 10달러예요.
B: 그건 제게 너무 비싸네요.
③ A: 10퍼센트 할인해 드릴게요.
B: 아주 좋아요. 그러면 그것을 살게요.
④ A: 안녕하세요. 도와드릴까요?
B: 네. 야구 장갑을 찾고 있어요.
⑤ A: 할인해 주실 수 있나요?
B: 죄송하지만 안 돼요. 죄송합니다.
| 해설 | 물건의 가격이 얼마인지 묻는 질문에 가격을 깎아 주겠다고 답하
는 것은 어색하다.

07 | 해석 | A: 안녕하세요. 도움이 필요하신가요?
B: 네. 학교 갈 때 멜 가방을 찾고 있어요.
A: 이 빨간색 가방은 어떠세요? 12달러예요.
B: 할인을 받을 수 있을까요?
A: 네. 2달러를 깎아 드릴게요.
B: 아주 좋아요. 그것을 살게요.
① 도움이 필요하신가요?
② 학교 갈 때 멜 가방을 사고 싶어요.
③ 할인해 주세요.

④ 2달러밖에 안 해요.

⑤ 그것을 살게요.

l해설l ④ I'll take 2 dollars off.는 2달러를 할인해 주겠다는 의미이고, It costs just 2 dollars.는 가격이 겨우 2달러라는 의미이다.

08 l해석l ① 무엇을 팔 건가요?

② 이 빨간 시계는 어때요?

③ 15달러예요.

④ 그것은 일 년밖에 안 됐어요. 거의 새것이에요.

⑤ 그러면 그 파란색을 사겠어요.

l해설l 대화의 흐름상 여자는 판매자이고 소년이 손님이므로 ⓐ는 What are you looking for?가 자연스럽다. What are you going to sell?은 무엇을 팔려고 하는지 묻는 말이다.

09 l해설l 대화의 흐름상 소년은 손님이고 뒤에 거절의 말이 이어지고 있으므로 '제가 할인을 해 드릴까요?'는 어색하다. 할인을 받을 수 있는지 묻는 말이 오는 것이 자연스럽다.

10 l해석l ① 왜 소년은 시계를 사려고 하는가?

② 소년은 지금 얼마의 돈을 갖고 있는가?

③ 파란색 시계는 얼마나 오래된 것인가?

④ 여자는 시계를 몇 개 갖고 있는가?

⑤ 파란색 시계의 가격은 얼마인가?

l해설l ⑤ 파란색 시계의 가격은 10달러라고 했다.

11 l해석l Tom이 안경을 깼다. → 안경이 Tom에 의해 깨졌다.

l해설l 수동태 문장은 「주어+be동사+과거분사+by+행위자」로 쓴다. break의 과거분사는 broken이다.

12 l해석l 내 여동생은 _____ 원한다.

① 새 스마트폰을

② 우리가 오늘 저녁에 그녀에게 전화하기를

③ 내가 그녀의 비옷을 가져오기를

④ 이번 주말에 캠핑하러 가기를

⑤ 그들이 큰 소리로 말하지 않기를

l해설l ② want는 목적격 보어로 to부정사를 쓴다. (call → to call)

13 l해석l Ben: Amy, 나 좀 도와줄래?

Amy: 물론이야. 그게 뭔데?

Ben: 내 개를 산책시켜 줄 수 있니?

Amy: 응, 그럴게.

→ Ben은 Amy가 그의 개를 산책시켜 주기를 원한다.

l해설l '(목적어)가 ~하기를 원하다'는 「want+목적어+to부정사」로 나타낸다.

14 l해석l ① Laura는 자신의 아이들이 일찍 자기를 원한다.

② 'Hamlet'은 William Shakespeare에 의해 쓰였다.

③ 이 소포는 Jim에 의해서 내일 배달될 것이다.

④ Mike는 내가 그의 프로젝트를 도와주기를 원했니?

⑤ 그 집은 10년 전에 나의 할아버지에 의해 지어졌다.

l해설l ③ 조동사가 있는 문장의 수동태는 「조동사+be동사+과거분사」의 형태로 쓴다. (will delivered → will be delivered)

15 l해석l • 수진이는 나에게 창문을 닫아 줄 것을 요청했다.

• Eddie의 노트북은 내일 그의 삼촌에 의해 수리될 것이다.

• 그 책은 선생님에 의해 어린 아이들에게 읽혔다.

l해설l • 「ask+목적어+to부정사」 ~에게 …해 달라고 부탁하다

• 조동사가 있는 문장의 수동태는 「조동사+be동사+과거분사」 형태로 쓴다.

• 「by+행위자」가 있으므로 수동태 문장이 알맞으며, 수동태 문장에서 동사는 「be동사+과거분사」 형태로 쓴다.

16 l해설l ② want의 목적격 보어 자리이므로 to부정사가 되어야 한다. (→ to understand)

17 l해설l ⓐ be good for: ~에 좋다

ⓑ make A from B: B로 A를 만들다

18 l해설l Brown 선생님은 동아리 회원들과 환경의 날을 위한 행사 아이디어에 관해 이야기할 것이다.

① 재활용의 예시들

② 중고 물건들을 재활용하는 방법

④ 지구를 구하기 위해 우리가 해야 하는 것

⑤ 재활용과 업사이클링의 차이점

19 l해석l ① 민수: 나는 시장에서 채소를 사는 대신 정원에서 재배해.

② 수진: 나는 가끔 엘리베이터를 타지 않아. 그냥 계단을 걸어 올라가.

③ 진호: 나는 외출할 때 집에 있는 모든 전등을 꺼.

④ 호준: 나는 종이컵을 사용하지 않아. 나는 항상 내 컵을 가지고 다녀.

⑤ 혜미: 나는 빈 플라스틱 병에 꽃을 좀 심었어.

l해설l upcycling은 오래된 물건을 재활용하여 더 좋은 것으로 만드는 것을 뜻한다고 했으므로 빈 플라스틱 병에 꽃을 심었다는 혜미가 업사이클링을 실천하고 있다고 볼 수 있다.

20 l해설l '~하기 위해'라는 목적의 의미를 나타낼 때 부사적 용법의 to부정사를 쓴다.

21 l해석l ① 악기를 연주하는 것을 배우다

② 가장 좋아하는 가수의 콘서트에 가다

③ 음악회를 위한 새 악기를 사다

④ 낡은 중고 악기를 수집하다

⑤ 낡은 물건들로 악기를 만들다

l해설l 빈칸 뒤에 이어지는 내용으로 보아 오래된 물건들로 악기를 만들 것이라는 내용이 적절하다.

22 l해석l ① Pei의 그룹은 환경의 날에 트래션 쇼를 할 것이다.

② Pei의 그룹은 쓰레기를 사용하여 옷을 만들 것이다.

③ Brown 선생님은 트래션 쇼가 재미있을 거라고 생각한다.

④ Eric의 그룹은 드럼을 만들기 위해 낡은 플라스틱 양동이를 사용할 것이다.

⑤ Eric의 그룹은 트래션 쇼에서 음악을 연주할 것이다.

l해설l ⑤ Eric의 그룹은 소규모 음악회에서 낡은 물건들로 만든 악기를 연주할 것이라고 했다.

23 l해설l ⓐ 수동태이므로 동사를 「be동사+과거분사」 형태로 쓴다.

ⓑ 조동사 will 다음에 오는 동사원형 make와 병렬로 연결되므로 동사원형으로 쓴다.

24 l해설l give A to B: A를 B에게 주다 / nursing home: 양로원

25 l해설l 주어진 문장은 '맨 아랫부분을 바느질하여 붙이세요.'라는 뜻이므로, 잘린 청바지의 아랫부분을 꿰매는 그림 ①이 알맞다.

01 ①   02 ④   03 ①   04 ①   05 ①   06 take, off
07 ④   08 ②   09 (1) buy the blue clock (2) pay 10
dollars (for it)   10 ④   11 ⑤   12 was cooked by
13 ②   14 (1) ⓐ broke → broken (2) ⓒ invite → be invited
15 ①   16 ④   17 ③   18 ⓐ (c)lothes ⓒ (m)usical
instruments   19 become → to become   20 ⑤   21 ③
22 ③   23 (모둠원들이) 낡은 옷으로 만든 가방들   24 ⑤
25 (C) – (A) – (E) – (B) – (D)

01 |해설| 외투에 단추를 달아 달라는 내용이므로 sew(바느질하다, 꿰매다)가 알맞다.

02 |해설| [보기] 거의 – 거의
① 굽다 – 제빵사   ② 맨 위 – 맨 아래   ③ 처음에 – 마지막으로
④ 중고의 – 중고의   ⑤ 장식하다 – 장식
|해설| [보기]와 ④는 유의어 관계이다. ①은 '동사 – 명사(행위자)'의 관계, ②와 ③은 반의어 관계, ⑤는 '동사 – 명사'의 관계이다.

03 |해설| ① 너는 언제 숙제를 다 했니?
② 집에서 나올 때 전등을 다 끄렴.
③ 런던에 있을 때 너는 어디에 갔니?
④ 더 어렸을 때, 너는 커서 무엇이 되고 싶었니?
⑤ Tom이 집에 왔을 때, 그의 부모님은 집에 안 계셨다.
|해설| ①의 when은 '언제'라는 뜻의 의문사로 쓰였고, 나머지는 모두 '～할 때'라는 뜻의 접속사로 쓰였다.

04 |해석| A: 이 가방은 얼마인가요?
B: 18달러예요.
② 이 가방을 어떻게 찾았나요?
③ 이 빨간색 신발 어떠세요?
④ 이 신발은 얼마인가요?
⑤ 이 가방에 대해 어떻게 생각하나요?
|해설| B가 가격을 말하고 있으므로 가격을 묻는 말이 들어가야 하고, 대답의 주어가 It이므로 단수인 사물이어야 한다.

05 |해석| A: 할인 받을 수 있나요?
B: 네. 10퍼센트 할인해 드릴게요.
② 제가 무엇을 도와드릴까요?
③ 이 드레스는 얼마인가요?
④ 할인 쿠폰을 갖고 있나요?
⑤ 이 청바지를 입어 볼 수 있을까요?
|해설| 이어지는 대답으로 보아 할인을 받을 수 있는지 묻는 말이 들어가는 것이 자연스럽다.

06 |해석| A: 이 축구공은 얼마인가요?
B: 6달러예요.
A: 할인을 해 주실 수 있나요?
B: 네. 1달러를 깎아 드릴게요.
|해설| I'll take+할인 금액/할인율+off.: ～을 깎아 드릴게요.

07 |해설| 시계를 찾고 있다고 했으므로 빨간색 시계를 먼저 추천하고 가격을 묻고 답하는 대화가 이어지는 것이 자연스럽다.

08 |해석| ① 소년은 여자에게 낡은 시계를 수리해 주기를 요청하고 있다.

② 여자는 오래되었거나 중고 물건들을 판다.
③ 소년은 이곳의 모든 물건들을 할인 받을 수 있다.
④ 파란색 시계는 거의 새것이다.
⑤ 빨간색 시계는 큰 숫자가 있어서 인기가 있다.
|해설| ① 소년은 여자가 판매하는 시계를 사고 있다.
③ 여자는 빨간색 시계를 할인해 줄 수 없다고 했다.
④ 빨간색 시계가 사용한 지 1년밖에 안 된 거의 새것이다.
⑤ 큰 숫자가 있는 시계는 파란색 시계이다.

09 |해석| (1) 소년은 무엇을 살 것인가? → 그는 파란색 시계를 살 것이다.
(2) 소년은 그 물건을 사는 데 얼마를 지불할 것인가?
→ 그는 (그것에 대해) 10달러를 지불할 것이다.

10 |해석| Cathy는 만화를 그리지 않았다.
|해설| 수동태의 부정문은 「be동사+not+과거분사」의 형태로 쓴다. 과거의 일이며 주어가 단수이므로 be동사는 was를 쓴다.

11 |해설| '(목적어)가 ～하기를 원하다'는 「want+목적어+to부정사」로 나타낸다.

12 |해석| A: 누가 스파게티를 요리했니? 아주 맛있어.
B: 그것은 아빠에 의해 요리되었어.
|해설| 주어 It은 spaghetti를 가리키므로 수동태 문장으로 써야 한다. 수동태 문장에서 동사는 「be동사+과거분사」 형태이다.

13 |해석| ⓐ 그 피자는 아이들에 의해 먹어졌다.
ⓑ 이 낡은 컴퓨터는 수리될 수 없다.
ⓒ Thomas는 네가 Julia에게 전화하기를 원했다.
ⓓ 너는 우리가 너를 이해하기를 원하니?
ⓔ 누가 이 수학 문제를 풀 수 있니?
|해설| ⓑ 조동사가 있는 문장의 수동태는 「조동사+be동사+과거분사」 형태이다.(fixed → be fixed)
ⓓ 「want+목적어+to부정사」 형태로 써야 하므로 we를 목적격 인칭대명사로 고쳐야 한다. (we → us)
ⓔ 주어가 행위의 주체이므로 능동태가 되어야 한다. (be solved → solve)

14 |해석| ⓐ 그 접시는 내 남동생에 의해 깨졌다.
ⓑ 부모님은 나에게 일찍 일어나라고 말씀하셨다.
ⓒ 이곳의 모든 사람들이 파티에 초대될 거니?
ⓓ 너는 내가 학교 축제에서 무엇을 하기를 원하니?
|해설| ⓐ 수동태 문장에서 동사는 「be동사+과거분사」 형태로 쓴다. break의 과거분사는 broken이다.
ⓒ 문맥상 사람들이 초대를 받는 것이므로 수동태(be동사+과거분사)로 써야 한다.

15 |해설| upcycling이라는 단어의 의미에 대한 내용이 이어지므로 ⓐ는 meaning(의미)이 알맞다.

16 |해석| ① 우리는 아침에 조깅하는 것을 좋아한다.
② Jenny는 매우 친절하다, 그래서 나는 그녀를 좋아한다.
③ 그들은 주말에 외출하는 것을 좋아한다.
④ 그 남자는 아기처럼 울기 시작했다.
⑤ 형과 나는 둘 다 수영하는 것을 좋아한다.
|해설| 본문과 ④의 like는 '～처럼, ～와 같이[마찬가지로]'라는 뜻의 전치사로 쓰였다. 나머지는 모두 '좋아하다'라는 뜻의 동사로 쓰였다.

17 |해석| ① 학생들은 시험을 준비하고 있다.

② Brown 선생님은 업사이클링에 대한 많은 행사 아이디어를 학생들에게 소개하고 있다.

③ 'upcycling'은 'upgrade'와 'recycling'이 결합해 만들어진 단어이다.

④ Eric은 업사이클링에 대해 아무것도 알지 못한다.

⑤ 반에서 아무도 업사이클링의 의미를 설명하지 못한다.

|해설| ① 학생들은 환경의 날 행사를 준비하고 있다.

② 각 그룹은 환경의 날 행사 아이디어를 준비했다.

④ Eric은 수미의 말에 덧붙여 업사이클링에 대해 설명했다.

⑤ 수미가 업사이클링의 의미를 설명했다.

18 |해설| ⓐ 패션쇼를 한다고 했으므로 문맥상 쓰레기로 옷을 만든다는 의미가 적절하다.

ⓒ 악기를 만들어 연주한다고 했으므로 문맥상 낡은 것들로 악기를 만든다는 의미가 적절하다.

19 |해설| want는 목적격 보어로 to부정사를 쓴다.

20 |해설| ⓑ sound like: ~처럼 들리다

ⓓ hear from: ~로부터 이야기를 듣다

21 |해설| ⓒ 수동태 문장에서 행위자 앞에는 전치사 by를 쓴다.

22 |해석| ① 수미의 그룹은 가방들을 만들기 위해 무엇을 사용할 것인가?

② 수미의 그룹은 어떻게 돈을 벌 것인가?

③ 하준이는 낡은 청바지를 어디에서 구했는가?

④ 수미의 그룹은 그들이 번 돈을 어떻게 쓸 것인가?

⑤ Brown 선생님은 학생들의 아이디어를 어떻게 생각하는가?

|해설| ③ 하준이가 낡은 청바지를 어디에서 구했는지는 언급되어 있지 않다.

23 |해설| 낡은 옷으로 가방을 더 만들어서 환경의 날에 판매할 것이라고 했다.

24 |해석| ① 청바지를 장식하는 법 ② 패션 디자이너가 되는 법

③ 재봉틀을 사용하는 법 ④ 좋은 청바지를 고르는 법

⑤ 낡은 청바지로 가방을 만드는 법

|해설| 필요한 것과 Step의 내용으로 보아 낡은 청바지로 가방을 만드는 방법을 설명하는 글임을 알 수 있다. 따라서 ⑤가 제목으로 알맞다.

25 |해석| 다리 부분을 잘라 내고(C), 맨 아랫부분을 바느질한 후(A), 다리 중 하나를 어깨끈으로 만들고(E), 맨 윗부분에 끈을 바느질해서(B), 핀과 단추로 장식하는(D) 순서로 배열한다.

제 3 회 대표 기출로 내신 **적중** 모의고사 pp. 72~75

01 ② 02 ③ 03 ② 04 ① 05 ④ 06 ③
07 (A) – (D) – (C) – (B) 08 ① 09 ④, ⑤
10 red → blue 11 ② 12 ⑤ 13 The apple was cut
14 ① 15 (1) to eat more vegetables
(2) not to be late for school 16 ④
17 I want you to understand 18 ④ 19 ③ 20 ③
21 instrument 22 ③ 23 ② 24 clothes(jeans), bags, nursing home 25 ① Glue → Cut off ④ Cut → Sew

---

01 |해석| 만약 당신이 오래되거나 중고인 물건을 다시 사용한다면, 당신은 그것을 <u>재활용하는</u> 것이다.

02 |해석| • 내 여동생은 상자에 있는 리본을 <u>잘라 냈다.</u>

• 우리는 드럼을 연주하는 것에 <u>관심을 갖게 되었다.</u>

|해설| cut off는 '잘라 내다'라는 뜻이고, become interested in은 '~에 관심을 갖게 되다'라는 뜻이다.

03 |해석| ① 오늘 오후에 회의를 <u>열자.</u>

② 그녀는 그녀의 팔에 아기를 <u>안고</u> 있었다.

③ 그들은 추수를 기념하기 위해 축제를 <u>연다.</u>

④ 미술관은 특별 전시회를 <u>열</u> 것이다.

⑤ 그 가수는 다음 달에 콘서트를 <u>열</u> 예정이다.

|해설| ②의 hold는 '안고(들고) 있다'의 뜻으로 쓰였고, 나머지는 모두 '열다, 개최하다'의 뜻이다.

04 |해석| A: 이 파란색 티셔츠는 얼마인가요?

B: 10달러예요.

A: 비싸군요. <u>할인을 받을 수 있을까요?</u>

B: 네. 1달러를 깎아 드릴게요.

② 도움이 필요하신가요? ③ 신용카드로 결제할 수 있나요?

④ 다른 색상을 보여 주시겠어요? ⑤ 더 큰 사이즈로 있나요?

|해설| 빈칸 뒤에 할인해 주겠다는 말이 이어지므로 빈칸에는 할인을 받을 수 있는지 묻는 말이 알맞다.

05 |해석| ① A: 도와드릴까요?

B: 네. 가방을 사고 싶어요.

② A: 할인을 받을 수 있나요?

B: 죄송하지만 안 돼요. 죄송합니다.

③ A: 이 운동화는 얼마인가요?

B: 17달러예요.

④ A: 실례합니다. 티셔츠를 찾고 있어요.

B: 오, 그건 당신에게 정말 잘 어울려요.

⑤ A: 저쪽에 있는 모자는 10달러밖에 안 해요.

B: 좋아요. 그것을 살게요.

|해설| ④ 티셔츠를 찾고 있다는 말에 잘 어울린다는 대답은 어색하다.

06 |해석| A: 안녕하세요. 제가 <u>도와드릴까요?</u>

B: 네. <u>이 둥근 안경은 얼마인가요?</u>

A: 18달러예요.

B: 음. 가격이 좋네요.(→비싸군요.) 할인을 받을 수 있을까요?

A: 죄송하지만 안 돼요. 죄송합니다.

B: 괜찮습니다. <u>그것들을 살게요.</u>

|해설| ⓒ 뒤에 할인을 요청하는 말이 이어지는 것으로 보아 금액이 비싸다는 말이 들어가야 자연스럽다.

07 |해석| A: 안녕하세요. 도와드릴까요?

(A) 저는 야구 글러브를 찾고 있어요.

(D) 이 글러브는 15달러이고 상태가 좋아요.

(C) 할인을 받을 수 있나요?

(B) 네. 2달러 깎아 드릴게요.

B: 그러면 13달러네요. 그것을 살게요.

08 |해설| ⓐ What are you looking for?: 무엇을 찾고 있나요?

ⓑ How(What) about this red clock?: 이 빨간색 시계는 어때요?

09 |해설| ④ 큰 숫자가 있는 것은 파란색 시계이다.

⑤ 빨간색 시계는 15달러, 파란색 시계는 10달러로 파란색 시계가 빨간색 시계보다 더 싸다.

10 |해석| 소년은 빨간색(→ 파란색) 시계를 사는 데 10달러를 지불할 것이다.

11 |해석| 그 기사는 민호에 의해 쓰였다. → 민호가 그 기사를 썼다.
|해설| 수동태(be동사+과거분사) 문장을 능동태 문장으로 바꿔 쓴 것으로, 시제가 과거이므로 과거형 wrote가 알맞다.

12 |해설| '(목적어)가 ~하지 않기를 원하다'는 「want+목적어+not+to부정사」 형태로 나타낸다.

13 |해석| 호진이는 사과를 두 조각으로 잘랐다.
→ 그 사과는 호진이에 의해 두 조각으로 잘렸다.
|해설| 주어인 호진이가 「by+행위자」가 되어 문장의 끝에 위치하고 있으므로 수동태 문장으로 써야 한다. 목적어인 the apple을 주어로 쓰고 동사는 「be동사+과거분사」 형태로 쓴다.

14 |해석| ① 이 주스는 민호에 의해 마셔졌니?
② 그 사서는 그들에게 조용히 하라고 말했다.
③ 그 영화는 Steven Spielberg에 의해 연출되었다.
④ 나의 과학 보고서는 다음 주 월요일까지 끝마쳐질 수 있다.
⑤ 청소를 시작하기 전에, 너희는 책상을 밖으로 옮겨야 한다.
|해설| ① 수동태의 의문문은 「Be동사+주어+과거분사 ~?」 형태이다. drink의 과거분사는 drunk이다. (drank → drunk)

15 |해석| (1) 엄마는 내가 채소를 더 먹기를 원하신다.
(2) 아빠는 내가 학교에 늦지 않기를 바라신다.
|해설| (1) '(목적어)가 ~하기를 원하다'는 「want+목적어+to부정사」로 나타낸다.
(2) '(목적어)가 ~하지 않기를 원하다'는 「want+목적어+not+to부정사」로 나타낸다.

16 |해설| ④ 문맥상 '~에 좋다'는 의미의 be good for가 알맞다. be good at은 '~을 잘하다'라는 뜻이다.

17 |해설| '(목적어)가 ~하기를 원하다'는 「want+목적어+to부정사」로 나타낸다.

18 |해설| 업사이클링은 환경에 좋고, 업사이클링을 하면 낡은 것으로 새롭고 더 좋은 것을 만든다고 했으므로 지수와 성우가 잘못 이해했다.

19 |해설| ⓒ 「want+목적어+to부정사」 형태로 써야 한다. (become → to become)

20 |해설| ③ 쓰레기와 패션을 결합한 말인 '트래션'으로 보아 쓰레기를 사용해 옷을 만들 것임을 알 수 있다.

21 |해설| '음악을 만들기 위해 연주하는 것'에 해당하는 단어는 instrument (악기)이다.

22 |해석| ⓐ Pei의 그룹의 환경의 날을 위한 행사는 트래션 쇼이다.
ⓑ Pei는 다른 학생들이 패션에 관심을 가지게 되기를 바란다.
ⓒ Eric의 그룹은 낡은 물건들로 악기를 만들 것이다.
ⓓ Eric의 그룹은 기타를 만들기 위해 상자와 고무줄을 사용할 것이다.
ⓔ Eric의 그룹은 환경의 날에 악기를 팔 것이다.
|해설| ⓑ Pei는 트래션 쇼를 통해 다른 학생들이 업사이클링에 관심을 가지길 바란다고 했다.
ⓔ Eric의 그룹은 환경의 날에 오래된 물건들로 만든 악기로 소규모 음악회를 열 것이라고 했다.

23 |해설| 주어진 문장의 This는 ② 앞 문장의 this bag을 가리키므로 ②에 들어가는 것이 알맞다.

24 |해석| 수미의 그룹은 가방을 만들기 위해 낡은 옷(청바지)을 사용할 것이다. 그들은 가방을 환경의 날에 팔 것이고, 행사를 통해 모은 돈은 양로원에 기부될 것이다.

25 |해설| ① 청바지의 다리를 잘라 내고 있으므로 Cut off로 고쳐야 한다.
④ 청바지의 맨 윗부분 끈들을 바느질하여 붙이고 있으므로 Sew로 고쳐야 한다.

제 4 회 고난도로 내신 **적중** 모의고사   pp. 76~79

01 ③   **02** ④   **03** ③   **04** How much is this(the) red backpack?   **05** ④   **06** |모범 답| Can I get a 10% discount
07 ⑤   **08** ⑤   **09** red clock, almost new, blue clock
10 ③   **11** ④   **12** were baked by Emily this morning
13 ③   **14** ③   **15** ⓑ → was broken   **16** ①   **17** ②
18 ⓑ → |모범 답| (The word) "Upcycling" was formed from "upgrade" and "recycling."   **19** ③   **20** ②, ③
21 instruments   **22** ③   **23** made   **24** ②   **25** ④

01 |해석| ① 끈: 천이나 가죽으로 된 띠
② 맨 아래: 어떤 것의 가장 아랫부분
③ 개선하다: 오래되고 사용된 것을 더 얻다
④ 환경: 물, 공기, 토양을 포함한 자연의 세계
⑤ 설명하다: 누군가가 이해하도록 어떤 것에 대해 말하다
|해설| upgrade는 '개선하다'라는 뜻으로, 영영풀이는 to get something that is newer and better가 알맞다.

02 |해석| • 엄마와 나는 크리스마스트리를 장식했다.
• 우리는 내일 패션쇼를 열 것이다.
• Wright 형제가 비행기를 발명했다.
• 단추를 꿰매기 위해 바늘과 실이 필요하다.
• 제게 악기를 연주하는 법을 가르쳐 주시겠어요?
|해설| ⓓ는 내용상 '꿰매다, 바느질하다'의 의미를 나타내는 sew가 알맞다.

03 |해석| • A: 안녕하세요. 무엇을 도와드릴까요?
B: 네. 학교에 메고 갈 가방을 찾고 있어요.
A: 이 빨간색은 어떠세요? 12달러예요.
B: 할인을 받을 수 있을까요?
A: 네. 2달러를 깎아 드릴게요.
|해설| (A)에는 점원이 손님에게 원하는 게 있는지 묻는 말이, (B)에는 특정 물건이 어떤지 권하는 말이, (C)에는 할인을 받을 수 있는지 묻는 말이 각각 알맞다.

04 |해석| A: 이(그) 빨간색 가방은 얼마예요?
B: 15달러예요.
|해설| B가 빨간색 배낭의 가격을 말하고 있으므로 빈칸에는 빨간색 배낭의 가격을 묻는 말이 알맞다. 가격을 묻는 말로 How much is/are ~?를 사용할 수 있다.

05 |해석| A: 무엇을 도와드릴까요?

B: 네. 저 선글라스는 얼마인가요?

A: 17달러예요.

B: 할인을 받을 수 있을까요?

A: 미안하지만, 안 돼요.(→ 네.) 5달러를 깎아 드릴게요.

B: 그렇다면 12달러겠네요. 그것들을 살게요.

|해설| 5달러를 깎아 준다는 말이 이어지므로 할인을 받을 수 있는지 묻는 말에 안 된다고 답하는 것은 어색하다.

06 |해석| Mason은 지금 신발 가게에 있다. 그는 운동화 한 켤레를 사고 싶어 한다. 그는 흰색 운동화가 정말 마음에 들지만, 그는 그것이 그에게 너무 비싸다고 생각한다. 그는 10퍼센트 할인을 받고 싶다.

→ 10퍼센트를 할인 받을 수 있나요?

|해설| 사고 싶은 운동화가 비싸서 할인 받기를 원하는 상황이므로 '10%를 할인 받을 수 있나요?'라는 의미의 할인을 요청하는 표현이 알맞다.

07 |해설| ⓐ 물건들이 오래되었거나 이미 사용되었다는 맥락이 되어야 하므로 used(사용된, 중고의)가 알맞다.

ⓑ 빨간색 시계의 가격을 듣고 할인 받을 수 있는지 묻고, 그보다 가격이 싼 파란색 시계를 사기로 한 것으로 보아 빈칸에는 expensive (비싼)가 알맞다.

08 |해석| ① 나는 시계를 사고 싶어요.

② 이것의 가격은 얼마인가요?

③ 할인해 주세요.

④ 미안하지만, 할인을 받을 수 없어요.

⑤ 그렇다면, 5달러를 깎아 줄게요.

|해설| 대화문의 ⑤는 파란색 시계를 사겠다는 의미이므로, 5달러를 깎아 주겠다는 말로 바꿔 쓸 수 없다.

09 |해석| 여자는 빨간색 시계가 거의 새것이어서 가격을 깎아 줄 수 없다고 말한다. 그래서 소년은 파란색 시계를 사기로 결정한다.

10 |해설| 주어진 단어들을 바르게 배열하면 She wants her kids not to run around.이므로 5번째로 오는 단어는 not이다.

11 |해석| ① 그 경기장은 2000년에 지어졌다.

② 네 자전거는 어제 도난당했니?

③ 그의 새 앨범은 지난주에 발매되었다.

④ 그 화분은 Jim에 의해 깨지지 않았다.

⑤ 그 연구는 다음 달에 끝마쳐질 것이다.

|해설| ④ 수동태의 부정문은 「be동사+not+과거분사」 형태로 쓰므로 wasn't broken이 알맞다.

12 |해석| Emily는 오늘 아침에 이 쿠키들을 구웠다.

→ 이 쿠키들은 오늘 아침에 Emily에 의해서 구워졌다.

|해설| 능동태의 목적어가 주어로 쓰였으므로 수동태 문장으로 바꿔 쓴다. 수동태 문장에서 동사는 「be동사+과거분사」 형태이며, 주어가 복수이고 시제가 과거이므로 be동사를 were로 쓰는 것에 주의한다.

13 |해석| 어법상 올바른 문장의 개수는?

ⓐ 그 경찰은 도둑을 잡았다.

ⓑ 모든 사람들은 파티에 초대될 것이다.

ⓒ 그 치과 의사는 나에게 단것을 먹지 말라고 조언했다.

ⓓ 이 선생님은 우리가 일주일 동안 이곳에 머무르는 것을 허락했다.

ⓔ 그녀는 자신의 아들에게 먹기 전에 손을 씻으라고 말했다.

|해설| ⓐ 주어가 행위를 하는 주체이므로 능동태로 써야 한다. (was caught → caught)

ⓓ allow는 목적격 보어로 to부정사를 쓰는 동사이다. (staying → to stay)

14 |해석| 그 정비공은 차를 수리해야 한다.

|해설| 조동사가 있는 문장의 수동태는 「조동사+be동사+과거분사+by+행위자」의 형태로 나타낸다.

15 |해석| A: Mark, 뭐하는 중이니?

B: 시계를 고치는 중이야. 이것은 어제 나의 개에 의해 고장났어.

A: 혼자 그것을 고칠 수 있니?

B: 물론이지. 나는 물건 고치는 것을 잘해.

|해설| ⓑ의 주어 It이 the clock을 가리키며 '고장 나게 된' 것이므로 수동태(be동사+과거분사)로 써야 한다.

16 |해설| 주어진 문장은 '올해의 환경의 날은 업사이클링에 관한 것이다'라는 내용이므로, 환경의 날(that day)과 upcycling의 의미에 대해 언급한 문장 앞인 ①이 알맞다.

17 |해석| ① 이해하다 ② 창조하다 ③ 결합(물) ④ 환경 ⑤ 낡은, 오래된

|해설| ⓑ upcycling의 의미를 설명하는 말이 이어서 나오므로 '설명하다'라는 뜻의 explain이 알맞다.

18 |해설| ⓐ 환경의 날을 위한 Brown 선생님의 아이디어는 무엇인가?

ⓑ 'upgrade'와 'recycling'으로 어떤 단어가 만들어졌는가?

→ (단어) 'upcycling'이 'upgrade'와 'recycling'으로 만들어졌다.

ⓒ 업사이클링의 흔한 예시들은 무엇인가?

19 |해석| ① 평화로운 ② 플라스틱 ③ 업사이클링 ④ 전통 ⑤ 이해하다

|해설| 'trash'와 'fashion'이 합해진 'trashion'과 같이 두 단어가 결합된 단어는 'upgrade'와 'recycling'이 합해진 'upcycling'이다.

20 |해설| ⓑ 목적을 나타내는 to부정사 형태가 알맞다. (→ to make)

ⓒ want는 to부정사를 목적격 보어로 쓴다. (→ to become)

21 |해설| 문맥상 오래된 물건들로 만든 '악기'를 소규모 음악회에서 연주할 계획이라는 내용이므로 instruments가 알맞다.

22 |해석| ① Q: 'trashion'의 의미는 무엇인가?

A: 'trash'와 'fashion'의 결합이다.

② Q: Pei의 그룹은 옷을 만들기 위해서 무엇을 할 것인가?

A: 그들은 옷들을 만들기 위해 쓰레기를 사용할 것이다.

③ Q: Brown 선생님은 Pei의 그룹의 아이디어에 대해 어떻게 생각하는가?

A: 그는 그 아이디어가 약간 지루하다고 생각한다.

④ Q: Eric의 그룹은 무엇을 할 예정인가?

A: 그들은 낡은 물건들로 악기를 만들 예정이다.

⑤ Q: Eric의 그룹은 고무줄로 무엇을 만들 것인가?

A: 그들은 기타를 만들 것이다.

|해설| Brown 선생님은 Pei의 그룹의 아이디어를 듣고 재미있을 것 같다고 했으므로 ③은 내용과 일치하지 않는다.

23 |해설| 수동태는 「be동사+과거분사+by+행위자」의 형태이므로, 주어진 우리말을 영어로 옮기면 This was made by Hajun.이 된다.

24 |해설| ⓐ는 하준이가 만든 가방을, ⓑ는 수미의 그룹이 만들 더 많은 가방을 가리킨다.

25 |해설| 4번째 그림으로 보아 어깨 끈을 바느질하여 붙이는 것이므로 ④는 remove(제거하다)가 아니라 sew(꿰매다, 바느질하다)가 알맞다.

Lesson 4
The Amazing World of Animals

STEP A

W Words 연습 문제
p. 83

A
01 절, 사원
02 ~하는 동안에
03 떨어뜨리다; 방울
04 보호
05 (딱딱한) 껍데기
06 여성(의), 암컷(의)
07 재주, 재능
08 안에, 실내에서; ~ 안에
09 치실질하다; 치실
10 무늬
11 인간, 사람
12 높이다, (들어)올리다
13 불교의
14 유형, 종류
15 도구, 수단
16 벌레
17 실험
18 까마귀
19 우화, 동화
20 면직물; 목화

B
01 jar
02 tail
03 pile
04 grey(gray)
05 restroom
06 level
07 store
08 enough
09 musician
10 lose
11 sign language
12 octopus
13 solve
14 thirsty
15 stone
16 tooth
17 carry
18 hide
19 once
20 leave

C
01 ~임을 알아내다, 발견하다
02 (모임·행사 등이) 열리다
03 돈을 벌다
04 뽑다
05 ~을 조심하다
06 ~처럼 생기다(보이다)
07 ~을 찾다
08 안내 방송하다, 발표하다

D
01 pull out
02 make money
03 watch out for
04 look for
05 be held
06 make an announcement
07 find out
08 look like

W Words Plus 연습 문제
p. 85

A 1 shell, (딱딱한) 껍데기   2 fable, 우화, 동화
3 pile, 쌓다, 포개다   4 solve, 해결하다, 풀다
5 protection, 보호   6 tool, 도구, 수단
7 hide, 숨기다; 숨다   8 pattern, 무늬, 도안

B 1 hiding   2 store   3 raise   4 sign   5 Female
C 1 was held   2 Watch out for   3 make money
4 find out   5 make an, announcement
D 1 pants   2 musician   3 store   4 female
5 protection

A |해석|
1 견과류 또는 알의 딱딱한 바깥 부분
2 우리에게 무엇인가를 가르쳐 주는 짧은 이야기
3 많은 물건들을 위로 차곡차곡 놓다
4 문제를 해결하기 위한 성공적인 방법을 찾다
5 어떤 사람 또는 물건을 안전하게 지키는 과정
6 무엇을 만들거나 하기 위해 사용하는 것
7 어떤 것을 사람들이 보거나 찾을 수 없는 곳에 놓다
8 규칙적으로 반복되는 일련의 선, 모양 또는 색

B |해석|
1 고양이는 소파 아래에 숨어 있었다.
2 어떤 동물들은 겨울을 나기 위해 음식을 저장한다.
3 정부는 세금을 올리지 않기 위해 노력했다.
4 Emma는 그녀의 친구에게 말을 멈추라는 신호를 보냈다.
5 암컷 캥거루는 보통 한 번에 새끼를 한 마리 낳는다.

D |해석|
1 재능 : 재능, 재주 = 바지 : 바지
2 과학 : 과학자 = 음악 : 음악가
3 유형, 종류 : 유형, 종류 = 저장하다 : 저장하다, 보관하다
4 옳은 : 틀린 = 남성의 : 여성의
5 풀다, 해결하다 : 해결(책) = 보호하다 : 보호

W Words 실전 TEST
p. 86

01 ②   02 ④   03 ③   04 ⑤   05 ①   06 ④
07 make an announcement

01 |해석| 많은 물건들을 위로 차곡차곡 놓다
① 숨다; 숨기다   ② 쌓다   ③ 가지고 다니다, 휴대하다
④ 떨어뜨리다   ⑤ 떠나다
|해설| '많은 물건들을 위로 차곡차곡 놓다'라는 뜻의 단어는 pile(쌓다)이다.

02 |해석| [보기] 낮은 – 높은   ① 유형, 종류 – 유형, 종류
② 풀다, 해결하다 – 해결(책)   ③ 바지 – 바지
④ 남성의 – 여성의   ⑤ 음악 – 음악가
|해설| [보기]와 ④는 반의어 관계이다. ①과 ③은 유의어, ②는 '동사 – 명사', ⑤는 '명사 – 명사(행위자)'의 관계이다.

03 |해석| • 그 음식은 추운 장소에 보관해야 한다.
• 새 가게는 다음 주에 문을 열 것이다.
① 치실(질하다) ② 높이다, (들어)올리다 ③ 저장하다, 보관하다; 가게
④ 서명하다; 신호 ⑤ 해결하다, 풀다
|해설| 동사로 '저장하다, 보관하다', 명사로 '가게'를 뜻하는 store가 알맞다.

04 |해석| • 치과의사는 소녀의 이를 <u>뽑았다</u>.

• 누가 이 문자 메시지를 보냈는지 <u>알아내</u> 주겠니?

|해설| pull out: 뽑다 / find out: 알아내다

05 |해석| ① 너는 빙판길을 <u>조심해야</u> 한다.

② 하늘에 있는 구름은 말처럼 <u>보인다</u>.

③ Alex와 나는 <u>수화</u>로 의사소통했다.

④ 그 남자는 <u>돈을 벌기</u> 위해 매우 열심히 일했다.

⑤ 1988년에 서울에서 올림픽이 <u>열렸다</u>.

|해설| ① watch out for는 '~을 조심하다'라는 뜻이다.

06 |해석| ① 어깨 <u>높이</u>로 팔을 들어올리세요.

② 바닷물의 <u>높이</u>가 다시 내려갔다.

③ 컴퓨터 화면을 눈 <u>높이</u>에 맞춰 설치하세요.

④ Tom은 고등학교 <u>수준</u>으로 프랑스어를 공부했다.

⑤ 병 속의 물의 <u>높이</u>는 변하지 않았다.

|해설| ④의 level은 '수준, 단계'라는 의미로 쓰였고, 나머지는 모두 '높이'의 의미로 쓰였다.

07 |해설| '안내 방송을 하다'는 make an announcement로 표현한다.

L&T Listen and Talk 만점 노트 pp. 88~89

Q1 ⓐ   Q2 ⓑ   Q3 별무늬   Q4 T   Q5 short white

Q6 main gate   Q7 ⓑ   Q8 크고 남색이며 흰 꽃무늬가 있음

Q9 white

L&T Listen and Talk 빈칸 채우기 pp. 90~91

Listen and Talk A-1 looking for, does it look like, you tell me

Listen and Talk A-2 help you, think, left, look like, small and yellow, me more about it

Listen and Talk A-3 I lost, What does it, tell me more, It has

Listen and Talk A-4 need help, I'm looking for, has black hair, anything special

Listen and Talk C looking for my dog, What does, look like, short white hair, tell me more, one more thing, main gate, make an announcement

Talk and Play look like, Can you tell me more, wearing, pants

Review-1 lost my umbrella, What does, big navy umbrella, more, flower pattern on

Review-2 looking for, What does it, tell me

L&T Listen and Talk 대화 순서 배열하기 pp. 92~93

1 ⓓ-ⓐ, ⓑ-ⓔ-ⓒ   **2** ⓑ-ⓕ-ⓐ, ⓔ-ⓒ

3 ⓑ-ⓕ-ⓓ, ⓐ-ⓒ   **4** ⓔ-ⓒ-ⓐ-ⓓ-ⓑ

5 ⓔ-ⓓ, ⓕ-ⓐ-ⓒ, ⓖ   **6** ⓓ-ⓒ-ⓑ, ⓐ

7 ⓔ-ⓐ-ⓒ-ⓑ   **8** ⓔ-ⓐ-ⓒ-ⓑ

L&T Listen and Talk 실전 TEST pp. 94-95

01 ④   **02** ④   **03** ③   **04** ②   **05** ②   **06** ⑤   **07** ③

08 ④   **09** ③

[서술형]

10 small, yellow, has two pockets outside

11 (1) What does it(your wallet) look like (2) Can you tell me more about it(your wallet)   **12** cat, has white, T-shirt

---

01 |해석| A: 당신의 개는 어떻게 생겼나요?

B: 매우 작고 털이 짧고 흰색이에요.

① 당신의 개는 몇 살인가요?

② 개를 키워 본 적이 있나요?

③ 어디서 당신의 개를 잃어버렸나요?

⑤ 얼마나 자주 당신의 개를 산책시키나요?

|해설| 생김새를 묘사하는 대답이 이어지므로 빈칸에는 생김새를 묻는 질문이 알맞다.

02 |해석| A: Amy는 어떻게 생겼니?

B: 그녀는 키가 크고 머리는 길고 금발이야.

A: 좀 더 말해 주겠니?

B: 그녀는 남색 반바지를 입고 있어.

|해설| 사람의 생김새를 물을 때는 What does(do) ~ look like?로 말하고, 대상에 대한 구체적인 정보를 물을 때는 Can you tell me more (about ~)?로 말할 수 있다.

03 |해석| ① A: 도움이 필요하신가요?

B: 네. 제 인형을 찾고 있어요.

② A: 실례합니다. 저는 제 스카프를 잃어버렸어요.

B: 그것은 어떻게 생겼나요?

③ A: 당신의 모자에 대해 좀 더 말해 주시겠어요?

B: 당신의 모자를 찾았어요.

④ A: 당신의 고양이는 어떻게 생겼나요?

B: 그것은 매우 크고 털이 회색이에요.

⑤ A: 당신의 가방에 특별한 점이 있나요?

B: 꽃무늬가 있어요.

|해설| ③ 모자에 대한 추가 정보를 묻는 말에 대해 '모자를 찾았다'고 답하는 것은 어색하다.

04 |해석| (B) 실례합니다. 저는 제 스카프를 찾고 있어요.

(C) 그것은 어떻게 생겼나요?

(A) 긴 면 스카프예요.

(D) 그것에 대해 좀 더 말해 주시겠어요?

A: 음, 회색이에요.

[05~06] |해석|

A: 도움이 필요하신가요?

B: 네. 제 고양이를 찾고 있어요.

A: 그 고양이는 어떻게 생겼나요?

B: 음, 그렇게 크지는 않고 털이 검은색이에요.

A: _____

B: 꼬리가 짧아요.

05 |해설| ① 크기가 그다지 크지 않다.

③ 눈의 색은 대화에 언급되지 않았다.

④ 대명사 she를 사용한 것으로 보아 암컷이다.

⑤ 꼬리가 짧다.

06 |해석| ① 또 다른 건요?

② 좀 더 말해 주시겠어요?

③ 당신의 고양이에 대해 좀 더 말해 주세요.

④ 특별한 점이 있나요?

⑤ 개와 고양이 중 어떤 것을 더 좋아하시나요?

|해설| 고양이의 생김새에 관한 추가 정보로 답하는 것으로 보아, 빈칸에는 구체적인 추가 정보를 묻는 말이 들어가는 것이 알맞다. ⑤는 둘 중 무엇을 더 좋아하는지 선호를 묻는 표현이다.

07 |해석| A: 도움이 필요하신가요?

B: 네. 제 우산을 잃어버렸어요. 화장실에 두고 온 것 같아요.

A: 알겠어요. 그것을 언제 잃어버리셨죠? (→ 그것은 어떻게 생겼나요?)

B: 길고 남색이에요.

A: 또 다른 건요? 좀 더 말해 주시겠어요?

B: 어디 보자. 아, 별무늬가 있어요.

|해설| 우산의 길이와 색을 말하는 대답이 이어지고 있으므로, ③은 우산의 생김새를 묻는 말이 되어야 자연스럽다.

[08~09] |해석|

남자: 도와드릴까요?

소녀: 네. 제 개를 찾고 있어요. 이름은 Prince예요.

남자: 그 개는 어떻게 생겼나요?

소녀: 매우 작고 털이 짧고 흰색이에요.

남자: 좀 더 말해 주시겠어요?

소녀: 음, 꼬리가 정말 길어요.

남자: 알겠습니다. 그리고 한 가지 더요. 어디서 그 개를 잃어버리셨나요?

소녀: 정문 근처에서 잃어버렸어요.

남자: 알겠어요. 가서 안내 방송을 하겠습니다. 여기에서 기다려 주시겠어요?

소녀: 네. 정말 감사합니다.

08 |해설| 주어진 문장은 개를 어디서 잃어버렸는지 묻는 질문이므로, 잃어버린 장소를 답하는 말 앞인 ④에 들어가는 것이 알맞다.

09 |해석| ① 소녀의 개가 사라졌다.

② 개의 이름은 Prince이다.

③ 개는 작고 꼬리가 짧고 희다.

④ 개는 정문 근처에서 없어졌다.

⑤ 남자는 개를 찾기 위해 안내 방송을 할 것이다.

|해설| ③ 털이 짧고 흰색이며 꼬리가 길다고 했으므로 ③은 대화의 내용과 일치하지 않는다.

10 |해석| Amy의 가방   • 크기: 작음

• 색: 노랑   • 특별한 점: 바깥쪽 두 개의 주머니

A: Amy, 네 가방은 어떻게 생겼니?

B: 그것은 작고 노란색이야.

A: 그것에 대해 좀 더 말해 줘.

B: 그것은 밖에 두 개의 주머니가 있어.

|해설| Amy의 가방은 크기가 작고 노란색이며, 바깥쪽에 주머니 두 개가 있다.

11 |해석| A: 실례합니다. 저는 제 지갑을 찾고 있어요.

B: 알겠어요. 그것(당신의 지갑)은 어떻게 생겼나요?

A: 작고 빨간색이에요.

B: 그것(당신의 지갑)에 대해 좀 더 말해 주시겠어요?

A: 안에 신용카드가 한 장 있어요.

|해설| 사물의 외적 특징을 물을 때는 What does(do) ~ look like? 로, 대상에 대한 구체적인 정보를 물을 때는 Can you tell me more about ~?으로 말할 수 있다.

12 |해석| 소년: 실례합니다. 제 고양이를 찾고 있어요.

여자: 고양이가 어떻게 생겼나요?

소년: 작고 흰색이에요.

여자: 그것에 대해 특별한 점이 있나요?

소년: 티셔츠를 입고 있어요.

→ 소년은 그의 고양이를 찾고 싶어 한다. 그것은 작고 하얀 털이 있다. 그것은 또한 티셔츠를 입고 있다.

|해설| 소년이 찾고 있는 고양이는 크기가 작고 흰색이며, 티셔츠를 입고 있다.

G **Grammar 핵심 노트 1 QUICK CHECK**   p. 96

1 (1) which (2) that (3) who

2 (1) who (2) which (3) which

1 |해석| (1) 하늘에서 빛나고 있는 별을 보아라.

(2) 긴 꼬리를 가진 고양이가 계단을 오르고 있다.

(3) 그녀는 수학을 잘하는 학생들을 가르친다.

2 |해석| (1) Tom은 크고 파란 눈을 가진 소년이다.

(2) 그녀는 비행기를 만드는 회사에서 일한다.

(3) 나무에 앉아 있는 몇 마리의 새가 있다.

G **Grammar 핵심 노트 2 QUICK CHECK**   p. 97

1 (1) if (2) If (3) unless   **2** (1) ⓒ (2) ⓑ (3) ⓐ

1 |해석| (1) 피곤하면 휴식을 취해야 한다.

(2) Tom을 보면, 이 우산을 그에게 주세요.

(3) 따뜻한 재킷을 입지 않으면 추울 거야.

2 |해석| (1) 경기에서 이기고 싶다면 우리는 열심히 연습해야 한다.

(2) 지금 떠나지 않으면 Jane은 제시간에 그곳에 못 갈 것이다.

(3) 아침을 먹지 않으면 수업 중 배고파질 것이다.

G **Grammar 연습 문제 1**   p. 98

A **1** who(that) **2** who(that) **3** which(that)
4 which(that) **5** which(that)

B **1** which → who(that) **2** have → has
3 who → which(that) **4** go → goes

C **1** Mike has a cat which(that) has short white hair.
2 Ann has a brother who(that) can play the guitar well.
3 My teacher chose the book which(that) was written in English.
4 The woman who(that) is talking on the phone is my mother.

D 1 the boy who lives next door
2 which were painted by Picasso
3 the man and his dogs that are running over there

A |해석| 1 나는 프랑스에서 온 친구가 있다.
2 개 세 마리를 데리고 있는 여자를 보아라.
3 그 남자는 우리에게 말할 수 있는 새를 보여 주었다.
4 재활용해서 만든 가방을 파는 그 가게를 아니?
5 Tom이 쓴 그 소설은 감동적이었다.
|해설| 선행사가 사람일 때는 주격 관계대명사로 who나 that을 쓰고, 사물이나 동물일 때는 which나 that을 쓴다.

B |해석| 1 그는 이탈리아 음식을 잘 만드는 요리사이다.
2 코끼리는 긴 코를 가진 동물이다.
3 우리는 Mike를 놀라게 할 파티를 준비하고 있다.
4 공항으로 가는 그 버스는 30분마다 운행한다.
|해설| 1, 3 선행사가 사람일 때는 주격 관계대명사로 who나 that을, 사물이나 동물일 때는 which나 that을 쓴다.
2, 4 선행사(an animal, The bus)가 3인칭 단수이므로 관계대명사절의 동사를 단수 동사로 써야 한다.

C |해석| 1 Mike는 고양이를 키운다. 그것은 짧고 하얀 털을 가졌다.
→ Mike는 짧고 하얀 털을 가진 고양이를 키운다.
2 Ann은 남동생이 있다. 그는 기타를 잘 연주할 수 있다.
→ Ann은 기타를 잘 연주할 수 있는 남동생이 있다.
3 나의 선생님은 책을 골랐다. 그것은 영어로 쓰여 있었다.
→ 나의 선생님은 영어로 쓰여진 책을 골랐다.
4 그 여자는 나의 어머니이다. 그녀는 전화 통화를 하고 있다.
→ 전화 통화를 하고 있는 여자는 나의 어머니이다.
|해설| 선행사가 사람일 때는 주격 관계대명사 who나 that을, 사물이나 동물일 때는 which나 that을 사용하여 두 문장을 연결한다.

D |해설| 선행사에 유의하여 주격 관계대명사가 이끄는 관계대명사절이 선행사를 뒤에서 수식하도록 완성한다.
1~2 선행사가 사람이면 주격 관계대명사 who나 that을, 사물이나 동물이면 which나 that을 쓴다.
3 선행사가 「사람+사물/동물」이면 주로 관계대명사 that을 쓴다.

Ⓖ Grammar 연습 문제 2
p.99

A 1 if 2 if 3 rains 4 go 5 if
B 1 her parents will get angry
2 we will go to the beach
3 they won't get good grades
4 you should have the steak
C 1 If you need a pen, you can use mine.
2 If he isn't busy, he will come to the party.
3 We will go to the park if it stops raining.
4 I won't go to the party if I don't feel well.
D 1 have any questions, raise your hand
2 ends early, I'll(I will) go to the movies
3 comes on time, we'll(we will) arrive before 8

A |해석| 1 그들이 지금 떠난다면 버스를 잡을 수 있다.
2 문제가 있으면 언제든지 내게 전화해.
3 내일 비가 오면, 소풍은 취소될 것이다.
4 지금 잠자리에 들지 않으면, 내일 피곤할 것이다.
5 파리에 간다면 루브르 박물관을 방문해야 해.
|해설| 1, 2, 5 '(만약) ~라면, ~한다면'이라는 뜻으로 조건을 나타내는 접속사 if가 알맞다.
3 조건을 나타내는 if절에서는 미래 상황을 현재 시제로 나타낸다.
4 unless는 if ~ not의 의미이므로 not을 반복해서 쓸 수 없다.

B |해석| 1 그녀가 집에 늦게 오면 그녀의 부모님이 화가 나실 것이다.
2 날씨가 좋으면 우리는 해변에 갈 것이다.
3 열심히 공부하지 않으면 그들은 좋은 성적을 못 받을 것이다.
4 그 식당을 방문하면 스테이크를 먹어야 한다.
|해설| 조건을 나타내는 if절과 의미상 알맞은 표현을 골라 문장을 완성한다.

C |해석| 1 너는 펜이 필요하다. 너는 내 것을 쓰면 된다.
→ 만일 네가 펜이 필요하면 내 것을 쓰면 된다.
2 그는 바쁘지 않다. 그는 파티에 올 것이다.
→ 그는 바쁘지 않으면 파티에 올 것이다.
3 우리는 공원에 갈 것이다. 비가 그친다.
→ 비가 그치면 우리는 공원에 갈 것이다.
4 나는 파티에 가지 않을 것이다. 나는 몸이 좋지 않다.
→ 나는 몸이 좋지 않으면 파티에 가지 않을 것이다.
|해설| 의미상 조건을 나타내는 문장을 접속사 if로 시작하는 조건절로 바꿔 두 문장을 연결한다.

D |해설| 조건을 나타내는 접속사 If 다음에 「주어 + 동사」의 어순으로 if절을 완성한 후, 의미에 맞게 주절을 완성한다.
2~3 조건을 나타내는 if절에서는 미래 상황도 현재 시제로 나타낸다.

Ⓖ Grammar 실전 TEST
pp. 100~103

01 ⑤   02 ①   03 ①   04 ③   05 ②   06 ③   07 ④
08 ③, ④   09 ②   10 ①   11 ③   12 ①   13 ②
14 ③   15 ④   16 ③   17 ③

[서술형]
18 which(that)   19 Unless, practice   20 ⓒ → is
21 (1) it is sunny (2) it rains   22 (1) who(that) are
playing soccer (2) who(that) is riding a bike (3) which
(that) is sleeping on the bench   23 (1) If you take a taxi,
you won't be late for the movie. (2) If you don't study
hard, you will fail the exam. (3) If you eat too much junk
food, you can't stay healthy.   24 (1) I bought a backpack
which has two big pockets. (2) I have a friend who can
speak English and Chinese. (3) Look at those dogs which
are playing with the girl. (4) The man who showed me the
way to the park was kind.
25 (1) You will look slimmer if you wear this dress. / If you
wear this dress, you will look slimmer.

(2) His parents will get angry if he tells a lie. / If he tells a lie, his parents will get angry.
(3) He bought a watch which(that) was made in Italy.
(4) Do you know the boy who(that) is making a speech?

01 |해석| 나는 말할 수 있는 로봇을 가지고 싶다.
|해설| 선행사(a robot)가 사물이므로 주격 관계대명사는 which나 that을 쓴다.

02 |해석| 지금 출발하면 우리는 기차를 탈 수 있다.
|해설| '지금 출발하면 기차를 탈 수 있다'라는 의미가 되는 것이 자연스러우므로 '(만약) ~한다면'이라는 뜻의 조건을 나타내는 접속사 if가 알맞다.

03 |해석| 선행사(a sister)가 사람이므로 주격 관계대명사는 who나 that을 쓴다.

04 |해설| '최선을 다하면'이라는 의미가 되어야 하므로 '(만약) ~한다면'이라는 뜻의 조건을 나타내는 접속사 if가 알맞다.

05 |해석| 이번 주말에 비가 오면, 캠핑 여행은 취소될 것이다.
|해설| 조건을 나타내는 if절에서는 미래의 일을 나타낼 때 현재 시제로 쓴다.

06 |해석| • 나는 결말이 행복한 이야기들을 좋아한다.
• Alice는 옆집에 사는 내 반 친구이다.
|해설| 첫 번째 빈칸은 선행사(stories)가 사물이므로 주격 관계대명사 which나 that이 알맞고, 두 번째 빈칸은 선행사(my classmate)가 사람이므로 주격 관계대명사 who나 that이 알맞다. 따라서 공통으로 들어갈 말은 that이다.

07 |해석| ① 그 모자가 비싸면 나는 그것을 사지 않을 것이다.
② 내일 화창하면 우리는 하이킹을 갈 것이다.
③ 따뜻한 물로 목욕을 하면, 네 기분이 더 좋아질 것이다.
④ 나는 최선을 다했지만 대회에서 우승하지 못했다.
⑤ 비밀번호를 모르면 너는 이메일을 읽을 수 없다.
|해설| ④는 '비록 ~지만'이라는 뜻으로 양보를 나타내는 접속사 Although, Though 등이 들어가야 자연스럽고, 나머지는 조건을 나타내는 접속사 If가 자연스럽다.

08 |해석| 그 보이 밴드에 의해 불리는 노래들은 전 세계적으로 인기가 있다.
|해설| 선행사(The songs)가 사물이므로 주격 관계대명사로 which나 that을 쓴다.

09 |해석| 오늘 학교가 일찍 끝나면 나는 친구들과 놀이공원에 갈 것이다.
|해설| ② 조건을 나타내는 if절에서는 미래의 일을 나타낼 때 현재 시제를 써야 한다. (→ finishes)

10 |해석| • 빨간색 반바지를 입고 있는 소녀는 내 여동생이다.
• 나는 큰 정원이 있는 집에 살고 싶다.
|해설| 주격 관계대명사 다음에 오는 동사는 선행사의 인칭과 수에 일치시켜야 한다. 두 문장 모두 선행사가 3인칭 단수이므로 단수 동사를 써야 한다.

11 |해석| 따뜻한 코트를 입지 않으면 너는 감기에 걸릴 것이다.
|해설| unless는 '(만약) ~하지 않으면'이라는 뜻으로 if ~ not과 바꿔 쓸 수 있다.

12 |해설| 접속사 if는 '(만약) ~라면, ~한다면'이라는 뜻으로 조건을 나타내는 부사절을 이끌며, if가 이끄는 부사절에서 미래의 일은 현재 시제

로 나타낸다.

13 |해석| 저 소년은 준호이다. 그는 식물에 물을 주고 있다.
→ 식물에 물을 주고 있는 저 소년은 준호이다.
|해설| 선행사(That boy)가 사람이므로 주격 관계대명사 who나 that을 사용해 관계대명사절을 완성한다.

14 |해석| Tina에게는 강아지 두 마리가 있다. 그들은 태어난지 3개월 되었다. → Tina에게는 3개월 된 강아지 두 마리가 있다.
|해설| 선행사(two puppies)가 동물이므로 주격 관계대명사 which나 that을 사용해 관계대명사절을 완성한다. 선행사가 복수이므로 be동사 are를 쓴다.

15 |해설| 주어진 단어들을 배열하여 문장을 완성하면 This is a story that gave hope to many people.이므로 5번째로 오는 단어는 that이다.

16 |해석| ① 네가 서두르면 첫 기차를 탈 수 있다.
② 하마는 큰 입을 가진 동물이다.
③ 나는 엄마가 만드신 피자를 좋아했다.
④ 길에서 노래하고 있는 음악가들을 보아라.
⑤ 네가 Kate와 Jim을 초대하면, 그들은 네 파티에 올 것이다.
|해설| ③ 주격 관계대명사가 관계대명사절에서 주어 역할을 하므로, 주어 it을 삭제해야 한다.

17 |해석| ⓐ 나는 케냐에서 온 친구가 하나 있다.
ⓑ 네가 진실을 말하지 않으면 그는 네게 화가 날 것이다.
ⓒ 나는 함께 달리고 있는 소녀와 개를 보았다.
ⓓ 정문에 서 있는 남자를 아나요?
ⓔ 이번 토요일에 날씨가 좋으면, 우리는 자전거를 탈 것이다.
|해설| ⓐ 선행사(a friend)가 사람이므로 주격 관계대명사 who나 that을 써야 한다. (which → who/that)
ⓔ 조건을 나타내는 if절에서는 미래의 일을 나타낼 때 현재 시제를 쓴다. (will be → is)

18 |해석| 나는 쇼핑몰에 갔다. 그곳은 우리 집에서 멀었다.
→ 나는 우리 집에서 먼 쇼핑몰에 갔다.
|해설| 선행사(the shopping mall)가 사물이므로 주격 관계대명사 which나 that을 쓴다.

19 |해석| 열심히 연습하지 않으면, 너는 경주에서 우승하지 못할 것이다.
|해설| if ~ not은 '(만약) ~하지 않는다면'이라는 뜻으로 접속사 unless를 사용하여 바꿔 쓸수 있다.

20 |해석| 이곳은 전통 한식으로 유명한 식당이다.
|해설| ⓒ 선행사(a restaurant)가 단수이므로 주격 관계대명사 뒤에 오는 동사는 이에 맞춰 단수 동사로 써야 한다.

21 |해석| (1) 내일 화창하면 Kate는 소풍을 갈 것이다.
(2) 내일 비가 오면 Kate는 박물관에 갈 것이다.
|해설| 조건을 나타내는 접속사 if가 이끄는 부사절에서는 미래 상황을 현재 시제로 쓴다.

22 |해석| (1) 축구를 하고 있는 두 명의 소년이 있다.
(2) 자전거를 타고 있는 한 소녀가 있다.
(3) 벤치 위에서 자고 있는 고양이 한 마리가 있다.
|해설| 주격 관계대명사절의 선행사가 사람일 때는 주격 관계대명사로 who나 that을, 사물이나 동물일 때는 which나 that을 쓰고, 주격 관계대명사 다음에 오는 동사는 선행사의 인칭과 수에 일치시킨다.

23 |해석| [예시] 네가 추우면 창문을 닫아라.

(1) 네가 택시를 타면 영화에 늦지 않을 것이다.

(2) 열심히 공부하지 않으면, 너는 시험에 떨어질 것이다.

(3) 정크 푸드를 너무 많이 먹으면 너는 건강을 유지할 수 없다.

|해설| 조건을 나타내는 접속사 if가 이끄는 부사절과 주절을 의미상 자연스럽게 연결하여 문장을 완성한다.

24 |해석| [예시] Jenny는 고양이를 키운다. 그것은 꼬리가 길다.

→Jenny는 꼬리가 긴 고양이를 키운다.

(1) 나는 배낭을 샀다. 그것은 두 개의 큰 주머니가 있다.

→ 나는 두 개의 큰 주머니가 있는 배낭을 샀다.

(2) 나는 친구가 한 명 있다. 그녀는 영어와 중국어를 할 수 있다.

→ 나는 영어와 중국어를 할 수 있는 친구가 한 명 있다.

(3) 저 개들을 봐라. 그 개들은 소녀와 놀고 있다.

→ 소녀와 놀고 있는 저 개들을 봐라.

(4) 그 남자는 친절했다. 그는 내게 공원으로 가는 길을 알려 주었다.

→ 내게 공원으로 가는 길을 알려 준 그 남자는 친절했다.

|해설| 주격 관계대명사가 이끄는 관계대명사절이 앞에 있는 명사(선행사)를 수식하는 형태로 문장을 연결한다. 선행사가 사람일 때는 주격 관계대명사로 who나 that을, 사물이나 동물일 때는 which나 that을 쓴다.

25 |해설| (1), (2) 조건을 나타내는 접속사 if를 사용하고, if가 이끄는 부사절에서 미래의 일은 현재 시제로 나타낸다.

(3), (4) 주격 관계대명사절을 사용하여 선행사를 수식한다. 선행사가 사람일 때는 주격 관계대명사로 who나 that을, 사물이나 동물일 때는 which나 that을 쓴다.

® Reading 빈칸 채우기 — pp. 106-107

01 once, that 　02 finding out 　03 watch out for
04 may, pull out 　05 human hair 　06 If, that
07 While, floss, teeth 　08 This way, to floss
09 that, smart 　10 However, tools 　11 for protection
12 hiding place, hide under 　13 store, use
14 pile, carry 　15 How 　16 fable, to raise, level
17 may 　18 who were, experiment 　19 in front of
20 on top of 　21 water level, low 　22 solved, problem
23 dropped, into 　24 If, wrong
25 other crows, the same

® Reading 바른 어휘·어법 고르기 — pp. 108-109

01 that 　02 finding 　03 watch out 　04 pull
05 to floss 　06 If 　07 teeth 　08 to floss 　09 that
10 are 　11 for 　12 hiding 　13 later 　14 carry
15 How 　16 to raise 　17 may 　18 who 　19 of
20 top 　21 could not 　22 solved 　23 into
24 special 　25 other

® Reading 틀린 문장 고치기 — pp. 110-111

01 ○ 　02 ×, finding out 　03 ×, watch out for 　04 ○
05 ×, to floss 　06 ○ 　07 ×, While 　08 ○ 　09 ○
10 ×, However 　11 ○ 　12 ×, hide 　13 ×, for 　14 ○
15 ○ 　16 ×, to raise 　17 ○ 　18 ×, were 　19 ○
20 ×, was floating 　21 ×, so 　22 ○ 　23 ×, dropped
24 ○ 　25 ○

® Reading 실전 TEST — pp. 114-117

01 ② 　02 ⑤ 　03 ③ 　04 ② 　05 ① 　06 ⑤ 　07 ②
08 ④ 　09 ⑤ 　10 ② 　11 pile 　12 ① 　13 ⑤ 　14 ④
15 ③ 　16 ② 　17 ③ 　18 ② 　19 ⑤ 　20 ①

[서술형]

21 ⓒ → pull out 　22 teeth, human hair, mothers
23 ⓐ foolish → smart 　24 (1) They use coconut shells
(as tools). (2) They hide under coconut shells.
25 ⓐ |모범 답| 항아리 속 물 높이가 낮아 벌레를 먹을 수 없는 것
ⓑ |모범 답| 돌을 항아리 안으로 떨어뜨려 벌레를 먹은 것

[01~02] |해석|

사람들은 한때 인간만이 도구를 사용할 수 있다고 생각했다. 이제는 과학자들이 많은 동물들 역시 도구를 사용할 수 있다는 것을 알아내고 있다.

01 |해설| 목적어 역할을 하는 명사절을 이끄는 접속사 that이 알맞다.

02 |해설| 본문 마지막에 과학자들이 동물들도 도구를 사용할 수 있다는 사실을 알아내고 있다고 했으므로, 도구를 사용하는 동물들에 관한 내용이 이어질 것임을 알 수 있다.

[03~07] |해석|

만약 여러분이 태국 롭부리의 불교 사원에 간다면, 마카크 원숭이를 조심해라. 그 원숭이들이 여러분에게 다가와 여러분의 머리카락을 뽑을 수도 있다. 그들은 이빨을 치실질하기 위해서 사람의 머리카락을 사용한다. 운이 좋으면 여러분은 새끼들에게 치실질을 가르치고 있는 암컷 원숭이들을 볼 수 있을지도 모른다. 새끼들이 지켜보고 있는 동안, 암컷 원숭이들은 아주 천천히 자신의 이빨을 치실질한다. 이렇게 해서, 새끼 원숭이들은 치실질하는 것을 배운다.

03 |해설| '~을 조심하다'는 watch out for, '~을 뽑다'는 pull out으로 표현한다.

04 |해설| ② '~하기 위해'라는 뜻으로 목적을 나타내는 부사적 용법의 to부정사가 쓰이는 것이 알맞다. (→ to floss)

05 |해설| ① 그들은 Mike가 정직하다고 생각한다.

② Sue는 짧은 회색 털을 가진 고양이를 키운다.

③ 그는 많은 베스트셀러를 쓴 작가이다.

④ 나는 4개 언어를 할 수 있는 친구가 한 명 있다.

⑤ 너는 안경을 쓴 저 소녀를 아니?

|해설| ①은 명사절을 이끄는 접속사 that이고, 나머지는 모두 선행사를 수식하는 관계대명사절을 이끄는 주격 관계대명사 that이다.

06 |해설| This way(이러한 방식으로)는 앞 문장 전체 내용(While the

babies are watching, the female monkeys floss their teeth very slowly.)을 가리킨다.

07 |해석| ① 롭부리의 한 불교 사원에서 마카크 원숭이를 볼 수 있다.
② 마카크 원숭이는 사람들 근처에 절대 오지 않는다.
③ 마카크 원숭이는 치실질을 한다.
④ 마카크 원숭이는 사람의 머리카락을 도구로 쓴다.
⑤ 새끼 원숭이들은 어미들로부터 치실질을 배운다.
|해설| 마카크 원숭이는 사람들에게 다가와 머리카락을 뽑는다고 했으므로, 사람들 근처에 절대 오지 않는다는 ②는 윗글의 내용과 일치하지 않는다.

[08~14] |해석|
사람들은 대개 문어가 영리하다고 생각하지 않는다. 하지만, 문어는 매우 영리하고 또한 도구를 사용할 수 있다. 그들은 자신을 보호하기 위해 코코넛 껍데기를 사용한다. 그들은 숨을 만한 좋은 장소를 찾지 못할 때 코코넛 껍데기 아래에 숨는다. 어떤 문어들은 심지어 나중에 사용할 용도로 코코넛 껍데기를 모아 둔다. 그들은 나중에 사용하기 위해 코코넛 껍데기를 쌓아서 가지고 다닌다. 이 얼마나 똑똑한가!

08 |해석| ① 요컨대 ② 그러므로 ③ 결과적으로 ⑤ 예를 들면
|해설| 사람들이 보통 생각하는 것과 다르게 문어들이 영리하다고 말하고 있으므로 However(그러나, 하지만)가 알맞다.

09 |해설| ⓔ는 the coconut shells를 가리키고 나머지는 모두 octopuses를 가리킨다.

10 |해석| ① 그들은 다음 달에 새로운 가게를 열 것이다.
② 어떤 동물들은 겨울을 대비해 음식을 저장한다.
③ 그 상점은 금요일에는 자정에 문을 닫는다.
④ 이 근처에 백화점이 있나요?
⑤ Tom은 주말마다 식료품 가게에 간다.
|해설| (B)와 ②의 store는 '저장하다'라는 의미의 동사로 쓰였고, 나머지는 모두 '상점, 가게'라는 의미의 명사로 쓰였다.

11 |해설| '많은 물건들을 위로 차곡차곡 놓다'를 뜻하는 단어는 pile(쌓다, 포개다)이다.

12 |해석| ② 어리석은 ③ 흥미진진한 ④ 맛있는 ⑤ 위험한
|해설| 도구를 사용할 수 있는 문어의 특성에 대한 글이므로, 문어가 참 영리하다(smart)는 감탄문이 되는 것이 알맞다.

13 |해석| Q: 문어는 코코넛 껍데기를 어떻게 사용하는가?
A: 그들은 스스로를 보호하기 위해 코코넛 껍데기 아래에 숨는다.
① 코코넛 껍데기 안에서 잔다
② 코코넛을 간식으로 먹는다
③ 코코넛 껍데기 안에 식량을 저장한다
④ 코코넛 껍데기 안에 새끼를 넣어 운반한다
|해설| 문어는 숨을 만한 좋은 장소가 없을 때 코코넛 껍데기 아래에 몸을 숨긴다고 했다.

14 |해석| 성우 → 문어가 코코넛을 먹는다는 내용은 언급되지 않았다.
수호 → 문어는 코코넛 껍데기를 나중에 사용하려고 가지고 다닌다고 했다.

[15~20] |해석|
이솝 우화 '목마른 까마귀'에서, 까마귀는 물의 높이를 높이기 위해 항아리 안으로 돌을 떨어뜨린다. 이것이 그저 이야기라고 생각할 수도 있지만, 그렇지 않다. 까마귀를 연구하고 있던 과학자들이 실험을 하나 했다. 그들은

까마귀 한 마리 앞에 물이 든 항아리를 놓았다. 물 위에는 벌레 한 마리가 떠 있었다. 하지만 물 높이가 낮아서 그 까마귀는 그 벌레를 먹을 수 없었다. 그 까마귀는 바로 그 우화에서처럼 문제를 해결했다. 그 까마귀는 돌을 항아리 안으로 떨어뜨렸다. 만약 이 새가 특별하다고 생각한다면, 당신은 틀렸다. 과학자들은 다른 까마귀들에게도 똑같은 실험을 했고, 그 까마귀들도 모두 똑같이 행동했다.

15 |해설| '~하기 위해'라는 뜻으로 목적을 나타내는 to부정사의 형태가 되는 것이 알맞다.

16 |해설| (A) 앞에 언급한 이솝 우화의 내용이 그저 '이야기(story)'라고 생각할 수도 있지만 그렇지 않다는 내용이 되는 것이 자연스럽다.
(B) 항아리 속 물 안에 벌레가 떠 있지만(However), 물의 높이가 낮아서 벌레를 먹을 수 없다는 내용이 되어야 한다.
(C) 실험 결과 모든 까마귀들이 같은 행동을 했다고 했으므로 실험 대상이었던 까마귀 한 마리만 특별하다고 생각하는 것은 '틀린(wrong)' 생각이라는 내용이 되어야 한다.

17 |해설| 선행사(Scientists)가 사람이므로 주격 관계대명사로 who나 that을 쓰고, 선행사의 수에 일치하도록 be동사는 were로 쓴다.

18 |해석| ① 돌로 항아리를 깨뜨렸다
③ 항아리 안에 있는 벌레를 보았다
④ 항아리에 있는 모든 물을 마셨다
⑤ 물의 높이를 낮췄다
|해설| ② 실험 대상인 까마귀가 이솝 우화에서처럼 문제를 해결했다고 했으므로, 물의 높이를 높이기 위해 항아리 안에 돌을 떨어뜨렸다는 말이 알맞다.

19 |해석| ① '목마른 까마귀'에서 까마귀는 무엇을 하는가?
② 실험에서 항아리 속에 떠 있는 것은 무엇이었는가?
③ 실험이 시작될 때 까마귀는 왜 벌레를 먹을 수 없었는가?
④ 같은 실험에서 다른 까마귀들은 무엇을 하였는가?
⑤ 같은 실험에 까마귀 몇 마리가 사용되었는가?
|해설| ⑤ 다른 까마귀들에게 실험을 해서 모두 같은 결과를 얻었다고 언급되어 있지만, 몇 마리를 대상으로 실험했는지는 나와 있지 않다.

20 |해석| ① 까마귀는 도구를 사용할 수 있다
② 벌레에 관한 흥미로운 사실들
③ 이솝 우화가 주는 삶의 교훈들
④ 세계에서 가장 똑똑한 동물
⑤ 아이들을 위한 쉬운 과학 실험들
|해설| 까마귀가 돌을 도구로 사용하여 항아리 안의 벌레를 먹었다는 내용이므로 ① '까마귀는 도구를 사용할 수 있다'가 제목으로 알맞다.

21 |해설| ⓒ 조동사 may 뒤에 쓰인 동사원형 come과 등위접속사 and로 연결되어 있으므로 동사원형으로 써야 한다.

22 |해석| 마카크 원숭이들은 사람의 머리카락으로 이빨을 치실질한다. 그들은 엄마 원숭이들로부터 치실질하는 것을 배운다.

23 |해설| ⓐ 도구를 사용하는 문어에 대한 내용이 이어지므로, '문어가 영리하며(smart) 도구를 사용할 수 있다'라는 의미가 되는 것이 자연스럽다.

24 |해석| (1) 문어는 도구로 무엇을 사용하는가?
→ (도구로) 코코넛 껍데기를 사용한다.
(2) 문어는 숨을 만한 좋은 장소를 찾을 수 없을 때 무엇을 하는가?
→ 코코넛 껍데기 아래에 숨는다.

25 |해설| ⓐ 항아리 속 물 높이가 낮아 물 위에 떠 있는 벌레를 먹을 수 없었던 문제를 의미한다.

ⓑ 앞선 실험에서와 같이 다른 까마귀들도 돌을 항아리 안으로 떨어뜨려 물 높이를 높여 벌레를 먹었다는 것을 의미한다.

Ⓜ 기타 지문 실전 TEST   p.119

01 ③   **02** ③   **03** ③   **04** ①   **05** ②   **06** ④

[01~02] |해석|

이 개는 내 개 Coco야. Coco는 몸집이 크진 않지만 다리가 매우 튼튼해. Coco는 두 다리로 서서 음악에 맞춰 춤을 출 수 있어. 나는 Coco가 춤을 무척 잘 춘다고 생각해!

01 |해설| 글쓴이의 개 Coco를 소개하는 글이다.

02 |해석| ① 고양이다.   ② 몸집이 매우 크다.
③ 튼튼한 다리를 가지고 있다.   ④ 두 다리로 설 수 없다.
⑤ 춤을 잘 추지 못한다.
|해설| ① Coco는 개이다. ② 크기가 크지 않다. ④ 두 다리로 설 수 있다. ⑤ 춤을 잘 춘다.

03 |해석| • 몸 길이가 역대 가장 긴 뱀은 Medusa이다. 그 뱀은 길이가 7.67미터이다.
• Alley는 가장 멀리 뛰는 고양이로 기록을 세웠다. 그 고양이의 기록은 1.83미터다.
• 역대 가장 오래 산 돼지는 Ernestine이다. 그 돼지는 22년 359일을 살았다.
① 모든 동물들은 영리하다
② 도구를 사용하는 동물들
③ 세계 기록을 보유한 동물들
④ 야생동물들의 특징들
⑤ 동물들 사이의 놀라운 우정
|해설| 세계 기록을 세운 동물들에 대한 글이므로, 제목으로 ③이 알맞다.

04 |해석| 내가 우유를 좀 팔면, 나는 닭을 한 마리 살 수 있어. 내가 달걀을 팔면, 나는 돈을 벌 수 있어. 내가 충분한 돈을 벌면, 나는 새 옷을 살 수 있어.
|해설| '(만약) ~라면, ~한다면'이라는 뜻으로 조건을 나타내는 부사절을 이끄는 접속사 if가 알맞다.

[05~06] |해석|

특별한 능력을 가진 동물들이 많이 있다. 한 예는 Koko이다. Koko는 미국에 사는 암컷 고릴라이다. Koko는 사람들과 미식 수화로 대화할 수 있다. Koko는 1,000개가 넘는 수신호를 알고 있다.

05 |해설| 선행사(many animals)가 동물이므로 주격 관계대명사로 which나 that을 쓸 수 있다.

06 |해석| ① Koko는 어떤 종류의 동물인가?
② Koko는 어디에 사는가?
③ Koko의 특별한 능력은 무엇인가?
④ 누가 Koko에게 수화를 가르쳤는가?
⑤ Koko는 얼마나 많은 수신호를 알고 있는가?
|해설| ④ 누가 Koko에게 수화를 가르쳐 주었는지는 본문에 언급되어 있지 않다.

STEP B

Ⓦ Words 고득점 맞기   pp. 120-121

01 ③   **02** (h)ide   **03** ③   **04** ①   **05** pile   **06** ③
07 Watch out for   **08** ②   **09** ⑤   **10** ④   **11** ④
12 ④   **13** ②   **14** ④

01 |해석| 다음 영영풀이에 해당하는 단어는 무엇인가?
|해설| '어떤 것에 대해 배우거나 어떤 아이디어가 사실인지 보여 주기 위해서 하는 과학적인 시험'은 experiment(실험)에 대한 영영풀이이다.

02 |해석| 다람쥐는 나무 열매들을 숨긴다. 그들은 그것들을 사람들이 볼 수 없거나 찾을 수 없는 곳에 둔다.
|해설| 두 번째 문장에서 사람들이 볼 수 없거나 찾을 수 없는 곳에 나무 열매들을 둔다고 했으므로 '숨기다'라는 뜻의 hide가 알맞다.

03 |해석| • 경찰은 곧 그 정보가 거짓이라는 것을 알아낼 것이다.
• 마당에 잡초가 너무 많이 있다. 나는 그것들을 뽑아야 한다.
|해설| find out: ~을 알아내다 / pull out: ~을 뽑다

04 |해석| ① 나는 빗방울을 느낀 것 같다.
② 유리컵을 떨어뜨리지 않도록 조심해라.
③ 나는 무거운 접시를 떨어뜨렸고 그것은 깨졌다.
④ 내 여동생은 샌드위치를 거의 떨어뜨릴 뻔 했다.
⑤ James는 집에 오는 길에 어딘가에 그의 지갑을 떨어뜨렸다.
|해설| ①은 명사로 '방울'이라는 뜻이고, 나머지는 모두 동사로 '떨어뜨리다'라는 뜻이다.

05 |해석| 네가 나갈 때 네 교과서들을 탁자 위에 쌓아 놓아라.
|해설| '많은 물건을 위로 차곡차곡 놓다'는 pile(쌓다)의 영영풀이이다.

06 |해석| ⓐ 나는 매일 치실질한다.
ⓑ 나는 그 문제를 해결하기 위해 최선을 다했다.
ⓒ 어떤 동물들은 보호를 위해 몸의 색을 바꾼다.
ⓓ 내 여동생은 메뚜기와 개미에 대한 우화를 좋아한다.
|해설| ⓐ에는 floss(치실질하다), ⓑ에는 solve(해결하다), ⓒ에는 protection(보호), ⓓ에는 fable(우화)이 들어가는 것이 알맞다.

07 |해설| watch out for: ~을 조심하다

08 |해석| ① 한때: 과거의 어느 때에
② 가지고 다니다: 나중에 사용하기 위해 모아서 가지고 있다
③ 껍질: 견과류 또는 알의 딱딱한 바깥 부분
④ 도구: 어떤 것을 만들거나 하기 위해 사용하는 것
⑤ 무늬: 규칙적으로 반복되는 일련의 선, 모양 또는 색
|해설| ② carry는 '가지고 다니다'를 뜻하며 '나중에 사용하기 위해 모아서 가지고 있다'를 뜻하는 단어는 store(저장하다)이다.

09 |해석| • 그들은 옷을 팔아서 많은 돈을 번다.
• 그는 탑승구 변경에 대한 안내 방송을 할 것이다.
|해설| make money: 돈을 벌다 / make an announcement: 안내 방송하다, 발표하다

10 |해석| ① 그 사원은 태국에서 가장 오래되었다.

② 우리는 수업 중에 실험을 했다.

③ 우리가 저녁을 먹는 동안에 그들이 도착했다.

④ 나는 언젠가 국립 박물관에서 그 그림을 봤다.

⑤ 그녀는 예쁜 꽃무늬가 있는 컵을 샀다.

|해설| ④ once는 '(과거의) 언젠가, 한때'라는 의미의 부사로 쓰였다.

11 |해석| • 재능: 어떤 것을 잘하는 능력

• 우화: 우리에게 무엇인가를 가르쳐 주는 이야기

• 해결하다, 풀다: 문제를 해결하기 위한 성공적인 방법을 찾다

• 보호: 누군가 또는 무언가를 안전하게 지키는 과정

• 높이: 땅 또는 다른 것과 비교한 어떤 것의 높이

|해설| ⓓ protection(보호)은 '누군가 또는 무언가를 안전하게 지키는 과정'이라는 뜻이 되어야 하므로 빈칸에는 dangerous(위험한)가 아닌 safe(안전한)가 알맞다.

12 |해석| ① 조심해! 차가 오고 있어.

② 너는 어떤 종류의 TV 프로그램을 보니?

③ 그 음악가는 많은 재능을 가진 사람이다.

④ 무료 콘서트는 다음 주 금요일에 열릴 것이다.

⑤ Tom은 셔츠 세 벌과 바지 두 벌을 챙겼다.

|해설| ④ be held는 '열리다, 개최하다'라는 뜻이므로 take place와 바꿔 쓸 수 있다. be canceled는 '취소되다'라는 의미이다.

13 |해석| ① Katie는 항아리에 동전을 모았다.

② 수컷 문어는 수천 개의 알을 낳는다.

③ 강물의 높이는 빠르게 올라가기 시작했다.

④ 우리는 충분한 음식을 갖고 있어서 좀 더 살 필요가 없다.

⑤ 나는 청각장애인 남동생과 수화로 의사소통한다.

|해설| ② male은 '남성의, 수컷의'라는 의미이므로 알을 낳는다는 내용과 알맞지 않다. '여성의, 암컷의'라는 뜻의 female로 고치는 것이 자연스럽다.

14 |해석| ⓐ 그 가게는 하루 24시간 연다.

ⓑ 음식을 추운 장소에 보관해 주세요.

ⓒ 이 근처에 편의점이 있나요?

ⓓ 나는 가게에 가서 간식을 약간 샀다.

ⓔ 낙타가 혹에 지방을 저장하는 것을 알았니?

|해설| ⓑ와 ⓔ의 store는 '저장하다'라는 뜻의 동사이고, ⓐ, ⓒ, ⓓ는 '가게, 상점'이라는 뜻의 명사이다.

L·T Listen and Talk 고득점 맞기   pp. 124-125

01 ②   **02** ②   **03** ③   **04** ①   **05** ①   **06** ②

[서술형]

07 Is there anything special about him?   **08** make an announcement, dog   **09** (1) small dog (2) main gate (3) short and white (4) long tail   **10** I found my cat.
→ |모범 답| I'm looking for my cat.   **11** (1) He lost her(his cat) in the park. (2) She is black. / She has black hair.
12 (1) |모범 답| lost my umbrella (2) |모범 답| What does it look like? (3) |모범 답| has a (white) flower pattern

01 |해석| A: 실례합니다. 저는 제 스카프를 찾고 있어요.

B: 당신의 스카프는 어떻게 생겼나요?

A: 긴 면 스카프예요.

① 이것이 당신의 긴 면 스카프인가요?

③ 어디에 당신의 스카프를 두고 왔나요?

④ 어떤 종류의 스카프를 원하세요?

⑤ 당신은 스카프의 어떤 점이 마음에 드나요?

|해설| 찾고 있는 스카프의 길이와 재질에 대해 답하고 있으므로, 사물의 외적 특징을 묻는 ②가 알맞다.

02 |해석| (B) 저는 제 지갑을 찾고 있어요.

(A) 그것은 어떻게 생겼나요?

(D) 작고 빨간색이에요.

(C) 그것에 대해 좀 더 말해 주시겠어요?

A: 안에 신용카드가 있어요.

03 |해석| ① A: 안녕하세요. 제 배낭을 잃어버린 것 같아요.

B: 그것은 어떻게 생겼나요?

② A: 실례합니다. 제 모자를 찾고 있어요.

B: 그것에 대해 좀 더 말해 주시겠어요?

③ A: Steve는 어떻게 생겼나요?

B: 그는 자신의 곱슬곱슬한 금발 머리를 좋아해요.

④ A: 당신의 개에 대해 특별한 점이 있나요?

B: 긴 귀와 짧은 꼬리를 가지고 있어요.

⑤ A: 안녕하세요. 도움이 필요하신가요?

B: 네. 제 우산을 찾고 있어요. 화장실에 두고 온 것 같아요.

|해설| ③ 사람의 생김새를 묻는 질문에 좋아하는 것을 말하는 대답은 어색하다.

04 |해석| 밑줄 친 문장과 바꿔 쓸 수 있는 것은?

A: 당신의 고양이는 어떻게 생겼나요?

B: 크고 털이 흰색이에요.

A: 고양이에 대해 좀 더 말해 주시겠어요?

B: 티셔츠를 입고 있어요.

① 또 다른 건요?

② 무슨 일이 있었나요?

③ 뭔가 말씀 드려도 될까요?

④ 어느 것이 더 마음에 드세요?

⑤ 그것에 대해 더 알고 싶으세요?

|해설| 앞서 이야기하던 대상에 대해 구체적인 추가 정보를 묻는 표현이므로 ①과 바꿔 쓸 수 있다.

[05~06] |해석|

여자: 도와드릴까요?

소년: 네. 제 가방을 잃어버렸어요. 화장실에 두고 왔어요.

여자: 알겠어요. 그것은 어떻게 생겼나요?

소년: _____

여자: 다른 건요? 그것에 대해 좀 더 말해 주세요.

소년: 어디 보자. 아, 바깥쪽에 주머니가 두 개 있어요.

여자: 알겠어요. 가서 확인해 볼게요.

05 |해석| ① 제가 가장 좋아하는 가방이에요.

② 작은 은색 가방이에요.

③ 검은색이고 가죽으로 만들어졌어요.

④ 크지 않고 이름표가 붙어 있어요.

⑤ 파란색이고 꽃무늬가 있어요.

|해설| 잃어버린 가방이 어떻게 생겼는지 물었으므로 가방의 외적 특징

을 설명하는 말이 들어가야 알맞다.

06 |해석| ① 여자는 소년의 도움을 청하고 있다.

② 소년은 그의 가방을 찾고 있다.

③ 소년은 그의 가방을 어디에 두고 왔는지 기억하지 못한다.

④ 소년의 가방에는 주머니가 없다.

⑤ 여자는 잃어버린 가방에 대해 안내 방송을 할 것이다.

|해설| ① 소년이 여자에게 도움을 청하고 있다. ③ 소년은 가방을 화장실에 두고 왔다고 했다. ④ 소년의 가방 바깥쪽에 큰 주머니가 두 개 있다고 했다. ⑤ 여자는 소년이 잃어버린 가방이 있는지 가서 확인해 보겠다고 했지만, 안내 방송을 할지는 알 수 없다.

07 |해설| '~에 대해 좀 더 말해 주겠니?'라는 뜻으로 구체적인 추가 정보를 물을 때 Is there anything special about ~?으로 말할 수 있다.

08 |해석| 대화가 끝난 직후에 남자는 무엇을 할 것인가? 답을 완성하시오.

→ 그는 소녀의 개를 찾아주기 위해 안내 방송을 할 것이다.

09 |해석| 안내 말씀 드리겠습니다. 저희는 Prince라는 이름의 매우 작은 개를 찾고 있습니다. 그 개는 정문 근처에서 사라졌습니다. 털이 짧고 흰색이며 긴 꼬리를 가지고 있습니다. 그 개를 보신다면, 분실물 보관소로 연락해 주시기 바랍니다.

[10~11] |해석|

여자: 도와드릴까요?

소년: 네. 제 고양이를 찾았어요. (→ 제 고양이를 찾고 있어요.) 공원에서 잃어버렸어요.

여자: 알겠어요. 고양이는 어떻게 생겼나요?

소년: 음, 많이 크지 않고 검은 털을 가지고 있어요.

여자: 고양이에 대해 좀 더 말해 주시겠어요?

소년: 꼬리가 짧아요.

10 |해설| 잃어버린 고양이의 외적 특징에 대해 묻고 답하는 내용이 이어지는 것으로 보아 고양이를 찾고 있는 상황이다.

11 |해석| (1) 소년은 그의 고양이를 어디에서 잃어버렸는가?

→ 그는 그의 고양이를 공원에서 잃어버렸다.

(2) 소년의 고양이는 무슨 색인가?

→ 검은색이다.

12 |해석| 소녀: 안녕하세요. 제 우산을 잃어버린 것 같아요.

남자: 그것은 어떻게 생겼나요?

소녀: 작고 노란색이에요.

남자: 그것에 대해 좀 더 말해 주시겠어요?

소녀: 그것은 (흰색) 꽃무늬가 있어요.

|해설| (1) 소녀가 잃어버린 물건은 우산이다.

(2) 물건의 외적 특징을 물을 때는 What does(do) ~ look like?로 말한다. (3) 작은 노란색 우산에는 (흰색) 꽃무늬가 있다.

G Grammar 고득점 맞기

pp. 126-128

01 ②, ④　**02** ③　**03** ③　**04** ③　**05** ③　**06** ④
07 ⑤　**08** ④　**09** ④　**10** ③　**11** ①, ④　**12** ①
13 ②
[서술형]
14 (1) who(that) created Hangeul (2) which(that) is the biggest in the world

15 (1) If it doesn't rain, play soccer (2) If it rains, play basketball　**16** which → who(that)　**17** (1) which(that) run very fast (2) which(that) has a beautiful garden (3) who(that) flies an airplane (4) which(that) can solve this problem　**18** (1) you don't have a student ID, can get a 5% discount (2) you have a student ID, can get a 10% discount (3) you have a student ID, get a discount

---

01 |해석| A: 점심으로 무엇을 먹고 싶니?

B: 나는 토핑이 많은 피자를 원해.

|해설| 선행사(a pizza)가 사물이므로 주격 관계대명사로 which나 that을 쓴다.

02 |해설| 문맥상 '(만약) ~하지 않는다면'이라는 뜻의 조건을 나타내는 접속사 Unless가 알맞다.

03 |해설| 선행사 the girl을 주격 관계대명사절 who(that) is singing on the stage가 수식하는 형태로 쓴 문장을 고른다. 주격 관계대명사는 관계대명사절에서 주어 역할을 하므로 ⑤에서 주어 she는 삭제해야 한다.

04 |해석| 내일 비가 오고 바람이 불면, 그들은 야외 전시를 취소할 것이다.

|해설| 조건을 나타내는 if절에서는 미래 상황을 현재 시제로 나타낸다.

05 |해석| • 나는 내 말을 주의 깊게 들어주는 몇 명의 친구가 있다.

• 그는 시력에 좋은 음식을 많이 먹는다.

|해설| 첫 번째 문장은 선행사(some friends)가 사람이므로 관계대명사 who나 that이 알맞고, 두 번째 문장은 선행사(a lot of food)가 사물이므로 관계대명사 which나 that이 알맞다.

06 |해석| ① 나는 할인 중이면 이 옷을 살 것이다.

② Eric을 보면 내게 전화하라고 말해 줘.

③ 배가 고프면 너는 샌드위치를 먹어도 돼.

④ Tom은 노래를 잘 못하지만 가수가 되고 싶어 한다.

⑤ 다음 달에 파리에 가면 나는 에펠탑을 방문하고 싶다.

|해설| ④는 '비록 ~이지만'이라는 뜻의 접속사 though, although 등이 알맞으므로 '(만약) ~라면, ~한다면'이라는 뜻으로 조건을 나타내는 접속사 if가 들어갈 수 없다.

07 |해석| _____ 여자는 나의 영어 선생님이다.

|해설| ⑤ 선행사(The woman)가 3인칭 단수이므로 주격 관계대명사 that 다음에 오는 be동사는 is가 되어야 한다.

08 |해석| ① Ben이 초대된다면, 그는 파티에 갈 것이다.

② Sarah는 그의 아들이 사실을 말하면 그를 용서할 것이다.

③ 그 일을 끝내지 않으면 너는 집에 갈 수 없다.

④ 네 아이디어가 좋다고 생각하면, 그들은 그것을 받아들일 것이다.

⑤ 도움이 필요하면 언제든 너는 내게 전화할 수 있다.

|해설| ④ 조건을 나타내는 if절에서는 미래 상황을 현재 시제로 나타낸다. (will sound → sounds)

09 |해석| ① 나는 개를 산책시키고 있는 소년을 모른다.

② Ann은 많은 아동 도서를 쓴 작가이다.

③ Tracy에 의해 쓰여진 곡들은 특이하다.

④ 당신을 만나고 싶어 하는 여성이 밖에서 기다리고 있습니다.

⑤ 꽃무늬가 있는 티셔츠는 Emily의 것이다.

|해설| ④ 주격 관계대명사 다음에 오는 동사는 선행사의 인칭과 수에

일치시킨다. (want → wants)

10 |해석| ① 나는 강아지를 키운다. 그것은 다리가 짧다.
→ 나는 다리가 짧은 강아지를 키운다.
② Lucy는 그 소녀이다. 그녀는 대회에서 우승했다.
→ Lucy는 대회에서 우승한 소녀이다.
③ 나는 삼촌을 방문할 것이다. 그는 런던에 산다.
→ 나는 런던에 사는 삼촌을 방문할 것이다.
④ 우리는 로봇이 필요하다. 그것은 우리 집을 청소할 수 있다.
→ 우리는 우리 집을 청소할 수 있는 로봇이 필요하다.
⑤ 나무들을 봐라. 그것들은 눈으로 덮여 있다.
→ 눈으로 덮여 있는 나무들을 봐라.
|해설| ③ 관계대명사절에서 주격 관계대명사는 주어가 빠진 불완전한 절을 이끌므로 he는 쓰지 않는다. (he → 삭제)

11 |해석| ① 나는 말하는 로봇을 원한다.
② Nathan은 햄스터 두 마리를 키우는 내 반 친구이다.
③ 공 네 개로 저글링하던 소년을 봤니?
④ Laura는 그녀의 아들이 만든 수프를 먹고 있다.
⑤ 나는 공원에서 길을 잃은 몇 명의 학생들을 도와줬다.
|해설| ①과 ④는 선행사(a robot, soup)가 모두 사물이므로, 주격 관계대명사로 which나 that을 써야 한다.

12 |해석| [보기] 나는 5개 언어를 하는 한 소녀를 만났다.
ⓐ 쿠키를 파는 가게는 저쪽에 있다.
ⓑ 우리는 미세 먼지가 큰 문제라는 것을 알고 있다.
ⓒ 그는 태국 음식을 소개하는 기사를 쓰고 있다.
ⓓ 이 집에 사는 사람들은 고양이 다섯 마리를 키운다.
ⓔ 일등상을 탄 소년은 우리 학교 출신이다.
|해설| ⓑ의 that은 명사절을 이끄는 접속사이고, [보기]와 나머지의 that은 모두 주격 관계대명사이다.

13 |해석| ⓐ 미나는 플루트를 잘 연주하는 여동생이 있다.
ⓑ 이번 일요일에 바쁘지 않으면 하이킹 가자.
ⓒ 채소를 더 먹으면 너는 더 건강해질 것이다.
ⓓ Jack은 내 것과 같아 보이는 신발을 신고 있다.
ⓔ 나는 함께 수영하고 있는 한 남자와 돌고래를 보았다.
|해설| ⓑ unless는 if ~ not의 의미이므로 not을 반복해서 쓸 수 없다. (aren't → are)
ⓓ 선행사(shoes)가 사물이므로 주격 관계대명사로 which나 that을 써야 한다. (who → which/that)

14 |해석| (1) **A:** 누가 한글을 만들었는가?
B: 한글을 만든 사람은 세종대왕이다.
(2) **A:** 세계에서 가장 큰 나라는 무엇인가?
B: 세계에서 가장 큰 나라는 러시아이다.
|해설| (1) 선행사(The person)가 사람이므로 주격 관계대명사 who나 that을 사용하여 문장을 완성한다.
(2) 선행사(The country)가 사물이므로 주격 관계대명사 which나 that을 사용하여 문장을 완성한다.

15 |해석| (1) 내일 비가 오지 않으면, 우리는 운동장에서 축구를 할 것이다.
(2) 내일 비가 오면, 우리는 체육관에서 농구를 할 것이다.
|해설| 접속사 if와 비인칭 주어 it을 사용하여 조건절을 완성하고, 주절은 미래 시제로 쓴다. 이때 조건을 나타내는 if절에서는 미래 상황을 현재 시제로 나타내는 것에 유의한다.

16 |해석| **A:** 나는 Ted를 록 콘서트에 초대하고 싶어.
B: Ted가 누구니?
A: 록 음악을 정말 좋아하는 우리 반 친구야. 우리가 그를 초대하면 그는 기꺼이 올 거야.
B: 그래. 그도 초대하자.
|해설| 선행사(my classmate)가 사람이므로 주격 관계대명사로 who나 that을 쓴다.

17 |해석| (1) 치타는 매우 빨리 달리는 동물이다.
(2) Ann은 아름다운 정원이 있는 집에 산다.
(3) 비행기 조종사는 비행기를 운전하는 사람이다.
(4) Jack은 이 문제를 풀 수 있는 몇몇 아이디어가 있을지도 모른다.
|해설| 선행사가 사람이면 주격 관계대명사로 who나 that을, 사물이나 동물이면 which나 that을 사용하여 한 문장으로 연결한다.

18 |해석| [예시] 학생증을 가지고 있으면 학교 식당에서 20퍼센트 할인을 받을 수 있다.
(1) 학생증을 가지고 있지 않으면 학교 식당에서 5퍼센트 할인을 받을 수 있다.
(2) 학생증을 가지고 있으면 서점에서 10퍼센트 할인을 받을 수 있다.
(3) 학생증을 가지고 있지 않으면 서점에서 할인을 받을 수 없다.
|해설| 조건을 나타내는 접속사 if(만약 ~한다면)와 unless(만약 ~하지 않는다면)를 사용하여, 학생증이 있을 때와 없을 때 각 장소에서 받을 수 있는 할인 혜택을 나타내는 문장을 쓴다.

R Reading 고득점 맞기 · pp. 131-133

01 ⑤ **02** ④ **03** ⑤ **04** ④ **05** ①, ② **06** ③ **07** ②
08 ④ **09** ① **10** ⑤ **11** ③ **12** ⑤ **13** ③
[서술형]
14 see female monkeys which(that) are teaching flossing to their babies **15** ⓑ → They use human hair to floss their teeth. **16** hiding place **17** smart, coconut shells, protect(hide) **18** |모범 답| 똑같은 실험을 한 다른 까마귀들도 앞의 까마귀와 같이 돌을 사용해 항아리 안의 벌레를 먹었기 때문이다.

---

01 |해석| ① 어떤 것을 잘하는 능력
② 특별한 의미를 가진 상징
③ 몇몇 종교에서 예배를 위해 사용되는 건물
④ 누군가 또는 무언가를 안전하게 지키는 과정
⑤ 어떤 것을 만들거나 하는 데 사용하는 것
|해설| 뒤에 과학자들이 동물들도 도구를 사용할 수 있다는 사실을 알아내고 있다는 내용이 이어지므로 빈칸에는 '도구'라는 뜻의 tool이 알맞다. tool의 영영풀이로 알맞은 것은 '어떤 것을 만들거나 하는 데 사용하는 것'을 뜻하는 ⑤이다.

02 |해설| ⓓ '(만약) ~라면, ~한다면'이라는 뜻으로 조건을 나타내는 접속사 If가 쓰여야 한다.

03 |해설| 주어진 문장의 This way가 '이러한 방식으로'라는 의미이므로 새끼 원숭이들이 치실질하는 것을 배우는 방법을 설명한 문장 뒤인 ⑤

에 들어가는 것이 알맞다.

04 |해석| ⓐ 저 영리한 동물에 대해 좀 더 말해 주세요.
ⓑ 이상한 냄새가 나는 음식은 먹지 마세요.
ⓒ 우리는 그 뉴스가 사실이 아니라는 것을 알아냈다.
ⓓ 나는 내 여동생이 가장 좋아하는 머리핀을 잃어버렸다.
|해설| (B)와 ⓑ, ⓓ의 that은 주격 관계대명사이다. ⓐ는 지시형용사이고 ⓒ는 명사절을 이끄는 접속사이다.

05 |해석| ① 태국 롭부리에 산다.
② 도구를 사용할 만큼 충분히 영리하다.
③ 자신의 털을 뽑아 치실질을 한다.
④ 아빠 원숭이에게서 치실질을 배운다.
⑤ 사람들이 쳐다볼 때 치실질을 천천히 한다.
|해설| ③ 사람의 머리카락을 뽑아서 치실질을 한다.
④ 암컷 원숭이에게서 치실질을 배운다.
⑤ 암컷 원숭이는 새끼들이 보고 있을 때 천천히 치실질을 한다.

06 |해설| ③ 코코넛 껍데기를 숨는 장소로 사용한다는 내용이 이어지므로 먹이로 사용한다는 내용은 어색하다. 보호용으로(for protection) 사용한다는 내용이 자연스럽다.

07 |해설| (A) '은신처, 숨는 곳'은 hiding place이다.
(B) 문맥상 '~하기 위해'라는 뜻으로 목적을 나타내는 to부정사 형태가 알맞다.

08 |해석| ① 어떤 종류의 비누를 사용하시나요?
② 잠시만 네 노트북 컴퓨터를 사용해도 될까?
③ 칼을 사용할 때는 조심해라.
④ 이 접시들은 일상적인 용도를 위한 것이 아니다.
⑤ 우리는 화분을 만들기 위해 플라스틱 병을 사용할 것이다.
|해설| ⓐ와 ④의 use는 '사용, 쓰임'이라는 의미의 명사로 쓰였고, 나머지는 모두 '사용하다'라는 의미의 동사로 쓰였다.

09 |해석| 윗글의 제목으로 가장 알맞은 것은?
① 문어는 도구를 사용할 수 있다
② 왜 문어들은 숨기를 좋아하는가?
③ 코코넛 껍데기의 다양한 쓰임
④ 심해에 사는 동물들
⑤ 세상에서 가장 영리한 문어
|해설| 문어가 코코넛 껍데기를 도구로 사용한다는 내용의 글이므로 제목으로 ① '문어는 도구를 사용할 수 있다'가 가장 알맞다.

10 |해설| ⓐ fable ⓑ floating ⓒ However ⓓ solved

11 |해설| 관계대명사절에서는 선행사를 대신하는 (대)명사는 쓰지 않는다.

12 |해설| ⑤ 실험 대상인 까마귀와 마찬가지로 모든 까마귀가 돌을 사용해서 벌레를 먹을 수 있는지 알아보기 위해 같은 실험을 했다.

13 |해석| ⓐ 우화 속 까마귀는 도구를 사용하지 못한다.
ⓑ 실험에서 까마귀는 '목마른 까마귀'에서처럼 문제를 해결했다.
ⓒ 실험에서 까마귀는 항아리 안에 있는 물의 높이를 높이기 위해 돌을 사용했다.
ⓓ 과학자들은 실험에서 단 한 마리의 까마귀만 문제를 해결할 수 있다는 것을 알아냈다.
|해설| ⓐ 이솝 우화에서 까마귀는 돌을 도구로 사용했다.
ⓓ 실험 대상인 모든 까마귀들이 돌을 도구로 사용해서 항아리 안의 벌레를 먹는 데 성공했다.

14 |해설| 주격 관계대명사가 이끄는 관계대명사절이 선행사 female monkeys를 수식하도록 문장을 완성한다. 선행사가 동물이므로 주격 관계대명사로 which나 that을 사용한다.

15 |해석| ⓐ 마카크 원숭이는 얼마나 자주 치실질을 하는가?
ⓑ 마카크 원숭이는 이빨을 치실질하기 위해 무엇을 사용하는가?
→ 그들은 이빨을 치실질하기 위해 사람의 머리카락을 사용한다.
ⓒ 수컷 원숭이들은 새끼들에게 무엇을 가르치는가?
ⓓ 왜 마카크 원숭이들에게 치실질이 중요한가?

16 |해석| 나중에 숨을 장소로 사용하기 위해
|해설| 문어는 나중에 숨을 곳으로 사용하려고 코코넛 껍데기를 모아 둔다고 했다.

17 |해설| 문어는 도구를 사용할 만큼 충분히 영리하다. 문어는 자신을 보호하기(숨기기) 위해 코코넛 껍데기를 사용한다.

18 |해설| 이어지는 문장에서 다른 까마귀들에게 같은 실험을 했는데 그들도 앞서 실험한 까마귀와 똑같이 행동했다는 것을 알 수 있다. 즉, 먼저 실험한 까마귀만 특별한 경우가 아니라는 것이다.

서술형 100% TEST

pp. 134-137

01 (1) (s)hell (2) (s)olve (3) (p)rotection **02** (1) looks like (2) make an announcement (3) pulled out **03** What does it look like **04** (1) cat look, grey(gray), long (2) look like, glasses, long, hair **05** restroom, small and yellow, has two pockets outside **06** Can you tell me more (about him)? **07** ⓑ a short tail → a (really) long tail **08** (1) Junho is the boy who(that) gave Mina a ring. (2) Amy bought a skirt which(that) is the same as Jenny's. (3) I saw a man and his three dogs that were walking in the park. **09** (1) you use your cup, save water (2) you miss the last bus, walk home (3) you practice harder, win a gold medal (4) you don't go to bed early, feel tired tomorrow **10** ⓐ → Let's go hiking if it is nice tomorrow. ⓒ → He lost the pen which(that) was his sister's favorite. **11** (1) Mina likes stories which (that) have sad endings. (2) My uncle is a painter who (that) paints pictures of animals. **12** use tools **13** ⓑ If ⓒ While **14** (1) they → 삭제 (2) 주격 관계대명사가 관계대명사절에서 주어 역할을 하므로 they는 삭제해야 한다. **15** floss their teeth, human hair, female, teach flossing **16** ⓐ octopuses ⓑ (the) coconut shells **17** (1) fun → protection (2) hide → store(pile and carry) **18** Scientists who(that) were studying crows did an experiment. **19** ⓒ → fable **20** (1) It drops stones into a jar to raise the level of water. (2) A worm was in the jar with water. (3) (It couldn't eat the worm because) The water level was low.

01 |해설| (1) 견과류나 알의 단단한 바깥 부분 → shell(껍데기)

(2) 문제를 처리할 성공적인 방법을 찾다 → solve(해결하다)

(3) 누군가 또는 무언가를 안전하게 지키는 과정 → protection(보호)

02 |해설| (1) look like: ~처럼 생기다

(2) make an announcement: 안내 방송하다, 발표하다

(3) pull out: 뽑다

03 |해석| A: 도움이 필요하신가요?

B: 네. 제 우산을 찾고 있어요.

A: 그것은 어떻게 생겼나요?

B: 길고 남색이에요.

A: 좀 더 말해 주시겠어요?

B: 네. 별무늬가 있어요.

|해설| 우산의 색과 길이를 말하는 대답이 이어지므로 물건의 외적 특징을 묻는 말이 와야 한다.

04 |해석| (1) A: 네 고양이는 어떻게 생겼니?

B: 작고 털이 회색이야.

A: 좀 더 말해 줘.

B: 긴 꼬리를 가졌어.

(2) A: Jessy는 어떻게 생겼니?

B: 키가 커. 안경을 쓰고 있어.

A: 머리가 짧니?

B: 아니. 그녀는 긴 금발이야.

|해설| (1) 고양이는 크기가 작고 털은 회색이며 긴 꼬리를 가졌다.

(2) Jessy는 안경을 썼고 머리는 긴 금발이다.

05 |해석| A: 도움이 필요하신가요?

B: 네. 제 가방을 잃어버렸어요. 제 생각에는 화장실에 두고 온 것 같아요.

A: 알겠어요. 그것은 어떻게 생겼죠?

B: 그것은 작고 노란색이에요.

A: 또 다른 건요? 특별한 점이 있나요?

B: 어디 보자. 아, 밖에 두 개의 주머니가 있어요.

|해설| B가 화장실에서 잃어버린 가방은 작고 노란색이며 바깥쪽에 주머니가 두 개 있다.

06 |해설| 대화를 나누던 대상에 대한 구체적인 정보를 추가로 물을 때 Can you tell me more (about ~)?로 말할 수 있다.

07 |해석| ⓐ 소녀의 개는 작고 흰색이다.

ⓑ 소녀의 개는 꼬리가 짧다.

ⓒ 소녀는 정문 근처에서 그녀의 개를 잃어버렸다.

ⓓ 남자는 소녀의 잃어버린 개를 찾기 위한 안내 방송을 할 것이다.

|해설| ⓑ 소녀가 잃어버린 개는 꼬리가 길다.

08 |해석| (1) 준호는 소년이다. 그는 미나에게 반지를 줬다.

→ 준호는 미나에게 반지를 준 소년이다.

(2) Amy는 치마를 샀다. 그것은 Jenny의 것과 같다.

→ Amy는 Jenny의 것과 같은 치마를 샀다.

(3) 나는 한 남자와 그의 세 마리 개를 봤다. 그들은 공원에서 걷고 있었다.

→ 나는 공원에서 걷고 있는 한 남자와 그의 세 마리 개를 봤다.

|해설| 주격 관계대명사를 사용하여 한 문장으로 연결한다.

(1) 선행사(the boy)가 사람이므로 주격 관계대명사 who나 that을 쓴다.

(2) 선행사(a skirt)가 사물이므로 주격 관계대명사 which나 that을 쓴다.

(3) 선행사(a man and his three dogs)가 「사람 + 동물」이므로 주격 관계대명사 that을 쓴다.

09 |해석| (1) 컵을 사용하면 물을 아낄 수 있다.

(2) 마지막 버스를 놓치면 너는 집에 걸어가야 한다.

(3) 더 열심히 연습하면 금메달을 딸 수 있다.

(4) 일찍 잠자리에 들지 않으면 내일 피곤할 것이다.

|해설| '(만약) ~라면, ~한다면'이라는 뜻의 접속사 if를 사용하여 조건을 나타내는 부사절을 완성하고, 그에 어울리는 주절을 완성한다.

10 |해석| ⓐ 내일 날씨가 좋으면 하이킹 가자.

ⓑ 나는 3개 언어를 하는 한 남자를 안다.

ⓒ 그는 여동생이 가장 좋아하는 펜을 잃어버렸다.

ⓓ 열심히 공부하지 않으면 영어 시험을 통과할 수 없다.

ⓔ 박물관으로 가는 버스는 매시간 운행한다.

|해설| ⓐ 조건을 나타내는 if절에서는 미래의 일을 나타낼 때 현재 시제를 쓴다.

ⓒ 선행사(the pen)가 사물이므로 주격 관계대명사로 which나 that을 쓴다.

11 |해설| (1) 선행사(stories)가 사물이므로 주격 관계대명사 which나 that을 쓴다. 주격 관계대명사 다음에는 주어를 쓰지 않으므로 they를 삭제하고, 문장의 주어(Mina)가 3인칭 단수이므로 like는 likes로 쓴다.

(2) 선행사(a painter)가 사람이므로 주격 관계대명사 who나 that을 쓴다. 주격 관계대명사 다음에는 주어를 쓰지 않으므로 he를 삭제하고, 선행사가 3인칭 단수이므로 paint는 paints로 쓴다.

12 |해설| 사람들은 한때 인간만 도구를 사용할 수 있다고 생각했지만 이제 과학자들이 많은 동물들 또한 '도구를 사용할(use tools)' 수 있다는 것을 알아냈다는 흐름이 자연스럽다.

13 |해설| ⓑ '(만약) ~라면, ~한다면'이라는 뜻으로 조건을 나타내는 접속사 If가 알맞다.

ⓒ '~하는 동안에'라는 뜻으로 시간을 나타내는 접속사 While이 알맞다.

14 |해설| 관계대명사절에는 선행사를 대신하는 (대)명사는 쓰지 않으므로, 주격 관계대명사 that 뒤에 오는 they는 삭제해야 한다.

15 |해석| A: 마카크 원숭이들이 치실질을 하는 것을 알았니?

B: 몰랐어. 그것을 하기 위해 무엇을 사용하니?

A: 사람의 머리카락을 사용해.

B: 그래? 정말 흥미롭네!

A: 또한, 암컷 원숭이들은 새끼들에게 치실질을 가르쳐.

B: 오, 놀랍다.

|해설| 마카크 원숭이는 사람의 머리카락을 사용하여 치실질을 하고, 암컷 원숭이들은 새끼 원숭이들에게 치실질을 가르친다.

16 |해설| ⓐ는 앞에 언급한 octopuses를, ⓑ는 나중에 사용하려고 쌓아서 가지고 다니는 coconut shells를 가리킨다.

17 |해설| (1) 문어는 자신을 보호하기 위한 도구로 코코넛 껍데기를 사용한다.

(2) 어떤 문어들은 나중에 사용하기 위해 코코넛 껍데기를 모아 둔[쌓아서 가지고 다닌]다.

18 |해설| 선행사 Scientists를 관계대명사절이 수식하는 형태가 되도록 두 문장을 연결한다. 선행사가 사람이므로 주격 관계대명사로 who나 that을 사용한다.

19 |해설| ⓒ 실험 속 까마귀가 한 행동은 '우화(fable)' 속 까마귀가 한 행동과 같다는 내용이 되어야 자연스럽다.

20 |해석| (1) '목마른 까마귀'에서 까마귀는 왜 항아리 안으로 돌을 떨어뜨리는가?
→ 물의 높이를 올리기 위해 항아리 안으로 돌을 떨어뜨린다.
(2) 실험에서 물이 든 항아리 안에는 무엇이 있었는가?
→ 벌레 한 마리가 물이 든 항아리 안에 있었다.
(3) 실험 초반에 왜 까마귀는 벌레를 먹을 수 없었는가?
→ 물의 높이가 낮았기 때문에 벌레를 먹을 수 없었다.
|해설| (1) 이솝 우화의 까마귀는 물의 높이를 올리기 위해 돌을 떨어뜨렸다.
(2) 과학자들이 까마귀 앞에 둔 물이 든 항아리에는 벌레가 한 마리 (떠) 있었다.
(3) 실험 속 까마귀는 물의 높이가 낮아서 벌레를 먹을 수 없었다.

모의고사

제 1 회 대표 기출로 내신 **적중** 모의고사   pp. 138-141

01 ⑤   **02** out   **03** ④   **04** ⑤   **05** (B) − (D) − (A) − (C)
06 ②   **07** ④   **08** dog, short, white, long tail   **09** ⑤
10 ②   **11** ②   **12** ②   **13** will be → is   **14** I have many friends who(that) can help me.   **15** ①   **16** ②   **17** ⑤
18 ④   **19** ③   **20** ①   **21** They use coconut shells for protection.   **22** Scientists who were studying crows did an experiment.   **23** ⑤   **24** dropped stones into the jar
25 ③

01 |해설| '부드러운 둥근 몸과 여덟 개의 다리를 가진 해양 동물'은 octopus (문어)이다.

02 |해석| • 계단을 조심하세요.
• 우리는 Jessy가 우리에게 거짓말을 했다는 것을 알아냈다.
• 치과의사는 내 이를 뽑을 것이다.
|해설| watch out for: ~을 조심하다 / find out: 알아내다 / pull out: 뽑다

03 |해석| • 내 이모는 한때 인기 있는 가수였다.
• 그 절(사원)은 18세기에 지어졌다.
• 화장실이 어디인지 말해 주시겠어요?
• 그들은 지하실에 약간의 음식을 저장한다.
• 우화 속 여우는 포도를 얻을 수 없었다.
① 과거의 어느 때에
② 몇몇 종교에서 예배를 위해 사용되는 건물
③ 공공 건물에 있는 화장실
④ 어떤 것을 보이지 않는 장소에 두다

⑤ 우리에게 무엇인가를 가르쳐 주는 짧은 이야기
|해설| ⓓ store는 '저장하다'라는 뜻의 동사로 영영풀이는 to gather and keep for future use가 알맞다. 주어진 영영풀이는 hide(숨기다)에 대한 설명이다.

04 |해석| A: 당신의 고양이는 어떻게 생겼나요?
B: 크고 털이 검은색이에요.
A: 특별한 점이 있나요?
B: 꼬리가 짧아요.
① 당신의 고양이는 무슨 색입니까?
② 무언가를 말씀드려도 될까요?
③ 털이 흰색인가요?
④ 어디서 당신의 고양이를 잃어버렸나요?
|해설| 고양이의 생김새에 대해 추가로 설명하고 있으므로, 빈칸에는 고양이에 관한 구체적인 추가 정보를 묻는 말이 알맞다.

05 |해석| (B) 실례합니다. 제 우산을 잃어버렸어요.
(D) 그것은 어떻게 생겼나요?
(A) 길고 남색이에요.
(C) 좀 더 말해 주시겠어요?
A: 네. 별무늬가 있어요.

06 |해석| ① A: 안녕하세요. 도와드릴까요?
B: 네. 저는 제 모자를 찾고 있어요.
② A: Amy는 어떻게 생겼나요?
B: 그녀는 모두에게 친절해요.
③ A: 어디서 당신의 지갑을 잃어버렸나요?
B: 버스에 두고 온 것 같아요.
④ A: 당신의 가방에 대해 좀 더 말해 주세요.
B: 바깥에 큰 주머니가 하나 있어요.
⑤ A: 저는 제 스카프를 잃어버렸어요. 그것은 긴 면 스카프입니다.
B: 그것에 대해 좀 더 말해 주시겠어요?
|해설| ② 사람의 생김새를 묻는 질문에 모두에게 친절하다고 답하는 것은 어색하다.

07 |해설| ④ 뒤에 개를 잃어버린 장소를 답하고 있으므로, 어디에서 개를 찾았는지 묻는 것은 어색하다. Where did you lose him?으로 묻는 것이 자연스럽다.

08 |해설| 소녀는 자신의 개를 찾기 위해 분실물 보관소에 갔다. 그 개는 작고 털이 짧고 흰색이다. 또한 긴 꼬리를 가지고 있다.

09 |해석| ① 나는 첼로를 잘 연주하는 남동생이 있다.
② 탁자 위에 있는 케이크를 먹어도 된다.
③ 저쪽에서 뛰고 있는 개를 보아라.
④ 농구를 하고 있는 학생들을 아니?
⑤ Jessica는 꽃무늬가 있는 빨간색 치마를 샀다.
|해설| ⑤ 선행사(a red skirt)가 사물이므로 주격 관계대명사로 which나 that을 써야 한다.

10 |해설| '날씨가 춥지 않으면'은 조건을 나타내는 if절로 나타내 주절의 앞이나 뒤에 쓰며, if절에서는 미래의 상황을 현재 시제로 표현한다. unless는 if ~ not의 의미이므로 not을 반복해서 쓸 수 없으므로 ⑤는 알맞지 않다.

11 |해석| 그 여자는 중국에서 왔다. 그녀는 내 옆집에 산다.
→ 내 옆집에 사는 여자는 중국에서 왔다.

| 해설 | 선행사(The woman)가 사람이므로 주격 관계대명사 who나 that을 사용하여 문장을 연결한다. 주격 관계대명사는 주어 역할을 하므로 주어 she는 쓰지 않는다.

12 | 해설 | ⓐ 그들은 수영장이 있는 집을 원한다.
ⓑ 지금 떠나면 우리는 기차를 탈 수 있다.
ⓒ 오늘 오후에 바쁘지 않으면 우리를 도와줄 수 있나요?
ⓓ 서로 얘기하고 있는 소녀들은 내 이웃들이다.
ⓔ 빈센트 반 고흐는 '별이 빛나는 밤'을 그린 화가이다.
| 해설 | ⓒ unless는 if ~ not의 의미이므로 not을 반복해서 쓰지 않는다. (aren't → are)
ⓓ 주격 관계대명사절에서 동사는 선행사의 인칭과 수에 일치시킨다. (is → are)

13 | 해설 | 내일 날씨가 좋으면 우리는 소풍을 갈 것이다.
| 해설 | 조건을 나타내는 if절에서는 미래 상황을 현재 시제로 표현한다.

14 | 해설 | 선행사 many friends를 관계대명사절 who(that) can help me가 수식하는 형태로 문장을 쓴다. 선행사가 사람이므로 주격 관계대명사로 who나 that을 사용한다.

15 | 해설 | 문맥상 '(만약) ~라면, ~한다면'이라는 뜻으로 조건을 나타내는 접속사 If가 알맞다.

16 | 해설 | (A) 조동사 may 뒤에 쓰인 동사원형 come과 등위접속사 and로 연결되어 있으므로 동사원형으로 써야 한다.
(B) 문맥상 '~하기 위해'라는 뜻의 목적을 나타내는 to부정사가 알맞다.
(C) 선행사 female monkeys가 동물이므로 주격 관계대명사로 which나 that을 써야 한다.

17 | 해설 | ① 마카크 원숭이들은 어디에서 볼 수 있는가?
② 마카크 원숭이들은 왜 사람의 머리카락을 뽑는가?
③ 마카크 원숭이들은 치실질할 때 무엇을 사용하는가?
④ 새끼 마카크 원숭이들은 어떻게 치실질하는 것을 배울 수 있는가?
⑤ 마카크 원숭이들은 언제 치실질을 하는가?
| 해설 | ⑤ 마카크 원숭이들이 언제 치실질을 하는지는 본문에 언급되어 있지 않다.

18 | 해설 | ① 이를 치실질하는 방법
② 태국에 사는 동물들
③ 원숭이들은 그들의 새끼를 어떻게 기르는가
④ 치실질을 위해 도구를 사용하는 원숭이들
⑤ 원숭이들에 대한 흥미로운 실험
| 해설 | 마카크 원숭이들이 사람의 머리카락을 도구로 사용하여 치실질을 한다는 내용이므로 글의 제목으로 ④가 알맞다.

19 | 해설 | ① 파란색 눈을 가진 고양이를 보아라.
② 나는 40% 할인 중인 그 재킷을 샀다.
③ 큰 사고가 있다고 들었다.
④ Jenny는 내 옆자리에 앉는 반 친구이다.
⑤ 쇼핑몰로 가는 버스는 매시간 운행한다.
| 해설 | ⓐ와 ③의 that은 명사절을 이끄는 접속사이고, 나머지는 모두 주격 관계대명사이다.

20 | 해설 | ⓑ 문어가 코코넛 껍데기와 같은 도구를 사용한다는 내용이 이어지므로 tools가 알맞다.
ⓒ 숨을 만한 좋은 장소를 찾지 못할 때 코코넛 껍데기 아래에 숨는다는 내용이 되어야 자연스러우므로 hide가 알맞다.

21 | 해설 | Q: 문어는 무엇을 위해 코코넛 껍데기를 사용하는가?
A: 그들은 자신을 보호하기 위해 코코넛 껍데기를 사용한다.

22 | 해설 | 선행사 Scientists를 관계대명사절 who were studying crows가 수식하는 형태로 문장을 쓴다. 선행사가 사람이므로 주격 관계대명사로 who나 that을 쓴다.

23 | 해설 | 주어진 문장의 this bird는 앞서 실험한 까마귀를 의미하므로, 다른 까마귀들도 실험 결과 모두 똑같이 문제를 해결했다는 내용 앞인 ⑤에 들어가는 것이 알맞다.

24 | 해설 | 앞선 실험 대상이었던 까마귀처럼 다른 까마귀들도 모두 벌레를 먹기 위해 돌을 항아리 안으로 떨어뜨렸다는 의미이다.

25 | 해설 | ① 우화 속 까마귀만 특별하다.
② 실험에서 과학자들은 까마귀를 위해 항아리로 돌을 떨어뜨렸다.
③ 실험에서 까마귀는 항아리 안의 물의 높이를 올리기 위해 노력했다.
④ 실험에서 단지 몇몇 까마귀만이 문제를 해결했다.
⑤ 모든 까마귀들이 돌 때문에 벌레를 먹을 수 없었다.
| 해설 | ③ 실험 대상인 모든 까마귀가 물의 높이를 높이기 위해 항아리 안으로 돌을 떨어뜨렸다고 했다.

제 2 회   대표 기출로 내신 **적중** 모의고사   pp. 142-145

01 ④   **02** (s)tore   **03** ④   **04** ③   **05** Can you tell me more about it   **06** ③   **07** ②   **08** (1) big → (very) small (2) near the restroom → near the main gate   **09** ①   **10** ②   **11** There is a robot which(that) makes coffee in the café.   **12** ③   **13** Unless you take notes   **14** ③   **15** ①   **16** ⑤   **17** 새끼들이 보고 있는 동안 암컷 원숭이들이 (천천히) 치실질하는 것   **18** ③, ⑤   **19** ①   **20** coconut shells   **21** ④   **22** ①   **23** ⑤   **24** ①   **25** Crows, stones, raise

01 | 해설 | ① 저장하다: 미래에 사용하기 위해 모아서 보관하다
② 껍데기: 견과류나 알의 단단한 바깥 부분
③ 우화: 우리에게 무엇인가를 가르쳐 주는 짧은 이야기
④ 쌓다: 문제를 해결하기 위한 성공적인 방법을 찾다
⑤ 실험: 어떤 것에 대해 배우거나 어떤 아이디어가 사실인지 보여 주기 위해서 하는 과학적인 시험
| 해설 | ④ pile은 '쌓다'라는 뜻이다. 주어진 영영풀이는 solve(해결하다)에 대한 설명이다.

02 | 해설 | • 그 식료품 가게는 신선한 채소와 과일을 판다.
• 빈 용기에 피자를 보관하는 것이 낫겠다.
| 해설 | store는 명사로 '가게', 동사로 '저장하다, 보관하다'라는 뜻이다.

03 | 해설 | ① 그 로봇은 어떻게 생겼나요?
② 당신은 그들의 비밀에 대해 어떻게 알아냈나요?
③ 선장은 안내 방송을 했다.
④ 아빠는 정원에서 잡초를 뽑을 것이다.
⑤ 그 기계는 보호용으로만 사용될 것이다.
| 해설 | ④ pull out은 '~을 뽑다'라는 뜻이다.

04 | 해설 | A: 준호는 어떻게 생겼나요?
B: 그는 키가 크고 짧은 갈색 머리야.

① 도와드릴까요?

② 어디서 그를 봤나요?

④ 왜 그를 찾고 있나요?

⑤ 뭔가 특별한 것을 찾고 있나요?

|해설| 외모를 묘사하는 말로 답하고 있으므로, 빈칸에는 '~은 어떻게 생겼니?'라고 생김새를 묻는 표현이 알맞다.

05 |해석| A: 실례합니다. 저는 제 스카프를 찾고 있어요.

B: 그것은 어떻게 생겼나요?

A: 긴 면 스카프예요.

B: 그것에 대해 좀 더 말해 주시겠어요?

A: 음, 회색이에요.

|해설| 잃어버린 스카프의 색을 추가로 말하는 내용이 이어지므로, 구체적인 정보를 묻는 말이 들어가야 알맞다.

06 |해석| A: 도움이 필요하신가요?

(C) 네. 제 고양이를 찾고 있어요.

(D) 그 고양이는 어떻게 생겼나요?

(A) 음, 그렇게 크지는 않고 털이 검은색이에요.

(B) 또 다른 건요? 특별한 점이 있나요?

B: 꼬리가 짧아요.

07 |해석| ① 도와드릴까요?

② 그는 무엇을 좋아하나요?

③ 음, 꼬리가 정말 길어요.

④ 어디서 잃어버렸나요?

⑤ 정말 고맙습니다.

|해설| ⓑ 뒤에 잃어버린 개의 생김새를 말하고 있으므로 생김새를 묻는 말이 들어가는 것이 알맞다. 무엇을 좋아하는지 묻는 것은 어색하다.

08 |해설| 잃어버린 개의 이름은 Prince이며 크기가 작고 흰색이다. 잃어버린 장소는 정문 근처이다.

09 |해석| • 금발인 그 소녀는 내 여동생이다.

• 나는 지난주 금요일에 할인 판매 중인 운동화를 샀다.

|해설| 두 빈칸 모두 선행사를 수식하는 관계대명사절을 이끄는 주격 관계대명사가 들어가야 한다. 첫 번째 빈칸에는 선행사(The girl)가 사람이므로 who나 that이, 두 번째 빈칸에는 선행사(sneakers)가 사물이므로 which나 that이 알맞다.

10 |해석| ① 네가 최선을 다하면 A를 받을 수 있다.

② 내일 날씨가 좋으면 캠핑 가자.

③ Sue를 보면, 그녀에게 이 공책을 좀 줘.

④ 지금 떠나면 학교에 늦지 않을 것이다.

⑤ Mike가 그곳에 가지 않으면, 나 또한 그곳에 가지 않을 것이다.

|해설| ② 조건을 나타내는 if절에서는 미래 상황을 현재 시제로 나타낸다. (will be → is)

11 |해석| 그 카페에는 로봇이 하나 있다. 그것은 커피를 만든다.

→ 그 카페에는 커피를 만드는 로봇이 하나 있다.

|해설| 두 번째 문장을 관계대명사절로 나타내어 a robot을 수식하도록 문장을 연결한다. 선행사가 사물이고 관계대명사절에서 주어를 대신하는 역할을 하므로 주격 관계대명사 which나 that을 쓴다.

12 |해석| ① 질문이 있으면 손을 들어라.

② 택시를 타면 우리는 제 시간에 그곳에 도착할 것이다.

③ 나는 치통이 있어서 어제 치과에 갔다.

④ 휴식을 좀 취하면 기분이 나아질 것이다.

⑤ 네가 또 늦으면 선생님은 네게 화가 나실 것이다.

|해설| ③은 because 등의 이유를 나타내는 접속사가 들어가는 것이 알맞고, 나머지는 조건을 나타내는 접속사 if가 알맞다.

13 |해석| 기록하지 않으면 너는 우리의 약속들을 기억하지 못할 것이다.

|해설| 접속사 unless는 '(만약) ~하지 않는다면'이라는 뜻으로 if ~ not과 바꿔 쓸 수 있다. / take notes: 기록하다

14 |해석| ⓐ 나는 호주에서 온 친구가 있다.

ⓑ 버스를 놓치면 우리는 택시를 타야 한다.

ⓒ Jake는 큰 주머니가 있는 가방을 샀다.

ⓓ 숙제를 끝내지 못하면 너는 집에 갈 수 없다.

ⓔ 그것은 많은 어린이들에게 희망을 준 훌륭한 영화였다.

|해설| ⓒ 주격 관계대명사 뒤의 동사는 선행사(a bag)의 인칭과 수에 일치시킨다. (have → has)

ⓔ 선행사(a great movie)가 사물이므로 주격 관계대명사 which나 that을 써야 한다. (who → which/that)

15 |해설| (A)에는 동사 thought의 목적어로 쓰인 명사절을 이끄는 접속사 that이 알맞고, (B)에는 female monkeys를 수식하는 관계대명사절을 이끄는 주격 관계대명사 that이 알맞다.

16 |해설| ⓔ 뒤에 주어와 동사를 갖춘 절이 이어지므로, '~하는 동안에'라는 뜻의 접속사 while이 알맞다. during은 전치사이므로 뒤에 명사(구)가 와야 한다.

17 |해설| 본문의 This way(이러한 방식)는 앞 문장 전체 내용을 가리킨다.

18 |해설| ③ 마카크 원숭이들은 사람의 머리카락을 뽑아 치실질을 한다.

⑤ 암컷 마카크 원숭이들은 새끼들이 볼 때 천천히 치실질을 한다.

19 |해설| ⓐ 이어지는 문장에서 '그러나 문어는 매우 영리하다'라고 하는 것으로 보아, 사람들은 보통 문어를 영리하다(smart)고 생각하지 않는다는 내용이 되는 것이 알맞다.

20 |해설| 문어는 코코넛 껍데기를 도구로 사용해 그 안에 숨는다는 내용의 글이므로 tools(도구)에 해당하는 것은 coconut shells이다.

21 |해석| ① 문어는 왜 코코넛을 먹는가?

② 가장 영리한 해양 동물은 무엇인가?

③ 문어는 어디에서 코코넛 껍데기를 얻는가?

④ 문어는 자신을 숨기기 위해 무엇을 사용하는가?

⑤ 문어는 그들의 코코넛 껍데기를 어디에 숨기는가?

|해설| ④ 문어는 숨을 만한 좋은 장소를 찾지 못할 때 코코넛 껍데기 아래에 숨는다.

22 |해설| ⓐ '~하기 위해'라는 뜻으로 목적을 나타내는 부사적 용법의 to부정사 형태로 고쳐야 알맞다.

23 |해설| (A) 뒤에 과학자들이 한 실험 내용이 이어지므로 experiment(실험)가 알맞다.

(B) 항아리 안의 물의 높이가 낮아(low) 물 위에 떠 있는 벌레를 먹을 수 없었다는 내용이 되는 것이 알맞다.

(C) 이솝 우화의 까마귀와 같은 방식으로 문제를 해결했다(solved)는 내용이 되어야 알맞다.

24 |해설| 도구를 사용한 실험 속 까마귀가 특별하다고 생각한다면 틀렸다고 했으므로, 같은 실험에서 다른 까마귀들도 똑같이 행동했다는 내용이 되는 것이 알맞다.

25 |해석| 까마귀들은 도구를 사용할 만큼 영리하다. 그들은 이솝 우화 '목마른 까마귀'에서처럼 물의 높이를 <u>올리기</u> 위해 돌을 사용할 수 있다.

01 ③   02 ③   03 ⑤   04 ①   05 ④   06 cat, black, short tail   07 What does your dog look like?   08 ①, ⑤   09 ④   10 ②   11 ①   12 ⑤   13 which(that) are sitting on the sofa   14 ⓒ who → which(that)   15 ④   16 ②   17 ⑤   18 ③   19 They floss their teeth (with human hair).   20 ②   21 protection   22 ④   23 (A) raise (B) so (C) special   24 ⓑ → were studying   25 ⑤

01 |해석| • 어떤 사람의 실력의 기준
• 땅이나 다른 것에 비한 어떤 것의 높이
① 쌓다; 더미   ② 치실질하다; 치실   ③ 수준; 높이
④ 저장하다; 저장   ⑤ 절, 사원
|해설| '수준'이라는 의미와 '높이'라는 의미를 모두 갖는 단어는 level이다.

02 |해석| • 젖은 바닥을 <u>조심하세요</u>.
• 경찰은 차 사고에 관해 어떤 것도 <u>알아내지</u> 못했다.
|해설| watch out for: ~을 조심하다 / find out: 알아내다

03 |해석| [보기] 나는 아이스크림을 거의 떨어뜨릴 뻔했다.
① 마지막으로, 올리브 오일 몇 방울을 넣어라.
② 탁자 위에 커피 방울들이 있었다.
③ Kate는 자신의 눈에 안약 한 방울을 넣었다.
④ 첫 빗방울들이 떨어지기 시작하고 있었다.
⑤ 그 가수는 실수로 마이크를 떨어뜨렸다.
|해설| [보기]와 ⑤의 drop은 '떨어뜨리다'라는 뜻이고, ①~④는 '방울'이라는 뜻이다.

04 |해석| A: 실례합니다. 제가 가방을 잃어버린 것 같아요.
B: 네. <u>그것은 어떻게 생겼나요?</u>
A: 작고 노란색이에요.
② 그 밖에 무엇이 필요하신가요?
③ 여기서 기다려 주시겠어요?
④ 언제 당신의 가방을 잃어버렸나요?
⑤ 안내 방송을 해 주시겠어요?
|해설| 잃어버린 가방의 외적 특징에 대해 설명하는 것으로 보아, 빈칸에는 가방의 생김새를 묻는 표현이 알맞다.

05 |해석| A: 안녕하세요. 도와드릴까요?
B: 네. 저는 제 스카프를 찾고 있어요.
A: 그것은 어떻게 생겼나요?
B: 긴 면 스카프예요.
A: <u>어디에서 그것을 잃어버리셨나요?</u>
B: 음, 회색이에요.
A: 네. 가서 확인해 볼게요.
|해설| ④ 뒤에 잃어버린 스카프의 색을 추가로 말하고 있으므로, ④는 구체적인 추가 정보를 묻는 표현이 오는 것이 알맞다.

06 |해석| 소녀: 실례합니다. 제 고양이를 찾고 있어요.
남자: 그 고양이는 어떻게 생겼나요?
소녀: 음, 그렇게 크지는 않고 털이 검은색이에요.
남자: 그 밖에는요? 특별한 점이 있나요?
소녀: 꼬리가 짧아요.
소녀는 자신의 고양이를 잃어버렸다. 그 고양이는 크지 않고 <u>검은색</u>이다. 그것은 <u>짧은 꼬리</u>를 가지고 있다.

07 |해설| 사람이나 동물, 사물의 생김새를 물을 때 What does(do) ~ look like?로 말한다.

08 |해석| ① 또 다른 건요?
② 그것은 어떤가요?
③ 생각해 보겠습니다.
④ 당신의 개를 찾고 있나요?
⑤ 그에게 특별한 점이 있나요?
|해설| 대화를 나누던 대상에 대한 구체적인 정보를 물을 때 Can you tell me more (about ~)?, Tell me more about ~., What else?, Is there anything special about ~? 등으로 말할 수 있다.

09 |해석| Q: 대화 후에 남자는 무엇을 할 것인가?
A: 그는 <u>개를 찾기 위한 안내 방송을 할</u> 것이다.
① 정문으로 가다
② 자신의 개를 찾기 위해 나가다
③ 그 개에 대한 자세한 사항을 소녀에게 말하다
⑤ 분실물 보관소에 가는 길을 누군가에게 묻다
|해설| ④ 남자는 소녀가 잃어버린 개를 찾기 위해 안내 방송을 할 것이다.

10 |해석| • 이 책을 쓴 작가는 프랑스 출신이다.
• 나무 위를 날아가고 있는 새들을 보았니?
|해설| 첫 번째 빈칸은 선행사(The author)가 사람이므로 who나 that이, 두 번째 빈칸은 선행사(the birds)가 동물이므로 which나 that이 알맞다. 따라서 빈칸에 공통으로 들어갈 말은 that이다.

11 |해석| 내일 추우면 내 여동생과 나는 소풍을 가지 않을 것이다.
|해설| 조건을 나타내는 if절에서는 미래의 일을 나타낼 때 현재 시제로 써야 하며 주어가 비인칭 주어 it이므로, be동사 is가 알맞다.

12 |해석| ① 나는 경주에서 우승한 달리기 선수를 보았다.
② 나는 큰 수영장이 있는 집에 살고 싶다.
③ 이것은 탁자 위에 있던 케이크가 아니다.
④ 낙타는 사막에 사는 동물이다.
⑤ Dave는 어려울 때 그를 도와주는 몇몇 친구들이 있다.
|해설| ⑤ 주격 관계대명사 뒤에 오는 동사는 선행사(some friends)의 수에 일치시켜야 한다. (helps → help)

13 |해설| 선행사가 the dogs로 동물이므로 주격 관계대명사 which나 that을 사용하며, 주격 관계대명사 다음에 오는 동사는 선행사의 수에 일치시켜야 한다.

14 |해석| ⓐ 이 약을 먹으면 몸이 나아질 거야.
ⓑ 책상 위에 있는 책을 건네줄래?
ⓒ 이것이 네 어머니가 만드신 스카프니?
ⓓ 공놀이를 하고 있는 소녀와 개를 봐라.
|해설| ⓒ 선행사(the scarf)가 사물이므로 주격 관계대명사로 which나 that을 써야 한다.

15 |해석| ① 도구 사용의 역사

② 인간은 어떻게 도구를 쓰기 시작했는가
③ 과학 실험의 중요성
④ 도구를 사용할 수 있는 동물들의 예
⑤ 인간과 동물의 차이

|해설| 두 번째 문장에서 과학자들이 동물들도 도구를 사용할 수 있다는 사실을 알아내고 있다고 했으므로, 도구를 사용하는 동물들에 관한 내용이 뒤에 이어질 것임을 알 수 있다.

16 |해설| ⓐ '(만약) ~라면, ~한다면'이라는 뜻의 조건을 나타내는 접속사 If가 알맞다.
ⓑ '~하는 동안에'라는 뜻의 접속사 While이 알맞다.

17 |해석| ① 나랑 배드민턴 치고 싶니?
② 내 꿈은 세계를 여행하는 것이다.
③ 우리는 오늘 밤 콘서트에 가기로 결정했다.
④ 규칙적으로 운동하는 것은 건강에 좋다.
⑤ 나는 달걀을 좀 사기 위해 슈퍼마켓에 갔다.
|해설| (A)와 ⑤의 to부정사는 '~하기 위해'라는 뜻으로 목적을 나타내는 부사적 용법으로 쓰였고, 나머지는 모두 명사적 용법으로 쓰였다. (①, ③ 목적어, ② 보어, ④ 주어)

18 |해석| ① 치실질하기 위해 자신의 털을 사용한다
② 엄마 원숭이들과 논다
③ 치실질하는 것을 배운다
④ 털을 빗는 법을 배운다
⑤ 사람 머리카락을 뽑는 것을 배운다
|해설| ③ 앞 문장에 새끼 원숭이들이 보는 앞에서 암컷 원숭이가 치실질을 한다는 내용이 나오고, 빈칸 앞에 This way(이러한 방식으로)라는 말이 있으므로, 새끼 원숭이들이 치실질을 배운다는 뜻이 되는 것이 알맞다.

19 |해설| Q: 마카크 원숭이들은 사람의 머리카락으로 무엇을 하는가?
A: 그들은 (사람의 머리카락으로) 치실질을 한다.

20 |해설| 주어진 문장은 '하지만 문어들은 영리하며 도구도 사용할 수 있다'라는 뜻이므로, 이와 반대되는 내용 뒤인 ②에 들어가야 알맞다.

21 |해설| '누군가 또는 무언가를 안전하게 하는 과정'을 뜻하는 단어는 protection(보호)이다.

22 |해석| 윗글에 따르면, 문어는 왜 코코넛 껍데기를 모아 두는가?
① 그 아래에서 자기 위해
② 장난감으로 사용하기 위해
③ 그 안에 알을 낳기 위해
④ 나중에 숨을 장소로 사용하기 위해
⑤ 음식이 없을 때 먹기 위해
|해설| ④ 문어는 숨을 만한 좋은 장소를 찾지 못할 때 코코넛 껍데기 아래에 숨으며, 나중에 사용할 용도로, 즉 나중에 숨을 장소로 사용하려고 그것을 모아 둔다고 했다.

23 |해설| (A) 항아리 속 물을 '높이기(raise)' 위해 돌을 떨어뜨렸다는 내용이 자연스럽다.
(B) 항아리 속 물이 너무 낮아서(so) 벌레를 먹을 수 없다는 내용이 알맞다.
(C) 똑같은 실험을 한 결과 다른 까마귀들도 똑같이 행동했다는 내용이 이어지므로, 첫 실험의 까마귀가 '특별하다(special)'고 생각한다면 그것은 틀렸다는 내용이 되어야 알맞다.

24 |해설| ⓑ 주격 관계대명사 다음에 오는 동사는 선행사의 인칭과 수에 일치시켜야 한다. 선행사 Scientists가 복수이므로 were studying으로 써야 한다.

25 |해설| • 민수 → 첫 실험 대상이었던 까마귀는 이솝 우화 속 까마귀처럼 돌을 떨어뜨려서 물의 높이를 높였다.
• 호진 → 실험 대상인 까마귀들은 모두 항아리에 돌을 떨어뜨려서 문제를 해결했다.

제4회 고난도로 내신 적중 모의고사 pp. 150-153

01 (t)ool **02** ⑤ **03** ② **04** ⑤ **05** Is there anything special about her(it)? **06** ③, ⑤ **07** ③ **08** ⓒ → She lost him(her dog) near the main gate. **09** ④ **10** ①, ③ **11** If it rains tomorrow, the final match will be delayed. **12** ④ **13** The cat caught a mouse which(that) was eating cheese on the floor. **14** ② **15** ② **16** (1) is teaching → are teaching (2) 선행사 female monkeys가 복수이므로 관계대명사절의 동사를 이에 일치시켜야 한다. **17** ③ **18** ④ **19** for later use **20** tools, coconut shells, protection **21** level **22** ③ **23** ③ **24** stones **25** ⓐ → There are many animals which(that) have special talents.

01 |해석| 이 도구는 가죽에 구멍을 뚫기 위해 쓰인다.
|해설| '무언가를 하거나 만들기 위해 사용하는 것'은 tool(도구)의 영영풀이다.

02 |해석| ⓐ 그 소년은 침대 아래 숨는 것을 좋아한다.
ⓑ 이솝 우화 '토끼와 거북이'는 내가 가장 좋아하는 우화이다.
ⓒ 치과 의사는 내게 하루 한 번 치실질하라고 조언했다.
ⓓ 탁자에 빈 접시들을 쌓아 주세요.
|해설| ⓐ에는 hide(숨다), ⓑ에는 fable(우화), ⓒ에는 floss(치실질하다), ⓓ에는 pile(쌓다)이 알맞다.

03 |해석| ① 소년은 우유 몇 방울을 쏟았다.
Jack은 그의 전화기를 어딘가에 떨어뜨렸다.
② 그들은 항상 선글라스를 가지고 다닌다.
나는 요즘 내 지갑을 가지고 다니지 않는다.
③ 나는 일주일에 한 번 체육관에서 운동한다.
내 삼촌은 한때 유명한 영화 배우였다.
④ 이곳은 동네에서 내가 가장 좋아하는 장소이다.
내 남동생은 바닥에 무거운 상자 하나를 놓았다.
⑤ 새로운 가게는 다음 주에 열 것이다.
케이크를 냉장고에 보관해야 한다.
|해설| ②의 carry는 모두 '가지고 다니다, 휴대하다'라는 뜻의 동사이다.

04 |해석| A: 실례합니다. 제 가방을 잃어버린 것 같아요.
B: 그것은 어떻게 생겼나요?
A: 작은 은색 가방이에요.
B: 그것에 대해 좀 더 말해 주시겠어요?

A: 안에 거울이 있어요.

B: 알겠어요. 가서 확인해 볼게요.

|해설| (A)에는 사물의 생김새를 묻는 말이, (B)에는 추가 정보를 묻는 말이, (C)에는 확인해 보겠다는 말이 알맞다.

05 |해석| '~에 대해 좀 더 말해 주겠니?'라는 뜻으로 구체적인 정보를 물을 때 Is there anything special about ~?이라고 말할 수 있다.

06 |해석| ① 그는 여자에게 도움을 요청하고 있다.

② 그는 잃어버린 고양이를 찾고 싶어 한다.

③ 그는 옷 가게 근처에서 고양이를 잃어버렸다.

④ 그의 고양이는 작고 회색이다.

⑤ 그의 고양이는 꼬리가 매우 길다.

|해설| ③ 소년이 고양이를 잃어버린 장소는 아이스크림 가게 앞이다.

⑤ 소년의 고양이는 꼬리가 짧다.

07 |해석| ① ⓐ: 저는 개를 잃어버렸어요.

② ⓑ: 매우 작고 털이 흰색이에요.

③ ⓒ: 그것에 대해 구체적으로 생각해 볼게요.

④ ⓓ: 질문이 하나 더 있어요.

⑤ ⓔ: 제가 돌아올 때까지 여기서 기다리세요.

|해설| ⓒ 대화하던 대상에 대한 구체적인 추가 정보를 묻는 표현이 되어야 알맞다.

08 |해석| ⓐ 소녀는 어떻게 생겼는가?

ⓑ 남자의 이름은 무엇인가?

ⓒ 소녀는 어디서 개를 잃어버렸는가?

→ 그녀는 개를 정문 근처에서 잃어버렸다.

ⓓ 남자는 어디서 소녀의 개를 찾았는가?

09 |해설| 주어진 단어들을 배열해 문장을 쓰면 If you leave soon, you can get there in time.이므로, 7번째로 오는 단어는 get이다.

10 |해석| [보기] 나는 런던에 사는 친구가 있다.

① 저쪽에 있는 저 소녀를 아니?

② 나는 영어를 할 수 있는 앵무새를 안다.

③ 나는 네 여동생이 빨리 낫길 바라.

④ 꽃무늬가 있는 치마를 어디에서 샀니?

⑤ 길을 건너고 있는 남자와 개를 봐라.

|해설| ①은 지시형용사, ③은 명사절을 이끄는 접속사 that이고, [보기]와 나머지는 모두 주격 관계대명사 that이다.

11 |해설| '내일 비가 온다면'을 조건을 나타내는 if절에 현재 시제로 표현하고, '결승전은 미뤄질 것이다'를 미래 시제의 수동태로 주절에 쓴다.

12 |해석| 테니스를 치고 있는 소년들은 내 남동생들이다.

|해설| ④ 관계대명사 뒤에 오는 동사는 관계대명사절이 수식하는 선행사의 인칭과 수에 일치시켜야 한다.

13 |해석| • 고양이가 쥐를 잡았다.

• 그 쥐는 바닥에서 치즈를 먹고 있었다.

→ 고양이가 바닥에서 치즈를 먹고 있던 쥐를 잡았다.

|해설| 두 번째 문장을 관계대명사절로 나타내어 a mouse를 수식하는 형태가 되도록 문장을 연결한다. 선행사가 동물이므로 주격 관계대명사 which나 that을 쓴다.

14 |해석| ⓐ 걱정거리가 있으면 내게 언제든 전화해.

ⓑ 화창하면 해변에 가자.

ⓒ 레오나르도 다빈치는 '모나리자'를 그린 화가이다.

ⓓ 열심히 연습하지 않으면 경주에서 이길 수 없다.

ⓔ 벽에 걸려있는 그림들은 비싸다.

|해설| ⓑ 조건을 나타내는 if절에서는 미래 상황을 나타낼 때 현재 시제로 써야 한다.

15 |해석| ① 이 재킷을 입어 봐도 될까요?

② 그 소문은 사실이 아닐지도 모른다.

③ 네 공책을 빌려도 되니?

④ 지금 교실을 떠나도 된다.

⑤ 원하면 내 스마트폰을 사용해도 된다.

|해설| ⓐ와 ②의 조동사 may는 '~일지도 모른다'라는 추측의 의미로 쓰였고, 나머지는 모두 '~해도 된다'라는 허락의 의미로 쓰였다.

16 |해설| 관계대명사절의 동사는 선행사의 인칭과 수에 일치시켜야 한다. 선행사 female monkeys가 복수이므로 관계대명사절의 동사를 are teaching으로 써야 한다.

17 |해석| ① 인간만이 도구를 사용할 수 있다.

② 마카크 원숭이들은 사람을 무서워하기 때문에 숨는다.

③ 마카크 원숭이들은 치실질을 위해 사람의 머리카락을 사용한다.

④ 새끼들이 잘 동안에 암컷 원숭이들은 치실질을 한다.

⑤ 마카크 원숭이는 사람들에게 치실질 하는 법을 보여 주기 위해 천천히 치실질을 한다.

|해설| ③ 마카크 원숭이는 치실질을 하기 위해서 사람의 머리카락을 사용한다.

18 |해설| (A) 목적의 의미를 나타내는 to부정사 형태가 알맞다.

(B) 등위접속사 and에 의해 pile과 연결되어 있으므로 동사원형이 알맞다.

(C) How를 이용한 감탄문은 「How+형용사(+주어+동사)!」로 표현한다.

19 |해설| '나중에 사용하기 위해서'는 use를 명사로 써서 for later use의 형태로 나타낼 수 있다.

20 |해석| 문어는 매우 영리하고, 도구를 사용할 수 있다. 문어는 코코넛 껍데기를 자신을 보호하기 위한 은신처로 사용한다.

21 |해석| 그 남자의 영어 수준은 매우 높다.

호우 때문에 강물의 높이가 올라가고 있었다.

|해설| 첫 번째 문장에서 level은 '수준, 단계'라는 뜻으로 쓰였고, 두 번째 문장에서는 '높이'라는 뜻으로 쓰였다.

22 |해설| 실험에서 까마귀가 우화처럼 문제를 해결했다는 문장 다음에 주어진 문장이 이어지는 것이 자연스럽다.

23 |해석| 실험 초반에 까마귀는 왜 항아리 속 벌레를 먹지 못했는가?

① 그 새가 특별하지 않았기 때문이다.

② 벌레가 신선하지 않았기 때문이다.

③ 물의 높이가 낮았기 때문이다.

④ 항아리 속에 돌이 있었기 때문이다.

⑤ 까마귀가 그것을 먹고 싶지 않았기 때문이다.

|해설| ③ 실험에서 까마귀는 물의 높이가 낮아서 항아리 속 물에 떠 있는 벌레를 먹지 못했다고 했다.

24 |해설| 윗글에서 까마귀는 돌을 떨어뜨려 항아리 속 물 높이를 올려 벌레를 먹었으므로, 까마귀가 사용한 도구(tools)는 돌(stones)이다.

25 |해설| 선행사가 동물(many animals)이므로 주격 관계대명사 which나 that을 써야 한다.

STEP A

W Words 연습 문제
p. 157

A
01 중독
02 예방하다, 막다
03 안전
04 문자 메시지(를 보내다)
05 사고
06 (눈을) 깜박거리다
07 증가하다
08 유명 인사
09 통증, 고통
10 총명한, 똑똑한
11 엄지손가락
12 일으키다, 야기하다
13 목구멍, 목
14 규칙적으로
15 작가, 저자
16 초조한
17 현명하지 못한, 어리석은
18 그런, 그러한
19 다양한, 여러 가지의
20 치통

B
01 sore
02 hurt
03 stretch
04 simple
05 hole
06 fever
07 dentist
08 fall
09 problem
10 promise
11 medicine
12 zombie
13 stress
14 headache
15 without
16 dry
17 person
18 meal
19 meeting
20 finger

C
01 ~을 끄다
02 ~을 내려다보다
03 휴식을 취하다
04 감기에 걸리다
05 지금부터
06 다치다
07 콧물이 흐르다
08 (특정한 상황에) 처하다
09 ~ 대신에
10 최선을 다하다

D
01 have a runny nose
02 from now on
03 turn off
04 try one's best
05 instead of
06 look down at
07 get hurt
08 get some rest
09 get into
10 have a cold

W Words Plus 연습 문제
p. 159

A 1 blink, (눈을) 깜박거리다   2 hole, 구덩이, 구멍
3 increase, 증가하다   4 without, ~ 없이

5 regularly, 규칙적으로   6 pain, 통증, 고통
7 accident, 사고   8 stretch, 늘이다, 뻗다
B 1 nervous   2 addiction   3 prevent   4 hurt   5 meal
C 1 got hurt   2 looking down at   3 a runny nose
4 turn off   5 instead of
D 1 unwise   2 increase   3 safety   4 sore
5 without

A | 해석 |
1 매우 빠르게 눈을 뜨고 감다
2 땅 표면에 파여 있는 공간
3 커지거나 어떤 것을 커지게 만들다
4 어떤 사람 또는 물건을 가지고 있지 않은
5 매일 또는 매주 등 같은 시간에
6 몸의 일부가 아플 때 드는 느낌
7 원하거나 계획되지 않게 일어난 나쁜 일
8 몸이나 몸의 일부를 더 똑바르고 길게 만들다

B | 해석 |
1 시험 보기 전에 초조하다고 느끼니?
2 스마트폰 중독은 심각한 문제이다.
3 우리는 공기 오염을 막기 위해 무엇을 할 수 있나요?
4 그는 축구하는 동안 무릎을 다쳤다.
5 저녁 식사는 대부분의 사람들에게 하루의 주된 식사이다.

D | 해석 |
1 쉬운 : 어려운 = 현명한 : 현명하지 못한
2 건조한, 마른 : 젖은 = 증가하다 : 감소하다
3 통증, 고통 : 아픈 = 안전 : 안전한
4 간단한 : 쉬운 = 아픈 : 아픈, 쓰라린
5 켜다 : 끄다 = ~와 : ~ 없이

W Words 실전 TEST
p. 160

01 ②   02 ③   03 ②   04 ④   05 ③   06 instead of
07 ①

01 **| 해석 |** ① 열 ② 목구멍, 목 ③ 두통 ④ 치통 ⑤ 콧물
| 해설 | ②는 신체 일부를 나타내는 단어이고, 나머지는 모두 아픈 증상을 나타내는 단어이다.

02 **| 해석 |** ① 건조한, 마른 – 젖은
② 현명한 – 현명하지 못한, 어리석은
③ 막다, 예방하다 – 막다
④ ~와 – ~ 없이
⑤ 증가하다 – 감소하다
| 해설 | ③은 유의어 관계이고, 나머지는 모두 반의어 관계이다.

03 **| 해석 |** • 사고의 원인이 무엇인가?
• 정크푸드를 너무 많이 먹는 것은 건강 문제를 야기할 수 있다.
| 해설 | 첫 번째 빈칸에는 '원인'이라는 뜻의 명사 cause가, 두 번째 빈칸에는 '야기하다'라는 뜻의 동사 cause가 알맞다.

04 |해석| • 집 안의 불을 모두 껐니?

　　　　• 걸을 때 네 발을 내려다보지 말아라.

　　|해설| turn off: ~을 끄다 / look down at: ~을 내려다보다

05 |해석| ① 나는 열이 나고 목이 아프다.

　　② 너는 안경 없이 볼 수 있니?

　　③ 그들은 건강을 유지하기 위해 규칙적으로 운동한다.

　　④ 이 약을 먹고 휴식을 취해라.

　　⑤ 네 안전을 위해, 헬멧을 써라.

　　|해설| ③ regularly는 '규칙적으로'라는 뜻이다.

06 |해설| '~ 대신에'는 instead of로 표현한다.

07 |해설| ① 초조한: 매우 마음이 편안한 (→ 매우 불안해하거나 걱정하는)

　　② 구멍: 땅 표면에 파여 있는 공간

　　③ (눈을) 깜박거리다: 매우 빠르게 눈을 뜨고 감다

　　④ 증가하다: 커지거나 어떤 것을 커지게 만들다

　　⑤ 고통: 몸의 일부가 아플 때 드는 느낌

　　|해설| ① nervous는 '초조한'이라는 뜻이므로, 영영풀이는 feeling very anxious or fearful이 알맞다.

 Listen and Talk 만점 노트　　　　pp. 162-163

Q1 목이 아프고 열이 남　**Q2** ⓐ　**Q3** T　**Q4** ⓑ　**Q5** F

Q6 오른쪽 엄지손가락　**Q7** text　**Q8** has a fever　**Q9** F

Q10 sore throat, runny nose

Listen and Talk 빈칸 채우기　　　　pp. 164-165

Listen and Talk A-1 What's wrong, have a sore throat, Take, medicine, make sure

Listen and Talk A-2 What's wrong, back hurts, heating pad on, do, exercises

Listen and Talk A-3 What's the matter, terrible toothache, Take, go to the dentist

Listen and Talk A-4 with your leg, hurt, hurts, Why don't you, make sure, until next week

Listen and Talk C What's wrong, right thumb hurts, Do you use, text, I think you have, pain, from texting, Why don't you, don't text

Talk and Play have a fever, too bad, some rest

Review-1 terrible headache, take some medicine

Review-2 the matter, have a runny nose, have a cold

Listen and Talk 대화 순서 배열하기　　　　pp. 166-167

1 ⓓ - ⓐ - ⓒ - ⓑ

2 ⓓ - ⓐ - ⓒ, ⓔ

3 ⓐ - ⓒ - ⓕ, ⓑ - ⓔ

4 ⓒ - ⓐ, ⓑ - ⓓ

5 ⓖ - ⓘ, ⓓ - ⓕ, ⓒ - ⓗ - ⓐ

6 ⓓ - ⓐ - ⓒ - ⓑ

7 ⓑ - ⓓ - ⓐ - ⓒ

8 ⓒ - ⓓ - ⓑ - ⓐ

Listen and Talk 실전 TEST　　　　pp. 168-169

01 ⑤　**02** ③　**03** ②　**04** ②　**05** ②　**06** ③　**07** ①

08 ①　**09** ④

[서술형]

10 (1) What's the matter (with you) (2) make sure you take a good rest　**11** ⓑ → I have a toothache.

12 put some ice on, play soccer until next week

01 |해석| A: 무슨 일이니?

　　B: ＿＿＿＿＿＿＿＿＿＿＿＿＿＿

　　① 손가락을 다쳤어.　　② 팔이 많이 아파.

　　③ 목이 아파.　　④ 심한 치통이 있어.

　　⑤ 반드시 좀 쉬도록 하렴.

　　|해설| ⑤ 아픈 증상을 묻는 말에 대한 대답으로 당부의 말을 하는 것은 어색하다.

02 |해석| A: 나는 열이 있고 콧물이 나.

　　B: 안됐구나. 반드시 약을 좀 먹어.

　　① 치과에 가 봐　　② 너무 많이 먹지 마

　　④ 내일 일찍 일어나　　⑤ 운동하기 전에 스트레칭을 해

　　|해설| 열이 있고 콧물이 난다고 했으므로, 해 줄 수 있는 당부의 말로 약을 먹으라는 ③이 가장 알맞다.

03 |해석| ① A: 무슨 일이 있니?

　　　　B: 배가 아파.

　　② A: 무슨 일이야?

　　　　B: 이제 나아지고 있는 것 같아.

　　③ A: 머리가 너무 아파.

　　　　B: 약을 좀 먹는 게 어때?

　　④ A: 등이 많이 아파.

　　　　B: 안됐구나. 진찰을 받아 봐.

　　⑤ A: 나는 달리다가 다리를 다쳤어.

　　　　B: 반드시 그 위에 얼음을 좀 올려놔.

　　|해설| ② 아픈 증상을 묻는 질문에 몸이 나아지고 있다고 답하는 것은 어색하다.

04 |해석| A: 무슨 일이니, Chris?

　　(B) 심한 치통이 있어요.

　　(C) 여기 약이 좀 있단다. 이것을 먹으렴.

　　(A) 고맙습니다.

　　(D) 그리고 반드시 치과에 가도록 하렴.

　　B: 네, 그럴게요.

[05~06] |해석|

A: 무슨 일이니, Peter?

B: 모르겠어요, 김 선생님. 그런데 등이 많이 아파요.

A: 그곳에 찜질 패드를 올려놓으렴.

B: 네, 그럴게요

A: 그리고 반드시 스트레칭 운동을 좀 하렴.

05 |해석| ① 뭘 원하니　　② 무슨 일이니

　　③ 지금 뭘 하고 있니　　④ 언제 아프기 시작했니

　　⑤ 진찰을 받아 보는 게 어떠니

|해설| 아픈 증상을 물을 때는 What's wrong?, What's the matter?, Is anything wrong? 등으로 말할 수 있다.

06 |해설| 주어진 단어들을 바르게 배열하면 make sure you do some stretching exercises이므로 4번째로 오는 단어는 do이다.

[07~09] |해석|
A: 무슨 일이니, Andy?
B: 안녕하세요, 김 선생님. 제 오른쪽 엄지손가락이 아파요.
A: 음, 너 스마트폰을 많이 사용하니?
B: 네, 문자를 많이 보내요. 왜요?
A: 내 생각에 너는 texting thumb인 것 같구나.
B: texting thumb이요? texting thumb이 뭐가요?
A: 엄지손가락에 통증이 있는 거야. 문자를 너무 많이 보내면 생길 수 있어.
B: 아, 그건 몰랐어요.
A: 손가락 스트레칭 운동을 좀 하는 게 어떠니?
B: 네, 그럴게요.
A: 그리고 반드시 문자를 너무 많이 보내지 않도록 하렴.

07 |해설| 주어진 문장은 '오른쪽 엄지손가락이 아프다'라는 뜻이므로 아픈 증상을 묻는 표현 다음인 ①에 들어가는 것이 알맞다.

08 |해석| ② Andy의 스마트폰
③ Andy의 오른쪽 엄지손가락
④ Andy의 문자 메시지
⑤ 스트레칭 운동
|해설| texting thumb이 무엇인지 묻는 질문에 대한 대답이므로 It은 texting thumb을 가리킨다.

09 |해설| ④ Andy는 texting thumb이 무엇인지 몰라서 김 선생님께 물어보았다.

10 |해석| A: 너 아파 보인다. 무슨 일이니, 인호야?
B: 열이 나요. 목도 아파요.
A: 이 약을 먹고 반드시 푹 쉬도록 하렴.
B: 알겠어요. 고맙습니다.
|해설| (1) 상대방에게 무슨 일이 있는지 물을 때는 What's the matter? 로 말할 수 있다.
(2) 상대방에게 어떤 일을 반드시 하라고 당부할 때는 「Make sure you+동사원형 ~.」으로 말할 수 있다.

11 |해석| A: 너 아파 보여. 무슨 일이니?
B: 두통이(→ 치통이) 있어.
A: 안됐구나. 너는 치과에 가는 것이 좋겠어.
B: 응, 그럴게.
|해설| 치과에 가 보라는 조언이 이어지는 것으로 보아, 두통(headache)이 아니라 치통(toothache)이 있다고 해야 맥락상 자연스럽다.

12 |해석| 여자: 다리에 무슨 문제가 있니?
소년: 축구를 하다가 넘어져서 발을 다쳤어요.
여자: 걸을 수는 있니?
소년: 네, 하지만 많이 아파요.
여자: 발에 얼음을 좀 올려놓는 게 어떠니? 그리고 반드시 다음 주까지는 축구를 하지 않도록 하렴.
Q: 여자는 소년에게 무엇을 하라고 조언했는가?
A: 그녀는 그의 발에 얼음을 좀 올리고 다음 주까지 축구를 하지 말라고 조언했다.

G Grammar 핵심 노트 **1** QUICK CHECK　　p. 170

1 (1) that　(2) whom　(3) which
2 (1) whom(who/that)　(2) which(that)　(3) whom

1 |해석| (1) 나는 아버지가 내게 주신 자전거를 좋아한다.
(2) 네가 공원에서 본 그 여자는 나의 이모이다.
(3) Lisa는 그녀가 이탈리아에서 산 신발을 신고 있다.
2 |해석| (1) 그녀는 내가 가장 좋아하는 가수이다.
(2) Julie가 듣는 음악은 좋다.
(3) 내가 함께 이야기를 나누던 그 남자는 나의 선생님이다.

G Grammar 핵심 노트 **2** QUICK CHECK　　p. 171

1 (1) me　(2) Max　(3) such music hip hop
2 (1) him　(2) call me Sweetie　(3) Brooke

1 |해석| (1) 저를 정 선생님이라고 불러 주세요.
(2) 내 친구들과 나는 그 개를 Max라고 부른다.
(3) 사람들은 그런 음악을 힙합이라고 부른다.
2 |해석| (1) 그의 학급 친구들은 그를 천재라고 불렀다.
(2) 나의 엄마는 나를 Sweetie라고 부르고 싶어 하셨다.
(3) 그들은 그 아기를 Brooke이라고 이름 짓기로 결정했다.

G Grammar 연습 문제 **1**　　p. 172

A **1** which(that)　**2** which(that)　**3** whom(who/that)
4 which(that)　**5** whom(who/that)
B **1** The bike which(that) I loved was stolen.
2 I know the girl whom(who/that) everyone likes.
3 *Jane Eyre* is the book which(that) Yumi read yesterday.
C **1** This is the storybook which(that) my uncle wrote.
2 The cookies which(that) Jane made were delicious.
3 The man whom(who/that) they saw on TV last night is the lawyer.
D **1** The person I often meet
2 the dogs that I take care of
3 The map which he lent me

A |해석| **1** 내가 방문하고 싶은 도시는 시드니이다.
2 내가 어제 네게 준 연필은 어디에 있니?
3 헤밍웨이는 내가 가장 좋아하는 작가이다.
4 이것은 나의 아버지가 작년에 심은 나무이다.
5 내 형이 이야기하고 있는 그 여자는 멕시코 출신이다.
|해설| 선행사가 사람일 때는 목적격 관계대명사로 whom, who나 that을, 사물일 때는 which나 that을 쓴다.
B |해석| **1** 내가 정말 좋아하던 그 자전거는 도난당했다.
2 나는 모든 사람들이 좋아하는 소녀를 안다.
3 '제인 에어'는 유미가 어제 읽은 책이다.

D |해설| 'A를 B라고 부르다'는 call *A B*로 나타낸다. 목적어와 목적격 보어를 구별하여 바르게 배열한다.

|해설| 선행사가 사람일 때는 목적격 관계대명사로 whom, who나 that을, 사물일 때는 which나 that을 쓰며, 목적격 관계대명사는 생략할 수 있다.

C |해석| **1** 이것은 동화책이다. 내 삼촌이 그것을 썼다.
　　→ 이것은 내 삼촌이 쓴 동화책이다.
　2 쿠키는 맛있었다. Jane이 그것들을 만들었다.
　　→ Jane이 만든 쿠키는 맛있었다.
　3 그 남자는 변호사이다. 그들은 그를 어젯밤에 TV에서 보았다.
　　→ 그들이 어젯밤에 TV에서 본 그 남자는 변호사이다.
|해설| 두 번째 문장의 목적어인 대명사가 대신하는 앞 문장의 명사를 선행사로 하여, 두 번째 문장이 「목적격 관계대명사+주어+동사 ~」 형태의 관계대명사절이 되도록 쓴다.

D |해설| 「선행사+(목적격 관계대명사+)주어+동사」의 어순이 되도록 문장을 완성한다.
　1 목적격 관계대명사가 생략되었다.
　2 관계대명사 that은 「전치사+관계대명사」의 형태로는 쓸 수 없다.

Ⓖ Grammar 연습 문제 2　　　　p. 173

A **1** call her Dancing Queen　**2** called him Caveman
　3 call this bread Naan
B **1** she → her　**2** fast food such food → such food fast food　**3** to → 삭제　**4** Nate him → him Nate
C **1** elect　**2** call　**3** make　**4** name
D **1** Jenny calls her cat Coco.
　2 People call the boy a walking dictionary.
　3 My classmates always call me Computer Master.

A |해석| **1** Amy는 춤을 잘 춰서 우리는 그녀를 Dancing Queen이라고 부른다.
　2 그가 동굴에 살았기 때문에 우리는 그를 Caveman이라고 불렀다.
　3 인도에서 사람들은 얇은 빵을 카레와 함께 먹는데 그들은 이 빵을 난이라고 부른다.
|해설| 'A를 B라고 부르다'라는 의미가 되도록 call *A B*의 어순으로 쓴다. A 자리에는 목적어, B 자리에는 목적격 보어를 쓴다.

B |해석| **1** 제가 그녀를 White 씨라고 불러도 될까요?
　2 우리는 그런 음식을 패스트푸드라고 부른다.
　3 사람들은 방콕을 천사의 도시라고 부른다.
　4 그의 이름은 Nathaniel이지만 사람들은 그를 Nate라고 부른다.
|해설| **1** call *A B*에서 A는 목적어 자리이므로 목적격 형태로 쓴다.
　2, 4 call *A B*에서 A에는 목적어, B에는 목적격 보어가 위치한다.
　3 call *A B*에서 목적격 보어 자리인 B에는 명사(구)가 온다.

C |해석| **1** 우리는 그를 학생회장으로 선출할 것이다.
　2 내 친구들은 나를 Robert 대신에 Bob이라고 부른다.
　3 나는 세상을 더 나은 곳으로 만들고 싶다.
　4 그들은 아기가 태어나기 전에 Joy라고 이름 짓기로 결정했다.
|해설| 모두 5형식 문장으로, 빈칸 뒤에 「목적어+목적격 보어(명사(구))」가 이어져 '~을 …로 선출하다/부르다/만들다/이름 짓다'를 의미하도록 각각 elect, call, make, name을 쓴다.

Ⓖ Grammar 실전 TEST　　　　pp. 174-177

01 ②　**02** ③　**03** ①　**04** ⑤　**05** ③　**06** ②　**07** ③
08 ②, ⑤　**09** ①　**10** ③　**11** ⑤　**12** ④　**13** ⑤
14 ①, ⑤　**15** ①　**16** ④　**17** ②

[서술형]
18 which(that)　**19** whom(who/that)　**20** Big Ben the tower → the tower Big Ben　**21** I don't know the person that you are talking about.　**22** (1) We call the food taco.
(2) We call the animal koala.　(3) We call the dance salsa.
23 (1) People call such music hip hop.
(2) The musical which I want to see is *Cats*.
(3) Do you like the sneakers that you bought yesterday?
(4) The painter whom I like the most is Edgar Degas.
24 (1) The girl Tim called last night was Jenny.
(2) Everyone likes the strawberry cake I bought.
(3) Look at the man the children are talking to.
(4) I found the cats my sister was looking for.
(5) The piano my daughter is playing now is very old.
25 (1) which(that) Tom likes is pizza　(2) which(that) Tom likes is soccer　(3) which(that) Tom likes is blue
(4) whom(who/that) Tom likes is Michael Jackson
(5) whom(who/that) Tom likes is Charles Dickens

01 |해설| 'A를 B라고 부르다'는 call *A B*로 나타낸다.
02 |해설| • 케냐는 내가 방문하고 싶은 나라이다.
　　• Jason은 어제 Sally가 함께 저녁 식사한 남자이다.
|해설| 첫 번째 빈칸에는 선행사(the country)가 사물이므로 목적격 관계대명사로 which나 that이 알맞고, 두 번째 빈칸에는 선행사(the man)가 사람이므로 whom, who나 that이 알맞다. 따라서 공통으로 알맞은 것은 that이다.
03 |해설| 그들이 가장 좋아하는 작가는 윌리엄 셰익스피어이다.
|해설| they like the most가 관계대명사절로 주어 The writer를 수식하므로, 목적격 관계대명사 whom은 선행사(The writer) 뒤에 와야 한다.
04 |해설| 내 남자친구는 내게 반지를 줬다. 나는 그것을 잃어버렸다.
　　→ 나는 내 남자친구가 내게 준 반지를 잃어버렸다.
|해설| 선행사(the ring)가 사물이므로 목적격 관계대명사는 which나 that을 쓴다.
05 |해설| • 나의 아버지는 내가 가장 사랑하는 사람이다.
　　• 그녀가 사고 싶어 하는 재킷은 매우 비싸다.
|해설| 첫 번째 빈칸에는 선행사(the person)가 사람이므로 목적격 관계대명사로 whom, who나 that을, 두 번째 빈칸에는 선행사(The jacket)가 사물이므로 which나 that을 쓸 수 있다.
06 |해설| 'A를 B라고 부르다'는 call *A B*로 나타낸다. A에는 목적어인 such people이, B에는 목적격 보어인 celebrities가 온다.

07 |해석| ① 아빠가 만든 피자는 맛있었다.
② 이것은 그녀가 하루 종일 찾던 펜이다.
③ 내가 가장 좋아하는 동물은 토끼이다.
④ 내가 그녀에게 빌린 책은 '햄릿'이다.
⑤ Davis 씨는 많은 학생들이 존경하는 교사이다.
|해설| ③ 선행사(The animal)가 동물이므로 목적격 관계대명사로 which나 that을 써야 한다.

08 |해석| 오늘 아침 내가 버스에서 만난 소녀는 내 사촌이다.
|해설| 선행사가 사람일 때 목적격 관계대명사로 whom, who나 that을 쓸 수 있다.

09 |해석| ① 그들은 Joy가 시험에 합격하기를 바란다.
② 내가 잘하는 과목은 과학이다.
③ 런던은 내가 작년에 방문한 도시이다.
④ Andy는 하준이가 캐나다에서 만난 소년이다.
⑤ 내가 탁자 위에 놓아둔 시계를 봤니?
|해설| ①은 명사절을 이끄는 접속사 that이고, 나머지는 모두 관계대명사절을 이끄는 목적격 관계대명사 that이다.

10 |해석| ① 저를 윤 박사라고 불러 주세요.
② 우리 가족은 그 개를 Rex라고 불렀다.
③ 그녀는 항상 그녀의 남편을 Honey라고 부른다.
④ 베트남 사람들은 그 모자를 논 라라고 부른다.
⑤ 사람들은 뉴욕시를 the Big Apple이라고 부른다.
|해설| ③ 'A를 B라고 부르다'는 call A B로 나타낸다.

11 |해석| ① 이것들은 내가 파리에서 찍은 사진들이다.
② Jim은 내가 자주 축구를 함께 하는 소년이다.
③ 내가 편지를 쓰고 있는 친구는 Sue이다.
④ 내가 오늘 점심으로 먹은 스파게티는 맛있었다.
⑤ 이것은 나의 조부모님이 살고 계신 집이다.
|해설| ⑤ 「전치사+관계대명사」의 형태일 때 목적격 관계대명사로 that을 쓸 수 없다.

12 |해석| ① 나는 믿을 수 있는 몇몇 친구들이 있다.
② 이것은 엄마가 나를 위해 만들어 주신 스카프이다.
③ Ben이 사용하고 있는 스마트폰은 내 것이다.
④ 그 여자는 내가 너에게 얘기했던 의사이다.
⑤ 내가 Tom과 함께 봤던 영화는 '로미오와 줄리엣'이었다.
|해설| ④ 「전치사+관계대명사」의 형태일 때 목적격 관계대명사는 생략할 수 없다.

13 |해석| 그 어린 소년은 매우 똑똑해서 모두 그를 아인슈타인이라고 부른다.
|해설| 'A를 B라고 부르다'는 call A B이며, B의 자리에는 목적격 보어로 명사가 온다.

14 |해석| 그 도서관은 조용했다. 나는 어제 그 도서관에 갔다.
내가 어제 간 그 도서관은 조용했다.
|해설| 선행사 The library를 목적격 관계대명사가 이끄는 관계대명사절로 수식하는 형태로 쓴다. 선행사가 사물이므로 관계대명사로 which나 that을 쓰며, 목적격 관계대명사이므로 생략할 수도 있다.

15 |해석| ① Jenny는 옆집에 사는 소녀이다.
② 그는 우리가 어젯밤에 본 배우이다.
③ Emma가 이야기하고 있는 남자를 보아라.
④ 빈센트 반 고흐는 내가 가장 좋아하는 화가이다.
⑤ 그들은 내가 보통 점심을 함께 먹는 반 친구들이다.

|해설| ① 빈칸 뒤에 동사가 이어지는 주격 관계대명사절이므로, 목적격 관계대명사인 whom은 쓸 수 없다.

16 |해설| 주어진 단어들을 바르게 배열하면 My brother lost the laptop which he bought a week ago.이므로 6번째로 오는 단어는 which이다.

17 |해석| ⓐ 사람들은 그런 춤을 탱고라고 부른다.
ⓑ 그녀의 친구들은 모두 그녀를 Queen Bee라고 부른다.
ⓒ 우리가 할 수 있는 것에 대해 생각해 보자.
ⓓ 런던은 내가 10년 동안 살았던 도시이다.
ⓔ 이것은 나의 부모님이 생일날 내게 주신 자전거이다.
|해설| ⓑ 'A를 B라고 부르다'는 call A B이며, A는 목적어 자리이므로 목적격을 써야 한다.
ⓔ 관계대명사절에서는 관계대명사가 대신하는 (대)명사를 쓰지 않으므로, 목적어 it을 삭제해야 한다.

18 |해석| 그 영화는 재미있었다. 나는 지난 주말에 그것을 봤다.
→ 내가 지난 주말에 본 영화는 재미있었다.
|해설| 선행사(The movie)가 사물이므로 목적격 관계대명사로 which나 that을 쓴다.

19 |해석| 그 여자는 조련사이다. 나는 공원에서 그녀에게 말했다.
→ 내가 공원에서 말했던 여자는 조련사이다.
|해설| 선행사(The woman)가 사람이므로 목적격 관계대명사로 whom, who나 that을 쓴다.

20 |해석| A: 그 시계탑의 이름은 무엇이니?
B: 사람들은 그 탑을 빅벤이라고 불러.
|해설| 'A를 B라고 부르다'는 call A B의 어순으로 나타낸다.

21 |해석| 나는 네가 말하는 그 사람을 모른다.
|해설| 관계대명사 that은 전치사 바로 뒤에 쓸 수 없으므로 전치사를 관계대명사절의 끝으로 보내야 한다.

22 |해석| [예시] A: 이 모자를 무엇이라고 부르는가?
B: 우리는 그 모자를 chullo라고 부른다.
(1) A: 이 음식을 무엇이라고 부르는가?
B: 우리는 그 음식을 타코라고 부른다.
(2) A: 이 동물을 무엇이라고 부르는가?
B: 우리는 그 동물을 코알라라고 부른다.
(3) A: 이 춤을 무엇이라고 부르는가?
B: 우리는 그 춤을 살사라고 부른다.
|해설| 'A를 B라고 부르다'는 call A B로 나타낸다. 이름에 해당하는 명사가 목적격 보어인 B 자리에 온다.

23 |해설| (1) 'A를 B라고 부르다'는 call A B 형태로 쓴다.
(2)~(4) 각 문장의 선행사를 목적격 관계대명사절이 수식하는 형태로 쓴다.

24 |해석| [예시] 그 책은 '마지막 잎새'이다. Tim이 그것을 읽고 있다.
→ Tim이 읽고 있는 책은 '마지막 잎새'이다.
(1) 그 소녀는 Jenny였다. Tim은 어젯밤에 그녀에게 전화했다.
→ Tim이 어젯밤에 전화한 소녀는 Jenny였다.
(2) 모두가 딸기 케이크를 좋아한다. 나는 그것을 샀다.
→ 모두가 내가 산 딸기 케이크를 좋아한다.
(3) 그 남자를 봐라. 아이들이 그에게 이야기하고 있다.
→ 아이들이 이야기하고 있는 그 남자를 봐라.

(4) 나는 고양이들을 발견했다. 내 여동생이 그 고양이들을 찾고 있었다.
 → 나는 내 여동생이 찾고 있던 고양이들을 발견했다.
(5) 피아노는 매우 오래되었다. 내 딸이 지금 그것을 연주하고 있다.
 → 내 딸이 지금 연주하고 있는 피아노는 매우 오래되었다.
|해설| 목적격 관계대명사는 생략이 가능하며, 목적격 관계대명사는 선행사를 가리키는 (대)명사를 대신하므로 관계대명사절에서 그 (대)명사를 삭제해야 하는 것에 유의한다.

25 |해석| (1) Tom이 좋아하는 음식은 피자이다.
(2) Tom이 좋아하는 운동은 축구이다.
(3) Tom이 좋아하는 색은 파란색이다.
(4) Tom이 좋아하는 가수는 마이클 잭슨이다.
(5) Tom이 좋아하는 작가는 찰스 디킨스이다.
|해설| 각 문장의 선행사를 목적격 관계대명사절이 수식하는 형태로 완성한다. (1)~(3)은 선행사가 사물이므로 which나 that을 쓰고, (4), (5)는 선행사가 사람이므로 whom, who나 that을 쓴다.

Ⓡ Reading 빈칸 채우기   pp. 180-181

01 without, these days   **02** unwise, too much   **03** like
04 down, on   **05** call such people   **06** various safety
07 may, so, get hurt   **08** get into   **09** to prevent
10 simple   **11** look at, while   **12** cause various health
problems   **13** dry eyes   **14** When, blink often
15 feel dry   **16** Another problem   **17** look down at,
increases   **18** for example, neck pain   **19** call
20 tips for   **21** try to blink   **22** up to, eye level
23 neck stretching exercises   **24** feel nervous, around
25 there is no   **26** If, may have, addiction
27 to prevent   **28** turn off, during   **29** instead of

Ⓡ Reading 바른 어휘·어법 고르기   pp. 182-183

01 Living   **02** unwise   **03** around   **04** down
05 such people smombies   **06** safety   **07** may
08 into   **09** to prevent   **10** simple   **11** while
12 cause   **13** is   **14** at   **15** dry   **16** is
17 increases   **18** cause   **19** this text neck   **20** tips
21 to blink   **22** up   **23** do   **24** when   **25** sad
26 addiction   **27** to prevent   **28** off   **29** instead of

---

Ⓡ Reading 틀린 문장 고치기   pp. 184-185

01 ×, is   **02** ×, too much   **03** ○   **04** ○   **05** ×, such
people smombies   **06** ○   **07** ×, get hurt   **08** ×, get
into   **09** ×, to prevent   **10** ○   **11** ○   **12** ×, can
cause   **13** ○   **14** ○   **15** ○   **16** ×, problem   **17** ○
18 ○   **19** ○   **20** ×, are   **21** ×, For   **22** ×, to
23 ○   **24** ×, nervous   **25** ×, there is   **26** ○   **27** ×, to
prevent   **28** ×, during   **29** ×, texting

Ⓡ Reading 실전 TEST   pp. 188-191

01 ④   **02** ⑤   **03** ③   **04** ①   **05** ①   **06** ②   **07** ②
08 ③   **09** ⑤   **10** ③   **11** ①, ⑤   **12** ③   **13** ④
14 ②   **15** ③   **16** ④   **17** ④   **18** ②, ④

[서술형]
19 ⓑ → is   **20** |모범 답| 좀비처럼 돌아다니면서, 고개를 아래로 숙이고 스마트폰을 보는 사람들   **21** (1) They may not see a hole in the street, so they may fall and get hurt. They may get into a car accident, too.   (2) They shouldn't look at their smartphones while they are walking.
22 you can have is neck pain   **23** (1) dry eyes   (2) text neck(neck pain)   **24** (1) 스마트폰을 눈높이까지 올려서 보는 것
(2) 목 스트레칭 운동을 하는 것

[01~02] |해석|
스마트폰 없이 사는 것은 요즘 많은 이들에게 어렵다. 하지만 스마트폰을 현명하지 못하게 사용하거나 너무 과도하게 사용하는 것은 다양한 문제를 야기할 수 있다.

01 |해설| ⓐ 문맥상 요즘 스마트폰 없이 생활하는 것이 어렵다(difficult)는 내용이 알맞다.
ⓑ 이어지는 내용에서 너무 과도한 사용이 여러 문제를 야기할 수 있다고 했으므로 unwise(현명하지 못한)가 알맞다.

02 |해설| 마지막 문장에서 스마트폰을 현명하지 못하게 사용하거나 과도하게 사용하면 다양한 문제를 야기할 수 있다고 했으므로, 뒤에 이어질 내용으로 ⑤가 알맞다.

[03~08] |해석|
전 세계적으로 사람들이 좀비처럼 걸어 다니고 있다. 그들의 머리는 아래를 향하고, 그들의 눈은 스마트폰을 향하고 있다. 우리는 그런 사람들을 스몸비, 즉 스마트폰 좀비라고 부른다. 만약 당신이 스몸비라면, 당신은 다양한 안전 관련 문제들을 겪을 수 있다. 당신은 거리에 있는 구덩이를 보지 못할 수도 있고, 그래서 넘어져서 다칠지도 모른다. 당신은 또한 교통사고를 당할지도 모른다. 그렇다면 이런 문제들을 예방하기 위해 무엇을 할 수 있을까? 간단하다. 걷고 있는 동안에는 스마트폰을 보지 마라!

03 |해설| 주어진 문장은 '스몸비라면 다양한 안전 문제를 겪을 수 있다'는 내용이므로 구체적인 안전 문제에 관한 예시가 제시되는 문장 앞인 ③에 들어가는 것이 자연스럽다.

04 |해설| 'A를 B라고 부르다'는 call A B로 나타낸다.

05 |해설| ⓐ '그래서'라는 의미로 결과를 나타내는 접속사 so가 알맞다.
ⓒ '걷고 있는 동안에' 스마트폰을 보지 말라는 내용이 되도록 접속사 while(~ 동안에)이 알맞다.

06 |해석| ① 나의 취미는 쿠키를 굽는 것이다.
② 나는 자전거를 타기 위해 공원에 갔다.
③ 그는 미래에 수의사가 되기를 원한다.
④ 롤러코스터를 타는 것은 매우 재미있다.
⑤ 우리는 병원에서 자원봉사 하기로 결정했다.
|해설| ⓑ와 ②의 to부정사는 목적을 나타내는 부사적 용법으로 쓰였다. 나머지는 모두 명사적 용법으로 쓰였다. (①보어, ③, ⑤ 목적어, ④ 주어)

07 |해설| 지민 → 스몸비는 길에서 구덩이를 보지 못해 넘어져 다칠 수 있다.

유나 → 길을 걸을 때 스마트폰을 보면 교통사고 등 안전 문제가 발생할 수 있다.

08 |해석| ① 스마트폰 없이 사는 것

② 스마트폰을 쉽게 사용하는 법

③ 스마트폰 좀비가 되지 마라

④ 왜 우리는 스마트폰을 필요로 하는가?

⑤ 역대 최고의 좀비 영화

|해설| 스몸비는 다양한 안전 문제를 겪을 수 있으므로 길에서 걷는 동안에는 스마트폰을 보지 말라는 내용이므로, 글의 제목으로 ③ '스마트폰 좀비가 되지 마라'가 가장 적절하다.

[09~13] |해석|

당신은 안구 건조증이나 거북목 증후군이 있나요?

스마트폰은 다양한 건강상의 문제를 야기할 수 있다. 한 가지 예가 안구 건조증이다. 스마트폰을 볼 때, 당신은 눈을 자주 깜박거리지 않는다. 그러면 눈이 건조하게 느껴질 것이다.

당신이 겪을 수 있는 또 다른 문제는 목 통증이다. 스마트폰을 내려다볼 때, 목에 가해지는 압박이 증가한다. 스마트폰을 너무 많이 사용하는 것은, 예를 들어, 문자를 너무 많이 보내는 것은 목 통증을 야기할 수 있다. 이런 증상을 거북목 증후군(text neck)이라고 부른다.

이런 문제들을 위한 몇 가지 조언이 여기 있다. 안구 건조증에는, 눈을 자주 깜박이려고 노력해라. 거북목 증후군에는, 스마트폰을 눈높이까지 위로 올려라. 또한 목 스트레칭 운동도 좀 할 수 있다.

09 |해석| ① 안전 문제를 해결한다

② 당신을 훨씬 건강하게 만든다

③ 몇 가지 건강 조언을 한다

④ 고통을 겪는 것을 방지한다

⑤ 다양한 건강 문제를 야기한다

|해설| 스마트폰 사용으로 인해 발생하는 건강 문제에 대한 구체적인 예(dry eyes, text neck)가 이어지므로 '다양한 건강 문제를 야기한다'는 뜻의 ⑤가 알맞다.

10 |해석| ① 어떤 일이 일어나게 하다

② 어떤 일이 일어나지 못하게 막다

③ 눈을 매우 빠르게 뜨고 감다

④ 커지거나 어떤 것을 커지게 만들다

⑤ 몸이나 몸의 일부를 더 똑바르고 길게 만들다

|해설| 밑줄 친 ⓑ의 blink는 '(눈을) 깜박거리다'라는 뜻이므로 '눈을 매우 빠르게 뜨고 감다'가 영영풀이로 알맞다.

11 |해설| 선행사(Another problem)가 사물이므로 빈칸에는 목적격 관계대명사 which나 that이 알맞다.

12 |해설| (A) 안구 건조증에 대한 내용이므로 눈을 자주 깜박거리지 않으면 눈이 건조해질(dry) 것이라는 내용이 알맞다.

(B) 스마트폰을 내려다볼 때 목에 압박이 증가한다(increases)는 내용이 알맞다.

(C) 거북목 증후군에 대한 조언이므로 스마트폰을 눈높이까지 위로(up) 올리라는 조언이 알맞다.

13 |해석| ① 그것은 목 통증이다.

② 스마트폰을 내려다볼 때 생길 수 있다.

③ 그것은 문자를 너무 많이 보내는 것으로 인해 야기될 수 있다.

④ 그것이 생기지 않기 위해 눈을 자주 깜박거려야 한다.

⑤ 그것을 예방하기 위해 목 스트레칭 운동을 할 필요가 있다.

|해설| ④ 눈을 자주 깜박이는 것은 dry eyes(안구 건조증)를 예방하는 방법이다. text neck(거북목 증후군)을 예방하기 위해서는 스마트폰을 눈높이까지 들어올리고 목 스트레칭 운동을 하라고 했다.

[14~18] |해석|

당신은 스마트폰이 없을 때 어떤 기분이 드나요?

스마트폰이 주위에 없을 때 초조한 기분이 드는가? 스마트폰을 확인했을 때 아무런 문자 메시지가 없으면 슬픈 기분이 드는가? 만약 당신의 대답이 '그렇다'이면, 당신은 스마트폰 중독일지도 모른다. 이를 예방하기 위해 할 수 있는 일은 여러 가지가 있다. 예를 들어, 식사나 회의 중에는 스마트폰을 꺼라. 문자를 보내는 대신에 사람들과 이야기할 수 있다.

14 |해설| ② '~하게 느끼다'는 「감각동사 feel+형용사」로 나타낸다.

(→ sad)

15 |해석| ① 목 통증   ② texting thumb   ③ 스마트폰 중독

④ 스마트폰 사고   ⑤ 스마트폰 문제를 위한 조언

|해설| 앞에 언급된 증상들이 스마트폰 중독의 증상이므로, 빈칸에는 ③이 알맞다.

16 |해석| ① 사실은   ② 게다가   ③ 그러나   ④ 예를 들어   ⑤ 반면에

|해설| 빈칸 뒤에 스마트폰 중독을 예방할 방법에 관한 구체적인 예시가 이어지므로, For example(예를 들어)이 알맞다.

17 |해설| (A) 목적의 의미를 나타내는 부사적 용법의 to부정사가 알맞다.

(B) 전치사 뒤에 동사가 올 때는 동명사(texting) 형태가 알맞다.

18 |해석| ① 우리는 더 건강하게 먹어야 한다.

② 우리는 사람들에게 문자 메시지를 보내지 않고 말을 해야 한다.

③ 우리는 어느 곳이나 스마트폰을 가져가야 한다.

④ 우리는 먹을 때는 스마트폰을 꺼야 한다.

⑤ 우리는 사람들에게 문자 메시지를 더 자주 보내야 한다.

|해설| 스마트폰 중독을 예방하기 위한 방법으로 사람들에게 문자 메시지를 보내는 대신 말을 하고, 식사나 회의 중에 스마트폰을 끄는 것을 제시하고 있다.

19 |해설| 문장의 주어가 동명사구이므로 단수 동사를 써야 한다.

20 |해설| such people(그런 사람들)은 앞서 언급한 좀비처럼 돌아다니면서(people are walking around like zombies), 머리는 아래로, 눈은 스마트폰으로 향하는(Their heads are down, and their eyes are on their smartphones.) 사람들을 의미한다.

21 |해석| (1) 스몸비들은 어떤 안전 문제를 겪을 수 있는가?

→ 그들은 길에서 구덩이를 보지 못해 넘어져 다칠 수 있다. 그들은 또한 교통사고를 당할 수도 있다.

(2) 안전 문제를 예방하기 위해 스몸비들은 무엇을 하지 말아야 하는가?

→ 그들은 걸을 때 스마트폰을 보지 말아야 한다.

22 |해설| 「주어(Another problem)+목적격 관계대명사절(you can have)+동사(is)+보어(neck pain)」의 순서로 쓴다. 빈칸 수로 보아 목적격 관계대명사는 생략하도록 한다.

23 |해설| 본문에 언급된 스마트폰 사용으로 인한 건강 문제는 dry eyes(안구 건조증)와 text neck(거북목 증후군), 즉 neck pain(목 통증)이다.

24 |해설| 거북목 증후군(text neck)을 예방하기 위한 방법은 스마트폰을 눈높이까지 올리는 것(move your smartphone up to your eye level)과 목 스트레칭 운동을 하는 것(do some neck stretching exercises)이다.

기타 지문 실전 TEST   p. 193

01 ③　**02** make sure you exercise regularly　**03** ②
04 ④　**05** There are a few things which(that) I need to change to have a healthier life.　**06** ②　**07** (1) 매일 30분 동안 걸으려고 노력할 것이다. (2) 일주일에 한 번만 패스트푸드를 먹을 것이다. (3) 밤 10시 이후에는 먹지 않을 것이다.

[01~02] |해석|
Peter, 이건 너를 위한 내 조언이야. 나는 네가 잘 먹을 필요가 있다고 생각해. 신선한 과일과 채소를 많이 먹도록 노력하렴. 그리고 반드시 규칙적으로 운동을 하도록 해.

01 |해설| 뒤에 건강에 좋은 음식을 먹고 규칙적으로 운동을 하라는 내용의 조언이 이어지므로 빈칸에는 '조언'이라는 뜻의 advice가 알맞다.

02 |해설| '반드시 ~하라'고 상대방에게 당부할 때는 「Make sure you+동사원형 ~.」으로 말할 수 있다.

[03~04] |해석|
• 이 표지판에는 '보행 중 스마트폰 사용 주의'라고 쓰여 있다.
• 바닥에 신호등이 있어서 사람들이 스마트폰을 사용하는 동안에 신호등을 볼 수 있다.
• 바닥에 있는 이 표지판은 '길의 이쪽 편은 문자를 보내고 있는 사람들을 위한 곳입니다.'라는 의미이다.

03 |해설| ② There is/are ~. 구문의 주어인 traffic lights가 복수이므로 are가 되어야 한다.

04 |해설| '~하는 동안'이라는 의미의 접속사 while이 알맞다. 같은 의미의 for와 during은 전치사이므로 뒤에 명사(구)가 와야 한다.

[05~07] |해석|
더 건강한 생활을 하기 위해 내가 바꾸어야 할 몇 가지가 있다.
첫 번째로, 나는 운동을 많이 하지 않는다. 지금부터, 나는 매일 30분 동안 걸으려고 노력할 것이다.
두 번째로, 내 생각에 나는 패스트푸드를 너무 많이 먹는다. 나는 일주일에 한 번만 패스트푸드를 먹을 것이다.
세 번째로, 나는 종종 밤에 먹는다. 나는 10시 이후에는 먹지 않을 것이다. 나는 이 약속들을 지키기 위해 최선을 다할 것이다.

05 |해설| 목적격 관계대명사가 생략된 관계대명사절 I need to change 가 선행사 a few things를 수식하는 문장이다. 선행사가 사물이므로 목적격 관계대명사로 which 또는 that을 선행사와 I 사이에 쓴다.

06 |해석| ① 그녀는 랩 음악 듣기를 좋아한다.
② 나는 농구를 하기 위해 체육관에 간다.
③ 그는 내가 이 문제를 풀기 원한다.
④ 외국어를 배우는 것은 쉽지 않다.
⑤ 나의 꿈은 패션 디자이너가 되는 것이다.
|해설| ⓑ와 ②는 '~하기 위해'라는 뜻으로 목적을 나타내는 부사적 용

법의 to부정사로 쓰였다. 나머지는 모두 명사적 용법의 to부정사이다. (① 목적어, ③ 목적격 보어, ④ 주어, ⑤ 보어)

07 |해설| First, Second, Third로 시작하는 각 단락에서 I will (not) ~. (나는 ~할/하지 않을 것이다.) 부분에 글쓴이가 건강한 생활을 위해 하려는 것의 내용이 나와 있다.

STEP B

Words 고득점 맞기   pp. 194-195

01 ③　**02** ④　**03** ①　**04** ②　**05** ④　**06** (p)ain
07 turn off　**08** ④　**09** blink　**10** ①　**11** ②　**12** ③
13 ⑤　**14** ②　**15** ②

01 |해설| '누군가가 건강하지 않은 것을 하기를 멈출 수 없는 상태'는 addiction(중독)의 영영풀이다.

02 |해석| 나는 환경을 보호하기 위해 종이컵을 사용하지 않는다. 나는 종이컵 대신에 텀블러를 사용한다.
|해설| '~ 대신에'라는 의미를 나타내는 instead of가 알맞다.

03 |해석| ① 현명한: 현명하지 못한 = 쉬운, 간단한 : 간단한
② 막다 : 막다, 예방하다 = 아픈, 쓰라린 : 아픈
③ 건조한 : 젖은 = 증가하다 : 감소하다
④ 통증, 고통 : 아픈 = 스트레스, 압박 : 스트레스가 많은
⑤ 중독 : 중독성이 있는 = 안전 : 안전한
|해설| ① wise(현명한)와 unwise(현명하지 못한)는 반의어 관계이고, easy(쉬운, 간단한)와 simple(간단한)은 유의어 관계이다. (② 유의어, ③ 반의어, ④, ⑤ 명사-형용사)

04 |해석| • 네가 어려움에 처하면, 즉시 내게 전화해라.
• Jessica는 휴식을 취하기 위해 집에 일찍 왔다.
|해설| '(특정한 상황에) 처하다'는 get into로, '휴식을 취하다'는 get some rest로 표현한다. 따라서 빈칸에 공통으로 들어갈 말은 get이다.

05 |해석| 다음 중 [보기]의 밑줄 친 단어와 의미가 같은 것은?
[보기] 무엇이 산불을 야기했는가?
① 공기 오염에는 많은 원인들이 있다.
② 안개가 사고의 주된 원인이었다.
③ 그 질병의 원인은 아직 알려지지 않았다.
④ 수면 부족은 많은 문제를 야기할 수 있다.
⑤ 이것이 그 사건의 원인과 결과를 설명한다.
|해설| [보기]와 ④는 '~을 야기하다'라는 뜻의 동사로 쓰였고, 나머지는 모두 '원인'이라는 뜻의 명사로 쓰였다.

06 |해석| 그녀는 넘어지고 나서 바로 자신의 왼쪽 다리에 날카로운 통증을 느꼈다.
|해설| 넘어지고 나서 왼쪽 다리에 느껴지는 것으로 '통증'을 의미하는 pain이 적절하다.

07 |해설| turn off: ~을 끄다

08 |해석| ① 휴식: 쉬거나 잠을 자는 시간
② 건조한: 표면에 물이나 액체가 없는

③ 예방하다, 막다: 어떤 일이 일어나지 못하게 막다

④ 증가하다: 작아지거나 어떤 것을 작아지게 만들다

⑤ 사고: 원하거나 계획되지 않게 일어난 나쁜 일

|해설| ④ increase는 '증가하다'이므로 to get bigger or to make something bigger가 알맞다.

09 |해석| 사진을 찍을 때 눈을 깜박이지 않도록 해라.

|해설| '눈을 매우 빠르게 뜨고 감다'는 blink(깜박거리다)의 영영풀이다.

10 |해석| ① 나는 온라인 쇼핑에 중독되어 있다.

② 내가 구덩이를 파고 나무를 심는 걸 도와줘.

③ 양파를 자르던 중에 내 엄지손가락을 베었다.

④ 식사하러 언제 한번 오는 게 어때?

⑤ 그들은 시계탑에서 도시를 내려다봤다.

|해설| ① addiction은 '중독'이라는 뜻이고, '사고'는 accident이다.

11 |해석| ⓐ 어렵거나 복잡하지 않은

ⓑ 해로운 것이나 위험으로부터 안전한 상태

ⓒ 매일 또는 매주 등 같은 시간에

ⓓ 휴대 전화를 이용해서 누군가에게 글로 된 메시지를 보내다

|해설| ⓐ는 simple(간단한), ⓑ는 safety(안전), ⓒ는 regularly(규칙적으로), ⓓ는 text(문자 메시지를 보내다)의 영영풀이다.

12 |해석| ① 나는 이가 아파서 약을 먹었다.

② 운동하기 전에 스트레칭을 해야 한다.

③ 그녀는 유명 인사라서, 아무도 그녀를 모른다.

④ 그의 부주의한 운전이 사고를 야기했다.

⑤ 우리는 일주일에 한 번 규칙적으로 춤 수업을 받는다.

|해설| ③ celebrity는 '유명 인사'라는 의미이므로 아무도 그녀를 모른다는 내용과 자연스럽게 연결되지 않는다

13 |해석| ① 그녀는 매우 똑똑한 소녀이다.

② 나는 열쇠 없이 이 문을 결코 열 수 없다.

③ 나는 어제 시험 때문에 초조했다.

④ 이 문제에 대해 간단한 해결책은 없다.

⑤ 스트레칭은 네가 다치는 것을 예방할 수 있다.

|해설| ⑤ prevent는 '예방하다, 막다'라는 뜻으로 stop과 바꿔 쓸 수 있다. cause는 '야기하다, 일으키다'라는 뜻이다.

14 |해석| ⓐ Jason은 내게 긴 문자 메시지를 보냈다.

ⓑ 그곳에 도착하자마자 내게 문자 메시지를 보내.

ⓒ 나는 그녀의 연설의 원문을 읽고 싶다.

ⓓ 그는 그의 전화기를 보지 않고 문자 메시지를 보낼 수 있다.

ⓔ 300쪽의 글과 그림이 있다.

|해설| ⓐ는 '문자 메시지', ⓑ와 ⓓ는 '문자 메시지를 보내다', ⓒ와 ⓔ는 '글, 본문, 원문'이라는 의미이다.

15 |해석| 나는 연설하기 전에 항상 초조하다.

① 여러 가지의 다른

② 매우 불안하거나 두려운 느낌이 드는

③ 특히 만졌을 때 고통스러운

④ 표면에 물이나 액체가 없는

⑤ 어떤 것이 없거나 누군가와 함께 있지 않은

|해설| 맥락상 ② '매우 불안하거나 두려운 느낌이 드는'의 의미를 가진 nervous(초조한)가 알맞다.

L&T Listen and Talk 고득점 맞기
pp. 198-199

01 ④　　02 ④　　03 ③　　04 ②　　05 ③, ⑤　　06 ③, ⑤

[서술형]

07 |모범 답| 스마트폰으로 문자를 너무 많이 보내면 엄지손가락이 아플 수 있다는 것　　08 |모범 답| make sure you don't text too much　　09 (1) His right thumb hurts. / He has pain in his right thumb. (2) He will do finger stretching exercises (to get better).　　10 (1) I have a sore throat. (2) you get some rest　　11 arm, do some stretching exercises

12 (1) |모범 답| I have a headache. (2) |모범 답| Make sure you take this medicine

01 |해석| A: 몸이 안 좋아 보여. 무슨 일이니?

B: _____

① 온몸이 아파.

② 이 하나가 정말 아파.

③ 콧물이 나고 열이 나.

④ 건강을 유지하기 위해 매일 아침 조깅을 해.

⑤ 나는 뛰다가 넘어져서 다리를 다쳤어.

|해설| ④ 몸이 안 좋아 보인다며 무슨 일인지 묻는 말에 건강을 유지하기 위해 매일 아침 조깅을 한다는 대답은 어색하다.

02 |해석| A: 아파 보인다. 무슨 일이니, 인호야?

B: 목이 아파요. 열도 나요.

A: 감기에 걸린 것 같구나. 이 약을 먹으렴.

B: 고맙습니다.

A: 그리고 반드시 치과에 가렴.

B: 네, 그럴게요.

|해설| ④ 감기 증상에 대해 이야기하고 있으므로 치과에 가라는 당부의 말은 흐름상 어색하다.

03 |해석| A: 무슨 일이니, Peter?

B: 모르겠어요, 김 선생님. 그런데 등이 많이 아파요.

A: 그곳에 찜질 패드를 올려놓으렴.

B: 네, 그럴게요.

A: 그리고 반드시 스트레칭 운동을 좀 하렴.

|해설| (A)에는 아픈 증상을 묻는 표현이, (B)에는 증상에 대한 조언이, (C)에는 조언에 이어서 추가로 당부하는 말이 알맞다.

04 |해석| ⓐ 문제점이나 증상을 물을 때는 What's wrong?, What's the problem? 등으로 말한다.

ⓑ 상대방에게 어떤 일을 당부할 때는 「Make sure you (don't) + 동사원형~」으로 말한다.

05 |해석| 위 대화에서 답할 수 없는 것은? 두 개 고르시오.

① 소년에게 무슨 일이 있는가?

② 소년은 어떻게 발을 다쳤는가?

③ 소년은 어떤 종류의 약을 먹어야 하는가?

④ 여자는 소년에게 무엇을 하라고 말했는가?

⑤ 대화 후에 여자는 무엇을 할 것인가?

|해설| ③ 발을 다친 소년이 먹어야 하는 약에 대해서는 언급되지 않았다.

⑤ 대화가 끝난 후 여자가 무엇을 할 지는 알 수 없다.

06 |해석| 여자는 소년에게 _____ 충고했다.
① 따뜻한 물로 목욕하라고 　　② 약을 좀 먹으라고
③ 발에 얼음을 좀 올리라고 　　④ 다음 주까지 걷지 말라고
⑤ 당분간 축구를 하지 말라고
|해설| 여자는 소년에게 발에 얼음을 올리고, 다음 주까지 축구를 하지 말라고 조언했다.

07 |해설| that은 바로 앞에서 김 선생님이 한 말을 가리킨다.

08 |해설| 상대방에게 어떤 일을 하지 말라고 당부할 때 「Make sure you don't + 동사원형 ~.」으로 표현한다.

09 |해석| 위 대화를 읽고, 다음 질문에 완전한 영어 문장으로 답하시오.
(1) Andy는 어떤 문제를 겪고 있는가?
　→ 오른쪽 엄지손가락이 아프다. / 오른쪽 엄지손가락에 통증이 있다.
(2) Andy는 나아지기 위해 어떤 종류의 운동을 할 것인가?
　→ 그는 (나아지기 위해) 손가락 스트레칭 운동을 할 것이다.
|해설| (1) Andy는 오른쪽 엄지손가락이 아파서 김 선생님을 찾아왔다.
(2) Andy는 김 선생님께 받은 조언대로 손가락 스트레칭 운동을 할 것이다.

10 |해석| A: 무슨 일이니?
B: 목이 아파요.
A: 물을 많이 마시는 게 어떠니? 그리고 반드시 휴식을 좀 취하렴.
B: 네, 그럴게요.
|해설| (1) '목이 아프다'는 have a sore throat로 나타낸다.
(2) 「Make sure you + 동사원형 ~.」을 사용하여 휴식을 취하라는 당부의 말을 할 수 있다.

11 |해석| A: 무슨 일이니, Sue?
B: 팔이 많이 아파요.
A: 너는 스트레칭 운동을 좀 하는 것이 좋겠어.
Sue는 팔에 통증이 있다. 그녀는 스트레칭 운동을 좀 하라는 조언을 받았다.

12 |해석| A: Chris, 무슨 문제가 있니?
B: 네. 저는 두통이 있어요.
A: 안됐구나. 반드시 점심 먹고 이 약을 먹으렴.
B: 네, 그럴게요. 고맙습니다.
|해설| (1) '머리가 아프다'는 have a headache로 나타낸다.
(2) 「Make sure you + 동사원형 ~.」을 사용하여 약을 꼭 먹으라는 당부의 말을 할 수 있다.

G Grammar 고득점 맞기 　　pp. 200-202

01 ③ 　02 ③, ④ 　03 ④ 　04 ② 　05 ④ 　06 ⑤
07 ③ 　08 ⑤ 　09 ④ 　10 ①, ⑤ 　11 ① 　12 ③
13 ③ 　14 ⑤

[서술형]

15 (1) At the party, I met the girl Andy always talked about. (2) At the party, I met the girl about whom Andy always talked.

16 ⓐ → The soup (which/that) I had for lunch was salty.
ⓒ → People call Florida the Sunshine State.

17 the sweater which(that) his mom made (for him)

---

18 (1) Everyone calls the boy Genius.
(2) British people call the clock tower Big Ben.
(3) Mr. and Mrs. Davis call their daughter Princess.
19 (1) who(that) plays basketball well / who(that) is good at playing basketball 　(2) which(that) Jiho likes is Korean history 　(3) call him Mr. Long Legs

---

01 |해석| 내가 어렸을 때, 나는 내 걱정거리를 토끼 인형에게 말했다. 나는 그것을 걱정 인형이라고 불렀다.
|해설| 'A를 B라고 부르다'는 call A B로 나타내며, call A B에서 A는 목적어이고 B는 목적격 보어이다.

02 |해석| A: 무슨 영화를 봤니?
B: 나는 '작은 아씨들'을 봤어. 그건 Kelly가 추천한 영화야.
|해설| 선행사(the movie)가 사물이므로 목적격 관계대명사로 which나 that을 쓴다.

03 |해석| Julie는 내가 팀원으로 뽑고 싶은 소녀이다.
|해설| ④ 목적격 관계대명사절에서 선행사를 가리키는 (대)명사는 관계대명사가 대신하므로 목적어 her를 삭제해야 한다.

04 |해설| 주어진 우리말을 영어로 옮기면 We call such a dance waltz. 이므로 3번째로 오는 단어는 such이다.

05 |해석| ① 사람들은 이 스포츠를 컬링이라고 부른다.
② 네가 Amy를 위해 산 반지를 내게 보여 줘.
③ 모든 사람이 아빠가 구운 쿠키를 좋아했다.
④ 지난 달 내가 방문한 도시는 베니스이다.
⑤ 우리가 파티에서 만난 그 남자는 친절했다.
|해설| ④ 선행사(The city)가 사물이므로 목적격 관계대명사로 which나 that이 알맞다. (whom → which/that)

06 |해석| ① 우리는 우리 개를 밤토리라고 이름 지었다.
② 사람들은 발리를 신의 섬이라고 부른다.
③ Tom은 그의 가장 친한 친구를 Champion이라고 부른다.
④ 내 여동생은 그 연못을 비밀의 연못이라고 불렀다.
⑤ 내 이름은 Victoria야. 그냥 Vicky라고 불러 줘.
|해설| ⑤ 'A를 B라고 부르다'는 call A B로 나타낸다. (me to Vicky → me Vicky)

07 |해석| • 이것은 나의 어머니가 쓰신 동화책들이다.
• Mike가 얘기한 그 소녀는 나의 반 친구이다.
|해설| 첫 번째 빈칸에는 선행사(the storybooks)가 사물이므로 목적격 관계대명사 which나 that이 알맞다. 두 번째 빈칸에는 선행사(The girl)가 사람이고 「전치사+목적격 관계대명사」가 관계대명사절을 이끌므로 목적격 관계대명사로 whom이 알맞다.

08 |해석| ① Emma는 내가 요가를 함께 배운 소녀이다.
② 이것들은 Liam이 우리에게 보낸 편지이다.
③ Grace는 그녀가 음악을 가르쳤던 소녀들을 초대했다.
④ 그들은 내가 언급한 오류들을 확인하지 않았다.
⑤ 나는 대회에서 1등상을 받은 바이올린 연주자를 만났다.
|해설| ⑤ 관계대명사절에서 주어 역할을 하는 주격 관계대명사는 생략할 수 없다.

09 |해석| ① 네가 오늘 아침에 본 그 소년은 Dan이다.
② 스웨덴은 내가 방문하고 싶은 나라이다.

③ 나는 James 삼촌이 만든 피시 앤 칩스를 좋아했다.

④ 이것은 모두가 흥미있어 하던 영화이다.

⑤ 스파이더맨은 Mary가 가장 좋아하는 슈퍼히어로이다.

|해설| ④ 「전치사＋목적격 관계대명사」의 형태이므로 that을 쓸 수 없고 which를 써야 한다.

10 |해설| 관계대명사가 전치사의 목적어일 때 「전치사＋목적격 관계대명사」의 형태로 쓸 수 있는데, 이때 관계대명사로 that은 쓸 수 없으며 목적격 관계대명사 또한 생략할 수 없다.

11 |해석| ① 이것은 나무이다. 나는 그것을 작년에 심었다.
→ 이것은 내가 작년에 심은 나무이다.

② Rena는 소녀이다. 나는 그녀를 도서관에서 만났다.
→ Rena는 내가 도서관에서 만난 소녀이다.

③ 나는 고양이가 있다. 나는 그것을 십 년 동안 키워 왔다.
→ 나는 십 년 동안 키워 온 고양이가 있다.

④ 이 책은 Ryan의 것이다. 나는 그것을 읽고 있다.
→ 내가 읽고 있는 이 책은 Ryan의 것이다.

⑤ 작가는 J. K. Rowling이다. 나는 그녀를 가장 좋아한다.
→ 내가 가장 좋아하는 작가는 J. K. Rowling이다.

|해설| ① 목적격 관계대명사절에는 목적어에 해당하는 (대)명사를 쓰지 않아야 하므로 it을 삭제해야 한다. (it → 삭제)

12 |해석| 내가 자주 배드민턴을 함께 치는 소녀는 Sue이다.

|해설| 선행사에 관계없이 목적격 관계대명사로 that을 쓸 수 있지만, 「전치사＋목적격 관계대명사」 형태에서는 that을 쓸 수 없다.

13 |해석| ⓐ 너는 이 기계를 주크박스라고 부르니?

ⓑ 사람들은 바흐를 음악의 아버지라고 부른다.

ⓒ 나는 네가 내게 말한 그 사람을 만났다.

ⓓ 너는 내가 어제 보낸 이메일을 받았니?

ⓔ Derek이 살고 있는 집은 학교 근처에 있다.

|해설| ⓐ 'A를 B라고 부르다'는 call A B로 나타낸다. (this machine as jukebox → this machine jukebox)

ⓔ 선행사(The house)가 사물이므로 관계대명사 which나 that을 써야 한다. (who → which/that)

14 |해석| [보기] 그것은 내가 찾고 있던 개다.

ⓐ 나는 그 소년이 음악적으로 재능이 있다고 생각한다.

ⓑ Joseph은 내가 항상 믿는 친구이다.

ⓒ Sarah는 내가 만난 그 소년을 안다고 말했다.

ⓓ 내가 가진 큰 문제는 시간 부족이다.

ⓔ 많은 사람들이 그녀가 말한 소식을 믿는다.

|해설| [보기]와 ⓑ, ⓓ, ⓔ는 목적격 관계대명사이다. ⓐ는 지시형용사이고 ⓒ는 접속사이다.

15 |해석| 파티에서 나는 그 소녀를 만났다. Andy는 항상 그녀에 대해 말했다.
→ 파티에서 나는 Andy가 항상 말하던 소녀를 만났다.

|해설| (1) 전치사의 목적어 역할을 하는 목적격 관계대명사를 생략하고 선행사(the girl) 뒤에 관계대명사절을 쓴다. 이때 전치사는 관계대명사절 끝에 쓴다.
(2) 「전치사＋목적격 관계대명사」의 형태로 쓸 경우 선행사가 사람이면 목적격 관계대명사로 whom을 써야 한다.

16 |해석| ⓐ 내가 점심으로 먹은 수프는 짰다.

ⓑ 이것은 내가 태어난 집이다.

ⓒ 사람들은 플로리다를 햇빛의 주라고 부른다.

ⓓ 내가 거리에서 만난 그 남자는 매우 친절했다.

|해설| ⓐ 관계대명사가 관계대명사절에서 목적어의 역할을 하므로 선행사(The soup)에 해당하는 목적어(it)를 쓰지 않는다. (it → 삭제)

ⓒ 'A를 B라고 부르다'는 call A B로 나타내며, 목적격 보어인 B는 명사(구) 형태로 쓰인다. (as → 삭제)

17 |해석| A: 생일 축하해, Tom. 이건 널 위한 거란다. 너를 위해 이 스웨터를 만들었어.

B: 감사해요, 엄마. 정말 마음에 들어요!

A: 네가 좋아하니 기쁘구나.

→ Tom은 그의 엄마가 (그를 위해) 만드신 스웨터를 정말 좋아한다.

|해설| 엄마가 만들어 주신 스웨터를 좋아한다는 내용이 되도록 문장을 완성한다. 선행사(the sweater)가 사물이므로 목적격 관계대명사 which나 that을 사용한다.

18 |해석| [예시] Jason은 그의 개를 Max라고 부른다.
(1) 모두가 그 소년을 천재라고 부른다.
(2) 영국 사람들은 그 시계탑을 빅벤이라고 부른다.
(3) Davis 부부는 그들의 딸을 공주라고 부른다.

|해설| 'A를 B라고 부르다'라는 뜻의 call A B를 써서 문장을 완성한다. B에는 명사(구)가 온다.

19 |해석| (1) Jiho는 농구를 잘하는 소년이다.
(2) Jiho가 좋아하는 과목은 한국사이다.
(3) Jiho는 별명이 있다. 그의 친구들은 그를 롱다리라고 부른다.

|해설| (1) 선행사(the boy)가 사람이므로 주격 관계대명사 who나 that을 쓴다.
(2) 선행사(The subject)가 사물이므로 목적격 관계대명사 which나 that을 쓴다.
(3) 'A를 B라고 부르다'는 call A B로 나타낸다.

Ⓡ Reading 고득점 맞기
pp. 205-207

01 ①　02 ④　03 ④　04 ②　05 ⑤　06 ④　07 ③
08 ①　09 ⑤　10 ②　11 ①　12 ①
[서술형]
13 We call such people smombies.　14 거리에 있는 구멍이를 보지 못해 넘어져서 다치거나 교통사고를 당하는 것
15 (A) learning → health　(B) wet → dry　(C) decreases → increases　16 (1) Try to blink often.　(2) Move your smartphone up to your eye level.　(3) Do some neck stretching exercises.　17 smartphone addiction
18 addiction, turn off your smartphone, talk to people

01 |해설| ① 문장의 주어가 되어야 하므로 명사 역할을 하는 동명사 또는 to부정사 형태로 써야 한다. (Live → Living / To live)

02 |해설| ⓐ like: ~처럼, ~와 같이
ⓑ '스마트폰에'라는 의미가 되도록 on(~의 표면에, ~ 위에)이 알맞다.
ⓒ get into: (특정한 상황에) 처하다

03 |해설| ① 우리는 모두 우리 강아지를 Ollie라고 부른다.

② 사람들은 그런 음식을 파히타라고 <u>부른다</u>.

③ 그들은 그들의 아기를 Alisha라고 부르기로 결정했다.

④ Andy는 어젯밤 아빠로부터 <u>전화</u>를 받았다.

⑤ 이 꽃을 영어로 무엇이라 부르니?

|해설| ④는 '전화'라는 뜻의 명사이고, (B)와 나머지는 모두 '~라고 부르다'라는 뜻의 동사이다. / call *A B*: A를 B라고 부르다

04 |해석| ① 어떤 일이 일어나게 하다

② 어떤 일이 일어나지 못하게 막다

③ 매우 빠르게 눈을 뜨고 감다

④ 커지거나 어떤 것을 커지게 만들다

⑤ 휴대 전화를 이용해서 누군가에게 글로 된 메시지를 보내다

|해설| 뒤에 스몸비의 안전 문제를 예방하기 위한 방법이 이어지므로, 빈칸에는 prevent(예방하다)가 알맞다. prevent의 영영풀이는 '어떤 일이 일어나지 못하게 막다'이다.

05 |해석| 윗글의 내용과 일치하지 <u>않는</u> 것은?

① 우리는 세계 어느 곳에서든 스몸비를 볼 수 있다.

② 스몸비는 걸으면서 스마트폰을 본다.

③ 스몸비라면 안전 관련 문제들을 겪을 수 있다.

④ 스몸비는 거리에서 스마트폰을 사용하기 때문에 다칠 수 있다.

⑤ 스몸비가 되지 않기 위해서, 외출할 때 스마트폰을 가져가지 말아야 한다.

|해설| ⑤ 스몸비가 겪을 수 있는 안전 문제들을 예방하기 위해서 걷는 동안 스마트폰을 보지 말라고는 했지만, 외출할 때 스마트폰을 가져가지 말라는 언급은 없다.

06 |해설| ⓓ 'A를 B라고 부르다'는 call *A B*로 나타낸다. (→ this text neck)

07 |해설| (A)와 (B) 모두 뒤에 구체적인 예시가 이어지므로 '예'라는 뜻의 example이 알맞다. / for example: 예를 들어

08 |해설| 주어진 단어들을 바르게 배열하면 Another problem that you can have is neck pain.이므로 5번째로 오는 단어는 can이다.

09 |해석| ① Q: 우리가 스마트폰을 너무 많이 사용하면 겪을 수 있는 건강상의 문제는 무엇인가?

A: 우리는 안구 건조증과 목 통증을 겪을 수 있다.

② Q: 눈을 자주 깜박이지 않으면, 우리 눈에는 어떤 일이 생기는가?

A: 눈이 건조해질 것이다.

③ Q: 무엇이 거북목 증후군을 야기할 수 있는가?

A: 문자를 너무 많이 보내는 것이 그것을 야기할 수 있다.

④ Q: 안구 건조증에 무엇이 도움이 되는가?

A: 눈을 자주 깜박이는 것이 도움이 될 수 있다.

⑤ Q: 거북목 증후군을 예방하기 위해 우리는 무엇을 해야 하는가?

A: 우리는 스마트폰을 내려다봐야 한다.

|해설| ⑤ 거북목 증후군을 예방하기 위해서는 눈높이까지 스마트폰을 올리라고 했다.

10 |해설| ⓑ 스마트폰을 확인했을 때 문자 메시지가 없어서 '기쁘다면' 스마트폰 중독이라는 내용은 문맥상 자연스럽지 않다.

11 |해설| (A) 선행사 various things가 사물이므로 목적격 관계대명사로 which가 알맞다.

(B) 뒤에 명사구가 있으므로 전치사 during이 알맞다.

(C) 전치사 of의 목적어이므로 동명사인 texting이 알맞다.

12 |해석| ① 지윤: 나는 스마트폰을 가지고 있지 않을 때 불안해.

② 예나: 나는 문자 메시지를 자주 확인하지 않아.

③ 하준: 나는 보통 친구들이나 가족들에게 문자 메시지를 보내지 않아.

④ 수호: 나는 먹을 때 스마트폰을 보지 않아.

⑤ 우진: 나는 회의에 갈 때 스마트폰을 가져가지 않아.

|해설| 스마트폰이 주변에 없을 때 불안함을 느끼면 스마트폰 중독일 수 있으므로, ①이 스마트폰 중독의 증상으로 알맞다.

13 |해설| 'A를 B라고 부르다'는 call *A B*로 나타낸다.

14 |해설| 앞의 두 문장(You may not see a hole in the street, so you may fall and get hurt. You may get into a car accident, too.)에 언급된 안전 관련 문제들을 가리킨다.

15 |해설| (A) 스마트폰 사용으로 인해 생기는 건강 문제(안구 건조증, 거북목 증후군)에 관한 글이다.

(B) 안구 건조증에 관한 설명이므로 눈을 자주 깜박거리지 않으면 눈이 건조해진다는 내용이 되어야 알맞다.

(C) 스마트폰을 내려다보면 목에 가해지는 압박이 증가해서 목 통증이 발생한다는 내용이 되어야 알맞다.

16 |해석| (1) 자주 <u>눈을 깜박거리도록 노력해라.</u>

(2) <u>스마트폰을 눈높이까지 위로 올려라.</u>

(3) <u>목 스트레칭 운동을 좀 해라.</u>

17 |해설| this는 앞 문장의 smartphone addiction(스마트폰 중독)을 가리킨다.

18 |해설| 스마트폰 중독을 방지하기 위해서 식사나 회의를 하는 동안에 <u>스마트폰을 꺼야</u> 한다. 또한 문자를 보내기보다 <u>사람들과 이야기해야</u> 한다.

서술형 100% TEST

pp. 208-211

01 (1) cause (2) prevent (3) blink (4) pain **02** text

03 (1) have, runny nose (2) turn off (3) get(take) some rest (4) instead of **04** (1) I have a sore throat. (2) Make sure you take some medicine. **05** (1)**|모범 답|** Make sure you don't run until next week. (2)**|모범 답|** Don't forget to go to the dentist. **06** back hurts, you do some stretching exercises **07** My right thumb hurts.

08 (1) ⓑ → Texting too much can cause it(texting thumb).

(2) ⓓ → She advised Andy(him) not to text too much.

09 (1) Can I call you Eddie? (2) Everyone calls her the Fairy on Ice. (3) I visited the doctor my sister introduced to me. (4) The waterfall that I told you about is in Canada.

10 (1) The woman whom(who/that) I helped is my aunt.

(2) The police caught the man who(that) stole my wallet.

(3) The T-shirt which(that) I bought yesterday has a stripe pattern. / I bought the T-shirt which(that) has a stripe pattern yesterday. (4) The restaurant to which I went yesterday was very nice. **11** (1) the world a better place

(2) the device smartphone (3) Jimmy captain of their team

12 ⓑ → People in Seattle call the tower Space Needle. ⓓ → Tom is the boy with whom I often play badminton. / Tom is the boy (who(m)/that) I often play badminton with. **13** wise → unwise **14** (1) ⓓ → to prevent, '예방하기 위해서'라는 목적의 뜻을 나타내야 하므로 부사적 용법의 to부정사로 써야 한다. (2) ⓔ → while, 뒤에 주어와 동사가 이어지므로 전치사인 during을 접속사 while로 고쳐야 한다. **15** (1) safety (2) smombies (3) car accident (4) look at (5) walk **16** it → 삭제 **17** We call this text neck. **18** (1)|모범 답| They can cause dry eyes and text neck(neck pain). (2)|모범 답| We should move our smartphones up to our eye level and do some neck stretching exercises. **19** There are various things which(that) you can do to prevent this. **20** (1) smartphone addiction (2) turn off our smartphones (3) talk to

01 |해석| (1) 일으키다, 야기하다: 어떤 일이 일어나게 하다
(2) 예방하다: 어떤 일이 일어나지 못하게 막다
(3) (눈을) 깜박거리다: 눈을 매우 빠르게 뜨고 감다
(4) 통증: 신체의 일부가 아플 때 드는 느낌

02 |해석| • 본문 세 번째 줄을 읽어 보자.
• Tom이 네게 그의 주소를 문자 메시지로 보낼 것이다.
• 나는 어젯밤에 유진이로부터 문자 메시지를 받았다.
|해설| text는 명사로 '글, 본문'과 '문자 메시지', 동사로 '문자 메시지를 보내다'라는 뜻을 갖는다.

03 |해설| (1) have a fever: 열이 나다/have a runny nose: 콧물이 나다
(2) turn off: ~을 끄다 (3) get some rest: 휴식을 좀 취하다
(4) instead of: ~ 대신에

04 |해석| A: 아파 보이는구나. 무슨 일이니?
B: 저는 목이 아파요. 열도 나요.
A: 감기에 걸린 것 같구나. 반드시 약을 좀 먹도록 하렴.
|해설| (1) 아픈 증상을 나타낼 때는 「have+아픈 증상」으로 말할 수 있다.
(2) 상대방에게 어떤 일을 반드시 하라고 당부할 때 「Make sure you+동사원형 ~.」으로 말할 수 있다.

05 |해설| (1) 나는 넘어져서 다리를 다쳤어.
|모범 답| 반드시 다음 주까지는 달리기를 하지 않도록 해.
(2) 나는 이가 아파.
|모범 답| 치과에 가는 거 잊지 마.

06 |해설| Peter는 등의 통증 때문에 학교 양호실에 갔다. 김 선생님은 그에게 찜질 패드를 등에 올리고 스트레칭 운동을 좀 하라고 조언했다.
A: 무슨 일이니, Peter?
B: 등이 많이 아파요.
A: 그곳에 찜질 패드를 올려놓으렴. 그리고 반드시 스트레칭 운동을 좀 하렴.

07 |해설| 어디가 아프다고 말할 때는 동사 hurt를 사용하여 「신체 부위+hurt(s)」로 표현할 수 있다. 주어가 3인칭 단수이면서 현재 시제이므로 hurt에 -s를 붙인다.

08 |해석| ⓐ Andy는 하루에 얼마나 많은 문자 메시지를 보내는가?
ⓑ 무엇이 texting thumb을 야기할 수 있는가?

→ 문자를 너무 많이 보내는 것이 texting thumb을 야기할 수 있다.
ⓒ Andy는 보통 어떤 종류의 운동을 하는가?
ⓓ 김 선생님은 Andy에게 무엇을 하지 말라고 조언했는가?
→ 그녀는 Andy에게 문자를 너무 많이 보내지 말라고 조언했다.
ⓔ 김 선생님은 대화 후에 무엇을 할 것인가?

09 |해설| (1), (2) 'A를 B라고 부르다'는 call A B의 어순으로 쓴다.
(3) 선행사(the doctor)를 목적격 관계대명사가 생략된 관계대명사절(my sister introduced to me)이 수식하도록 쓴다.
(4) 목적격 관계대명사 that은 「전치사+목적격 관계대명사」의 형태로 쓸 수 없으므로 전치사를 관계대명사절의 끝에 쓴다.

10 |해석| (1) 그 여자는 나의 이모이다. 나는 그녀를 도왔다.
→ 내가 도운 그 여자는 나의 이모이다.
(2) 경찰은 그 남자를 잡았다. 그 남자는 내 지갑을 훔쳤다.
→ 경찰은 내 지갑을 훔친 그 남자를 잡았다.
(3) 티셔츠에는 줄무늬가 있다. 나는 그 티셔츠를 어제 샀다.
→ 내가 어제 산 그 티셔츠에는 줄무늬가 있다. / 나는 어제 줄무늬가 있는 티셔츠를 샀다.
(4) 그 식당은 매우 좋았다. 나는 어제 그 식당에 갔다.
→ 내가 어제 간 그 식당은 매우 좋았다.
|해설| (1) 선행사(The woman)가 사람이므로 목적격 관계대명사 whom, who나 that을 쓴다.
(2) 선행사(the man)가 사람이므로 주격 관계대명사 who나 that을 쓴다.
(3) 선행사(the T-shirt)가 사물이므로 목적격 관계대명사 또는 주격 관계대명사 which나 that을 쓴다.
(4) 선행사(The restaurant)가 사물이므로 목적격 관계대명사 which나 that을 써야 하는데, 「전치사+관계대명사」 형태일 때 that은 쓸 수 없으므로 which로 연결해야 한다.

11 |해석| [예시] 내 친구들은 나를 Happy Girl이라고 부른다.
(1) 우리는 세상을 더 나은 곳으로 만들 수 있다.
(2) 누가 그 기계를 스마트폰이라고 이름 지었는가?
(3) 그들은 Jimmy를 팀의 주장으로 뽑았다.
|해설| call, make, name, elect는 목적격 보어로 명사(구)를 취하여 「동사+목적어+목적격 보어(명사(구))」의 형태로 쓴다.
(1) make A B: A를 B로 만들다
(2) name A B: A를 B로 이름 짓다
(3) elect A B: A를 B로 선출하다

12 |해석| ⓐ 내가 어제 만난 그 남자가 지금 TV에 나온다.
ⓑ 시애틀 사람들은 그 탑을 Space Needle이라고 부른다.
ⓒ 나의 오빠가 만든 스파게티는 맛있었다.
ⓓ Tom은 내가 자주 배드민턴을 함께 치는 소년이다.
|해설| ⓑ 'A를 B라고 부르다'는 call A B로 나타낸다.
ⓓ 「전치사+목적격 관계대명사」의 형태로 쓸 때 목적격 관계대명사는 생략할 수 없다. 관계대명사를 생략할 경우에는 전치사를 관계대명사절의 끝에 써야 한다.

13 |해설| 스마트폰을 '현명하게(→ 현명하지 않게)' 사용하는 것은 다양한 문제를 일으킬 수 있다는 흐름이 자연스럽다.

14 |해설| (1) ⓓ 문맥상 '~하기 위해서'라는 목적의 의미가 되어야 하므로 동사원형을 목적을 나타내는 부사적 용법의 to부정사로 쓰는 것이 알맞다.

(2) ⓔ 뒤에 주어와 동사가 이어질 때는 접속사를 써야 하며, '~하는 동안에'라는 뜻의 접속사는 while이다.

15 |해석| 스몸비들이 겪을 수 있는 다양한 안전 문제들이 있다. 그들은 길에서 넘어지거나 교통사고를 당할 수 있다. 이런 문제들을 방지하기 위해 그들은 걸을 때 스마트폰을 보지 않아야 한다.

16 |해설| 관계대명사절에는 선행사를 가리키는 (대)명사를 쓰지 않아야 하므로 it을 삭제해야 한다.

17 |해설| 'A를 B라고 부르다'는 call *A B*로 나타낸다.

18 |해석| (1) 스마트폰은 어떤 건강상의 문제를 야기할 수 있는가?
→ 그것은 안구 건조증과 거북목 증후군(목 통증)을 야기할 수 있다.
(2) 거북목 증후군을 예방하기 위해서 우리가 해야 하는 두 가지 일은 무엇인가?
→ 우리는 스마트폰을 눈높이까지 위로 올리고, 목 스트레칭 운동을 좀 해야 한다.

19 |해설| '~이 있다'라는 뜻의 There is/are ~. 구문을 사용하고, 목적격 관계대명사 which나 that이 이끄는 관계대명사절이 선행사 various things를 수식하는 형태로 문장을 쓴다.

20 |해석| A: 스마트폰 중독을 예방하기 위해서 우리는 무엇을 할 수 있나요?
B: 우리는 식사나 회의를 하는 동안 스마트폰을 끌 수 있어요.
A: 그 밖에 다른 건요?
B: 사람들에게 문자를 보내는 대신 그들에게 이야기를 하세요.

모의고사

제 **1**회 대표 기출로 내신 **적중** 모의고사   pp. 212-215

01 (c)ause   **02** ①   **03** ③   **04** ②   **05** (B)-(D)-(C)-(A)
06 ⑤   **07** ③   **08** ⑤   **09** ④   **10** People call Chicago the Windy City.   **11** ①, ③   **12** ⑤   **13** ③   **14** ⑤
15 ②   **16** We call such people smombies   **17** ⑤
18 ③   **19** Another problem which(that) you can have is neck pain.   **20** ③   **21** health, dry eyes, text neck
22 ④   **23** ⓐ → nervous   **24** ⑤
25 (1) turn off our smartphones during meals or meetings
(2) talk to people instead of texting them

01 |해석| 무엇이 지구 온난화를 일으킬 수 있는가?
|해설| '어떤 일이 일어나게 하다'는 cause(일으키다, 야기하다)의 영영풀이다.

02 |해석| • 나는 우유 대신 주스를 마실 것이다.
• 사용하지 않을 때는 수도꼭지를 잠가라.
• Mike는 운전하는 동안 사고를 당했다.
|해설| instead of: ~ 대신에 / turn off: ~을 끄다 / get into: (특정한 상황에) 처하다

03 |해석| ① 나는 대회 전에 정말 초조했다.
② 조심하지 않으면, 너는 다칠 수 있어.
③ 너는 덜 먹고 규칙적으로 운동해야 한다.
④ 나는 콧물이 나서 잠을 잘 수가 없었다.
⑤ 휴대폰 게임 중독은 매우 심각한 문제이다.
|해설| ③ regularly는 '규칙적으로'라는 뜻이다.

04 |해석| A: 무슨 일 있니?
B: _____
① 다리가 많이 아파.
② 네가 감기에 걸린 것 같아.
③ 오늘 몸이 좋지 않아.
④ 두통이 심해.
⑤ 농구를 하다가 팔을 다쳤어.
|해설| 무슨 일이 있는지 묻고 있으므로, 문제점이나 아픈 증상을 나타내는 말로 답하는 것이 자연스럽다. ②는 상대방이 감기에 걸린 것 같다는 뜻이므로 알맞지 않다.

05 |해석| (B) 무슨 일이니, Peter?
(D) 모르겠어요, 김 선생님. 그런데 등이 많이 아파요.
(C) 그곳에 찜질 패드를 올려놓으렴.
(A) 네, 그럴게요.
A: 그리고 반드시 스트레칭 운동을 좀 하렴.

06 |해석| A: 다리에 무슨 문제가 있니, Sam?
B: 축구를 하다가 넘어져서 다리를 다쳤어요.
A: 안됐구나. 걸을 수는 있니?
B: 네, 하지만 많이 아파요.
A: 다리에 얼음을 좀 올려놓는 게 어떠니? 그리고 반드시 축구 연습을 더 열심히 하렴.
B: 네, 그럴게요.
|해설| ⓓ 축구를 하다가 다리를 다친 사람에게 축구 연습을 더 열심히 하라고 당부하는 것은 어색하다.

07 |해설| 주어진 문장은 texting thumb이 무엇인지 설명하는 문장이므로, texting thumb이 무엇인지 묻는 말에 대한 대답으로 ③에 들어가야 자연스럽다.

08 |해석| ① Andy는 오른쪽 엄지손가락에 통증이 있다.
② Andy는 보통 문자를 많이 보낸다.
③ 김 선생님은 Andy에게 texting thumb이 있다고 생각한다.
④ Andy는 손가락 스트레칭 운동을 좀 할 것이다.
⑤ 김 선생님은 Andy에게 문자를 더 자주 보내라고 말했다.
|해설| ⑤ 김 선생님은 Andy에게 문자를 너무 많이 보내지 말라고 당부했다.

09 |해석| • 네가 만든 파이는 맛있었다.
• 오드리 헵번은 내가 가장 좋아하는 여배우이다.
|해설| 두 빈칸 모두 목적격 관계대명사가 들어가야 하며, 첫 번째 빈칸에는 선행사(The pie)가 사물이므로 which나 that, 두 번째 빈칸에는 선행사(Audrey Hepburn)가 사람이므로 whom, who나 that이 알맞다.

10 |해설| 'A를 B라고 부르다'라는 뜻은 call *A B*의 어순으로 쓴다.

11 |해석| 그 영화는 슬펐다. 우리는 어젯밤에 그 영화를 봤다.
①, ③ 우리가 어젯밤에 본 영화는 슬펐다.

|해설| 선행사(The movie)가 사물이므로 목적격 관계대명사 which나 that으로 연결하며, 목적격 관계대명사는 생략할 수도 있다.

12 **|해설|** 그 소녀는 내가 믿을 수 있는 내 오랜 친구이다.
|해설| 관계대명사절에는 선행사를 가리키는 (대)명사는 쓰지 않는다.

13 **|해석|** ① 내 여동생은 그 인형을 Molly라고 부른다.
② Joy가 이야기하고 있는 그 소년을 아니?
③ 우리가 들었던 그 음악은 정말 좋았다.
④ 그들은 한국을 고요한 아침의 나라라고 부른다.
⑤ 뉴욕은 지난 겨울 내가 방문했던 도시이다.
|해설| ③ 「전치사+목적격 관계대명사」의 형태일 때 관계대명사로 that을 쓸 수 없다. (that → which)

14 **|해설|** 문맥상 스마트폰 없이 사는 것이 어려운(difficult) 요즘이지만 스마트폰을 현명하지 못하게(unwise) 사용하거나 과도하게 사용하는 것은 다양한 문제를 일으킬(cause) 수 있다는 내용이 되는 것이 알맞다.

15 **|해설|** ⓐ '~ 같이, ~처럼'이라는 뜻의 전치사 like가 알맞다.
ⓑ '~하는 동안에'라는 뜻의 접속사 while이 알맞다.

16 **|해설|** 'A를 B라고 부르다'라는 뜻은 call A B로 나타낸다.

17 **|해석|** Q: 안전 문제들을 예방하기 위해 스몸비는 무엇을 해야 하는가?
A: 그들은 걸을 때 스마트폰을 보지 않아야 한다.
① 자주 돌아다니지 않아야
② 그들의 스마트폰을 봐야
③ 그들의 스마트폰을 집에 놔둬야
④ 길을 건널 때 차를 조심해야
|해설| 스마트폰으로 인한 안전 문제를 예방하기 위해서는 걸을 때 스마트폰을 보지 않아야 한다.

18 **|해설|** ⓒ 과도한 스마트폰 사용으로 인한 목 통증에 대한 설명이므로, 스마트폰을 내려다볼 때 목에 가해지는 압박은 증가한다(increases)는 뜻이 되어야 자연스럽다.

19 **|해설|** 선행사(Another problem)가 사물이므로 목적격 관계대명사로 which나 that을 선행사 바로 뒤에 쓸 수 있다.

20 **|해설|** 빈칸 뒤에 스마트폰의 지나친 사용의 예(문자를 많이 보내는 것)를 들고 있으므로 for example(예를 들어)이 알맞다.

21 **|해설|** 스마트폰의 과도한 사용으로 인해 생길 수 있는 다양한 건강 문제가 있다. 이 문제의 예시로는 안구 건조증과 거북목 증후군이 있다.

22 **|해석|** ① 스마트폰을 너무 많이 사용하면, 여러 문제가 생길 수 있다.
② 문자를 너무 많이 보내는 것은 목 통증을 야기할 수 있다.
③ 눈을 자주 깜박이는 것은 안구 건조증에 좋다.
④ 스마트폰을 눈높이까지 위로 올리면 목 통증이 생길 수 있다.
⑤ 목 스트레칭 운동을 하는 것은 거북목 증후군을 예방하는 데 좋다.
|해설| 스마트폰을 눈높이까지 위로 올리는 것은 거북목 증후군을 예방하기 위한 조언이므로, ④는 글의 내용과 일치하지 않는다.

23 **|해설|** ⓐ '~하게 느끼다'는 「감각동사 feel+형용사」로 나타낸다.

24 **|해설|** (A) this는 앞 문장에서 언급한 smartphone addiction을 가리키고, (B) them은 앞에 나오는 people을 가리킨다.

25 **|해설|** 윗글에 따르면, 우리는 스마트폰 중독을 예방하기 위해 무엇을 할 수 있는가?
→ 우리는 식사나 회의 중에 스마트폰을 끄고 문자를 보내는 대신 사람들과 이야기를 할 수 있다.

---

01 ⑤   **02** ③   **03** ②   **04** ④   **05** (1) I have a toothache.
(2) Make sure you go to the dentist.   **06** ②   **07** ②
08 do some finger stretching exercises, text too much /
text a lot   **09** ③   **10** This is the picture which(that) I
painted all day yesterday.   **11** ①   **12** whom → which
(that) 또는 삭제   **13** ②   **14** ③   **15** ①, ⑤   **16** hole
17 ③   **18** ⑤   **19** ④   **20** ③   **21** (A) dry eyes   (B) blink
often   **22** ③   **23** ①   **24** ④   **25** (1) 식사나 회의를 할 때 스마트폰을 끌 것 (2) 사람들에게 문자를 보내는 대신 이야기를 할 것

01 **|해설|** '커지거나 어떤 것을 커지게 만들다'는 increase(증가하다)의 영영풀이다.

02 **|해석|** [보기] 나는 네게 최종 점수를 문자 메시지로 보낼 것이다.
① Jessica에게서 문자 메시지를 받았니?
② 누가 본문을 소리 내어 읽어 볼래?
③ 집에 가는 길에 내게 문자 메시지를 보내.
④ 책의 원문은 프랑스어로 쓰였다.
⑤ 거기 도착하면 문자 메시지를 내게 보내 줘.
|해설| [보기]와 ③은 '문자 메시지를 보내다'라는 뜻의 동사이고, ①과 ⑤는 '문자 메시지', ②와 ④는 '글, 본문, 원문'이라는 뜻의 명사이다.

03 **|해석|** ① 그녀는 보통 대회 전에 초조해진다.
② 그 과학자들은 매우 간단한 실험을 했다.
③ 나는 칼로 내 손을 베었다. 그것은 정말 아팠다.
④ 나는 심한 두통이 있어서 병원에 갔다.
⑤ 경찰은 그가 그 나라를 떠나려는 것을 막았다.
|해설| ② simple은 '간단한'이라는 뜻이므로 difficult(어려운)와 바꿔 쓸 수 없다.

04 **|해석|** A: _____
B: 다리가 많이 아파요.
①, ②, ③, ⑤ 무슨 일 있니?
④ 무엇을 하는 것을 좋아하니?
|해설| B의 대답으로 보아 빈칸에는 문제점이나 아픈 증상을 묻는 표현이 들어가야 한다. ④는 어떤 활동을 하는 것을 좋아하는지 묻는 표현이므로 알맞지 않다.

05 **|해석|** A: 무슨 일이니, Chris?
B: 저는 이가 아파요.
A: 여기 약이 좀 있단다. 이것을 먹으렴.
B: 고맙습니다.
A: 반드시 치과에 가 보렴.
B: 네, 그럴게요.
|해설| (1) have a toothache: 이가 아프다(치통이 있다) (2) 상대방에게 어떤 것을 반드시 하라고 당부하는 말은 「Make sure you+동사원형 ~.」으로 말한다.

06 **|해석|** A: 너 아파 보인다. 무슨 일이니, 인호야?
B: 목이 아파요. 열도 나요.
A: 감기에 걸린 것 같구나. 이 약을 먹고 반드시 푹 쉬도록 하렴.
B: 알겠어요. 고맙습니다.

| 해설 | 주어진 문장은 목이 아프다는 말로 아픈 증상을 묻는 말에 대답하는 ②에 들어가야 알맞다.

07 | 해설 | ⓑ 이어지는 대화에서 Andy가 texting thumb인 것 같다고 하며 문자를 너무 많이 보내면 생기는 증상이라고 설명하고 문자를 너무 많이 보내지 말라고 당부까지 하는 것으로 보아, 문자를 많이 보내지 않는다고 대답하는 것은 흐름상 어색하다.

08 | 해석 | Q: Andy는 자신의 오른쪽 엄지손가락을 위해 무엇을 해야 하는가?
A: 그는 <u>손가락 스트레칭 운동을 좀 해야 하고 문자를 너무 많이 보내지</u> 않아야 한다.

09 | 해설 | 'A를 B라고 부르다'라는 뜻은 call *A B*로 나타낸다.

10 | 해석 | 이것은 그림이다. 나는 어제 하루 종일 그것을 그렸다.
→ <u>이것은 내가 어제 하루 종일 그린 그림이다.</u>
| 해설 | 선행사 the picture가 목적격 관계대명사가 이끄는 관계대명사절의 수식을 받는 형태가 되도록 문장을 연결한다. 선행사가 사물이므로 목적격 관계대명사는 which나 that을 쓴다.

11 | 해석 | ① 그들은 네가 그를 믿지 않을 것이라는 걸 안다.
② 수학은 네가 잘하는 과목이니?
③ 내가 추천했던 소설을 읽었니?
④ Mike는 내가 자주 함께 농구를 하는 친구다.
⑤ 이것은 선생님이 우리에게 말씀하셨던 책이 아니다.
| 해설 | ①의 that은 동사 know의 목적어 역할을 하는 명사절을 이끄는 접속사이고, 나머지는 모두 관계대명사절을 이끄는 목적격 관계대명사이다.

12 | 해석 | 나는 우리가 파티에서 들었던 음악을 정말 좋아한다.
| 해설 | 선행사(the music)가 사물이므로 목적격 관계대명사는 which나 that으로 쓰거나 생략할 수 있다.

13 | 해석 | ⓐ 너는 이 음식을 타코라고 부르니?
ⓑ Alex가 이야기하고 있는 소녀를 봐.
ⓒ 그들은 이 강아지를 Cookie라고 부르기 원한다.
ⓓ Ted는 내가 함께 사진을 찍었던 소년이다.
ⓔ 네가 사고 싶어 하던 그 코트는 품절이다.
| 해설 | ⓑ 「전치사+목적격 관계대명사」의 형태로 쓰일 때 목적격 관계대명사는 생략할 수 없다. (to → to whom)
ⓒ 'A를 B라고 부르다'라는 뜻은 call *A B*로 나타낸다. (this puppy as Cookie → this puppy Cookie)
ⓓ 선행사(the boy)가 사람이므로 목적격 관계대명사 whom, who나 that을 쓴다. (which → whom/who/that)

14 | 해석 | ① 스마트폰의 역사
② 다양한 종류의 스마트폰
③ 스마트폰으로 인해 야기된 문제들
④ 좋은 스마트폰을 고르는 데 도움이 되는 조언
⑤ 스마트폰 사용의 이점
| 해설 | 스마트폰을 현명하지 못하게 사용하거나 과도하게 사용하는 것이 다양한 문제를 야기할 수 있다고 했으므로, 뒤에 이러한 문제에 관한 내용이 이어지는 것이 가장 알맞다.

15 | 해석 | ① 교통사고를 당하는 것
② 밤에 혼자 걸어 다니는 것
③ 길에서 쉽게 구덩이를 발견하는 것

④ 스마트폰을 보지 않는 것
⑤ 길에서 넘어져서 다치는 것
| 해설 | 밑줄 친 safety problems(안전 문제)는 이어지는 두 문장에 언급되어 있다. 즉, 길에서 구덩이를 못 봐서 넘어져 다치거나 교통사고를 당하는 것을 가리킨다.

16 | 해설 | '땅 표면에 파여 있는 공간'이라는 뜻은 hole(구덩이)이다.

17 | 해설 | (A) 조동사 may 뒤의 fall과 등위접속사 and에 의해 연결되므로 동사원형이 알맞다.
(B) '~하기 위해'라는 뜻으로 목적을 나타내는 to부정사의 형태가 알맞다.
(C) 뒤에 주어와 동사가 있는 절이 이어지므로 접속사 while이 알맞다.

18 | 해석 | ① 윤지: 그들은 걸어 다닐 때 좀비처럼 보여.
② 서준: 그들은 스마트폰 좀비야.
③ 은빈: 그들은 걸을 때 그들의 스마트폰을 봐.
④ 진호: 그들은 거리에서 위험한 상황에 처할 수 있어.
⑤ 수아: 그들은 눈 운동을 좀 해야 해.
| 해설 | ⑤ 스몸비들은 안전 문제를 예방하기 위해 걷는 동안에 스마트폰을 보지 않아야 한다는 언급은 있지만, 눈 운동을 해야 한다는 언급은 없다.

19 | 해설 | ⓓ 'A를 B라고 부르다'는 call *A B*로 나타낸다.

20 | 해설 | 주어진 문장은 '또 다른 문제'로 목 통증이 생길 수도 있다는 내용이므로 첫 번째로 제시한 문제인 안구 건조증 내용 뒤이고, 목 통증이 생기는 이유를 설명하는 내용 앞인 ③에 들어가는 것이 자연스럽다.

21 | 해설 | (A) 스마트폰으로 인해 생길 수 있는 건강 문제 중 하나인 dry eyes(안구 건조증)가 알맞다.
(B) 안구 건조증은 눈을 깜박거리지 않아서 생기는 것이므로 예방하는 방법으로 blink often(눈을 자주 깜박거리다)이 알맞다.

22 | 해석 | ① 스마트폰으로 인해 우리는 어떤 건강상의 문제를 겪을 수 있는가?
② 눈을 자주 깜박거리지 않으면 어떤 일이 일어나는가?
③ 우리는 보통 1분 동안 눈을 얼마나 자주 깜박거리는가?
④ 무엇이 거북목 증후군을 야기하는가?
⑤ 거북목 증후군을 예방하기 위해서 할 수 있는 일들에는 어떤 것이 있는가?
| 해설 | ③ 보통 눈을 1분 동안 얼마나 자주 깜박거리는지는 본문에 언급되어 있지 않다.

23 | 해설 | ⓐ '만약 ~라면, ~한다면'이라는 뜻의 접속사 If가 알맞다.
ⓑ '~ 동안에'라는 뜻의 전치사 during이 알맞다.

24 | 해석 | ① 우리는 새 차를 사기로 결정했다.
② 나에게 젓가락을 <u>사용하는</u> 것은 쉽지 않다.
③ 나의 취미는 탐정 소설을 <u>읽는</u> 것이다.
④ 나는 요거트를 좀 <u>사기 위해</u> 가게에 들렀다.
⑤ Chris는 언제 태권도를 배우는 것을 시작했니?
| 해설 | (A)와 ④는 목적을 나타내는 부사적 용법의 to부정사로 쓰였고, 나머지는 모두 명사적 용법으로 쓰였다. (①, ⑤ 목적어, ② 주어, ③ 보어)

25 | 해설 | 스마트폰 중독을 예방하기 위해서 식사나 회의 중에 스마트폰을 끄고, 문자를 보내는 대신 사람들과 이야기할 수 있다고 했다.

제 3 회 대표 기출로 내신 **적중** 모의고사 pp. 220-223

01 ④ 02 (c)ause 03 ③ 04 ③ 05 I have a terrible toothache. 06 ② 07 ⑤ 08 ① 09 ④ 10 ③
11 ⓔ → Happy Girl 12 which(that) you can sing
13 ①, ④ 14 ④ 15 ③ 16 ② 17 ③ 18 스몸비들이 겪을 수 있는 안전 문제를 예방하는 방법 19 safety, look at, walk 20 ③ 21 ② 22 ① 23 ①, ④
24 (A) to prevent (B) texting 25 ③

01 |해석| ① 간단한: 어렵거나 복잡하지 않은
② 건조한: 표면에 물이나 액체가 없는
③ ~ 없이: 무언가를 가지고 있지 않거나 누군가와 함께 있지 않은
④ 중독: 원하거나 계획되지 않게 일어난 나쁜 일
⑤ 문자를 보내다: 휴대 전화를 이용해 누군가에게 글로 된 메시지를 보내다
|해설| ④ addiction은 '중독'이라는 뜻으로 a condition when someone cannot stop doing something that is not healthy 이 알맞은 영영풀이다. 주어진 영영풀이에 해당하는 단어는 '사고'라는 뜻의 accident이다.

02 |해석| • 화재의 <u>원인</u>은 아직 명확하지 않다.
• 이러한 운동들이 고통을 <u>야기한다면</u>, 그것들을 하는 것을 멈춰야 한다.
|해설| cause는 명사로 '원인', 동사로 '야기하다'라는 뜻이다.

03 |해석| ① Tom은 나중에 세부 사항을 네게 <u>문자로 보낼</u> 것이다.
② 우리는 제대로 된 식사 <u>대신</u> 샐러드를 먹었다.
③ 나는 그녀에게 이메일을 보내기 위해 컴퓨터를 <u>껐다</u>(→ 켰다).
④ 지나는 우리 학교에서 가장 <u>똑똑한</u> 학생이다.
⑤ 이 도시의 인구 수는 작년에 많이 <u>증가했다</u>.
|해설| ③ 이메일을 보내기 위해 컴퓨터를 껐다는 것은 어색하다. '~을 켰다'라는 뜻의 turned on이 되어야 자연스럽다.

04 |해석| A: 무슨 일이니?
B: 저는 등이 많이 아파요.
A: _____
① 그곳에 찜질 패드를 올려놓으렴.
② 반드시 진찰을 받아 보렴.
③ 나는 푹 쉬어야 할 것 같아.
④ 약 먹는 걸 잊지 마.
⑤ 스트레칭 운동을 좀 하는 게 어때?
|해설| 등이 아프다고 하는 상대방에게 조언 또는 당부의 말을 하는 것이 자연스러우므로 '나는 푹 쉬어야겠어.'라고 말하는 ③은 대답으로 알맞지 않다.

05 |해석| A: 무슨 일이니?
B: <u>심한 치통이 있어요.</u>
A: 여기 약이 좀 있단다. 이것을 먹으렴.
B: 고맙습니다.
A: 그리고 반드시 치과에 가도록 하렴.
B: 네, 그럴게요.
|해설| 반드시 치과에 가라고 당부하는 것으로 보아 치통이 있다는 증상을 말하는 표현이 들어가는 것이 알맞다.

06 |해석| ① A: 무슨 일이니?
B: 배가 아파요.
② A: 휴식을 좀 취하는 게 어떠니?
B: 병원에 가는 것을 잊지 말아라.
③ A: 왼쪽 발이 많이 아파요.
B: 그것 참 안됐구나. 얼음을 좀 올려 놓으렴.
④ A: 무슨 일이니?
B: 몸이 좋지 않아요. 감기에 걸린 것 같아요.
⑤ A: 목이 아파요. 열도 나요.
B: 이 약을 먹고 물을 많이 마시렴.
|해설| ② Why don't you ~?는 상대방에게 권유하거나 제안하는 표현이므로, 대답으로 당부의 말을 하는 것은 어색하다.

07 |해설| 엄지손가락이 아프다는 말에 대해 texting thumb인 것 같다고 진단하고(D), 그것이 무엇인지 묻자(B), texting thumb에 대한 설명을 하고(A), 그것을 몰랐다(C)는 말로 이어지는 것이 자연스럽다.

08 |해석| ① 문자를 너무 많이 보내지 말아라
② 전화로 이야기하지 마라
③ 스마트폰을 많이 사용해라
④ 친구들에게 좀 더 자주 문자 메시지를 보내라
⑤ 네 핸드폰을 떨어뜨리지 않도록 조심해라
|해설| 문자를 너무 많이 보내서 엄지손가락이 아픈 상황이므로 '너무 많이 문자를 보내지 말라'는 의미의 당부의 말인 ①이 알맞다.

09 |해석| ① Andy에게 무슨 일이 있는가?
② texting thumb이란 무엇인가?
③ 무엇이 texting thumb을 야기할 수 있는가?
④ Andy는 어떤 종류의 스트레칭 운동을 하는가?
⑤ 김 선생님은 Andy에게 무엇을 하라고 조언했는가?
|해설| ④ 김 선생님이 Andy에게 손가락 스트레칭 운동을 하라고 조언하자 그러겠다고 답했으나, 평소 Andy가 스트레칭 운동을 하는지 여부는 알 수 없다.

10 |해석| ① 내가 잘하는 과목은 역사이다.
② 내가 싫어하는 음식은 쌀국수이다.
③ 네가 가장 좋아하는 배우는 누구니?
④ 내가 어젯밤에 본 영화는 '어벤저스'다.
⑤ 이번 여름에 내가 방문할 나라는 노르웨이이다.
|해설| ③은 선행사(the actor)가 사람이므로 목적격 관계대명사로 whom, who나 that을 써야 한다.

11 |해석| 나의 반 친구 지나는 항상 많이 웃어서 우리 모두는 그녀를 Happy Girl이라고 부른다.
|해설| 'A를 B라고 부르다'라는 뜻은 call A B로 나타내며, 이때 B는 목적격 보어로 전치사 없이 명사를 쓴다.

12 |해설| 선행사(the song)가 사물이므로 목적격 관계대명사 which나 that을 사용해서 선행사를 수식하는 관계대명사절을 완성한다.

13 |해석| 나는 그 소녀를 안다. Eric이 그녀와 산책하고 있다.
①, ④ 나는 Eric이 함께 산책하고 있는 소녀를 안다.
|해설| 선행사(the girl)가 사람이며 전치사(with)의 목적어이므로 with whom ~ 또는 who(m)/that ~ with의 형태로 관계대명사절을 쓸 수 있다. 또한 with를 관계대명사절의 끝에 쓰면 목적격 관계대명사를 생략할 수도 있다.

14 |해석| ③ 그런 춤을 플라멩코라고 부르니?

ⓑ Ted가 구운 쿠키는 매우 맛있었다.
ⓒ 사람들은 헨델을 음악의 어머니라고 부른다.
ⓓ 나의 엄마는 내가 가장 사랑하는 사람이다.
ⓔ 이것은 내 조부모님이 사시는 집이다.
|해설| ⓐ 'A를 B라고 부르다'는 call *A B*로 쓴다. (such a dance as flamenco → such a dance flamenco)
ⓔ 「전치사+목적격 관계대명사」의 형태로 쓸 때는 목적격 관계대명사로 that을 쓸 수 없다. (that → which)

15 |해설| 주어진 문장은 '우리는 그런 사람들을 스몹비, 스마트폰 좀비라고 부른다'라는 내용이므로 스몹비에 대한 설명 뒤인 ③에 들어가야 알맞다.

16 |해설| ⓑ 스마트폰 없이 사는 것이 어렵지만, 스마트폰을 현명하지 못하게 사용하거나 과도하게 사용하는 것은 다양한 문제를 해결하는(solve) 것이 아니라 일으킨다(cause)는 내용이 되어야 자연스럽다.

17 |해석| ① 이 청바지를 입어 봐도 될까요?
② 여기에 들어와서 기다려도 된다.
③ 두통은 스트레스의 신호일지도 모른다.
④ 나는 매우 피곤해. 지금 자도 될까?
⑤ 원한다면 그 책을 빌려도 된다.
|해설| (A)와 ③의 may는 '~일지도 모른다'라는 뜻으로 추측을 나타내고, 나머지는 모두 '~해도 된다'는 뜻으로 허락을 나타낸다.

18 |해설| 밑줄 친 It은 앞에서 언급한 안전 문제들을 예방하는 방법을 가리킨다.

19 |해석| Q: 안전 문제를 예방하기 위해 스몹비들은 무엇을 해야 하는가?
A: 그들은 걸을 때 스마트폰을 보지 말아야 한다.

20 |해설| 이어지는 두 가지 예시가 안구 건조증과 거북목 증후군으로 둘 다 건강상의 문제에 해당한다.

21 |해설| (A) 선행사 Another problem이 사물이므로 목적격 관계대명사로 which가 알맞다.
(B) 주어 Too much ~ texting이 행동의 주체이므로 능동태가 알맞다.
(C) '~하려고 노력하다'라는 뜻은 「try+to부정사」로 나타낸다.

22 |해설| 'A를 B라고 부르다'라는 뜻은 call *A B*로 나타낸다.

23 |해석| ① 눈을 자주 깜박거리면 눈이 건조해 질 것이다.
② 거북목 증후군은 목의 통증이다.
③ 거북목 증후군은 문자를 너무 많이 보내는 것으로 인해 야기될 수 있다.
④ 안구 건조증을 예방하기 위해서는 스마트폰을 올려다봐야 한다.
⑤ 목 스트레칭은 목 통증에 도움이 된다.
|해설| ① 눈을 자주 깜박거리지 않으면 눈이 건조해진다.
④ 안구 건조증을 예방하기 위해서는 눈을 자주 깜박거려야 한다고 했다.

24 |해설| (A) '~하기 위해'라는 뜻으로 목적을 나타내는 to부정사 형태로 써야 한다.
(B) 전치사의 목적어이므로 동명사로 써야 한다.

25 |해설| • 지훈 → 스마트폰 중독을 예방할 수 있는 다양한 방법이 있다고 했다.
• 나리 → 스마트폰 중독을 예방하는 방법으로 문자 메시지를 보내는 대신 사람들과 이야기하라고 했지만, 스마트폰으로 소통하는 것이 중요하다는 내용은 없다.

---

01 ④   **02** ②   **03** ②   **04** ②, ⑤   **05** ①   **06** ⓑ some ice → a heating pad   **07** ⓐ → My right thumb hurts.
08 ④   **09** |모범 답| Make sure you don't text too much.
10 The song to which I am listening now is really good.
11 ①   **12** ③   **13** ④   **14** ②   **15** ⓐ → People call this winter sport bobsleigh. ⓓ → Everyone liked the cookies which Mom baked. ⓔ → This is the comic book in which you're interested.   **16** ①   **17** ②   **18** smombies
19 ①, ⑤   **20** ①   **21** ①   **22** |모범 답| Dry eyes and text neck can be caused by smartphones.   **23** ⑤   **24** ③
25 smartphone addiction, Turn off, talk to

01 |해석| ⓐ 어떤 일이 일어나지 못하게 막다
ⓑ 눈을 매우 빠르게 뜨고 감다
ⓒ 땅 표면에 파여 있는 공간
ⓓ 신체의 일부가 아플 때 드는 느낌
|해설| ⓐ는 prevent(예방하다), ⓑ는 blink(눈을 깜박거리다), ⓒ는 hole(구멍), ⓓ는 pain(통증)의 영영풀이다.

02 |해석| ① 나는 네가 약속을 지키기 바란다.
그는 거짓말하지 않기로 그의 부모님에게 약속했다.
② 무엇이 그 교통사고를 야기했는가?
나무 뿌리는 건물에 손상을 야기할 수 있다.
③ 보통 어떤 종류의 운동을 하니?
내 언니는 일주일에 세 번 운동한다.
④ Jenny와 나는 보통 문자를 서로 보내지 않는다.
본문을 다시 읽고 질문에 답하세요.
⑤ 사람들은 뉴욕시를 the Big Apple이라고 부른다.
그는 전화를 받지 않았다. 나는 그에게 다시 전화할 것이다.
|해설| ② 두 문장 모두 cause는 '야기하다'는 뜻의 동사로 쓰였다. (① 약속/약속하다 ③ 운동/운동하다 ④ 문자 메시지를 보내다/본문 ⑤ 부르다/전화하다)

03 |해석| ⓐ 나의 부모님은 내 용돈을 올려 주시지 않을 것이다.
ⓑ 그들은 휴식 시간 없이 일했다.
ⓒ 우리는 약을 시원하고 건조한 장소에 보관한다.
ⓓ 이것은 다양한 종류의 채소들로 만들어졌다.
|해설| ⓐ에는 increase(증가하다, 증가시키다), ⓑ에는 without(~ 없이), ⓒ에는 dry(건조한), ⓓ에는 various(다양한)가 알맞다.

04 |해석| A: 무슨 일이니?
B: 배가 많이 아파요.
A: 병원에 가 보는 것이 좋겠어.
① 무슨 문제니?   ② 그것에 무슨 문제가 있나?
③ 문제가 뭐니?   ④ 무슨 문제가 있니?
⑤ 무엇을 갖고 싶니?
|해설| 밑줄 친 문장은 상대방에게 문제점이나 증상을 묻는 표현으로, 특정 대상(it)에 어떤 문제가 있는지 묻는 ②와 갖고 싶은 것을 묻는 ⑤와는 바꿔 쓸 수 없다.

05 |해설| 대화의 흐름상 상대방에게 당부하는 표현이 들어가야 자연스럽다. 상대방에게 무언가를 반드시 하라고 당부할 때는 「Make sure you+동사원형 ~.」, 「Don't forget to+동사원형 ~.」, 「Remember to+동사원형 ~.」 등으로 말할 수 있다.

06 |해석| ⓐ Peter는 등이 많이 아프다.
ⓑ 김 선생님은 Peter에게 등에 얼음을 좀 올려놓으라고 했다.
ⓒ Peter는 등을 위해 스트레칭을 할 것이다.
|해설| ⓑ 김 선생님은 Peter에게 등에 찜질 패드를 올려놓으라고 했다.

07 |해설| ⓐ Andy가 texting thumb인 것 같다는 내용이 이어지므로 Andy가 아픈 곳은 엄지손가락(thumb)이 되어야 자연스럽다.

08 |해석| Q: 김 선생님은 Andy에게 무엇을 하라고 조언했는가?
A: 그녀는 그에게 손가락 스트레칭 운동을 하라고 조언했다.
① 병원에 가라고   ② 왼손을 사용하라고
③ 손을 더 자주 씻으라고
⑤ 전화하는 대신 문자 메시지를 보내라고
|해설| ④ 김 선생님은 Andy에게 손가락 스트레칭 운동을 하라고 했다.

09 |해설| '반드시 ~하지 않도록 하라.'의 의미로 상대방에게 당부할 때는 「Make sure you don't+동사원형 ~.」으로 말할 수 있다.

10 |해석| 그 노래는 정말 좋다. 나는 지금 그것을 듣고 있다.
→ 내가 지금 듣고 있는 그 노래는 정말 좋다.
|해설| 선행사(The song)가 사물이며 「전치사+관계대명사」의 형태로 써야 하므로, 목적격 관계대명사로 which를 써야 한다.

11 |해석| ⓐ 저쪽에 서 있는 소녀는 Amy이다.
ⓑ 이것은 내가 네게 말했던 그 영화이다.
ⓒ 그녀가 그가 찾던 그 사람이다.
ⓓ 나는 도서관에서 빌린 책을 읽고 있다.
ⓔ 그 소년은 그의 엄마가 그에게 사 준 코트를 좋아하지 않았다.
|해설| ⓐ 주격 관계대명사는 생략할 수 없다.
ⓒ 「전치사+목적격 관계대명사」의 형태로 쓸 때 목적격 관계대명사를 생략할 수 없다.

12 |해설| ③ 'A를 B라고 부르다'라는 뜻은 call A B로 나타낸다. (for → 삭제)

13 |해석| ① 모든 사람이 그녀를 Liz라고 부른다.
② 그녀는 아들을 엔지니어로 만들었다.
③ 우리는 지호를 반장으로 뽑았다.
④ Dave는 그의 여동생에게 긴 편지를 보냈다.
⑤ Jenny는 그녀의 햄스터를 Cookie라고 이름 지었다.
|해설| ④는 4형식 문장(주어+수여동사+간접목적어+직접목적어)의 직접목적어이고, 나머지는 모두 5형식 문장(주어+동사+목적어+목적격 보어)의 목적격 보어이다.

14 |해석| 내가 어제 얘기했던 그 남자는 점원이다.
|해설| ⓐ 선행사(The man)가 사람이므로 목적격 관계대명사로 whom, who나 that을 쓸 수 있다.
ⓑ 선행사가 사람이고 「전치사+관계대명사」의 형태로 쓰일 때는 목적격 관계대명사로 whom 이 알맞다.

15 |해석| ⓐ 사람들은 이 겨울 스포츠를 봅슬레이라고 부른다.
ⓑ 나는 네가 공원에서 본 소녀를 안다.
ⓒ 아빠는 내가 가장 존경하는 사람이다.
ⓓ 모든 사람들이 엄마가 구운 쿠키를 좋아했다.
ⓔ 이것은 네가 흥미로워하는 만화책이다.
|해설| ⓐ 'A를 B라고 부르다'는 call A B로 나타낸다.

16 |해석| [보기] 부주의한 운전은 사고를 야기할 수 있다.
① 어떤 일이 일어나게 하다
② 어떤 일이 일어나지 못하게 막다
③ 커지거나 어떤 것을 커지게 만들다
④ 무엇 또는 누군가에게 이름 또는 제목을 붙이다
⑤ 휴대 전화를 이용해 누군가에게 글로 된 메시지를 보내다
|해설| ⓐ와 [보기]의 빈칸에는 문맥상 '일으키다, 야기하다'라는 뜻의 cause가 들어가는 것이 알맞다.

17 |해석| ① 이 음료수는 꿀과 같은 맛이 난다.
② 유럽으로의 여행은 어땠니?
③ 그 소녀는 자신의 엄마처럼 수의사가 되고 싶어 한다.
④ 당신은 그를 어린아이처럼 대하는 걸 그만해야 한다.
⑤ 나는 양파와 당근 같은 채소들을 심었다.
|해설| ②는 '좋아하다, 마음에 들어하다'라는 뜻의 동사로 쓰였고, 나머지는 모두 '~ 같이, ~처럼'이라는 뜻의 전치사로 쓰였다.

18 |해설| call A B(A를 B라고 부르다)를 사용하여 우리말을 영어로 옮기면 We call such people smombies, smartphone zombies. 가 되므로 5번째로 오는 단어는 smombies이다.

19 |해석| ① 그들은 걸으면서 스마트폰을 보는 사람들이다.
② 그들은 보통 안전 문제를 겪지 않는다.
③ 그들은 거리에서 구덩이를 발견해서 쉽게 그것들을 피한다.
④ 그들은 안전 문제를 방지하기 위해 스마트폰 없이 살아야 한다.
⑤ 안전을 위해 그들은 걸을 때 스마트폰을 사용하지 말아야 한다.
|해설| ② 스몸비들은 다양한 안전 문제를 겪을 수 있다. ③ 스몸비들은 길에서 구덩이를 보지 못해 넘어지거나 다칠 수 있다. ④ 안전 문제를 피하기 위해 걸으면서 스마트폰을 보지 말아야 한다고 했으나, 스마트폰 없이 살아야 한다는 언급은 하지 않았다.

20 |해설| ⓐ '~하게 느끼다'는 「감각동사 feel+형용사」로 나타낸다.

21 |해설| Another problem (which/that) you can have is neck pain.이 되므로 who는 필요하지 않다.

22 |해설| 윗글에 따르면, 스마트폰으로 인해 어떤 건강상의 문제들이 야기되는가? 완전한 영어 문장으로 답하시오.
→ 안구 건조증과 거북목 증후군이 스마트폰에 의해 야기될 수 있다.

23 |해설| 스마트폰 중독 증상의 예시를 들고(C), 이러한 증상이 스마트폰 중독임을 설명한 후(B), 스마트폰 중독을 예방하는 방법을 제시하는 (A) 순서가 알맞다.

24 |해석| ⓐ 쿠키를 굽는 것은 나의 취미이다.
ⓑ 건강을 유지하기 위해서, 나는 매일 운동한다.
ⓒ 그는 아프리카로 여행 가기로 결정했다.
ⓓ 나는 책을 좀 빌리기 위해 도서관에 갔다.
|해설| 본문과 ⓑ, ⓓ는 모두 '~하기 위해'라는 의미로 목적을 나타내는 부사적 용법으로 쓰였고, ⓐ와 ⓒ는 각각 명사적 용법으로 쓰였다. (ⓐ 주어, ⓒ 목적어)

25 |해설| Dan: 저는 스마트폰 중독인 것 같아요. 저는 스마트폰이 없으면 불안해요. → 답변: 식사할 때 스마트폰을 끄세요. 또한, 사람들에게 문자를 보내기보다 이야기를 나누세요.

|해설| ⓓ 관계대명사절에는 선행사에 해당하는 (대)명사는 쓰지 않는다.
ⓔ 「전치사+목적격 관계대명사」 형태로 쓰일 때는 관계대명사로 that을 쓸 수 없다.

특급기출

기출예상문제집

중학 영어 2-1 기말고사 [윤정미]

정답 및 해설

영역	브랜드	초1~2	초3~4	초5~6	중1	중2	중3	고1	고2	고3
독해	[중등] 기본서 **READING CLEAR**				READING CLEAR 1	READING CLEAR 2	READING CLEAR 3			
	[고등] 기본서 **Supreme** **구문독해 / 유형독해**							Supreme 구문독해	Supreme 유형독해	
	[중·고등] 문장독해 **공식으로 통하는 문장독해** 기본 완성							공통문 기본	공통문 완성	
듣기	[중등] 듣기모의고사 **LISTENING CLEAR** 중학영어 듣기모의고사				LISTENING CLEAR 1	LISTENING CLEAR 2	LISTENING CLEAR 3			
	[고등] 듣기모의고사 **Supreme 수능 영어** **듣기 모의고사** 기본 실전							Supreme 기본	Supreme 실전	
기출	[중등] 기출예상문제집 **특급기출 (중간, 기말)** 윤정미, 이병민				특급기출 중학영어 2-1	특급기출 중학영어 3-1				
어휘	[초·중·고등] 영단어, 영숙어 **뜯어먹는 시리즈**	뜯어먹는 필수 영단어 1	뜯어먹는 필수 영단어 2		뜯어먹는 중등 기본 영단어 1200	뜯어먹는 중학 영단어 1800	뜯어먹는 중학 1000	뜯어먹는 수능 1800	뜯어먹는 수능 1800	뜯어먹는 수능 1200
	[중·고등] 영단어 **보카클리어**				보카클리어 중등 기본편	보카클리어 중등 실력편	보카클리어 중등 완성편	보카클리어 고교필수편	보카클리어 수능편	

문제로 영문법이 쉬워진다!

그래머 클라우드 3000제

중학영문법을 쉽게 이해하고 싶어 하는
학생들에게 추천합니다!

✓ 핵심 문법 Point와 연습 문제로 자연스럽게 개념 이해

✓ 3단계 개념완성 Test로 유형별 문제와 서술형까지 집중 훈련

✓ 학교 시험에 자주 출제되는 문제로 내신 완벽 대비